Noël Janis-Norton

GLÜCKLICHE und ENTSPANNTE JUNGS

Wege zu einer stressfreien Erziehung

Noël Janis-Norton

GLÜCKLICHE und ENTSPANNTE JUNGS

Wege zu einer stressfreien Erziehung

Bibliografische Information der Deutschen Nationalbibliothek
Die Deutsche Nationalbibliothek verzeichnet diese Publikation in der Deutschen Nationalbibliografie. Detaillierte bibliografische Daten sind im Internet über http://dnb.d-nb.de abrufbar.

Für Fragen und Anregungen:
info@mvg-verlag.de

5. Auflage 2020

© 2016 by mvg Verlag, ein Imprint der Münchner Verlagsgruppe GmbH,
Nymphenburger Straße 86
D-80636 München
Tel.: 089 651285-0
Fax: 089 652096

© der Originalausgabe Yellow Kite Books, an imprint of Hodder & Stoughton
Die englische Originalausgabe erschien 2015 bei Yellow Kite Books unter dem Titel *Calmer, Easier, Happier Boys*.

Alle Rechte, insbesondere das Recht der Vervielfältigung und Verbreitung sowie der Übersetzung, vorbehalten. Kein Teil des Werkes darf in irgendeiner Form (durch Fotokopie, Mikrofilm oder ein anderes Verfahren) ohne schriftliche Genehmigung des Verlages reproduziert oder unter Verwendung elektronischer Systeme gespeichert, verarbeitet, vervielfältigt oder verbreitet werden.

Übersetzung: Petra Pyka
Umschlaggestaltung: Melanie Melzer, München
Umschlagabbildung: Shutterstock, Istock
Satz: Carsten Klein, München
Druck: GGP Media GmbH, Pößneck
Printed in Germany

ISBN Print 978-3-86882-647-0
ISBN E-Book (PDF) 978-3-86415-895-7
ISBN E-Book (EPUB, Mobi) 978-3-86415-896-4

Weitere Informationen zum Verlag finden Sie unter

www.mvg-verlag.de

Beachten Sie auch unsere weiteren Verlage unter www.m-vg.de

*Dieses Buch ist allen Eltern gewidmet,
die ein gelasseneres, einfacheres, glücklicheres Familienleben
mit ihren Söhnen anstreben.*

Manche Familien haben mit extremen oder atypischen Problemen zu kämpfen. Die in diesem Buch dargelegten Strategien können ihnen helfen, reichen aber vielleicht nicht aus, um allen Komplexitäten angemessen gerecht zu werden. Dieses Buch ist ein Mittel zur Selbsthilfe – mehr nicht. Es soll kein Ersatz für medizinische, psychiatrische oder psychologische Diagnose, Beratung oder Behandlung, für spezielle Lehrmethoden oder für fachkundige Rechtsberatung sein.

Inhalt

Einführung 9
Erster Teil: Was an Jungen anders ist 11
   Erstes Kapitel – Jungen sind anders! 13
   Zweites Kapitel – Wie stellen Sie sich das Leben mit Ihrem Sohn vor? ... 20
   Drittes Kapitel – Die Wurzel aller Probleme: Natur und Umwelt 33

Zweiter Teil: Wie Sie mit Strategien zur gelasseneren, einfacheren und glücklicheren Erziehung das Beste aus Ihren Jungen herausholen ... 39
   Viertes Kapitel – Anschaulich loben 40
   Fünftes Kapitel – Die richtigen Voraussetzungen schaffen 54
   Sechstes Kapitel – Richtig zuhören 65
   Siebtes Kapitel – Nie zweimal bitten 75
   Achtes Kapitel – Positive und negative Konsequenzen 87
   Neuntes Kapitel – Extrazeit 106
   Zehntes Kapitel – Die Rolle der Väter und wie Mütter Väter unterstützen können 128

Dritter Teil: Strategien, die das Leben mit Söhnen gelassener, einfacher und glücklicher machen – jeden Tag 147
   Elftes Kapitel: Die Voraussetzungen für ein gesundes Kinderleben 148
   Zwölftes Kapitel: Aufstehen und fertig machen 158
   13. Kapitel – Mahlzeit! 172
   14. Kapitel – Aufräumen und Ordnung halten 181
   15. Kapitel – Bildschirmzeit 187
   16. Kapitel – Engagement für die Familie und die Gemeinschaft 200
   17. Kapitel – Kommunikation 212
   18. Kapitel – Alleine spielen 225
   19. Kapitel – Körperliche Bewegung 235
   20. Kapitel – Beziehungen zu Geschwistern 247

21. Kapitel – Beziehungen zu Gleichaltrigen 255
22. Kapitel – Zeit fürs Bett: Schlaf und Ruhe 273

Vierter Teil: Wie Jungen ihr schulisches Potenzial ausschöpfen können .. 285
23. Kapitel – Schulische Leistungen und das Jungengehirn:
Probleme und ihre Ursachen 286
24. Kapitel – Die Impulssteuerung verbessern 296
25. Kapitel – Wie Hausaufgaben und Lernen produktiver werden
und mehr Spaß machen 307
26. Kapitel – Lernen leicht gemacht 322
27. Kapitel – Leseverständnis und Denkvermögen verbessern 329

Fazit 346

**Anhang: Wo Sie mehr über Calmer, Easier, Happier Parenting
erfahren können** 348

Dank 350

Über die Autorin 352

Einführung

Heutzutage gilt es in manchen Kreisen als politisch korrekt, Eltern und Lehrer dafür anzuprangern, dass sie das Verhalten von Jungen ändern möchten. Dieser Auffassung nach sollten wir kein Aufhebens mehr darum machen, uns zurücklehnen und an den typischen Eigenheiten von Jungen erfreuen.

Dabei würden die meisten Eltern von Jungen viel dafür geben, wenn ihre Söhne nicht so leicht ablenkbar wären, ihre Impulse besser steuern könnten, mehr Stolz auf ihre Leistungen, mehr Rücksichtnahme, weniger Aggression und weniger Wettbewerbsdenken zeigten – und weniger Radau machten.

Verstehen Sie mich bitte nicht falsch: Ich habe Jungen wirklich gern, und dieses Buch soll aus unseren Söhnen und Enkeln das Beste herausholen. Die Strategien, die ich in diesem Buch erläutere, tragen zur Bekämpfung von Problemen bei, die Eltern von Söhnen oft belasten.

Von anderen hervorragenden Büchern über Jungen unterscheidet sich dieses Buch durch die Gründlichkeit, mit der ich Ihnen erkläre, wie Sie die *Calmer, Easier, Happier Parenting*-Strategien (Methoden zur gelasseneren, einfacheren, glücklicheren Erziehung) bei Ihren Söhnen in die Praxis umsetzen können. Weil es so in die Tiefe geht, erleichtert es Eltern das Verständnis und den Einsatz der neuen Strategien.

Genau deshalb ist es aber etwas dicker geworden, und ich hoffe, Sie lassen sich davon nicht abschrecken. Es muss so umfangreich sein, damit ich Ihnen all die Methoden und Werkzeuge vermitteln kann, die ich entwickelt habe, damit das Familienleben mit Ihren Jungs gelassener, einfacher und glücklicher wird.

Erster Teil
Was an Jungen anders ist

Erstes Kapitel – Jungen sind anders!

Wie Ihnen dieses Buch weiterhelfen kann

Sie haben vermutlich zu diesem Buch gegriffen, weil Sie sich ein gelasseneres, einfacheres und glücklicheres Zusammenleben mit Ihrem Sohn (bzw. Ihren Söhnen) wünschen.

Viel zu viele Eltern glauben, sie müssten das Verhalten von Jungen als unabänderlich hinnehmen. Es mag Ihnen so vorkommen, als sei da nicht viel zu ändern. Die gute Nachricht: Wie Jungen handeln, denken und fühlen, lässt sich *sehr wohl* positiv beeinflussen. Dazu müssen wir Erwachsenen aber Verantwortung übernehmen und uns bewusst dafür entscheiden, die Dinge anders anzugehen.

Ich habe eine Erziehungsmethode entwickelt, die ich auf Englisch *Calmer, Easier, Happier Parenting* nenne. Das bedeutet so viel wie „Gelassener-einfacher-glücklicher-Methode". Wenn Sie sich dafür interessieren, möchte ich Sie als Erstes darauf hinweisen, dass sie bewusst *nicht Gelassen-einfach-glücklich-Methode* heißt. Der Grund: Ich weiß schlicht und ergreifend nicht, wie sich Zwischenmenschliches grundsätzlich gelassen, einfach und glücklich gestalten lässt – schon gar nicht für länger als für ein paar Stunden. Das liegt daran, dass wir Menschen so kompliziert sind.

Ich kann Ihnen also nicht eitel Freud und Sonnenschein versprechen. Ich habe keinen Zauberstab, mit dem sich die normalen, unvermeidlichen Probleme aus der Welt schaffen lassen, die damit einhergehen, dass wir komplexe menschliche Wesen sind. Ich kann Ihnen aber verschiedene Strategien vermitteln, die das Familienleben deutlich gelassener, einfacher und glücklicher machen. Es ist eben alles relativ.

Indem wir uns neue, effektivere Strategien aneignen und diese einsetzen, können wir zumindest viele der unangenehmen Eigenschaften minimieren, die Jungen so mit sich bringen. Unter Umständen erreichen wir sogar noch mehr: Oft können wir solche Unsitten nämlich ins Gegenteil verkehren:

- Jungen *können* still sitzen, zuhören und sich konzentrieren.
- Jungen *können* ordentlich sein.
- Jungen *können* lernen, auf ihre Leistungen stolz zu sein.
- Jungen *können* ruhiger sein.
- Jungen *können* sich artikulieren.
- Jungen *können* soziales Bewusstsein entwickeln.
- Jungen *können* rücksichtsvoll sein.
- Jungen *können* sich durchaus situationsgerecht verhalten.

Das klingt zu schön, um wahr zu sein. Doch auf der Grundlage meiner fünf Jahrzehnte langen Erfahrung aus der Arbeit mit Familien kann ich mit Fug und Recht behaupten, dass sich wirklich etwas ändert, wenn die Eltern anders an die Sache herangehen. Die Strategien des *Calmer, Easier, Happier Parenting*-Programms führen nicht nur dazu, dass sich aktuell das Verhalten Ihres Sohnes bessert, sondern sie fördern auch seine Selbstachtung und sein Selbstvertrauen – für den Rest seines Lebens.

Die Methoden in diesem Buch funktionieren – aber nicht über Nacht. Sie greifen nach und nach. Nun wollen Sie vielleicht gern wissen, wie lange Sie die neuen Ansätze praktizieren müssen, bis sich erste Erfolge einstellen. Das hängt von verschiedenen Faktoren ab: vom angeborenen Temperament Ihres Sohnes, davon, wie lange sich Unsitten schon eingebürgert haben, und davon, wie entschlossen und konsequent Sie die neuen Strategien umsetzen.

Die meisten Eltern nehmen schon nach wenigen Wochen echte Fortschritte wahr, oft sogar schon nach Tagen. Doch gehen Sie lieber auf Nummer sicher: Lassen Sie sich einen ganzen Monat Zeit, bevor Sie sich ein Urteil bilden. Wenn Sie so weitermachen wie bisher, kämpfen Sie in einem Monat immer noch mit denselben Problemen. Was haben Sie also zu verlieren? Wenden Sie einen Monat lang diese Methoden an, dann sehen Sie schon, wie viel besser es mit Ihrem Filius läuft. Und am Ende des Monats werden

Sie sich weiter an die neuen Strategien halten wollen, weil Ihr Familienleben so viel gelassener, einfacher und glücklicher geworden ist.

Die neuen Methoden sind praktisch und effektiv: Praktisch bedeutet, dass Sie sie anwenden können, und effektiv bedeutet, dass sie wirken. Sie helfen Eltern, ihre Söhne mit mehr Spaß und mehr Selbstvertrauen zu erziehen. Mein Vorgängerbuch, *Calmer, Easier, Happier Parenting*, ist die Hauptquelle für Strategien gegen Probleme, die häufig bei Jungen und Mädchen auftreten. Entsprechend wird in *Calmer, Easier, Happier Homework* erklärt, wie Hausaufgaben Jungen und Mädchen Freude machen und produktiv sein können.[1]

Wer einen Sohn hat, hat gleich zwei Aufgaben. Die eine besteht darin, die großartigen Eigenschaften zu würdigen, die Jungen mitbringen, die aber so oft übersehen werden. Die andere besteht darin, die weniger angenehmen Eigenheiten von Jungen zu verändern. Das können wir erreichen, indem wir die angeborenen Triebe der Jungen, die sich aktuell womöglich negativ auswirken, so kanalisieren, dass sich positive und konstruktive Gewohnheiten entwickeln.

In diesem Buch spreche ich die Probleme an, die Eltern in aller Regel mit Jungen haben, und erläutere die Strategien, mit denen sie das Ruder herumreißen können. Manche Eltern, die dieses Buch lesen, haben vielleicht Töchter, die zum Teil ähnliche Probleme machen wie Söhne. Seien Sie gewiss – dieselben Strategien funktionieren auch bei solchen Mädchen.

Stellen wir uns der Herausforderung, Jungen nach Kräften die Chance zu geben, das Beste aus sich herauszuholen. Das ist gut für Ihre Söhne, Ihre Familie und für die ganze Gesellschaft.

Warum sind Jungen anders?

Dass Jungen anders sind als Mädchen und Männer anders als Frauen, ist eine Tatsache. Unsere Körper unterscheiden sich, und offenbar arbeiten auch unsere Gehirne unterschiedlich. Es ist durchaus nachvollziehbar, warum es so eklatante Unterschiede zwischen männlichen und weiblichen Gehirnen

---
[1] Beide Bücher sind bisher im Deutschen nicht erschienen.

gibt, denn jedes Geschlecht musste im Zuge der Evolution ganz andere Funktionen erfüllen.

Wir wissen heute, dass Hormone und andere im Gehirn vorhandene chemische Stoffe von Jungen und Mädchen in unterschiedlicher Menge produziert werden, und wir wissen auch, dass sie zu Unterschieden in der Gefühlswelt und im Verhalten beitragen, und zum Entwicklungstempo des jeweiligen Geschlechts.

In der Vergangenheit gingen die Menschen davon aus, dass alle geschlechtsspezifischen Unterschiede im Denken und Handeln biologisch begründet seien. Erst seit rund 50 Jahren belegen Forschungsergebnisse aus der relativ neuen Disziplin der Neurowissenschaft, dass viele Unterschiede zwischen den Geschlechtern zum Teil auf das zurückgehen, was die Wissenschaft ›geschlechtsspezifische Sozialisation‹ nennt – also darauf, wie ein Kind des einen oder anderen Geschlechts von frühester Jugend an behandelt wird. Bisher kann noch niemand genau sagen, wie stark die Natur (also angeborene Neigungen) und wie sehr die Kultur (also die Umwelt) zur Ausbildung der uns so vertrauten Unterschiede zwischen den Geschlechtern beitragen. Die Natur können wir nicht beeinflussen – die Kultur dagegen umso mehr. Und darum dreht sich dieses Buch. Wir müssen das Umfeld verändern, um aus unseren Jungen das Beste herauszuholen.

Inwiefern sind Jungen anders?

Jungen werden häufig wahrgenommen als:

- zappelig, unstet
- unruhig
- impulsiv, unvernünftig
- laut, rüpelhaft
- unordentlich, schlampig
- ablenkbar, schlecht ansprechbar
- unhöflich, rücksichtslos
- risikofreudig, waghalsig, wettbewerbsorientiert

- bildschirmfixiert
- leistungsschwach

In der Summe heißt das: schwierig und problematisch. Diese Eigenheiten sorgen allzu oft dafür, dass Jungen zu Hause und in der Schule anecken.

In mehreren maßgeblichen Bereichen entwickeln sich Jungen langsamer als Mädchen. Im Vergleich zu Jungen wirken Mädchen schon in jüngerem Alter deutlich reifer. Das zeigt sich in der Sprachentwicklung, in ihrer sozialen Kompetenz und ihrer Fähigkeit, still zu sitzen, Erwachsenen höflich zu antworten und sich alleine anzuziehen. Mädchen interessieren sich mehr für den Schulstoff und für ihre schulischen Leistungen und sind eher bereit, dafür ihr Spielzeug aus der Hand zu legen. Wenn Sie Kinder beiderlei Geschlechts haben, haben Sie vielleicht schon erlebt, wie sehr es die Geduld strapaziert, dass sich die Jungen nicht wie die Mädchen verhalten.

Jungen in der Schule

Früher waren Mädchen in der Schule schlechter als Jungen. Doch seit mehreren Generationen fallen Jungen in vieler Hinsicht und in allen sozialen Schichten zurück.

- Jungen entwickeln öfter Verhaltens-, Aufmerksamkeits-, Lern- und Sozialkompetenzstörungen als Mädchen.
- Bei Jungen werden häufiger Lernprobleme diagnostiziert.
- Jungen erzielen bei standardisierten Tests schlechtere Ergebnisse als Mädchen.
- Im Vergleich sagen mehr Jungen, dass sie die Schule nicht mögen.
- Jungen schwänzen häufiger die Schule als Mädchen.
- Es werden mehr Jungen als Mädchen wegen verbaler oder körperlicher Aggression aus dem Unterricht ausgeschlossen und von der Schule verwiesen.
- Es werden mehr Jungen zu Logopäden, Sprachtherapeuten und Kinderpsychologen geschickt.
- An Universitäten sind Jungen in der Minderheit.
- Bei Jungen werden häufiger emotionale Probleme diagnostiziert.

Es wurden viele Überlegungen angestellt über schulische Initiativen zur Gleichstellung der akademischen Leistungen von Jungen und Mädchen, für die der Staat hohe Beträge bereitgestellt hat. Die Ergebnisse sind mehr als dürftig. Den Schulen kommt zwar sicherlich große Bedeutung dabei zu, Jungen bei der Ausschöpfung ihres akademischen Potenzials zu unterstützen, doch eine weit größere Rolle spielen die Eltern.

Wie die Stärken der Jungen gewürdigt und gezielt gesteuert werden können

Hier ein paar der Stärken, die vielen Jungen eigen sind:

- viel Energie
- Begeisterungsfähigkeit
- Beschützermentalität und Loyalität
- Risikofreude, Abenteuerlust
- Wettbewerbsdenken

Mehrere dieser Eigenschaften werden Sie sicherlich in Ihren Söhnen wiedererkennen. Leider kann jede dieser Qualitäten als zweischneidiges Schwert betrachtet werden – als Plus- oder Minuspunkt, je nachdem, wie sie sich äußern. So haben Jungen viel Freude an ihrer Energie und ihrer körperlichen Leistungsfähigkeit. Im Unterricht kann das jedoch zu großen Problemen führen, denn dort sollen die Jungen still sitzen und zuhören, still sitzen und schreiben und dann wieder still sitzen und zuhören. Jungen sind genetisch darauf programmiert, ihre Kräfte einzusetzen und aktiv zu sein. Still sitzen ist im Gehirn eines Jungen nicht vorgesehen. Glücklicherweise können wir Jungen aber beibringen, besser still zu sitzen und ruhig zuzuhören und zu schreiben, damit sie in der Schule positivere Erfahrungen machen. Den meisten Jungen wird es aber nie so leicht fallen, diese Kompetenzen und Fähigkeiten zu entwickeln, wie dem Großteil der Mädchen.

Loyalität ist bei einem Freund eine wichtige Eigenschaft. Doch Loyalität kann Jungen auch in die Bredouille bringen, denn wenn sie erst einmal Freundschaft mit jemandem geschlossen haben, verteidigen sie diesen Freund manchmal blind oder eifern ihm bedenkenlos nach, statt kritisch zu bewerten, ob er richtig handelt oder falsch.

Ein weiteres Beispiel ist die Risikobereitschaft – der Hang zum Abenteuerlichen und Spannenden. Richard Branson und andere Unternehmer führen ein aufregendes Leben, weil sie jede Menge Risiken eingehen. Diese Eigenschaften bewundern wir an Erwachsenen, doch wer als Kind oder Teenager Risiken eingeht, kann dadurch in Schwierigkeiten geraten. Die typischen Stärken der Jungen müssen richtig eingesetzt werden, sonst entwickeln sich eigentlich positive Eigenschaften am Ende zu Schwächen und Problemen.

Zusammenfassung

Mit diesem Buch lasse ich Sie teilhaben an den Erkenntnissen, die ich im Laufe von 50 Jahren über das Jungengehirn gewonnen habe: Stärken und Schwächen, Freud und Leid. Vor allem aber erkläre ich, was wir tun können, um das Beste aus unseren Jungs herauszuholen, Probleme und Schwierigkeiten möglichst gering zu halten und Stärken voll auszuschöpfen.

Da ich mich natürlich nicht konkret zu Ihrem Sohn äußern kann, treffe ich allgemeine Feststellungen, die auf meinen Erfahrungen mit Jungen und auf den Studien basieren, die ich gelesen habe. Diese Verallgemeinerungen treffen freilich nicht auf jeden Jungen zu. Bitte nehmen Sie mir nicht übel, wenn meine pauschalen Äußerungen über Jungen für Ihren Sohn keine Geltung haben.

Spreche ich Themen an, die Ihnen für Ihre Familie nicht relevant erscheinen, bleiben Sie dafür bitte trotzdem aufgeschlossen. Möglicherweise tauchen diese Probleme in einem späteren Entwicklungsstadium auf, wenn Ihr Sohn älter wird. Es ist immer gut, vorbereitet zu sein. Daher empfehle ich Ihnen dringend, keine Abschnitte zu überspringen, die Ihnen nicht unmittelbar nützlich erscheinen.

Zweites Kapitel – Wie stellen Sie sich das Leben mit Ihrem Sohn vor?

In meinen Seminaren und Beratungsgesprächen auf beiden Seiten des Atlantiks stelle ich Müttern und Vätern folgende Frage:

Wie stellen Sie sich das Leben mit Ihrem Sohn vor?

Und das antworten die Eltern:

> Mein Leben wäre so viel leichter, wenn mein Sohn nicht immer auf Konfrontation gehen würde, sondern kooperativer wäre.

> Ich wünschte, er würde nicht jedes Mal so einen Aufstand machen, wenn ich ihn daran erinnere, was er tun muss.

> Ich habe es satt, zu hören: »Wieso sollte ich?« und »Du hast mir gar nichts zu sagen.« Ich habe ihm etwas zu sagen – warum kann er das nicht einfach akzeptieren?

> Mein Sohn will ständig irgendetwas. Er will ein Spiel auf meinem Handy spielen, er will etwas Süßes oder er will sich mit anderen zum Spielen treffen – und zwar sofort!

> Ich wünschte, er wäre ruhiger und vernünftiger.

Wie kann ich ihm beibringen, sich alleine zu beschäftigen?

Er hat eine Zwillingsschwester. Sie verhält sich, als wäre sie mehrere Jahre älter als er.

Wenn Sie eine Tochter haben, wünschen Sie sich natürlich auch, dass sie kooperativ und vernünftig ist. Dieses Buch ist zwar ein Erziehungsratgeber speziell für Jungen, doch Sie werden feststellen, dass viele der Strategien bei Mädchen genauso effektiv sind.

Unsere größte Aufgabe als Eltern

Ich sehe unsere Hauptaufgabe als Eltern in erster Linie darin, unsere Kinder zu lieben, aber darüber hinaus auch darin, ihnen die Werte, Fähigkeiten und Verhaltensweisen zu vermitteln, die uns wichtig sind. Das ist die Grundlage für unsere Erziehung. Haben Sie als Eltern Bedenken oder Sorgen, dann halten Sie sich Ihre Ziele vor Augen. Fragen Sie sich zunächst:

Welche Werte vertrete ich?

Woran glaube ich?

Welche Verhaltensweisen soll sich mein Sohn aneignen?

Welche Kompetenzen soll er erwerben?

Was für ein Mann soll aus meinem Sohn einmal werden?

Lassen Sie sich von den Antworten auf diese wichtigen Fragen leiten. Selbst wenn Sie einmal nicht sicher sind, wie Sie Ihre Ziele erreichen sollen, wird Ihnen dann klarer, welche Richtung Sie einschlagen wollen. Und wenn Sie nicht wissen, wie Sie Ihren Werten Nachdruck verleihen können, dann kann Ihnen dieses Buch helfen.

Die fünf Eigenschaften, die sich alle Eltern von ihren Kindern wünschen

Ich habe Tausende von Eltern danach gefragt, *welche Werte, Kompetenzen und Eigenschaften Ihre Kinder nach Ihren Vorstellungen entwickeln sollen.* Offenbar decken sich diese Vorstellungen weltweit. Die Eltern sagen mir, ihre Söhne und Töchter sollen

- kooperativ,
- selbstbewusst,
- motiviert,
- selbständig,
- rücksichtsvoll

sein. Natürlich gibt es neben diesen fünf Merkmalen noch viele andere Eigenschaften, die sich Ihre Kinder nach Ihren Vorstellungen mit dem Erwachsenwerden aneignen sollen. Doch nach meinen Feststellungen bilden diese fünf Aspekte die Grundlage für alle übrigen Werte, Kompetenzen und Eigenschaften, die wir uns für unsere Kinder wünschen.

Eines dieser fünf Merkmale ist das Einfallstor für die anderen vier. Wenn wir also möglichst viel Zeit, Aufmerksamkeit und Mühe in die Entwicklung dieses Schlüsselmerkmals investieren, dann erwirbt das Kind die übrigen Qualitäten leichter und schneller. Dieses Schlüsselmerkmal ist die Kooperationsbereitschaft. Darunter verstehe ich, dass ein Kind tut, was ihm ein vertrauenswürdiger Erwachsener sagt – und zwar prompt und ohne Theater. Verhalten sich Kinder im Normalfall kooperativ, entwickeln sie dadurch mehr Selbstvertrauen, sind motiviert, selbstständig und rücksichtsvoll. Durch Kooperationsbereitschaft keimen weitere positive Eigenschaften auf.

Die größten Sorgen bei Jungen

Wenn Sie Ihre Erziehungsziele bei Ihren Söhnen erreichen wollen, empfiehlt sich ein genauerer Blick auf alles, was Ihnen Sorgen bereitet. Es folgt eine

Liste der Probleme, über die sich Jungeneltern regelmäßig beklagen. Wenn Sie es schaffen, dass Ihr Sohn immer öfter schon auf die erste Aufforderung hin kooperiert, ist das der erste Schritt zur Lösung oder gar Ausräumung dieser Probleme. (Sollten nicht alle der in diesem Kapitel beschriebenen Probleme bei Ihrem Sohn vorliegen, bedenken Sie bitte, dass ich mich hier pauschal äußere.)

Körperliche Energie (bis hin zur Hyperaktivität)

Es entspricht dem Stereotyp vom Jungen, dass er nicht still sitzen kann. Und mit der Bewegung geht meistens Lärm einher: Schreien und Rufen, Füße, die die Treppe hinuntertrampeln, Türen, die zugeschlagen werden. Eltern mit hoher Bewegungs- und Lärmtoleranz empfinden dieses typische Jungenmerkmal vielleicht nicht als Problem. Doch viele Eltern finden es schwierig, mit dem ausgeprägten Bewegungsdrang ihrer Sprösslinge zurechtzukommen. Zum Teil liegt das daran, dass all die Aktivität und das begleitende Getöse und Chaos die Kooperationsbereitschaft stören, weil sich der Junge nicht darauf konzentrieren kann, was die Eltern von ihm wollen. Vor allem Mütter empfinden die Energie ihrer Söhne oft als lästig und anstrengend.

Der Bewegungsdrang der Jungen manifestiert sich aber nicht nur in den »großen« Bewegungsabläufen wie Laufen, Springen, Hüpfen, Klettern, Hinterherrennen und Raufen, sondern auch im Kleinen. Jungen sind zappeliger und unruhiger als Mädchen. Selbst ein Junge, der ruhig dasitzt, sitzt vermutlich nicht wirklich still. Ein Teil seines Körpers ist immer in Bewegung. Vielleicht trommelt er auf den Tisch, schlenkert mit den Beinen, schaukelt hin und her, zieht Grimassen oder wackelt mit dem Fuß. Vielleicht spielt er auch an seiner Kleidung herum oder mit einem unsichtbaren Flusen. Vielleicht zupft er an seinen Fingernägeln oder an einem Grind. Oder er kratzt sich oder reibt sich immer wieder das Gesicht. Eltern und Lehrer kann allein schon nervös machen und ärgern, wenn sie Jungen immer wieder dabei beobachten, wie sie solche Aktivitäten in schneller Folge wiederholen. Die Zappelei und Unruhe hängt mit zwei weiteren Problemen zusammen, über die sich Jungeneltern häufig beklagen: Ablenkbarkeit und kurze Aufmerksamkeitsspannen, auf die ich im Folgenden noch näher eingehe.

Wir müssen akzeptieren, dass die meisten Jungen eine Menge physischer Energie haben. Damit diese Energie nicht mit dem kollidiert, worauf sich die Jungen nach den Wünschen von Eltern und Lehrern konzentrieren sollen, sind zwei Dinge nötig: Erstens müssen wir dafür sorgen, dass Jungen täglich ausreichend Gelegenheit bekommen, Dampf abzulassen (siehe 19. Kapitel: Körperliche Bewegung). Zweitens müssen wir Jungen beibringen, ihre Impulse besser zu steuern, damit sie ihren Bewegungsdrang im Zaum halten können, wann und wo er unangebracht ist. Das Thema Optimierung der Impulssteuerung spreche ich in diesem Buch immer wieder an.

Unkonzentriertheit, kurze Aufmerksamkeitsspanne

Eltern von Kindern beider Geschlechter stellen häufig fest, dass sich Jungen viel schneller ablenken lassen als Mädchen. Unkonzentriertheit und eine kurze Aufmerksamkeitsspanne stören die Kooperationsfähigkeit, selbst wenn sich der Junge eigentlich gern gut benehmen möchte. Weil er nicht richtig bei der Sache ist, bekommt er die Anweisungen von Erwachsenen nicht mit. Wenn doch, kann er sich nicht lang genug konzentrieren, um zu Ende zu bringen, was von ihm verlangt wurde.

Unkonzentrierte Jungen werden oft zurechtgewiesen, weil sie nicht aufpassen, nicht zuhören, nicht bei der Sache bleiben, nichts zu Ende bringen, nicht schauen, wo sie hinlaufen, Deckel nicht wieder aufschrauben und Schubladen nicht zumachen. In Wirklichkeit werden sie damit für ein in ihrem unreifen Entwicklungsstadium für sie vollkommen natürlichen Verhalten kritisiert. Über kurz oder lang rechnet so ein Junge dann schon mit einem ungeduldigen, genervten Tonfall, wenn er von Lehrern oder Eltern angesprochen wird. Das ist ein unangenehmes Erlebnis, deshalb schützt er sich davor, indem er auf Durchzug schaltet und noch weniger zuhört. Das bringt den Erwachsenen natürlich noch stärker in Rage, und er wird noch mehr schimpfen und poltern. Glücklicherweise lassen sich solche typischen Reaktionszyklen umgestalten – doch nur, wenn die Erwachsenen lernen, die Dinge anders anzugehen, und das dann in der Praxis auch konsequent umsetzen. Ab dem zweiten Teil des Buches erfahren Sie, was Sie anders machen können, um andere Ergebnisse zu erzielen.

Wer ablenkbar ist und nur kurz aufmerksam bleiben kann, hat nicht unbedingt eine schlechte Konzentrationsfähigkeit. Auf Aktivitäten und Themen, die sie interessieren, können sich Jungen lange und voll konzentrieren. Doch viele finden es weit schwieriger, sich auf Aufgaben oder Arbeiten zu fokussieren, auf die wir, die Erwachsenen, sie gerne konzentriert sehen möchten. Das Bedürfnis der Jungen nach körperlicher Bewegung kann ihre Fähigkeit und Bereitschaft zur Konzentration stören, vor allem bei ruhigeren Beschäftigungen (soweit diese nicht vor einem Bildschirm stattfinden). Jungen müssen lernen, sich auf Dinge zu konzentrieren, auf die sie sich nicht unbedingt konzentrieren wollen – wie Schularbeiten und Hausaufgaben.

Eltern können es sich vielfach nicht leisten, einfach abzuwarten, bis ihr Sohn aus dieser Unkonzentriertheit herauswächst. Natürlich wird er mit der Zeit reifer, doch hat er es sich erst angewöhnt, unaufmerksam zu sein, dann schleift sich das immer tiefer ein. Wir können Jungen beibringen, auf eine Belohnung zu warten und sich zu fokussieren – nicht nur auf Dinge und Themen, die sie von Haus aus faszinieren, sondern auch auf solche, die wir wichtig finden. Jede Strategie, die Sie sich aus diesem Buch aneignen, zielt darauf ab, das Jungengehirn reifen zu lassen. Im vierten Teil (Wie Jungen ihr schulisches Potenzial ausschöpfen können) gebe ich konkrete Beispiele für den Bereich Schul- und Hausaufgaben.

Unterentwickelte Impulssteuerung

Impulsivität bedeutet, dass man etwas tut oder sagt, bevor man über die Folgen nachgedacht hat. Impulssteuerung hat viel mit Abwarten zu tun. Viele Verhaltensweisen oder Reaktionen sind in manchen Situationen angebracht, in anderen nicht. Wir wollen, dass unsere Söhne lernen, auf die richtige Zeit und den richtigen Ort zu warten, statt ihren Impulsen einfach nachzugeben. Impulskontrolle ist zur Steuerung einer Vielzahl von Reaktionen und Verhaltensweisen erforderlich, die unter bestimmten Umständen unpassend sind: Aggression, Bewegung, Witzereißen, Geräusche machen, die Geräusche von Körperfunktionen nachahmen, Rangeleien, Erforschung der Umwelt, Fragen, Unterbrechungen, Anstarren, Beschwerden, Streit (oder auch nur Widerspruch), Weggehen, Wegschauen und dergleichen mehr.

Bei der Impulssteuerung kommt es aber auch darauf an, konstruktive Kanäle für Frust, Angst, Aggression und den Drang, zur falschen Zeit oder am falschen Ort Blödsinn zu machen, zu finden und zu nutzen. Im fünften Kapitel (Die richtigen Voraussetzungen schaffen) erkläre ich, wie Sie Jungen dazu anleiten, bessere Entscheidungen zu treffen.

Aufgrund der Impulsivität des Jungengehirns reifen in Jungen die für schulischen Erfolg notwendigen Qualitäten langsamer heran: schweigen, still sitzen, komplexe Anweisungen befolgen, auf ungeliebte Tätigkeiten konzentriert bleiben und auf Details achten.

Wir gehen oft davon aus, dass unsere Kinder die ungeschriebenen und unerwähnten Regeln, wann gewisse Verhaltensweisen akzeptabel sind und wann nicht, von alleine mitkriegen, ohne dass wir sie ihnen ausdrücklich beibringen. Normalerweise nehmen Mädchen solche kulturellen Normen eher an, indem sie die Menschen um sich herum beobachten und nachahmen. Jungen dagegen merken scheinbar gar nicht, wie sich andere verhalten. Sollten sie es doch merken, gehen sie nicht notgedrungen davon aus, dass sie ihr eigenes Verhalten entsprechend anpassen sollten. Und selbst wenn sie erkennen, dass sie ihr Verhalten ändern sollten, kriegen sie das oft nicht richtig hin.

Hat ein Junge noch nicht gelernt, sich zu kontrollieren, wirkt das manchmal, als sei ihm egal, dass sein Verhalten andere vor den Kopf stößt oder ärgert. Um sein Gesicht zu wahren, tut er sogar oft so, als sei ihm das gleichgültig – vor allem, wenn er schon häufig zurechtgewiesen wurde. Weil es so aussieht, als sei der Junge schlicht rücksichtslos, reagieren Eltern und Lehrer in aller Regel ungehalten, predigen und erklären ihm, was er falsch macht. Ihre Annahme oder Hoffnung ist, dass er daraus lernt, sich beim nächsten Mal mehr Gedanken zu machen. Doch Zurechtweisungen motivieren Jungen nur selten zur Impulskontrolle. Rügt man einen Jungen oft genug für impulsives Fehlverhalten, dann glaubt er am Ende nicht mehr daran, dass er sich ändern kann. Also versucht er erst gar nicht, sich zu kontrollieren. Zornige Kinder gehen manchmal sogar noch einen Schritt weiter und tun absichtlich das Falsche – um Aufmerksamkeit zu erhalten oder um sich zu rächen. Diese Reaktion kann zur Gewohnheit werden oder gar zwanghaft.

Glücklicherweise ist die Lage aber nicht aussichtslos. Jungen brauchen klarere Anweisungen und mehr Übung, um zu merken oder zu erkennen, welches Verhalten von ihnen erwartet wird. Sie müssen gezielter trainieren, ihre Impulse unter Kontrolle zu halten. Durch entsprechende Anleitung und Übung können Jungen lernen, sich – jedenfalls meistens – situationsangemessen zu verhalten. Die Strategien, die ich im zweiten Teil präsentiere, helfen ihnen dabei.

> **Verändern diese Strategien das Temperament meines Sohnes?**
>
> Manchmal sorgen sich Eltern, dass ihr Sohn sein Temperament verlieren könnte, wenn er lernt, seine Impulse zu steuern – dass er dann gar nicht mehr richtig er selber sein kann. Darüber machen sich Eltern bei Jungen offenbar mehr Gedanken als bei Mädchen. Vielleicht kommt das daher, weil es leichter ist, Mädchen zur Selbstkontrolle zu erziehen. Deshalb sieht es so aus, als sei das nicht gegen ihre Natur. Doch Sie brauchen sich darüber gar keine Gedanken zu machen. Ihr Sohn wird glücklicher und selbstbewusster, wenn er lernt, seine Reaktionen zu kontrollieren.

Aggressivität und Konkurrenzdenken

Manche Eltern verstört die Aggressivität, mit der Jungen spielen. Gewöhnlich reagieren Mütter darauf besorgter und sehen eher Probleme auf sich zukommen. Väter, die ja selbst mal Jungen waren, verstehen besser, was in den Jungen vorgeht, und machen sich deshalb weniger Gedanken.

Manche Jungen finden ein Spiel erst spannend, wenn Schüsse fallen, etwas zu Bruch geht oder explodiert, Polizisten hinter Ganoven herjagen oder Sachen zerstört werden. Solche Jungen scheinen nahezu besessen von aggressiven Spielen. Andere Aktivitäten finden sie »langweilig« und uninteressant. Das ist aus mehreren Gründen problematisch. So ein Junge verpasst viele vergnügliche und lohnende Aktivitäten, die er reflexartig ablehnt, weil sie ihm nicht aufregend genug erscheinen. Um in der Schule Erfolg zu haben, müssen Jungen außerdem in der Lage sein, sich auf ruhige, sitzende Tätigkeiten zu konzentrieren und diese mit Freude auszuüben.

Das Jungengehirn ist auf Aggression gepolt (aber natürlich auch auf andere Eigenschaften). Eltern, die versuchen, Spielzeugpistolen aus dem Kinderzimmer zu verbannen, stellen oft fest, dass sie auf verlorenem Posten stehen. Ein Junge kann in eine Scheibe Toast beißen und in der Form des restlichen Brots ohne Weiteres eine Pistole erkennen. Und natürlich kann ein Junge auch jederzeit seine Finger als Pistole einsetzen. Ich will mich mit diesem Buch nicht am Unmöglichen versuchen. Die Strategien für eine gelassenere, einfachere, glücklichere Erziehung sollen das genetische Erbe ihres Sohnes nicht unterdrücken, sondern in positive Bahnen lenken. Dazu gehört auch die angeborene Neigung zur Aggressivität.

Eltern können Verschiedenes tun, um zu verhindern, dass sich aggressive Tendenzen zu einem Problem auswachsen. Jungen muss beigebracht werden, Frust, Abneigung und Sorgen in Worte zu fassen. Die Strategien, die ich im zweiten Teil erläutere, führen mit der Zeit (aber nicht sofort) zu diesem Ziel. Eltern müssen Jungen dazu bringen, sich regelmäßig in einem breiten Spektrum von Aktivitäten zu betätigen, die konstruktiv und kreativ sind – selbst wenn das zunächst auf Widerstand stößt. Auch das wird im zweiten Teil angesprochen.

Das Jungengehirn reagiert sehr gut auf einen sorgfältig durchgetakteten Lebensstil. Jungen neigen weit seltener zu verbalen oder physischen Ausbrüchen, wenn sie viel Schlaf und Bewegung haben, sich richtig ernähren und nicht so viel Zeit vor dem Bildschirm verbringen. Im zweiten und dritten Teil erkläre ich genauer, wie Sie solch einen Lebensstil nahezu reibungslos herbeiführen können. Und Jungen müssen Zeit mit erwachsenen Männern verbringen, die bei der Kontrolle aggressiver Impulse Vorbild sein können (siehe zehntes Kapitel: Die Rolle der Väter und wie Mütter Väter unterstützen können).

Risikofreude, Abenteuerlust und die Faszination des Verbotenen

Seit Anbeginn der Zeiten neigen Jungen zu Kämpfen, Waffen, kriegerischen Träumen, Unfug und Fehlverhalten, Abenteuer und Risiko, extremen physischen Herausforderungen und gesellschaftlich inakzeptablem Verhalten. Die Ursachen dafür liegen in der Neurologie des Jungengehirns begründet, aber auch in der Art und Weise, wie Jungen sozialisiert sind. Jungen erhalten oft widersprüchliche und mitunter verwirrende Signale – beispielsweise, dass Gewalt falsch ist, aber doch gut, wenn man einen Schwächeren beschützt oder um Gerechtigkeit kämpft.

Eltern befürchten, dass die Impulsivität und Waghalsigkeit der Jungen in Kombination mit der Anziehungskraft, die Gefahr und Verbotenes auf sie ausüben, sie in Situationen bringen, mit denen sie überfordert sind. Väter und andere erwachsene Männer haben enormen Einfluss darauf, was heranwachsende Jungen interessant, spannend oder erfüllend finden. Die oft gar nicht positiven Werte und Interessen der männlichen Masse umgeben Jungen und verpassen ihnen von frühester Kindheit an eine Art Gehirnwäsche. Wir müssen ihnen vorleben, dass »richtige Männer« viele Interessen haben und ganz verschiedenen Freizeitbeschäftigungen nachgehen können.

Fehlende Empathie und Rücksicht

Empathie und Rücksicht bedeuten, die Gefühle anderer wahrzunehmen und sich nicht achtlos darüber hinwegzusetzen. Dazu gehört auch, die Auswirkungen des eigenen Verhaltens auf andere zu erkennen. Neurowissenschaftliche Untersuchungen lassen vermuten, dass es einen genetisch programmierten Empathietrieb gibt, der jedoch bei manchen Menschen ausgeprägter ist als bei anderen. Dem Stereotyp zufolge scheren sich Jungen keinen Deut darum, wie ihr Benehmen auf andere wirkt. Das gilt natürlich nicht für alle Jungen, doch viele Jungeneltern würden dieses Pauschalurteil unterschreiben. Wir möchten aber, dass unsere Söhne lernen, die Gefühle anderer und ihre Gründe dafür zu verstehen.

Wir können ein Empathiekontinuum skizzieren. Am einen Extrem des Spektrums sehen wir Kinder, die offenbar nichts wahrnehmen, was sie nicht direkt betrifft. Wird ein solches Kind auf die verletzten Gefühle anderer hingewiesen, so empfindet es womöglich einen Anflug von Mitgefühl oder Anteilnahme. Am anderen Ende des Kontinuums sind Kinder angesiedelt, die sich so stark mit den verletzten Gefühlen anderer identifizieren, dass sie sich selbst verletzt fühlen. Beide Extreme sorgen für Probleme.

Empathie ist nicht nur ein Gefühl, dass ungebeten aufwallt, wenn wir dem Leid anderer ausgesetzt sind, sie ist auch eine erlernbare Fähigkeit. Der erste Schritt für Eltern, die ihren Kindern Empathie vermitteln möchten, ist, selbst empathisch zu reagieren, wenn sich Kinder verletzt fühlen. Das ist leichter gesagt als getan, denn mit den verletzten Gefühlen eines Kindes gehen oft unerwünschte oder störende Verhaltensmuster einher. Im zweiten Teil erfahren Sie mehr darüber, wie man richtig zuhört (siehe sechstes Kapitel) – auch eine Form der Empathie – und wie man anschaulich lobt (siehe viertes Kapitel). Dadurch können sich Kinder in einem positiveren Licht sehen – in diesem Fall als Mensch, dem die Gefühle anderer nicht gleichgültig sind. Außerdem lesen Sie (im fünften Kapitel) von den Voraussetzungen für den Erfolg, die Ihnen eine äußerst effektive Strategie für die Erziehung Ihrer Kinder zu mehr Empathie an die Hand geben.

Unreifes Sozialverhalten

Kommunikationskompetenz erwerben Jungen meist später als Mädchen. Es mag Zeiten gegeben haben, in denen die natürliche Zurückhaltung von Jungen als etwas »typisch Jungenhaftes« galt, das nicht als Problem gewertet wurde. Heutzutage erwartet man aber von Jungen ein angemessenes Sozialverhalten.

Fehlt das, kann es im Umgang mit Gleichaltrigen und mit Erwachsenen Schwierigkeiten geben. Um die Sozialkompetenz zu entwickeln, die moderne Eltern und Lehrer erwarten, benötigen Jungen aller Wahrscheinlichkeit nach Unterweisung und Übung. Ermahnungen und Kritik bringen da wenig. Und auch wer nichts sagt und nur geduldig darauf wartet, dass der Junge von alleine reifer wird, erreicht sein Ziel oft nicht, weil sich im Laufe der Zeit auch unwillkommenes Sozialverhalten einschleifen und zementieren kann.

Sozialkompetenz lässt sich in zahllose Unterpunkte aufgliedern. In diesem Buch greife ich mehrere der wesentlichen Mikrokompetenzen heraus und zeige Ihnen, wie Sie Ihren Sohn durch Unterweisung und Übung zu einem freundlicheren, höflicheren und konstruktiveren sozialen Umgang anleiten können. Zu den zu erwerbenden sozialen Kompetenzen zählen:

- andere (Gleichaltrige, Verwandte, Autoritätspersonen, etc.) grüßen
- ein Gespräch anfangen und weiterführen
- Fragen stellen und beantworten
- sich mitteilen

- eine Meinung äußern, ohne zu dominieren
- im Spiel zu führen und zu folgen
- Blickkontakt herstellen und aufrechterhalten

Sie glauben vielleicht, Sie haben schon alles versucht, um Ihren Sohn dazu zu bewegen, freundlicher, umgänglicher und entgegenkommender zu werden – oder auch nur halbwegs höflich. Dann ist durchaus verständlich, wenn Sie Zweifel daran haben, ob man Jungen soziale Kompetenzen antrainieren kann. Doch die Antwort lautet definitiv: Ja. Dazu ist aber das gezielte Einüben von Mikrokompetenzen erforderlich, und möglichst fehlerfreies Lernen. Das bedeutet, Ihr Sohn muss sich die neuen Fähigkeiten unbedingt korrekt aneignen, damit in seinem Langzeitgedächtnis verankert wird, wie er nach Ihren Wünschen sprechen und reagieren soll (siehe 21. Kapitel: Beziehungen zu Gleichaltrigen).

Unreife Feinmotorik

Auch reifere feinmotorische Fähigkeiten entwickeln Jungen gewöhnlich später als Mädchen. Sie können beobachten, dass Jungen beim Essen noch die Finger zur Hilfe nehmen und das eine oder andere auf den Tisch fallen lassen, während gleichaltrige Mädchen schon recht geschickt mit Messer und Gabel umgehen. Feinmotorische Fähigkeiten sind auch beim Anziehen gefragt. Jungen wirken oft so zerstreut oder tollpatschig, wenn sie versuchen, den Reißverschluss an der Jacke zuzuziehen oder das Hemd richtig zuzuknöpfen, dass Vater oder Mutter glauben, sie seien noch nicht reif genug dafür. Andere Jungen können solche Dinge schon, brauchen dafür aber unendlich lang – gerade wenn Sie es eilig haben und schnell aus dem Haus müssen. Aus solchen Gründen legen Eltern in aller Regel selbst Hand an bei Dingen, die ein Junge selbständig erledigen lernen sollte. Und je länger Sie Ihrem Sohn solche Handgriffe abnehmen, desto länger braucht er, um alleine zurechtzukommen. Im fünften Kapitel (Die richtigen Voraussetzungen schaffen) stelle ich Strategien zur Vermittlung neuer Kompetenzen vor.

Diese Merkmale des Jungengehirns können, wenn sie nicht konstruktiv angegangen werden, weitere Probleme nach sich ziehen: mangelnde Kooperationsbereitschaft, fehlenden Respekt, Unselbständigkeit und Verantwortungslosigkeit, Ängste und Wutanfälle. Diese Probleme können enorm demoralisierend wirken, weil sie im normalen Tageslauf gleich mehrere Krisenherde darstellen. Aber keine Angst! Ich spreche jedes dieser Probleme im dritten Teil an (Strategien, die das Leben mit Söhnen gelassener, einfacher und glücklicher machen – jeden Tag).

Zusammenfassung

Haben Sie beim Durchlesen der typischen Merkmale des Jungengehirns Ihren Sohn wiedererkannt? Vielleicht haben Sie ja bisher gedacht, dass man nicht viel tun kann, um ihm zu helfen, sich vernünftiger zu benehmen. Inzwischen sehen Sie das hoffentlich etwas optimistischer. Im folgenden Kapitel erfahren Sie, warum sich Jungen wie Jungen verhalten, und dem zweiten, dritten und vierten Teil des Buches können Sie Strategien dazu entnehmen, wie sie spürbare, nachhaltige Veränderungen herbeiführen.

Drittes Kapitel – Die Wurzel aller Probleme: Natur und Umwelt

Die wenigsten Probleme haben eine einzige eindeutige Ursache. In aller Regel sind es mehrere Faktoren, die dazu beitragen – augenfällige und subtilere, die entsprechend schwerer erkennbar sind. Im vorliegenden Kapitel untersuche ich, wie Natur und Umwelt gleichermaßen zu den Problemen beitragen, die Eltern von Jungen Kopfzerbrechen bereiten. Im Anschluss werden wir diese Faktoren in den übrigen Kapiteln des Buches abhandeln. So können wir unsere Jungs effektiv dabei unterstützen, in der Jugend bessere Erfahrungen zu machen und zu Männern heranzuwachsen, auf die wir stolz sein können.

Die geschlechtsspezifischen Unterschiede in der Gehirnchemie sind genetisch programmiert. Soviel zur »Natur«. Manche dieser Unterschiede sind zum Problem geworden, weil die moderne Gesellschaft von Jungen ein anderes Verhalten erwartet, als evolutionstechnisch angelegt ist. Gehen Eltern, Lehrer und die breitere Gemeinschaft unbeabsichtigt falsch mit diesen Unterschieden um, entstehen noch mehr Probleme. Das Umfeld, das Eltern und Lehrer schaffen, übt großen Einfluss aus und kann für Jungen alles viel einfacher, aber auch viel schwieriger machen. Das meine ich mit »Umwelt«.

Körperliche Energie

Natur: Der männliche Körper ist für physische Aktivitäten ausgelegt, denn in der Evolutionsgeschichte waren Männer jeden Tag viele Stunden körperlich aktiv. Jungen sind nicht so an Gesprächen interessiert wie Mädchen.

Sie reagieren mitunter durch »emotionalen Rückzug« – also, indem sie wegschauen und einfach nicht antworten.

Umwelt: Können Jungen ihre physische Energie nicht hinlänglich ausleben, leiden alle Beteiligten. Wir müssen dafür sorgen, dass unsere Söhne jeden Tag körperlich aktiv sind. Dann kann sich das Jungengehirn besser auf die Entwicklung reiferer Verhaltensweisen konzentrieren (siehe 19. Kapitel: Körperliche Bewegung).

Ablenkbarkeit, unzulängliche Impulssteuerung, Konzentrationsschwierigkeiten, Probleme mit sozialer Kompetenz und Feinmotorik, mangelnde Rücksicht und Empathie

Natur: Jungen haben rund 30 Prozent mehr Muskelmasse als Mädchen. Selbst ein magerer kleiner Junge, der noch keine Muskeln ausgebildet hat, verfügt über mehr Muskelpotenzial als ein durchschnittliches Mädchen. Der Umgang mit der Muskelmasse nimmt einen Großteil des Jungengehirns in Anspruch, das damit beschäftigt ist, die Signale zu verarbeiten, die die Muskeln ans Gehirn senden, und die das Gehirn zurück an die Muskeln sendet. Das Jungengehirn ist darauf ausgerichtet, dass die Muskeln richtig funktionieren und zusammenarbeiten. Weil das im Fokus steht, ist die für die Grobmotorik zuständige Augen-Hand-Koordination bei Jungen in aller Regel stärker ausgeprägt. (Dazu gehört auch das sogenannte Ballgefühl.)

Eine Folge der frühen Spezialisierung des Jungengehirns auf die Ausbildung von Muskeln ist, dass mehrere andere Bereiche des Gehirns wenig Anregung erfahren, weshalb sie sich im Vergleich zu Mädchen verzögert entwickeln. Zu diesen Gehirnarealen zählen die Steuerzentren für die Sprachentwicklung, die soziale Kompetenz, die feinmotorische Koordination und die Impulskontrolle. Wie stark sich das auswirkt, hängt natürlich vom Einzelfall ab. Ich will nicht sagen, dass jeder Junge alle Stärken oder alle Schwächen aufweist. Ebenso wenig behaupte ich, dass jede Stärke besonders ausgeprägt ist oder jede Schwäche gleich eine schlimme, verheerende.

Umwelt: Wir möchten unsere Söhne dahin bringen, dass sie reifer und vernünftiger werden, doch leider funktionieren die Methoden, die wir gewöhnlich einsetzen, in aller Regel nicht. Indem wir verärgert oder wütend reagieren, uns wiederholen, sie ermahnen, ihnen Vorträge halten, sie zurechtweisen oder anschreien, erreichen wir keinesfalls, dass Jungen ein reiferes Verhalten an den Tag legen. Je mehr wir uns über unsere Jungs aufregen, desto übler nehmen sie es und desto weniger bemühen sie sich, reifer und vernünftiger zu handeln. So ein Junge ist dann in seiner Würde gekränkt und fühlt sich nicht geachtet. So bringen Sie vermutlich das Schlechteste in ihm zum Vorschein, was zu noch verantwortungsloserem Verhalten und manchmal sogar zu Racheakten führt.

Wenn Sie sich jetzt fragen, wie Sie Ihren Sohn wohl dazu bringen können zu tun, was von ihm verlangt wird, ohne sich zu wiederholen, ihn zu ermahnen, zu nörgeln, zu predigen oder ihm zu drohen, dann ist die gute Nachricht: Es gibt weitaus effektivere Strategien, um Jungen zu vernünftigerem, reiferem Verhalten zu bewegen. Diese Strategien werden im zweiten, dritten und vierten Teil des Buches erläutert.

Das Jungengehirn holt seinen Entwicklungsrückstand auf die Mädchen vor oder in der Pubertät häufig auf. Leider sind Jungen dann oft schon recht verbittert. Wegen der vielen gebetsmühlenartigen Ermahnungen und Zurechtweisungen und der entnervten Blicke und der Kritik sind sie für den Gedanken, sich reifer, vernünftiger und verantwortungsbewusster zu verhalten, oft schon gar nicht mehr zugänglich. Selbst wenn ihr Gehirn in der Pubertät sprunghaft reifer wird, bleibt die Einstellung des Teenagers zu sich selbst und zum Leben oft in seiner unreifen Vergangenheit verhaftet. Sie werden feststellen, dass die Strategien für eine gelassenere, einfachere, glücklichere Erziehung im zweiten, dritten und vierten Teil des Buches diese negative Haltung weitgehend minimieren können.

Aggressivität und Konkurrenzdenken

Natur: Jungen haben seit jeher Probleme, ihre Aggressionen im Zaum zu halten – zum Teil, weil sie stärker ausgeprägt sind, was an dem höheren

Testosteronspiegel liegt. Auch der Adrenalinspiegel ist oft höher. Jungen reagieren eher aggressiv, weil ihnen im Vergleich die nötige Reife fehlt, sich in andere hineinzuversetzen. Geht ihnen etwas gegen den Strich, nehmen sie es gewöhnlich persönlich und unterstellen böse Absicht.

Umwelt: Heute sorgt die Umwelt dafür, dass sich Jungen schlecht fühlen, wenn sie kämpfen, von Aggression, Gewalt und Krieg fasziniert sind oder von Wettbewerbsdenken beherrscht werden. Wir müssen diese angeborenen Triebe respektieren und sie sicher kanalisieren. Bringen wir Jungen lieber bei, wie sie sie gefahrlos ausleben können, als spielerische Auseinandersetzungen rundweg zu verbieten (siehe 20. Kapitel: Beziehungen zu Geschwistern).

Risikofreude, Abenteuerlust, Reiz des Verbotenen

Natur: In Zeiten, als das Leben noch einfacher war, verbrachten Jungen viel Zeit auf der Jagd oder mit Erkundungen. Weit weg von zu Hause erlebten sie Abenteuer und sammelten Erfahrungen und Selbstvertrauen, weil sie lernten, ihre Probleme selbst zu lösen. Oder sie blieben zu Hause und beobachteten und imitierten die Männer ihres Clans und lernten von ihnen, wie man für Nahrung, Kleidung, Unterkunft und Sicherheit für die Gemeinschaft sorgt. Auch das stellte für heranwachsende Jungen aufregende Erfahrungen und Herausforderungen dar.

Umwelt: Das Jungengehirn braucht Herausforderung und Spannung. Geben die Erwachsenen in einer Gemeinschaft den Jungen und jungen Männern kein konstruktives Ventil für diesen starken angeborenen Drang, wenden sich Jungen bereitwillig weniger positiven oder gar gefährlichen Alternativen zu, um ihren Bedarf an riskanten Erlebnissen und Abenteuern zu decken. Wir müssen Wege finden, unsere Jungen vor Herausforderungen zu stellen. Wie bequem wäre es doch, wenn sich Jungen von ihren Hausaufgaben herausgefordert fühlen würden, doch das ist eher nicht der Fall, weil ihnen das physische Element fehlt. Eine der besten Möglichkeiten für Jungen, sich körperlich zu beweisen, ist Sport – sowohl in Form von Sportarten, die alleine betrieben werden, als auch als Mannschaftssport. Im 19. Kapitel (Körperliche Bewegung) spreche ich an, wie man Jungen zu mehr Aktivität verhelfen kann, und zur Entwicklung spezifischer Kompetenzen, die ihnen mehr Selbstvertrauen vermitteln. Wettbewerbe bieten Herausforderung und Spannung. Im 21. Kapitel (Beziehungen zu Gleichaltrigen) erkläre ich, wie sich der natürliche Wettbewerbsdrang des Jungengehirns effektiv nutzen lässt.

Zusammenfassung

Jungen kommen mit einem Bündel angeborener Wesenszüge auf die Welt, die einst, in der Frühzeit unserer Entwicklungsgeschichte, ausgesprochen nützlich waren – sowohl für die Gemeinschaft als auch für das Überleben unserer Spezies. Das müssen wir zuallererst einmal akzeptieren.

Die Jungen können nichts dafür, dass die Gesellschaft viele dieser typischen Merkmale ihres Gehirns nicht mehr braucht oder würdigt und keine Ventile mehr dafür bietet. Diese Eigenschaften können Stärken oder Schwächen darstellen, je nachdem, wie wir damit umgehen. Wir müssen solche Triebe in gesellschaftlich akzeptable Aktivitäten umleiten, weil wir naturgegebene Eigenschaften nicht einfach wegdiskutieren können. Wir müssen unseren Verstand gebrauchen, um Jungen viele verschiedene Möglichkeiten zu geben, sich die positiven Aspekte dieser zweischneidigen Wesenszüge anzueignen.

Zweiter Teil
Wie Sie mit Strategien zur gelasseneren, einfacheren und glücklicheren Erziehung das Beste aus Ihren Jungen herausholen

Viertes Kapitel – Anschaulich loben

Darum wirkt anschauliches Lob für mich Wunder

Ich bin alleinerziehende Mutter von zwei Söhnen und einer Tochter. Als die Jungen ungefähr elf und neun waren, kamen die ersten frechen Antworten, und sie mussten immer das letzte Wort behalten. Mich verließ der Mut, denn ich dachte, ich könnte mir keinen Respekt verschaffen und sie nähmen mich nicht ernst. Weil ihr Vater im Ausland lebt, musste ich damit alleine zurechtkommen. Immer wenn sie anständig mit mir sprachen, ohne Sarkasmus, mich nicht herumkommandierten, nachäfften oder ignorierten, begann ich, sie anschaulich zu loben. Und in Wirklichkeit waren sie ziemlich oft anständig, was mir vorher gar nicht aufgefallen war.

»Reagiere nicht auf Respektlosigkeit« wurde zu meinem Mantra. Statt ihnen ins Gewissen zu reden oder mit ihnen zu diskutieren, schaute ich sie nur an und wartete, bis sie aufhörten. Dann konnte ich sie anschaulich dafür loben, dass sie höflich waren. Manchmal dauerte es eine Weile, doch es funktionierte. Wenn sie nicht bitte sagten, forderte ich sie nicht dazu auf. Ich sagte lediglich: »Nein, kannst du nicht, weil du nicht bitte gesagt hast. Frag in einer halben Stunde noch einmal.« Und ich stellte die Stoppuhr auf eine halbe Stunde. Das schlug ein! Sagten sie bitte und danke, bekamen sie selbstverständlich ein anschauliches Lob und ein strahlendes Lächeln.

Ich will nicht angeben, kann aber sagen, dass meine Jungen ausgesprochen freundlich, höflich und respektvoll sind. Und nur weil ich sie zehnmal am Tag anschaulich lobte, wurden auch andere Dinge besser, ohne dass ich viel dazu tun musste. Die Kinder kommen besser miteinander aus und wetteifern nicht mehr ständig. Sie nehmen ihre Hausaufgaben

> ernster und bieten ihre Hilfe an, statt zu meckern, wenn ich darum bitte. Und sie machen sich morgens und abends zügig fertig, ohne dass ich mich darum kümmern muss. Verstehen Sie jetzt, warum anschauliches Lob für mich Wunder wirkt?
>
> **Mutter von Daniel (14), Nathan (12) und Shira (9).**

Eltern, die noch nicht gelernt haben, anschaulich zu loben, loben meist mit Extremen wie »toll«, »großartig«, »super«, »fantastisch« oder »ausgezeichnet«. Solches Lob ist gut gemeint. Wir sagen »einmalig«, »klasse« oder »du bist ja so begabt«, weil wir unseren Kindern Selbstvertrauen vermitteln möchten. Wir möchten, dass sie sich geliebt fühlen. Und als etwas Besonderes. Wir möchten unsere Kinder aber auch beeinflussen. Wir möchten sie dazu animieren, Neues auszuprobieren oder auch solche Aktivitäten bis zum Ende durchzuziehen, die nicht so viel Spaß machen.

Superlativ-Lob ist kein sehr effektiver Motivator. Kinder sind nämlich nicht dumm. Sie wissen meist selbst, dass das, was sie gemacht haben, gar nicht so großartig oder toll war. Wäre das so, würde ihnen das jeder sagen. In Wirklichkeit sagen es aber nur Mama und Papa. Kinder merken, dass Eltern solche Dinge aus Liebe sagen – nicht, weil sie zutreffen. Außerdem hat Ihr Sohn solch übertriebenes Lob schon hundert oder tausend Mal gehört, sodass er es kaum noch zur Kenntnis nimmt. Er blendet es einfach aus. Und es liefert ihm auch keine konkreten Anhaltspunkte dafür, was er tun könnte, um noch mehr Anerkennung zu bekommen. Mit Superlativen erreichen wir unser Ziel daher nicht.

Unsere Kinder wollen uns gefallen, doch oft genug scheinen wir gar nicht zu bemerken, was sie tun. Selbst in der liebevollsten Familie ist es für Kinder leichter, negative Aufmerksamkeit zu erregen, indem sie herumtrödeln, ihre Geschwister ärgern, quengeln oder bocken, als positive Aufmerksamkeit durch richtiges Verhalten. Das hat einen einfachen Grund: Wenn gerade mal keine Katastrophen passieren, nutzen wir die Zeit, um Dinge zu erledigen. Die meisten Eltern haben eine endlose Liste anstehender Aufgaben im Kopf. Wir müssen E-Mails beantworten, Rechnungen bezahlen, Waschmaschinen be- und entladen – wir müssen uns um eine Million Dinge kümmern. Und wir können unseren Pflichten und Aufgaben dann nachgehen, wenn sich unsere Kinder gut benehmen. Gibt es aber Probleme, weil sie das nicht tun, richtet sich unser Augenmerk sofort auf das Problem, das es zu lösen gilt. Die Folge: Wir bemerken – und verstärken – negatives Verhalten.

Der Einstieg – Ihr Fahrplan zum Erfolg

Ich fordere Sie im Folgenden auf, das Extremlob einzustellen und sich stattdessen anzugewöhnen, anschaulich zu loben. Dadurch nehmen Sie Ihre Kinder ganz anders wahr und erkennen sie ganz anders an. Sie halten Ihre Kinder viel effektiver dazu an, sich von ihrer besten Seite zu zeigen. Anschauliches Lob ist der beste Motivator, weil Kinder nach unserem Beifall heischen.

Mit anschaulichem Lob verzichten Sie auf Superlative, nehmen aber die kleinen Dinge zur Kenntnis, die Ihr Sohn richtig beziehungsweise nicht falsch macht, und honorieren sie. Sie als großartig oder fantastisch zu bezeichnen, trifft nicht zu, denn das sind sie nicht.

Plötzlich fallen Ihnen viele kleine Schritte in die richtige Richtung auf, und Sie sprechen sie an – all die winzigen angemessenen Verhaltensmuster, die so leicht übersehen oder für selbstverständlich genommen werden. Und genau darauf müssen wir achten, wenn wir sie verstärken wollen. Hört Ihr Sohn Sie konkret erwähnen, was er richtig gemacht hat, wird er es wieder tun wollen, um erneut Ihre Anerkennung zu bekommen. Kinder verinnerlichen anschauliches Lob ziemlich schnell und erfinden sich entsprechend neu.

Ich fordere Sie dazu auf, den ganzen Tag immer wieder anschaulich zu loben. Wenn wir Zeit mit unseren Kindern verbringen, sprechen wir gewöhnlich viel mit ihnen. Gewöhnen Sie sich grundsätzlich an, jeden Satz, den Sie an Ihren Sohn richten, ob Sie ihm etwas erzählen oder eine Frage beantworten, mit einem kleinen anschaulichen Lob zu beginnen.

Wer sich dazu durchringt, legt morgens oft hoch motiviert los. Irgendwann im Laufe des Tages merkt er aber, dass er schon seit zehn Minuten nicht mehr anschaulich gelobt hat – oder vielleicht sogar seit einer Stunde.

Dann sollten Sie sich gezielt fragen: »Was kann ich loben?« Schauen Sie sich um, nehmen Sie bewusst wahr, was Ihr Sohn gerade richtig macht und was falsch.

Selbst wenn Sie nicht sicher sind, was Sie loben sollen, springen Sie ruhig ins kalte Wasser und beginnen Sie Ihren Satz mit »*Mir fällt auf, dass ...*«. Dann sind Sie in Zugzwang und müssen sich etwas einfallen lassen, um den Satz zu beenden. Sie könnten sagen:

- Mir fällt auf, ... dass du schön gerade sitzt.
- Mir fällt auf, ... dass du beim Essen nicht auf den Tisch gekleckert hast.
- Mir fällt auf, ... dass du unter dem Tisch nicht nach deinem Bruder getreten hast.

Das sind zufällig alles Beispiele für die Essenszeit. Ich habe sie ausgewählt, weil gerade Mahlzeiten mit Jungen für Eltern ausgesprochen anstrengend sein können. Doch Sie werden zu jeder Tageszeit Verhaltensweisen wahrnehmen, die Anlass zu anschaulichem Lob sein können.

> Unlängst hat mir auf einem Seminar ein Vater erzählt, wie gut anschauliches Lob bei seinem Sohn wirkte. »Ich hatte schlicht angenommen, Jungen wollen einfach nicht aufräumen oder Zähne putzen oder Hausaufgaben machen oder Dankeskarten schreiben oder den Müll rausbringen oder ordentlich schreiben. Als ich das erste Mal von anschaulichem Lob hörte, hätte ich es fast nicht ausprobiert, weil es so klang, als würde es ohnehin nur bei braven Mädchen funktionieren – nicht bei lebhaften Jungen wie meinem Sohn. Ich stellte daher mit großem Erstaunen fest, dass mein Sohn schon nach wenigen anschaulichen Lobesbezeigungen für das Aufräumen seines Zimmers inzwischen freiwillig sein Spielzeug wegräumt.«

Sie werden es kaum glauben, aber unsere Jungen wollen sich schon nach wenigen Wochen, manchmal sogar nach Tagen, besser benehmen, wenn wir anfangen, jeden winzigen Schritt in die richtige Richtung wahrnehmen und zu honorieren. Jungen wollen uns genauso gefallen wie Mädchen. Wir müssen ihnen lediglich genau sagen, was uns gefällt. Und das erreichen wir durch anschauliches Lob.

Anschauliches Lob für Jungen

Anschauliches Lob ist ein ausgezeichnetes Erziehungsmittel. Indem Sie Ihrem Sohn klar beschreiben, was er richtig gemacht hat, erteilen Sie ihm ausgesprochen nützliche Informationen dazu, wie er sich das nächste Mal Ihre wohlwollende Aufmerksamkeit sichern kann.

Es ist ungeheuer wichtig, jeden Tag, im Kleinen und häufig, die vielen einzelnen korrekten Verhaltensweisen anschaulich zu loben, die Sie täglich beobachten. Warten Sie nicht, bis Ihr Sohn etwas Herausragendes vollbringt. Ich fordere Sie ausdrücklich auf, Ihr Kind zehnmal täglich anschaulich zu loben. (Übrigens – auch Ihre etwas eingerosteten Beziehungen zu Erwachsenen lassen sich durch anschauliches Lob wieder schmieren!) Mit ein bisschen Übung sind Sie bald in der Lage, Ihren Sohn weit öfter als zehnmal am Tag anschaulich zu loben. Und je öfter Sie das tun, desto schneller veranlassen Sie ihn zu positiverem, reiferem Verhalten. Anschauliches Lob hilft gegen schlechte Gewohnheiten.

Denken Sie jetzt bitte an eine wirklich lästige Marotte Ihres Sohnes, die sich häufig äußert. Ich zeige Ihnen dann, wie Sie es schaffen, zu bemerken und zu kommentieren, wann immer er sie nicht an den Tag legt. Anschaulich zu loben, wenn kein Fehlverhalten stattfindet, sorgt dafür, dass das immer seltener der Fall ist.

Hier ein paar Beispiele für anschauliches Lob, das Ihrem Sohn hilft, sich selbst in einem neuen Licht zu sehen:

Mehr Kooperationsbereitschaft

Damit unsere Jungs kooperativer werden, müssen wir zunächst jedes Mal bewusst hinschauen und ansprechen, wenn sie tun, worum wir sie bitten – selbst wenn es Bagatellen sind, die wir bislang nicht erwähnenswert fanden.

- Du hast gemacht, was ich dir gesagt habe – und zwar sofort.
- Du hast gleich deinen Schlafanzug unters Kissen gelegt, als ich dich darum bat. Du hast nicht gesagt: »Ja, gleich.«
- Du hast aufgehört, als ich »hör auf« gesagt habe.

Mehr Höflichkeit

Je öfter Ihr Sohn hört, dass Sie sich freuen, wenn er höflich ist, desto motivierter ist er, daran zu denken:

- Du hast »bitte« gesagt. Da sage ich gerne »ja«.
- Ich habe dich fragen hören, ob du damit spielen darfst, statt es dir einfach zu nehmen.
- Du hast deine Oma angeschaut, als sie dich angesprochen hat.

Mehr Rücksichtnahme und Empathie

Wenn Jungen auch nur im Ansatz Rücksicht oder Empathie beweisen, dürfen wir das nicht für selbstverständlich halten. Durch anschauliches Lob können wir Jungen dazu bringen, sich selbst neu zu definieren:

- Du hilfst.
- Du hast gemerkt, dass dein Freund traurig war, und ihn umarmt.
- Danke, dass du mich wegen der Verspätung angesimst hast. Das hat mir Sorgen erspart.

Mehr Flexibilität

Für Eltern unflexibler Jungen gehört es zu den vordringlichsten Aufgaben, ihnen beizubringen, dass man die Realität akzeptieren muss:

- Du hattest dich so auf den Zoobesuch gefreut, doch als er ausfiel, hast du dich klaglos mit dir selbst beschäftigt.
- Ich habe dich nicht meckern hören.
- Es war so eine Enttäuschung, dass deine Mannschaft verloren hat, doch du hast es nicht auf deine Kameraden geschoben.

Mehr Selbstvertrauen

Natürlich wollen wir, dass unsere Kinder tun, was man ihnen sagt. Doch so wichtig grundsätzliche Kooperationsbereitschaft ist – ein anderer Wesenszug ist noch wichtiger: das Selbstvertrauen nämlich. Wir möchten, dass Kinder und Teenager irgendwann nicht mehr nur tun, was ihnen Eltern und Lehrer sagen. Wir wollen, dass Kinder *von selbst wissen*, was sie tun sollten. Es ist daher enorm wichtig, jedes Mal bewusst wahrzunehmen und anschaulich zu loben, wenn sich Ihr Sohn korrekt verhält, ohne dass man es ihm sagen musste. Eltern vergessen oft, diese kleinen Schritte zu Eigenständigkeit, Vernunft und Verantwortungsbewusstsein zu beachten und zu würdigen:

- Du hast ja schon Hose und Socken an.
- Du sagst nicht einfach »ich weiß nicht«, sondern gebrauchst deinen Verstand.
- Du hast heute noch gar nicht nach dem iPad gefragt. Ich vermute, du beachtest die neue Regel, dass der Dienstag bildschirmfrei ist.

Mehr Selbstbeherrschung

Voraussetzung für das Ablegen lästiger Angewohnheiten ist, Impulskontrolle beigebracht zu bekommen und einzuüben. Ein impulsiver Junge spricht oder handelt, bevor ihm klar wird, dass das nachteilige Folgen haben könnte. Hier ein paar Beispiele dafür, wie Sie Ihrem Sohn durch anschauliches Lob helfen können, seine Impulssteuerung zu verbessern.

- Du hast gewartet, bist du dran warst.
- Du hast dir erst alle Kuchen angeschaut, bevor du dir einen ausgesucht hast.
- Du hast nicht schnell alles an dich gerafft.

Kampf dem Störenfried

Unterbricht Sie Ihr Sohn oft? Gewöhnlich hören Kinder nur, dass sie stören, wenn sie stören. Je öfter Ihr Sohn hört, wie häufig er stört, desto mehr wird er sich als Störenfried betrachten. Es wird zum Teil seiner Identität. Früher oder später glaubt er selbst nicht mehr, dass er aufhören kann zu stören. Deshalb versucht er gar nicht erst, sich zu kontrollieren. Damit sich die Selbstwahrnehmung Ihres Sohnes ändert, sollten Sie unbedingt kommentieren, wenn er nicht stört:

- Du störst gar nicht.
- Du hast dich still verhalten, während sich die Erwachsenen unterhielten.
- Du wartest geduldig.

Das anschauliche Lob motiviert Ihren Sprössling, seinen Drang, Sie zu unterbrechen, besser zu kontrollieren. Und je öfter er das versucht, desto besser kann er seine Impulse wahrnehmen und steuern. Bald denkt sich Ihr Sohn: »Eigentlich bin ich doch gar kein Störenfried mehr.« Im fünften Kapitel (Die richtigen Voraussetzungen schaffen) zeige ich Ihnen, wie Sie gezieltes Durchsprechen von Situationen einsetzen, um Störungen weiter zu verringern.

So bauen Sie physische Aggressionen ab

Eine wirklich nervtötende Eigenschaft mancher Söhne ist ihre Neigung zu schlagen, zu treten, zu schubsen oder zu zerren, wenn sie frustriert oder wütend sind. Das ist für impulsive, sehr physisch geprägte Jungen ganz typisch. So ein Kind wird dann von seiner Gefühlsaufwallung übermannt. Vielleicht zielt ein solcher Junge dabei möglichst effektiv, vielleicht schlägt er nur wahllos um sich und weiß gar nicht, was er da eigentlich tut. So oder so – zu seinem eigenen Wohl und zum Wohle aller Beteiligten möchten Sie sicher, dass er seine Impulse besser unter Kontrolle bringt.

Je mehr Sie darüber sprechen, desto konkreter stellt sich Ihr Sohn sich selbst als Schläger vor, der dafür zurechtgewiesen wird. Ich möchte, dass Sie Ihren Sohn künftig anschaulich loben, wenn er gerade nicht schlägt, tritt, beißt, schubst etc. Vielleicht denken Sie jetzt: »Aber wenn er gerade mal nicht schlägt, dann, weil er gar nicht wütend ist. Er denkt nicht daran. Warum also das Risiko eingehen und ihn daran erinnern, dass er jetzt eigentlich nach jemandem schlagen könnte?« Sie möchten sein Fehlverhalten in diesem Moment womöglich lieber nicht thematisieren.

Ich bitte Sie, bewusst wahrzunehmen und anzusprechen, wenn nichts Negatives vorliegt. Das widerspricht unserer Intuition, ich weiß. Und wenn das missliebige Verhalten häufiger auftritt, müssen Sie vielleicht mehrfach täglich beachten und kommentieren, wenn Ihr Sohn gerade nichts falsch macht. Sie könnten beispielsweise beliebig oft über den Tag verteilt, auch wenn Ihr Sohn gar nicht aufgebracht und daher auch nicht in Versuchung ist, aggressiv zu werden, einfach sagen:

- Du schlägst gar nicht.
- Die hältst ja still.
- Als dein kleiner Bruder deinen Turm umgeworfen hat, hast du zwar gebrüllt, aber nicht geschlagen oder getreten. Du hast Selbstbeherrschung bewiesen.

Wenn Ihr Sohn sichtlich wütend ist, aber nicht körperlich reagiert, könnten Sie hinzufügen: »Du kannst dich beherrschen« oder »Du tust keinem anderen weh«. (Denken Sie immer daran, auf Distanz zu bleiben, wenn Sie erkennen können oder auch nur ahnen, dass er schlechte Laune hat und aggressiv werden könnte.)

So wird weniger gequengelt, gemault, genervt und gestritten

Zunächst ist unbedingt zu berücksichtigen, dass vernünftige Argumente bei einem unreifen Kind selten ziehen. Ihr Sohn wird Ihre Erwachsenengründe vielleicht gar nicht nachvollziehen können. Vielleicht versteht er sie auch, doch sie sind ihm gleichgültig. Diskutieren Sie daher nicht mit Ihrem Sohn, wenn er keine Einsicht zeigt.

Schauen Sie ihn nur an, wenn er quengelt oder protestiert, aber beißen Sie sich auf die Zunge und sagen Sie nichts. Das ist eine viel effektivere Strategie, die allerdings Selbstbeherrschung erfordert. Warten Sie, bis er eine Pause einlegt. Dann können Sie sagen: »Du meckerst ja gar nicht mehr.« oder »Du quengelst ja gar nicht mehr, dass du ein Eis willst.« Vielleicht fängt er dann prompt wieder an zu maulen und zu jammern, weil er weiß, dass Sie das gewöhnlich auf die Palme bringt, und eine Chance sieht, dass Sie nachgeben. Diese lästigen Angewohnheiten haben ihm bisher Ihre Aufmerksamkeit eingetragen, und zwar zuverlässig. Es ist daher nur folgerichtig, dass er Sie eine Weile auf die Probe stellt, bis er begreift, dass die alten Tricks nicht mehr funktionieren. Wenn Sie meine Aufforderung befolgen und Ihren Sohn explizit mindestens zehnmal am Tag anschaulich loben, wird er bald merken – vermutlich schon nach einer Woche –, dass er künftig Aufmerksamkeit bekommt, wenn er sich vernünftig beträgt.

Hier ein paar Beispiele für anschauliches Lob bei ersten Anflügen von Selbstbeherrschung:

- Du warst richtig tapfer beim Arzt. Du hast überhaupt kein Theater gemacht, sondern ganz ruhig dagesessen, als er dir die Spritze verpasst hat.
- Ich sehe, dass du aufgebracht bist, aber du schreist trotzdem nicht herum.
- Du wartest aber geduldig. (Sagen Sie das, wenn er ein oder zwei Minuten lang geduldig abgewartet hat. Loben Sie später, ist seine Geduld vermutlich vorher zu Ende, und er fängt an, sich daneben zu benehmen. Dann können Sie ihn schlecht für seine Geduld loben.)

Anschauliches Lob kommt an und verändert, wie sich Ihr Sohn selbst wahrnimmt. Sobald Ihr Sohn also etwas tut, was Sie stört, sollten Sie daran denken: »Ich warte, bis er pausiert, dann lobe ich anschaulich die Abwesenheit des Fehlverhaltens.«

Eltern berichten, dass Sie sich beim anschaulichen Loben zunächst auf die drei oder vier nervigsten Eigenheiten ihres Sprösslings konzentrieren. Schon nach wenigen Wochen oder Monaten hatte er diese fast abgelegt.

So wirkt anschauliches Lob noch besser

Noch wirkungsvoller können Sie anschaulich loben, wenn Sie eine konkrete positive Eigenschaft erwähnen. Möchten Sie, dass Ihr Sohn ordentlicher und umsichtiger wird, könnten Sie sagen: »Du hast daran gedacht, deine Schulsachen in die Schultasche zu stecken. Das war sehr ordentlich.« Stören Sie sich häufig am gleichgültigen oder aufsässigen Ton Ihres Sprösslings, sollten Sie bemerken und ansprechen, wenn er freundlich ist, und ruhig dazu sagen: »Du hast dich wirklich respektvoll ausgedrückt.«

So wünschen sich Eltern ihre Söhne, wie sie mir berichten:

anpassungsfähig	mutig
ausdauernd	ordentlich
ehrlich	respektvoll
fürsorglich	rücksichtsvoll
geduldig	ruhig
gelassen	selbständig
kooperativ	selbstbewusst
motiviert	vernünftig

Je häufiger Sie diese Eigenschaften in Ihr anschauliches Lob einbauen, desto eher kann Ihr Sohn sie an sich wahrnehmen. Das beeinflusst seine Einstellung und sein Verhalten immer mehr.

Was Eltern wissen wollen

F: Als vielbeschäftigte berufstätige Mutter habe ich ständig im Kopf, was als Nächstes zu erledigen ist, damit alles nach Plan läuft. Wie soll ich da auch noch dauernd daran denken, anschaulich zu loben?

A: Zehnmal anschaulich loben pro Tag hört sich am Anfang erschreckend an, doch es wird bald zur Gewohnheit. Setzen Sie sich in einem ruhigen Moment ein paar Minuten hin und listen Sie auf, welche Angewohnheiten Ihres Sohnes Sie am meisten stören oder aufregen – das ist gewöhnlich nicht schwer! Als Nächstes müssen Sie dann mehrmals am Tag ausdrücklich darauf hinweisen, wenn er gerade keine der nervtötenden Verhaltensweisen zeigt. Ärgert er beispielsweise gern seinen Bruder, dann loben Sie ihn anschaulich, wenn er diesen freundlich behandelt oder in Ruhe lässt. Lässt er seine Sachen herumliegen, sprechen Sie sofort an, wenn er etwas aufhebt – auch wenn er es vielleicht gar nicht aufräumen wollte. Sie können sagen: »Du hast deine Jacke nicht am Boden liegen lassen«. Womöglich hat er seine Jacke auf einen Stuhl geworfen, statt sie an der Garderobe aufzuhängen, doch der Stuhl ist besser als der Fußboden, und das verdient Anerkennung.

F: Das Konzept des anschaulichen Lobs finde ich gut, doch es gibt eigentlich nichts, was ich loben könnte. Mein Sohn mault den ganzen Tag. Was soll ich da positiv bewerten?

A: Fehlverhalten äußert sich meist in Nebensächlichkeiten. Die Masse macht es zum Problem. Quengelt ihr Sohn herum, widerstehen Sie der Versuchung, darauf einzugehen. Tun Sie das, lernt das quengelnde Kind: »Ich kann ruhig zickig sein, Mama und Papa sprechen trotzdem noch mit mir.« Warten Sie, bis ihm die Puste ausgeht, und reagieren Sie dann. Es mag Ihnen lang vorkommen, doch er wird eher aufhören zu quengeln, wenn Sie nichts sagen. Sobald er Ruhe gibt, warten Sie noch fünf oder zehn Sekunden und sagen dann: »Du quengelst ja gar nicht mehr.«

Ganz klar: Wenn Sie ihn die ersten Male auf diese Weise loben, wird er Sie anschauen, als tickten Sie nicht richtig. Mit dieser Reaktion rechnet er nicht. Mit der Quengelei wollte er Ihre Aufmerksamkeit erregen und vielleicht Ihre Hilfe erhalten. Auf Ihr anschauliches Lob könnte er reagieren, indem er gar nichts sagt oder einen freundlichen, höflichen Ton anschlägt. Vielleicht geht das Ganze aber auch gleich wieder von vorne los. Dann müssen Sie erneut die Disziplin aufbringen abzuwarten, bis er das missliebige Verhalten einstellt und das wieder anschaulich loben. Je häufiger Sie bereit sind, anschaulich zu loben, sobald Ihr Sohn – wenn auch nur kurz – aufhört zu nerven, desto schneller kapiert er, dass er künftig mehr Aufmerksamkeit bekommt, wenn er sich richtig verhält.

F: **Kann ich anschaulich loben und trotzdem positive Extreme verwenden – etwa so: »Ganz toll, dass du deine Spielsachen weggeräumt hast« oder »Ich freue mich total, dass du schon in der Badewanne sitzt«?**

A: In den seltenen Fällen, in denen Ihr Kind wirklich etwas Tolles, Großartiges vollbringt, über das Sie sich sehr freuen, sollten Sie unbedingt zeigen, wie glücklich und begeistert Sie sind. Doch mal ehrlich – wie oft passiert das? Aufräumen ist keine Meisterleistung. Es ist selbstverständlich. Lassen Sie Ihren Sohn wissen, was Sie gut finden, indem Sie anschaulich loben und lächeln – ganz ohne Übertreibungen.

Wenn wir unsere Kinder mit Superlativen überschütten, hoffen wir, sie dadurch zu besserem Benehmen zu veranlassen. Leider sind solche Superlative aber kontraproduktiv, weil sie sich so schnell abnutzen. Und dann ist da noch das Missverhältnis zwischen unserem Ärger, wenn Sie Ihr Spielzeug herumliegen lassen, und unserer überschäumenden Reaktion, wenn Sie es aufräumen!

Außerdem wird es Ihnen – und Ihrem Sohn – bald lästig werden, wenn Sie ständig »ach wie toll« sagen. Und wie toll Sie es wirklich finden, kann er daran nicht erkennen. Wichtig ist, dass er mitbekommt, was er gut beziehungsweise nicht falsch gemacht hat. Und darin liegt das Geheimnis des anschaulichen Lobens. Wir müssen uns beibringen, eingefahrene Gewohnheiten zu ändern.

F: Mir leuchtet absolut ein, dass anschauliches Lob Wirkung zeigt bei Dingen, die wir von unseren Kindern erwarten – wie Betten oder Hausaufgaben machen. Doch mein Sechsjähriger kann einfach nicht still sitzen. Entweder zappelt er herum oder er macht irgendwelche Geräusche. Ich frage mich, ob anschauliches Lob da helfen kann? Vielleicht ist er einfach noch nicht so weit, dass er still sitzen oder sich vernünftig benehmen kann?

A: Das ist eine wichtige Frage, denn manchmal wissen Eltern gar nicht, wozu ein Kind fähig ist. Wenn Ihr Sohn ein bestimmtes wünschenswertes Verhalten noch nie an den Tag gelegt hat – wie stillzusitzen oder zuzuhören –, können Sie nicht wirklich erwarten, dass er plötzlich weiß, wie das geht.

Doch sobald Ihr Sohn gezeigt hat, dass er in der Lage ist, sich in irgendeiner Situation zu beherrschen (beispielsweise in der Schule, im Gottesdienst oder im Haus seiner Großeltern), ist das der Beweis, dass er seine Impulse kontrollieren kann. Vielleicht benimmt er sich ja bei seiner Oma ruhiger und vernünftiger, weil Sie immer wieder sagen, dass sie alt ist und keine Aufregung verkraftet. Vielleicht weiß er auch, dass es sich lohnt, während des Gottesdienstes still zu sitzen. Was auch der Grund sein mag, er hat damit schlüssig bewiesen, dass er es **kann**.

Das Gezappel und die Lautäußerungen kommen zwar sicher häufiger vor, als Ihnen lieb ist, aber vielleicht nicht so oft, wie Sie denken. Wenn Sie bewusst darauf achten, merken Sie, dass Ihr Sohn während des Tages immer wieder kurzzeitig ruhig und vernünftig ist. Verstärken Sie reiferes Verhalten unbedingt durch anschauliches Lob:

- Schau mal, du sitzt ja ganz still.
- Du bist ja so ruhig.
- Du machst gar keine komischen Geräusche.

> Neben anschaulichem Lob müssen Sie vielleicht die eine oder andere Änderung an Ihrer Lebensweise vornehmen, wenn Sie einen Sohn haben, auf den die Attribute unruhig, hyperaktiv und laut passen – einen »richtigen Jungen« eben. Im dritten Teil erkläre ich noch genauer, wie wir über bessere Ernährung, mehr körperliche Bewegung und frische Luft, mehr Schlaf und weniger Bildschirmzeit erreichen können, dass unsere Jungen ruhiger werden.

Zusammenfassung

Im fünften, sechsten und siebten Kapitel mache ich Sie mit weiteren Strategien zum Abbau von Fehlverhalten vertraut. Im achten Kapitel erfahren Sie dann, wie Sie positiv und effektiv auf die paar lästigen Angewohnheiten einwirken, die dann noch vorhanden sind. Wenn Sie sich fragen, warum Ihr Kind nicht gleich so reagiert, wie Sie möchten, haben Sie bitte etwas Geduld. Vorerst reicht mir, wenn Sie sich stattdessen darauf konzentrieren, die Strategien einzusetzen, die effektiv mehr Kooperationsbereitschaft und mehr Selbstbewusstsein hervorrufen.

Die schnellste, einfachste und wirkungsvollste Methode, Ihren Sohn zu vernünftigerem, verantwortungsbewussterem Verhalten anzuleiten, ist es, jedes vernünftige und verantwortungsvolle Verhalten zu bemerken und zu kommentieren. Anschauliches Lob ist nicht die einzige Strategie der »Gelassener-einfacher-glücklicher-Methode«, doch es ist stets die erste, die ich Eltern vermittle, weil sie so ein starker Motivator ist.

Je öfter Sie anschaulich loben, desto mehr möchte Ihr Sohn Ihnen gefallen und desto kooperativer und vernünftiger verhält er sich. Schon nach kurzer Zeit können Sie sich darauf verlassen, dass er sich zu 90 Prozent gut benimmt. Diese Erfahrung machen jedenfalls alle Eltern, die diszipliniert mindestens zehnmal täglich kleine Schritte in die richtige Richtung anschaulich loben. Der Grund dafür: Anschauliches Lob fühlt sich so gut an, und es hilft Ihrem Sohn, sich selbst als hilfsbereit, zugänglich, kooperativ und verantwortungsbewusst zu erleben.

Schon bald wird das Familienleben dadurch ruhiger, entspannter und fröhlicher.

Fünftes Kapitel – Die richtigen Voraussetzungen schaffen

Wie ich mich selbst nicht mehr leiden konnte

Als vor drei Jahren Ricky auf die Welt kam, hatte ich vier Kinder unter fünf Jahren – und alles Jungen! Hinzu kam, dass mein Mann zwei Jobs hat. Ich gehöre also zu den alleinerziehenden Verheirateten. Ich war kurz vor dem Nervenzusammenbruch bei dem Geräuschpegel, den überall verstreuten Spielsachen und Kleidungsstücken, dem Gequengle nach Süßigkeiten und Fernsehzeit, den Streitereien und Auseinandersetzungen und dem anschließenden Geheule. Allmählich wurde ich zu einem Menschen, der mir selbst unsympathisch war. Ich drohte, schimpfte und sagte nur noch »nein« und »hört auf«. Ich konnte weder mich selbst noch die Kinder ertragen.

Aus einem Impuls heraus kaufte ich mir einen Stapel Erziehungsratgeber und las jeden Abend darin, wenn die Rasselbande endlich schlief. Aus jedem Buch lernte ich, doch am meisten brachte mir **Calmer, Easier, Happier Parenting**. Ich erfuhr, wie man die richtigen Voraussetzungen für den Erfolg schafft. Diese Strategie hielt mich davon ab, meine Kinder anzuschreien und zu schlagen. Ich hielt mich strikt daran. Als Erstes schuf ich die richtigen Rahmenbedingungen. Ich besorgte jedem der Jungen einen kleinen Teppich, auf dem er seine persönlichen Spielsachen aufbewahren konnte, mit denen sonst keiner spielen durfte. Ich legte die Puzzles und Spiele mit vielen Teilen ganz oben ins Regal, sodass sie mich darum bitten mussten. Dann bekamen sie eins, das sie erst wieder aufräumen mussten, bevor

> Sie das nächste erhielten. Ich verpackte viele Spielsachen in Kisten. Daraus durften sie sich etwas aussuchen als Belohnung, wenn es den ganzen Tag kein Geschrei gegeben hatte. Das wirkte Wunder!
>
> Ich bereitete Frank vor, indem wir die neuen Regeln durchsprachen (die anderen waren dafür noch zu klein). Ich brachte die Kinder deutlich früher ins Bett und strich alle süßen Frühstücksprodukte und Naschereien. Ich arbeitete auch an mir und nahm mir jede Woche einen freien Abend. War mein Mann nicht da, ging ich mit einer Freundin aus. Und Gespräche über die Kinder waren an diesem Abend tabu!
>
> Ich tat noch einiges mehr – und setzte generalstabsmäßig sämtliche Strategien um. Rasch stellten sich erste Erfolge ein. Ich weiß noch, wie ich etwa zwei Wochen später morgens im Bett lag und merkte, dass ich lächelte, weil ich mich auf meine Jungs freute. Und es wird immer besser. Ich schwöre auf diese Strategie. Ich werde sie solange einsetzen, bis alle auf der Uni sind.
>
> **Mutter von Frank (8), den Zwillingen Colin und Rupert (5) und Ricky (3)**

Dieses Kapitel soll Ihnen helfen, ihren Sohn dabei zu unterstützen, das Richtige zu tun. Das fällt fast immer unter zwei Kategorien:

Kooperation: Er soll tun, was Eltern oder Lehrer sagen, und zwar auf Anhieb – ohne Theater.
Selbständigkeit: Er soll Regeln und Abläufe kennen und befolgen und seinen gesunden Menschenverstand benutzen.

Wenn wir unseren Söhnen immer wieder sagen, was sie tun sollen, oder wenn wir uns immer wieder darüber beklagen, was sie (nicht) hätten tun sollen, kommt das bei ihnen oft gar nicht mehr an. Schließlich haben sie das alles schon mal gehört – und zwar viele Male. Sie empfinden es vermutlich als Nörgelei und Zurechtweisung – vor allem, wenn sie Ungeduld heraushören oder einen genervten Gesichtsausdruck wahrnehmen. Das trägt nicht zur Steigerung ihrer Kooperationsbereitschaft bei.

Es gibt mehrere Voraussetzungen für den Erfolg. Wir können am Umfeld arbeiten, um die Wahrscheinlichkeit zu erhöhen, dass unsere Söhne tun, was wir für sie beschlossen haben. Wir müssen aber auch am Kind arbeiten – und an uns selbst. In diesem Kapitel erfahren Sie, wie das alles geht.

Das richtige Umfeld schaffen

Wer es überlegt angeht, kann Rahmenbedingungen schaffen, die es unseren Söhnen leichter machen, sich richtig zu verhalten:

Sie können zum Beispiel ein paar Spielsachen Ihres Sohnes wegpacken. Dann sind nicht mehr so viele da, und auch wenn er sie alle herumwirft, ist das Aufräumen keine so einschüchternde Aufgabe mehr.

Gilt bei Ihnen die Regel, dass nach dem Abendessen nicht mehr genascht wird, damit Ihr Sprössling zum Frühstück wieder Appetit hat, können Sie verführerische Süßigkeiten außerhalb seiner Reichweite aufbewahren.

Sie können die Zubettgeh-Rituale vorverlegen, damit Ihr Sohn länger in der Wanne planschen kann. Das entspannt ihn, und er schläft dann vermutlich schneller ein.

Wenn Sie Ihrem Sohn eine Anweisung erteilen wollen, sollten Sie warten, bis er Sie anschaut. Dann hört er zu und wird eher mitbekommen, speichern und tun, was Sie ihm sagen.

Im dritten Teil erfahren Sie mehr darüber, wie Sie das richtige Umfeld schaffen, damit es Ihrem Sohn leichter fällt, sich den ganzen Tag über gut zu betragen.

Am Kind arbeiten

Kooperation und Selbständigkeit dürfen wir erst erwarten, wenn wir sicher wissen, dass unser Kind die anstehende Aufgabe auch bewältigen kann. Vielleicht müssen wir ihm erst zeigen, *wie* das geht. Wenn es weiß, wie, ist Übung der nächste Schritt: So soll es dazu angeleitet werden, sie *gewohnheitsmäßig* zu erledigen, ohne dass wir es dazu auffordern oder ermahnen müssen.

Wir gehen oft davon aus, dass unsere Söhne Dinge automatisch erledigen, wenn sie erst wissen, wie. Das ist jedoch selten der Fall. Selbst wenn Ihr Sohn gelernt hat, wie etwas geht, weiß er noch lange nicht, dass es seine Aufgabe ist, unaufgefordert daran zu denken. Er erwartet vielleicht trotzdem, dass Sie ihm unter die Arme greifen. Vielleicht weiß er auch, dass er dafür zuständig ist, rechnet aber damit, dass ihn jemand daran erinnert. Wenn Sie das ständig tun, lernt Ihr Sohn nicht, selbständig zu denken. Zur Gewohnheit wird eine neue Fähigkeit erst, wenn er selbst daran denkt – zumindest meistens.

Es ist gewöhnlich leichter zu predigen als zu praktizieren. Übung braucht meist mehr Zeit. Sie können Ihrem Sohn ganz schnell beibringen, »bitte« und »danke« zu sagen, doch ihn dazu anzuleiten, es jedes Mal zu tun, wenn es angebracht ist, dauert viel länger. Sie können ihrem Sohn im Handumdrehen zeigen, wo er sein kleines und großes Geschäft verrichten soll. Doch bis er gewohnheitsmäßig die Toilette aufsucht, statt in die Windel zu machen, wird deutlich mehr Zeit vergehen. Sie können ihr Kind ganz schnell lehren, wie man seine Hausaufgaben noch einmal kritisch durchliest. Zur Gewohnheit wird es deshalb noch lange nicht.

Durchsprechen

Predigen, ermahnen, dozieren und zurechtweisen sind keine effektiven Methoden zur Verbesserung von Gewohnheiten. Eine positivere Alternative ist das *Durchsprechen*. Es führt rasch zu mehr Kooperationsbereitschaft und Eigenständigkeit.

Durchsprechen hilft Ihrem Sohn auf die Sprünge – und zwar ganz anders als eine Ermahnung. Wenn Sie ihn immer wieder ermahnen, können Sie getrost davon ausgehen, dass er nicht an Ihren Lippen hängen wird. Schließlich hat er das alles schon mal gehört. Außerdem hört es sich schwer nach Vortrag an. Kein Wunder also, wenn Ihr Filius abschaltet. Beim *Durchsprechen* übernimmt er die aktive Rolle. Sein Gehirn muss daher auf Empfang schalten und wird beeinflusst – ob er will oder nicht. *Durchsprechen* zeichnet sich durch folgende Merkmale aus:

Statt dem Kind zu sagen, was es tun soll, stellen die Eltern Fragen. Antwortet Ihr Sohn darauf, sieht er vor seinem inneren Auge unwillkürlich, wie er die anstehende Aufgabe erledigt.

Durchsprechen wird eingesetzt zur Festlegung neuer Regeln oder zur Klärung oder Bekräftigung geltender Regeln, die nicht beachtet werden, weil das nicht konsequent eingefordert wurde.

Beim *Durchsprechen* fragen Sie stets danach, wie sich Ihr Sohn künftig verhalten sollte. Es geht nicht um vergangenes Fehlverhalten.

Die Eltern stellen Suggestivfragen, die das Kind vernünftig, höflich und in ganzen Sätzen beantworten muss. Das hilft ihm, sich klarer und umfassender vorzustellen, was von ihm erwartet wird.

Durchsprechen erfolgt, lange bevor etwas voraussichtlich schiefläuft, nicht kurz danach oder davor.

Durchgesprochen werden die Dinge zu neutralen Zeiten. Damit meine ich Zeiten, zu denen weder der Elternteil noch das Kind aufgebracht oder in Eile ist oder vor dem Bildschirm sitzt.

Es dauert nur eine Minute, etwas *durchzusprechen*.

Sprechen Sie Angelegenheiten jeweils immer nur mit einem Kind durch, selbst wenn dieselbe Regel für mehrere Kinder gilt. Effektiv ist das *Durchsprechen* nur, wenn ein Kind die Fragen selbst beantwortet. Bei zwei Kindern wird nur eines antworten – das andere nicht.

Wenn möglich, sollten beim *Durchsprechen* beide Eltern anwesend sein. Daran erkennt Ihr Sohn, dass die Regel wichtig ist. Außerdem weiß dann jeder, dass alle anderen die Regel kennen. Versuche, die Eltern zu manipulieren und gegeneinander auszuspielen, sind dadurch von vornherein zum Scheitern verurteilt.

Mit Jungen sollten die Väter möglichst häufig das *Durchsprechen* übernehmen, denn sie sind genetisch darauf programmiert, mehr darauf zu achten, was Männer sagen und tun.

Indem Kinder beim *Durchsprechen* die Fragen der Eltern beantworten, eignen sich Kinder und Teenager leichter reifere, vernünftigere Verhaltensweisen an. Der einfache Grund dafür: Wenn Ihr Sohn die *Durchsprech*-Fragen beantwortet, stellt er sich unwillkürlich vor, wie er sich korrekt verhält. Je öfter Sie sich auf einminütiges *Durchsprechen* einlassen, desto öfter stellt er sich das vor, und desto eher gehen diese positiven Bilder in sein Langzeitgedächtnis über und wirken sich dann ziemlich rasch auf sein Verhalten aus.

Indem Sie die richtigen Voraussetzungen schaffen, erschließen Sie sich viele zusätzliche Gelegenheiten, anschaulich zu loben. Das weicht Widerstände auf und steigert rasch die Kooperationsbereitschaft.

Zum *Durchsprechen* sollten Sie einen absolut neutralen Zeitpunkt wählen. Es könnte folgendermaßen ablaufen:

Elternteil: Sag mir die Regel für Hausaufgaben.
Kind: Ich muss sie mit nach Hause bringen.
Elternteil: Richtig. Wo tust du also ein Heft, dein Arbeitsblatt oder das Schulbuch hin, das du für die Hausaufgaben brauchst, bevor du das Klassenzimmer verlässt?
Kind: In meine Schultasche.
Elternteil: Richtig. Sag mir das jetzt in einem ganzen Satz.
Kind: Ich stecke sie in die Schultasche.
Elternteil: Ja, das war ein ganzer Satz. Jetzt bilde nochmal einen ganzen Satz, und achte diesmal darauf, dass du mir alles aufzählst, was du in die Schultasche packen sollst.
Kind: Ich stecke … mein Heft … und das Schulbuch … in die Büchertasche. Und mein Lineal.
Elternteil: Jetzt hast du mir genau das gesagt, was ich hören wollte. Du hast mir alle Informationen in einem Satz gegeben. Und du hast sogar an das Lineal gedacht. Welche Farbe hat deine Schultasche?
Kind: Das weißt du doch. Sie ist grün.

Die letzte Frage kommt Ihnen vielleicht komisch vor. Was sollte die Farbe der Schultasche damit zu tun haben, dass sich Ihr Sohn angewöhnt, alles mit nach Hause zu bringen, was er für die Hausaufgaben braucht? Ganz einfach: Nennt er die Farbe, sieht er vor seinem inneren Auge klar und lebendig, wie er seine Hausaufgabenutensilien in die Büchertasche packt.

Meinen Sie jetzt, dass ich andeuten will, Ihr Sohn könnte durch eine einzige solche *Durchsprech*-Übung ein neuer Mensch werden, der kaum noch etwas vergisst? Dann irren Sie sich leider. Werden Dinge *durchgesprochen*, leitet das Kinder *mit der Zeit* zu besseren Gewohnheiten an. Sie werden solche Übungen mehrmals täglich über ein oder zwei Wochen durchführen müssen. Hier ein paar Beispiele für entsprechende Fragen, die Ihren Sohn dazu animieren können, in potenziell heiklen Situationen künftig anders zu reagieren.

Zur Kooperationsbereitschaft erziehen:
Wenn dich Eltern oder Lehrer auffordern, etwas zu tun, was solltest du dann tun?
Wann solltest du tun, was man dir sagt?

Frust und Ärger konstruktiver bewältigen:
Was könntest du stattdessen tun, wenn dir danach ist zu schlagen oder zu schubsen?
Was solltest du tun, wenn du widersprechen willst, aber genau weißt, dass du deshalb Schwierigkeiten bekommen könntest?

Zu Rücksichtnahme und Empathie erziehen:
Was könntest du tun, damit sich ein anderer besser fühlt?
Was könntest du sagen, damit er merkt, dass du verstehst, wie er sich fühlt?

Durchsprechen mag Ihnen zu banal erscheinen, um Gewohnheiten effektiv zu verändern. Doch in Kombination mit zehn anschaulich lobenden Sätzen pro Tag kann es Verhaltensänderungen schneller herbeiführen, als Sie sich vorstellen können.

Wie Sie mit Durchsprechen Störenfriede bändigen

Ein Kind, das die Angewohnheit hat, Eltern zu unterbrechen, wenn sie gerade ein Telefongespräch führen, unterbricht Sie gewöhnlich den ganzen Tag lang immer wieder. Vielleicht haben Sie sich schon so daran gewöhnt, sich dann sofort Ihrem Sohn zuzuwenden, dass Sie das kaum noch als Störung wahrnehmen. Doch Sie tun Ihrem Kind keinen Gefallen, wenn Sie ihm

dieses impulsive Verhalten weiterhin gestatten. Andere Menschen sind da nämlich nicht so nachsichtig.
Indem Sie das Thema **durchsprechen**, können Sie reiferes Verhalten fördern. Teilen Sie Ihrem Sohn in neutraler Atmosphäre die neue Regel mit. Achten Sie darauf, Sie positiv und unmissverständlich zu formulieren. Sagen Sie nicht: »Du darfst mich nicht unterbrechen.« Sagen Sie lieber: »Wenn Du künftig etwas sagen willst, und ein anderer spricht gerade, musst du zwei Dinge tun. Sag erst ›Entschuldigung‹. Dann warte still ab, bis der andere zu Ende gesprochen hat und dich anschaut.« **Sprechen** Sie das unmittelbar im Anschluss mit Ihrem Kind **durch**.

- Wenn du etwas sagen willst, was solltest du dann tun, statt einfach dazwischenzureden?
- Wenn du »Entschuldigung« gesagt hast, was solltest du dann tun?
- Auf welche beiden Signale des anderen musst du anschließend warten?

Neben den täglichen **Durchsprechübungen** sollten Sie mit Ihrem Sohn jede Menge Probeläufe starten, wenn Sie gerade mit niemand anderem sprechen. Solche Übungen, auch wenn sie vollkommen aus dem Zusammenhang gerissen sind, stärken die Nervenbahnen. So etablieren sich positive Angewohnheiten.

An uns selbst arbeiten

Die Strategien, die ich Ihnen in diesem Buch präsentiere, machen das Zusammenleben mit Jungen tatsächlich gelassener, einfacher und glücklicher. Doch wenn wir das erreichen wollen, müssen wir sie auch einsetzen – das dürfen wir nicht vergessen. Es ist mitunter nicht einfach, immer daran zu denken, die Dinge anders zu handhaben – vor allem mit jahrelangem Frust im Rücken.

Wir sind alle keine Übermenschen. Wir können uns noch so fest vornehmen, effektivere Strategien einzusetzen, doch wenn wir die meiste Zeit über gestresst, überfordert oder gereizt sind, ist es fast unmöglich, unser Bestes zu geben. Sie hören das sicher nicht zum ersten Mal, doch es ist wirklich wahr:

Es ist viel leichter, positiv, hart und konsequent zu bleiben, wenn Sie darauf achten, dass Sie genug Schlaf bekommen, gesund essen, sich ausreichend bewegen und jeden Tag Zeit für Dinge reservieren, die Ihnen Spaß machen.

> ## Was Eltern wissen wollen
>
> **F:** Bei uns ist immer sehr viel los. Woher soll ich die Zeit nehmen, um täglich alles durchzusprechen?
> **A:** So viel Zeit haben Sie auf jeden Fall, denn das dauert nur eine Minute. Und nebenher können Sie und Ihr Sohn sogar noch anderes erledigen – solange keiner von Ihnen sauer oder hektisch ist oder vor einem Bildschirm sitzt. Anstehendes durchsprechen können Sie:
>
> - beim Essen
> - auf dem Weg zur Schule
> - während Ihr Sohn in der Badewanne sitzt
> - sobald Sie sich im selben Zimmer aufhalten, während er spielt
>
> Und je öfter er Ihnen beschreibt, was er zu tun hat, desto eher wird er es auch tun.
>
> **F:** Was, wenn mein Sohn beim Durchsprechen nicht auf meine Fragen antwortet? Ich befürchte, er wird mir sagen, das sei öde oder ich bevormunde ihn.
> **A:** Bei Kindern, die es sich noch nicht zur Gewohnheit gemacht haben, in 90 Prozent der Fälle zu kooperieren, müssen Sie damit rechnen, dass solche Fragen unbeantwortet bleiben, vor allem in den ersten ein, zwei Wochen. Ihr Sohn rollt vielleicht die Augen, sagt »Keine Ahnung« oder brummelt vor sich hin. Vielleicht zieht er das Ganze auch ins Lächerliche, oder er schaut weg oder erklärt kategorisch, er werde solche Fragen nicht beantworten. Keine Panik. Es ist eigentlich gar nichts dabei, von Kindern zu verlangen, auf Fragen zu antworten. Schließlich beantworten Kinder und Jugendliche jeden Tag die Fragen ihrer Lehrer, auch wenn ihnen gerade nicht danach ist oder wenn ihnen die Fragen langweilig vorkommen oder zum x-ten Mal gestellt werden. Reagiert Ihr Sohn daher negativ, so liegt das höchstwahrscheinlich daran, dass er merkt, dass Sie die Oberhand gewinnen. Bleiben Sie also hart.

F: Wie gehe ich mit einem Neunjährigen um, der ständig alles vergisst? Ich weiß, dass ich anschaulich loben soll, wenn mein Sohn daran denkt, alles Nötige für seine Hausaufgaben mitzubringen. Aber was soll ich tun, wenn er es vergisst? Predigen und ihn ermahnen soll ich nicht. Kann ich es also einfach ignorieren? Oder sollte ich ihn bestrafen?

A: Verständlich, dass Sie wissen möchten, was zu tun ist, wenn etwas nicht nach Wunsch läuft. Doch für den Moment ist das nicht die vordringliche Frage. Wenn Sie sich damit beschäftigen, was Sie tun sollten, wenn sich Ihr Sohn falsch verhalten hat, überspringen Sie eine ausgesprochen wichtige Frage, die Sie zuerst stellen sollten: »Wie kann ich meinen Sohn dazu bringen, dass er sich korrekt verhalten **will**, und so Fehlverhalten meist **verhindern** oder minimieren?«

Starten Sie den Umstellungsprozess von Vergesslichkeit auf Verantwortungsbewusstsein, indem Sie Ihren Sohn unbedingt jedes Mal anschaulich loben, wenn er an etwas denkt.

- Du hast daran gedacht, deine Jacke aufzuhängen.
- Du hast daran gedacht, deine Geige in den Geigenkasten zurückzulegen.
- Mir fällt auf, dass du immer öfter daran denkst, bitte und danke zu sagen.

Das hilft Ihrem Sohn, sich als einen Menschen zu sehen, der nichts vergisst und verantwortungsbewusst ist. Sprechen Sie auch jeden Tag mehrfach durch, wo er seine Sachen hinlegen sollte:

- Woher weißt du, welche Schulbücher du morgen mit nach Hause nehmen musst?
- Wohin gehört dein Schlafanzug, wenn du ihn ausgezogen hast?
- Wenn es Zeit zum Aufräumen ist, was musst du dann tun, auch wenn du keine Lust dazu hast?

Beantwortet Ihr Sohn solche Fragen, wird ihm genau klar, was er wann und wie erledigen sollte. Und wenn Sie das mit ihm **durchsprechen**, kann er sich selbst als jemanden wahrnehmen, der oft an alles denkt. Im achten Kapitel (Positive und negative Konsequenzen) erkläre ich, wie Sie gegen Fehlverhalten vorgehen, dass nach den ersten beiden Schritten noch auftritt.

Zusammenfassung

Auch jetzt fragen Sie sich vielleicht noch, was Sie tun sollten, wenn Ihr Sohn etwas falsch macht. Ich habe darauf eine brauchbare Antwort, doch würde ich Ihnen das an dieser Stelle erklären, wäre es für Sie nicht sehr hilfreich. Wenn Sie sich darauf konzentrieren, wie Sie auf Fehlverhalten reagieren, während Sie noch mit den vielen kleinen lästigen Angewohnheiten kämpfen, würde Ihr Sohn laufend negative Konsequenzen spüren, und das wäre keine angenehme Erfahrung für ihn. Und vermutlich würden Sie nicht jeden Verstoß konsequent ahnden.

Statt sich jetzt schon darauf zu fokussieren, was Sie tun sollten, nachdem Ihr Sohn etwas falsch gemacht hat, bitte ich Sie, Ihre Aufmerksamkeit darauf zu richten, ihn zu motivieren, es gleich richtigzumachen.

Sechstes Kapitel – Richtig zuhören

Er dachte, wir mögen ihn nicht

Bis vor ein paar Jahren hielten wir Rafe für unser Problemkind. Er war so eine Mimose und heulte wegen jeder Kleinigkeit – auch wenn ihn sein Bruder nur ein bisschen neckte. Er versuchte immer, seinen Bruder anzuschwärzen, behauptete stets, es ginge nicht gerecht zu, und war auf Gott und die Welt sauer, wenn er kein Tor schoss. Aus allem machte er ein Drama!

Unsere Tochter Milly hält sich für allwissend und Johnny ist sportlich, beliebt und die guten Noten fliegen ihm zu. Rückblickend hätte uns klar sein müssen, dass sich Rafe nicht wohlfühlte in seiner Haut. Doch wir hatten so viel damit zu tun, an ihm herumzuerziehen, dass wir keine Zeit hatten, uns zu überlegen, warum er sich so verhielt.

Als wir uns Hilfe suchend an Noël wandten, erhofften wir uns Tipps zu neuen disziplinarischen Maßnahmen. Doch sie erklärte uns erst einmal die Strategien zur Motivation und Prävention. Das anschauliche Lob, die Voraussetzungen für den Erfolg und die Extrazeit konnte ich leicht nachvollziehen, aber das richtige Zuhören fiel mir in den ersten Wochen sehr schwer. Meine eigenen Worte kamen mir fremd vor. Doch obwohl es sich für mich erst total komisch anhörte, funktionierte das richtige Zuhören viel besser als jede Kritik oder Strafe. Es half meinem Sohn, sich zu beruhigen – wenn auch nicht immer auf Anhieb.

Die erste Zeit mussten wir rund 30 Mal am Tag richtig zuhören, statt ihn anzuschnauzen, wenn er wieder herumheulte. Doch schon bald war er viel fröhlicher und entgegenkommender und beschwerte sich kaum noch. Ich glaube, er merkte, dass wir ihn verstanden. Wie sich herausstellte, hatte er

> gedacht, wir mögen ihn nicht! Das wurde uns erst klar, als wir mehr über praktizierte Empathie erfuhren. Ohne das richtige Zuhören hätten die anderen Strategien nicht so gut funktioniert, denn dann hätten wir ihn bestimmt weiterhin zurechtgewiesen. Schon nach wenigen Monaten stellten wir fest, dass Rafe für uns kein Problemkind mehr war.
>
> **Mutter von Milly (16), Johnny (13) und Rafe (11)**

In den ersten beiden Kapiteln dieses Buchteils habe ich Sie mit den Strategien des anschaulichen Lobs und mit den Voraussetzungen für den Erfolg vertraut gemacht. Indem Sie diese Strategien täglich einsetzen, motivieren Sie Ihren Sohn, kooperativer und eigenständiger zu werden. So beugen Sie vielen Problemen vor oder umschiffen sie.

Ein paar Fragen bleiben aber noch. An dieser Stelle sollten wir darüber nachdenken, was zu tun ist, wenn unsere Jungs *nicht* tun, was sie sollten. Viele Eltern erwarten von mir an diesem Punkt, dass ich mich zu den Konsequenzen äußere. Diese haben in der Erziehung und in der Einübung vernünftiger Verhaltensweisen ganz sicher ihre Berechtigung. Darauf gehe ich im achten Kapitel (Positive und negative Konsequenzen) noch ein. Zunächst aber möchte ich Ihnen eine Strategie erklären, nämlich das richtige Zuhören, die die Notwendigkeit solcher Konsequenzen deutlich verringert. Richtig zuhören kann Kindern und Jugendlichen helfen, Ihre Gefühle in den Griff zu kriegen. Das ist so wichtig, weil es häufig verletzte Gefühle sind, die zu Fehlverhalten führen.

Manche Kinder sind gut zu haben und geraten kaum je in Rage. Doch wie wir gesehen haben, reagieren Jungen emotional häufig viel stärker als Mädchen. Bringt sie etwas auf, dann in aller Regel schnell und heftig. Ist Ihr Sohn von eher sensiblem, gefühlsbetontem, impulsivem oder unflexiblem Wesen, gerät er vielleicht 10, 20 oder 30 Mal am Tag außer sich. Vielleicht bringt es ihn schon in Wallung, wenn Sie ihm sagen, er soll Hausaufgaben machen, den Tisch decken oder den Schlafanzug anziehen, während er gerade in sein Lego oder in Minecraft vertieft ist. Oder wenn jemand über etwas lacht, das er sagt, oder ihn genervt anspricht oder ihm auch nur einen missbilligenden Blick zuwirft.

Ein solches Kind neigt meist auch zu übertriebener Begeisterung, was wieder Aufruhr verursacht, wenn sich die Dinge nicht wunsch- oder erwartungsgemäß entwickeln: Enttäuschung, Ärger, Wut, Frust, Selbstmitleid, Angst, Eifersucht, Gefühle des Ausgeschlossenseins. Nicht jede solche Gefühlsregung führt zu einem ausgewachsenen Ausbruch. Manchmal ist es nur ein grantiger Tonfall oder ein vorwurfsvolles »Warum muss ich das machen?«

Richtig Zuhören nimmt ihrem Kind solche Gefühle. Das ist aus mehreren Gründen sehr wichtig:

Aufregung löst häufig Fehlverhalten aus. Je geringer der emotionale Aufruhr, desto besser benimmt sich das Kind.

Eltern wollen nicht, dass ihre Kinder ausrasten. Daher verhandeln sie in aller Regel, sehen über vieles hinweg oder geben nach, »des lieben Friedens willen« (den Sie jedoch nicht bekommen!), statt sich konsequent durchzusetzen und Fehlverhalten nachdrücklich zu unterbinden.

Mit der Zeit erweitert das richtige Zuhören das Vokabular, das Ihrem Sohn zur Verfügung steht, um Gefühle auszudrücken. Je selbstverständlicher er über seine Gefühle spricht, desto geringer der Drang, seinen inneren Aufruhr in Fehlverhalten auszuleben.

Richtiges Zuhören vermittelt Ihrem Sohn, dass es möglich ist, über Gefühle zu sprechen. Das müssen Jungen lernen, denn von sich aus sprechen die wenigsten Jungen oder Männer über Gefühle – weder über eigene noch über die Gefühle anderer. Und das Macho-Ideal verstärkt noch das Bild vom harten Mann, der seine Probleme für sich behält.

Richtiges Zuhören demonstriert einem Jungen Rücksichtnahme und Empathie. Besonders effektiv ist es, wenn es von Vätern und anderen männlichen Vorbildern praktiziert wird, denn von Natur aus ahmen Jungen den gleichgeschlechtlichen Elternteil nach.

> **Die vier Schritte zum richtigen Zuhören**
>
> **Schritt 1:** Schieben Sie die eigenen Gefühle vorübergehend zur Seite.
>
> **Schritt 2:** Unterbrechen, widersprechen, argumentieren, rechtfertigen oder begründen Sie nicht, denn ein aufgebrachtes Kind denkt eher nicht rational. Hören Sie stattdessen aufmerksam zu und zeigen Sie das auch deutlich.
>
> **Schritt 3:** Versuchen Sie nachzufühlen, was in Ihrem Sohn vorgeht, und geben Sie diesem Gefühl einen Namen.
>
> **Schritt 4:** Erfüllen Sie seine Wünsche – in der Fantasie.

Wie Sie richtig zuhören

Richtig Zuhören erfolgt in vier Schritten. Die einzelnen Schritte erläutere ich im Folgenden genauer:

Erster Schritt: Schieben Sie Ihre eigenen Gefühle vorübergehend zur Seite.

Das ist der schwerste Schritt, denn wenn Ihr Sohn aufgebracht ist, sind Sie es vermutlich auch. Vielleicht haben Sie auch Schuldgefühle, weil Sie glauben, dass Sie ihn so in Rage gebracht haben. Oder Sie sind enttäuscht oder sauer, weil er nicht macht, was er sollte. Oder Sie stehen unter Stress, sind in Eile und meinen, Sie haben gerade gar keine Zeit für so ein Theater oder ein Problem. Sie möchten Ihren Sohn eigentlich antreiben und nicht alles stehen und liegen lassen, um sich mit seinen verletzten Gefühlen auseinanderzusetzen. (Vermutlich ist Ihnen schon aufgefallen, dass ein aufgebrachtes Kind noch heftiger reagiert und noch weniger bereit ist zuzuhören oder zu kooperieren, wenn man es hetzt, schimpft oder belehrt.)

Die eigenen Gefühle vorübergehend beiseite zu schieben heißt, Ihre emotionale Reaktion bewusst herunterzubremsen, ein paar Mal tief durchzuatmen und sich klarzumachen: »Wie ich es bisher versucht habe, hat nicht das gewünschte Ergebnis gebracht. Also probiere ich es jetzt einmal anders.«

Zweiter Schritt: Halten Sie den Mund. Sagen Sie nicht spontan Dinge, die Ihren Sohn nur noch mehr in Aufruhr versetzen.
Vielleicht haben Sie das Bedürfnis, Ihrem Sohn begreiflich zu machen, dass er nicht fühlen sollte, was er fühlt. Vermutlich wird er dann auf stur schalten und noch mehr klagen, widersprechen und sich danebenbenehmen, um Ihnen zu beweisen, dass er wirklich so fühlt und dass sein Leben einfach schrecklich ist. Je mehr Sie dagegen reden und versuchen, ihm Ihre Sicht der Dinge nahezubringen, desto stärker wird er darauf beharren, dass er die Situation richtig sieht. Im zweiten Schritt müssen Sie sich daher Gegenrede, Vernunftargumente und Rechtfertigungen verkneifen.

Lassen Sie stattdessen alles liegen und stehen und hören Sie zu. Und zeigen Sie ihm, dass Sie zuhören. Das merkt er daran, dass Sie ihn ansehen und aufmunternde Äußerungen von sich geben wie: »Oh … ach so … mhm.« Vielleicht spricht Ihr Sohn darüber, was ihn stört. Dann können Sie seine Worte verfolgen. Erkennen Sie, dass er aufgeregt ist, aber keine Worte findet, können Sie auch seiner Mine »zuhören« oder seinem quengelnden oder wütenden Tonfall oder seiner gebeugten, niedergeschlagenen Körperhaltung. Vielleicht weint oder schreit er und gibt keine zusammenhängenden Sätze von sich. Nehmen Sie ihn in den Arm, wenn er das zulässt, und lassen Sie ihn jammern, heulen oder schreien. Hat er sich ausgeweint und ausgetobt, gehen Sie zum dritten Schritt über.

Dritter Schritt: Versuchen Sie nachzufühlen, was im Inneren Ihres Sohnes vorgeht, und benennen Sie das Gefühl.
Dieser dritte Schritt ist der entscheidende: Damit spiegeln Sie ihm seine Gefühle.

Vielleicht sitzt Ihr Sohn mit Gewittermine über seinen Hausaufgaben und beschwert sich: »Das ist doof.« Versuchen Sie nicht, ihm seinen Unmut auszureden. Erklären Sie ihm nicht, die Hausaufgaben seien gar nicht doof. Bevor Sie etwas sagen, sollten Sie sich überlegen, wie er sich im Moment wohlfühlt. Vielleicht ist er gefrustet, weil er drin sitzen muss und lieber im Garten spielen würde. Vielleicht hat er Angst vor schlechten Noten. Vielleicht befürchtet er, Fehler zu machen und Sie oder den Lehrer gegen sich aufzubringen. Sie könnten sagen: »Vielleicht hast du ja Angst, du kannst nicht mehr Bruchrechnen.« Hier ein paar Beispiele für richtiges Zuhören:

- Das klingt, als wärst du eigentlich sauer, weil du nicht gewonnen hast.
- Es kann wirklich frustrieren, wenn nicht alles so läuft, wie man es sich vorstellt.
- Du zeigst mir gerade, dass du wütend sein kannst, ohne dich im Ton zu vergreifen.

(Das ist eine Mischung aus anschaulichem Lob und richtigem Zuhören.)

Wir mögen unsere Kinder noch so gut kennen – Gedanken lesen können wir nicht. Wenn Sie also ansprechen, was Ihren Sohn umtreibt, werden Sie damit manchmal richtig liegen, manchmal falsch. Doch den Vorteilen des richtigen Zuhörens tut das keinen Abbruch. Sie laufen auf, ob Sie richtig raten oder nicht.

Vierter Schritt: Erfüllen Sie Ihrem Sohn seine Wünsche – in der Fantasie

So verleihen Sie dem Prozess des richtigen Zuhörens eine Prise Humor und eine gewisse Leichtigkeit.

- Hättest du nicht gern einen Zauberstab, den du über dem Klavier schwingen könntest, damit deine Finger die richtigen Tasten treffen?

Natürlich glaubt Ihr Sohn nicht daran, doch es ist eine schöne Vorstellung, und manchmal nimmt es einer Situation, in der er sich zu etwas überwinden muss, die Schärfe.

Was Eltern wissen wollen

F: Warum soll ich raten, wie sich mein Sohn fühlt? Ich sehe doch, dass er aufgebracht ist. Warum kann ich ihn dann nicht einfach fragen, was los ist?

A: Auf die Frage »Was ist los?« bekommen Sie meist nur ein einsilbiges Grunzen als Antwort oder ein Schulterzucken – vielleicht aber auch eine Schimpftirade. Durch richtiges Zuhören geben Sie einem Jungen viel effektiver Hilfestellung im Umgang mit seinen Gefühlen.

F: Was, wenn ein Kind eine Show abzieht, um zu manipulieren und seinen Willen durchzusetzen? Ich befürchte, wenn ich aufmerksam auf die Gefühle meines Sohnes höre, verstärke ich die wirklich lästige Gewohnheit noch, dass er sich über jede Kleinigkeit furchtbar aufregt.

A: Es ist natürlich richtig, dass missliebiges Verhalten eingesetzt werden kann, um zu manipulieren, doch das ist nur selten der Fall. Kleine Kinder können noch nicht in Worte fassen, was sie fühlen. Wie wir festgestellt haben, ist die Sprachentwicklung bei Jungen häufig langsamer als bei Mädchen. Ein kleiner Junge kann quengeln, weinen, herumschreien, um sich schlagen, schubsen, beißen, treten oder Dinge um sich werfen, statt Worte zu verwenden. Das ist mangelnde Reife, keine Manipulation. Auch wenn Kinder schon sprechen und sich verbal verständlich machen können, werden sie mitunter noch leicht von ihren Gefühlen übermannt. Das betrifft in aller Regel Kinder – und wiederum meistens Jungen – mit einem extremeren Temperament. Ihre starken Emotionen schalten den Verstand aus, sodass sie ihre Handlungen nicht mehr unter Kontrolle haben. Das ist keine Manipulation, kann uns aber so vorkommen – vor allem, wenn wir nicht verstehen, warum sie sich über etwas so aufregen, das uns eher nebensächlich erscheint. Wir dürfen nicht vergessen, dass für ein Kind sehr real ist, was es empfindet.
Es stimmt, dass Kinder lernen können, andere zu manipulieren. Hier ein paar klassische Beispiele dafür, wie viel beschäftigte, gestresste Eltern zulassen, dass sie manipuliert werden:

Vielleicht geben Sie am Ende nach, wenn das Kind nur lange genug nörgelt und quengelt, und sagen »Ja«, obwohl Sie zunächst »Nein« gesagt haben.

Im verzweifelten Versuch, noch mehr Theater aus dem Weg zu gehen, übergehen Sie womöglich Regelverstöße oder beugen die Regeln. Letztlich widmen Sie einem Kind, das häufig Theater macht, am Ende viel Aufmerksamkeit (wenn auch nicht unbedingt im positiven Sinne).

Ein Kind, das nach Ihrer ungeteilten Aufmerksamkeit giert, merkt vielleicht, dass Sie alles andere liegen und stehen lassen und sich nur mit ihm beschäftigen, wenn es einen Aufstand macht. Dieses negative Aufmerksamkeitsheischen wird nach wenigen Wochen ausbleiben, wenn Sie konsequent jeden Tag zehnmal anschaulich loben und sich möglichst jeden Tag etwas Zeit nehmen, die Sie nur diesem einen Kind widmen (siehe neuntes Kapitel).

Denken Sie daran: Beim richtigen Zuhören geht es darum, sich auf die Gefühle zu konzentrieren, die hinter der verbalen Ebene oder der Ebene unerfreulichen Fehlverhaltens stecken. Sie können den Gefühlen Ihres Sohnes aufmerksam zuhören, ohne seinem Quengeln, Weinen oder Toben nachzugeben. Wenn wir uns nicht manipulieren lassen, verschwinden solche lästigen Angewohnheiten rasch aus dem Reaktionsrepertoire unserer Kinder. So versuchen Kinder gar nicht erst, ihre Lehrer zu manipulieren, weil das sowieso nicht klappt.

F: **Warum sagt mir mein Sohn nicht einfach, was los ist, wenn ich ihn frage? Es wäre so viel einfacher, wenn ich nicht herumraten müsste.**
A: Es gibt viele mögliche Gründe dafür, dass Ihr Sohn Ihnen seine Gefühle nicht mitteilen möchte.

Gefühle können verwirrend und komplex sein (nicht nur für Kinder). Vielleicht kann Ihr Sohn seine Gedanken und Gefühle einfach nicht in Worte fassen. Vielleicht sind sie ihm peinlich, oder er befürchtet, dass Sie nachhaken: »Wie meinst du das?« oder »Warum?« Und dann weiß er nicht weiter. Selbst wenn Ihr Sohn genau weiß, was in ihm vorgeht, und sich zutraut, es auch verständlich zu erklären, hat er vielleicht Angst, Sie könnten ihn schimpfen, weil er so albern ist.

Oder er sorgt sich, seine Eltern könnten ihm etwas ausreden wollen. Das verstärkt nur sein Unbehagen.

Vielleicht will er auch nicht, dass Sie versuchen, sein Problem für ihn zu lösen, weil er sich dann ohnmächtig vorkäme.

Oder er glaubt, mit ihm stimmt etwas nicht, weil er diese Gefühle hat. Vielleicht gibt er sich selbst die Schuld daran.

Womöglich geht er auch davon aus, dass Mutter oder Vater genau wissen, was er denkt, und nur versuchen, ihn durch einen Trick dazu zu bringen, es zuzugeben.

Oder er fürchtet, seine Antwort könne Sie aus der Fassung bringen. Manche Kinder haben einen ausgeprägten Beschützerinstinkt, was ihre Eltern angeht.

Oder er ist aufgrund früherer elterlicher Reaktionen zu dem Schluss gelangt, dass man nicht wütend, besorgt, traurig, eifersüchtig, enttäuscht oder verlegen sein darf.

Richtiges Zuhören ist in jedem Fall die Lösung.

F: **Funktioniert richtiges Zuhören auch bei älteren Jungen (so ab 10)? Ich befürchte, mein Sohn wird es für Sarkasmus halten. Er findet schon jetzt, dass ich ihn herablassend behandle.**

A: Richtiges Zuhören funktioniert in jeder Altersgruppe, denn es stillt ein universelles menschliches Bedürfnis – das Bedürfnis nach Verständnis und Wertschätzung. Wir wissen alle, dass Kinder im Alter von 10 bis 19 oft empfindlich sind. Sie finden alles peinlich. Sie fühlen sich so verletzlich, dass sie nicht wahrhaben wollen, dass ihre Gefühle so transparent und offensichtlich sind. Richtiges Zuhören bei Teenagern verlangt leisere Töne.

Interessant ist, dass Teenager oft zugänglicher sind, wenn wir keinen Blickkontakt suchen. Deshalb finden offene Gespräche mit Halbwüchsigen oft im Auto statt (wo Sie Ihren Blick auf die Straße richten müssen), oder im Dunkeln, beispielsweise beim Zubettgehen.

Bei älteren Kindern hilft es manchmal, ein Gefühl pauschaler zu spiegeln. Sagt Ihr Sohn, »Ich bin nicht in die Mannschaft gewählt worden«, dürfen Sie davon ausgehen, dass er nicht nur enttäuscht ist, sondern auch eifersüchtig. Das sind starke Gefühle, die er sich vielleicht nicht eingestehen möchte. Sie könnten daher einfach sagen: »Das muss wirklich schlimm sein. Du hast dich doch so darauf gefreut.« Mit der Zeit hilft richtiges Zuhören Jungen dabei, sich zu öffnen.

Zusammenfassung

Beim richtigen Zuhören geht es *nicht* darum, Ihren Sohn zu fragen, was er fühlt. Sie sollen überhaupt nicht in ihn dringen. Sie wagen lediglich eine auf Erfahrung begründete Vermutung zu seiner Gefühlslage. Beim richtigen Zuhören kann er Ihnen jederzeit widersprechen, das Thema wechseln, mit einem Grunzlaut oder gar nicht reagieren. Was richtiges Zuhören bringt, zeigt sich erst nach und nach – und zwar ganz unabhängig davon, ob und wie Ihr Sohn darauf reagiert.

Siebtes Kapitel – Nie zweimal bitten

Heute ist John stolz auf sein Verantwortungsbewusstsein

In den letzten Jahren hatte ich das schreckliche Gefühl, dass sich mein Sohn mit zunehmendem Alter immer unreifer aufführte, statt reifer zu werden. Ich musste ihn ständig an die alltäglichsten Dinge erinnern. Er räumte seine Wäsche nicht auf, sodass die sauberen und die getragenen Sachen durcheinander gerieten. Sein Schreibtisch war ein einziges Chaos, doch wenn ich Ordnung in seinen Papierkram bringen wollte, schrie er mich an. Mal ließ er ein nasses Handtuch im Bett liegen, mal war der Abfluss mit eingetrockneter Zahnpasta verstopft. Zum Verrücktwerden!

Aus Noëls Buch erfuhr ich, dass Kooperation stets vor der Eigenständigkeit kommt. Und kooperativ war er noch nicht. Also pfiff ich mich zurück, erwartete nicht mehr von ihm, dass er an all die Kleinigkeiten dachte, sondern konzentrierte mich darauf, ihn dazu zu bringen, sie zu erledigen, wenn ich ihn dazu aufforderte. Statt mich aufzuregen, beschloss ich, die Nie-zweimal-bitten-Methode für jeden Handgriff anzuwenden, den er übernehmen sollte. Ich hatte mich darauf eingestellt, dass es ewig dauern würde, doch er reagierte ziemlich schnell. Außerdem besorgte ich ihm ein Ablagesystem für seine Schulsachen und zeigte ihm, wie er es verwenden sollte. Bald schon kooperierte er schneller, und wir mussten nicht mehr dauernd diskutieren. Wie Noël versprochen hatte, erledigte er seine Pflichten bald schon, bevor man es ihm sagte. Es gab also viel mehr Gelegenheit für anschauliches Lob. Und heute ist John richtig stolz auf sein Verantwortungsbewusstsein.

Mutter von John (13)

So viele Eltern wünschen sich verzweifelt eine positivere und effektivere Methode, ihre Kinder dazu zu bringen, Aufgetragenes bereits auf die erste Aufforderung hin zu erledigen – nicht erst nach der vierten, sechsten oder gar zehnten! Sie sehen selbst: All die Wiederholungen und Ermahnungen, das Nörgeln, Argumentieren, Feilschen und Schimpfen erreicht nicht das Ziel, Kooperation zur *Gewohnheit* werden zu lassen. Und wer keine bessere Methode kennt, der bleibt allzu leicht in den alten Mustern verhaftet – auch wenn er merkt, dass das nichts bringt.

Mit diesem Kapitel will ich Ihnen ein weiteres Werkzeug an die Hand geben, um Ihr Instrumentarium zu erweitern, sodass Ihr Sohn in 90 Prozent aller Fälle Anweisungen auf Anhieb befolgt, und zwar *ohne* Theater! Die Nie-zweimal-bitten-Methode schleift gewohnheitsmäßige Kooperation viel schneller ein, als Sie für möglich halten.

Im Lauf der Jahre haben Sie sich vielleicht daran gewöhnt, dass Ihr Sohn Ihre Anweisungen ignoriert oder Ihnen widerspricht. Dann können Sie sich womöglich kaum vorstellen, dass sechs einfache Schritte in sehr kurzer Zeit dazu führen, dass er widerspruchslos folgt.

Wenn Sie diese Methode noch nicht angewendet haben, sind Sie vielleicht der Ansicht, dass Sie zu beschäftigt sind, um sich die Zeit für diese sechs Schritte zu nehmen. Sie werden aber bald selbst feststellen, wie viel Heckmeck – und wie viel Zeit – Sie am Ende sparen, wenn Ihre Kinder sich *angewöhnen* zu kooperieren.

Wie Sie Ihren Sohn in kooperative Stimmung bringen

Kinder sind nicht von Geburt an kooperativ. Sie erlernen das im Laufe der Zeit, durch unsere Erziehung, und sie lernen grundsätzlich schneller und leichter, wenn sie in guter Stimmung sind.

Wir alle wissen, was passiert, wenn man einem Kind eine Anweisung erteilt, wenn es wütend ist oder Aufmerksamkeit auf sich ziehen will. Es wird sie ignorieren oder sich widersetzen. Dann ist die Versuchung für uns groß, uns zu wiederholen, das Kind zu ermahnen und zurechtzuweisen. Die Folge: Das Kind wird noch zorniger und der Konflikt dürfte eskalieren.

Die auf diesen Teufelskreis verschwendete Zeit und Mühe können wir uns sparen. Wenn Sie merken oder auch nur ahnen, dass Ihr Sohn in unkooperativer, unfreundlicher Stimmung ist, besteht Ihre Aufgabe zunächst darin, ihm zu einer positiveren Einstellung zu verhelfen, bevor Sie ihm sagen, was er tun soll. Erteilen Sie Ihrem Sohn daher erst Anweisungen, wenn Sie sicher sind, dass er in guter Stimmung ist, und wenn Sie davon ausgehen, dass er kooperieren wird. Andernfalls vergrößern Sie Ihre Probleme nur!

Um die Stimmungslage Ihres Sprösslings zu verändern, müssen Sie ihn häufig anschaulich loben. Und vergessen Sie nicht, dabei zu lächeln! Richtiges zuhören und körperliche Zuneigung tragen auch dazu bei, ein verstimmtes Kind schnell aufzuheitern.

Die Nie-zweimal-bitten-Methode für Start-Verhalten

Setzen Sie die Nie-zweimal-bitten-Methode für alle Start-Verhaltensweisen ein. Mit einem »Startverhalten« macht Ihr Sohn nichts falsch. Er muss schlicht aufhören mit allem, was er gerade tut, und stattdessen das tun, was wir von ihm wollen. Er muss zum Beispiel aufhören, mit dem Hund zu spielen, und stattdessen nach oben gehen und sich die Zähne putzen. Oder aufhören, Skateboard zu fahren und stattdessen hereinkommen und duschen gehen. Oder aufhören, Lego zu bauen und sich stattdessen die Hände waschen und essen kommen. Die Nie-zweimal-bitten-Methode hilft Kindern, reibungslos und ruhig von einer Tätigkeit auf eine andere überzugehen.

Als Eltern denken wir vorausschauend. Unser Gehirn konzentriert sich auf das, was als Nächstes zu erledigen ist. Unsere Kinder leben dagegen für den Augenblick. Sie wollen einfach Spaß haben. Kein Wunder also, dass ihre erste Reaktion auf eine Anweisung ein »Nein« oder ein »Wieso muss ich das?« oder ein »Das ist ungerecht!« ist. Vielleicht ignorieren sie Sie aber auch einfach.

Die Nie-zweimal-bitten-Strategie ist ein so effektives Mittel zum Erreichen gewohnheitsmäßiger Kooperation, weil sie unseren Kindern gibt, was sie brauchen, um solche Übergänge zu erleichtern. Die sechs Schritte sollen positiv ablaufen (sie bleiben ruhig, freundlich und respektvoll) und unerbittlich (sie halten klar, unmissverständlich und entschlossen an dem fest, was Sie für richtig halten). Beständiger Erfolg stellt sich ein, wenn Sie bereit sind, diese sechs Schritte bei *allen* »Startverhaltensweisen« einzusetzen. Dann haben Kinder und Teenager immer weniger Grund, sich zu widersetzen.

> **Wenn Ihr Sohn am Bildschirm klebt**
>
> Versuchen Sie gar nicht erst, zum ersten Mal mit der Nie-zweimal-bitten-Methode zu arbeiten, wenn Ihr Sohn gerade vor dem Bildschirm sitzt – egal ob es ein Fernseher, Computer, Videospiel, eine Playstation, DS, eine Sozialnetzwerkseite, eine SMS- oder andere Textnachricht, ein Chatroom oder sonst etwas ist. Der Bildschirm kann fesseln und sogar süchtig machen, vor allem Jungen und ganz besonders sensible, gefühlsbetonte, impulsive Kinder und Kinder im Alter von 9 bis 18, die gerade einen Lebensbereich besonders anstrengend oder problematisch finden (zum Beispiel Schulaufgaben, Beziehungen zu Gleichaltrigen oder ihr Selbstbild). Leider bringt die Fixierung auf den Bildschirm oft die schlimmsten Seiten dieser Kinder zum Vorschein.
>
> Deshalb müssen Sie dafür sorgen, dass sämtliche Elektronik abgeschaltet ist, bevor Sie mit dem ersten Schritt der Nie-zweimal-bitten-Strategie beginnen können. Klebt Ihr Sohn am Bildschirm, wiederholen, ermahnen und drohen Sie womöglich gewohnheitsmäßig, und er widerspricht, schreit Sie an oder beleidigt oder beschimpft Sie sogar. Bitte lesen Kapitel 15 (Bildschirmzeit). Darin erfahren Sie, wie Sie wieder Herr über die Elektronik im Haus werden.

Die sechs Schritte der Nie-zweimal-bitten-Methode

Es wird Sie vielleicht überraschen, dass Sie die eigentliche Anweisung bei dieser Methode erst im dritten Schritt erteilen.

Erster Schritt: Lassen Sie alles andere liegen und stehen und gehen Sie zu Ihrem Sohn hin. Stellen Sie sich vor ihn und schauen Sie ihn an.

Sie wollen schließlich, dass er richtig aufnahmebereit ist für das, was Sie ihm zu sagen haben. Und das erreichen Sie mit dem ersten Schritt. Indem Sie sich die Zeit nehmen, zu Ihrem Sohn hinzugehen, zeigen Sie ihm, dass Sie etwas sagen wollen, auf das er achten muss. Dass Sie stehen, zeigt ihm, dass Ihnen wichtig ist, was Sie sagen wollen.

Zweiter Schritt: Warten Sie, bis Ihr Sohn mit dem aufhört, was er gerade tut, und Sie ansieht.

Indem Sie warten, bis er Sie von sich aus anschaut, respektieren Sie, was er gerade tut, und dass er Zeit braucht, sich davon zu lösen. Die meisten Kinder schauen innerhalb von Sekunden auf, wenn Sie sich vor sie stellen. Manche Jungen sind aber so in ihr Spiel vertieft, dass es ein paar Minuten dauern kann, bis sie Sie bemerken. Vielleicht versucht Ihr Sohn zuerst auch, Sie zu ignorieren, weil er schon ahnt, dass eine Anweisung folgt.

Wenn Sie länger warten müssen, als Ihnen lieb ist, rufen Sie Ihren Sohn nicht beim Namen, um seine Aufmerksamkeit zu erregen. Kinder hören so oft, wie ungeduldig ihr Name gerufen wird, dass sie das mit großer Wahrscheinlichkeit ausblenden. Stattdessen können Sie seine Aufmerksamkeit erregen, indem Sie anschaulich loben, was er gerade tut. Das ist ein sogenanntes »Startverhalten«. Er macht also nichts falsch, und Sie können etwas finden, das sich anschaulich loben lässt:

- Du hast ja ein Buch über Haie entdeckt, deine Lieblingstiere!
- Du liest dir die Gebrauchsanweisung aber gründlich durch!
- Du stapelst die Steine ja sauber sortiert.

Das anschauliche Lob macht es Ihrem Sohn leichter, Sie anzuschauen.

Dritter Schritt: Jetzt endlich ist der richtige Zeitpunkt für die Anweisung gekommen – klar, einfach und nur ein einziges Mal
Geben Sie Ihrem Sohn alle Informationen, die er braucht – und nur die. Rechtfertigen Sie Ihre Anweisung nicht, erklären Sie sie nicht und nennen Sie ihm auch keine Gründe dafür. Vielleicht fragt Ihr Sohn ja »Warum?« oder »Wieso muss ich das tun?«, doch das sind häufig Automatismen. Kinder wissen gewöhnlich, warum sie tun sollen, was wir ihnen sagen.

Weil Sie den zweiten Schritt vollzogen haben, schaut Ihr Sohn Sie an, während Sie sprechen. Sie wissen also, dass er zuhört. Deshalb geraten Sie nicht in Versuchung, Ihre Anweisung zu wiederholen. Das ist wichtig, denn jede Wiederholung erweckt bei ihm den Eindruck, dass er beim ersten Mal nicht hinhören muss.

> **Blickkontakt einfordern**
>
> Wir wissen, wie schwer es manchen Jungen fällt, Blickkontakt zu halten – vor allem wenn Sie Ihnen etwas sagen, das sie nicht hören wollen. Es könnte also passieren, dass Ihr Sohn, während Sie Ihre Anweisung erteilen, die Augen von Ihrem Gesicht abwendet. Je häufiger Sie dann genervt sagen »Schau mich an, wenn ich mit dir spreche«, desto weniger Antrieb hat er dazu. Hören Sie stattdessen auf zu sprechen, bleiben Sie einfach stehen und warten Sie geduldig, bis er Sie wieder anschaut. Dann loben Sie ihn anschaulich dafür und beenden Sie Ihre Anweisung. Hat Ihr Sohn Probleme mit dem Blickkontakt, loben Sie ihn gezielt mehrmals täglich, wenn er Sie anschaut. Bald schon wird er es immer häufiger tun.

Durchaus möglich, dass es Ihrem Sohn schwerfällt, sich mental von einer Tätigkeit, die ihm Spaß macht, auf eine umzustellen, der er weniger freudig entgegensieht. Sie können ihm diese Umstellung erleichtern, wenn Sie ihm einen Fünf-Minuten-Countdown einräumen, falls Sie dieses Problem wittern: »In fünf Minuten ist es Zeit, die Autos in die Garage zu stellen, dir die Hände zu waschen und essen zu kommen.« Das funktioniert jedoch selten, wenn Sie ihm den Countdown geben, sich selbst aber wieder Ihrer vorherigen Tätigkeit zuwenden. Ein ins Spiel vertiefter Junge vergisst, was Sie gesagt haben, sobald Sie das Zimmer verlassen. Sie könnten sich jedes Wort sparen.

Geben Sie ihm also den Countdown vor, stellen Sie den Wecker und bleiben Sie dann die fünf Minuten bei Ihrem Sohn. Sprechen Sie mit ihm darüber, was er gerade macht, und auch darüber, was als Nächstes zu tun ist. Dann kann er sich die anstehende Aufgabe vorstellen, sodass ihm der Übergang leichter fällt. Vielleicht werden Sie sogar feststellen, dass er schon anfängt aufzuräumen, bevor der Wecker klingelt.

Die meisten Kinder kooperieren nach dem dritten Schritt meistens, und dann können Sie anschaulich loben. Hat Ihr Sohn ein impulsiveres, stureres Temperament, sind Sie vielleicht daran gewöhnt, dass er über jede Kleinigkeit diskutiert. Sie glauben womöglich nicht, dass Sie die nächsten drei Schritte in den meisten Fällen gar nicht brauchen. Es wird sicher Tage geben (die allerdings immer seltener werden, wenn Sie die neuen Strategien konsequent umsetzen), an denen die ersten drei Schritte nicht ausreichen. Befolgen Sie an diesen Tagen die nächsten Schritte, um den Widerstand zu ersticken.

Vierter Schritt: Bitten Sie Ihren Sohn, Ihnen zu sagen, was er als Nächstes tun soll – präzise, detailliert und in seinen eigenen Worten

Dieser Schritt ist wie eine kleine Durchsprechübung. Sagt Ihr Sohn Ihnen, was er tun soll, sieht er es vor seinem inneren Auge und es fällt ihm leichter. Kooperiert Ihr Sohn nach dem dritten Schritt noch nicht (was selten vorkommt), ist die Wahrscheinlichkeit groß, dass er es nach dem vierten Schritt tut. Ist er aber aufgebracht, will er vielleicht nicht antworten, denn damit würde er zugeben, dass er genau weiß, was er machen soll.

Womöglich sagt er: »Weiß ich nicht.« oder »Hab ich vergessen.« Selbst wenn Sie sicher sind, dass er sich genau erinnert (weil Sie ihm die Anweisung keine Minute zuvor erteilt haben), sollten Sie nicht versuchen, ihm einzureden, dass er es weiß. Sagen Sie lieber: »Wenn du es nicht mehr weißt, dann denk mal scharf nach. Was, glaubst du, sollst du als Nächstes machen?« Loben Sie bereitwillig und anschaulich jede halbwegs vernünftige Antwort.

Sie haben gute Chancen, dass sich Ihr Sohn plötzlich doch »erinnert«, wenn er merkt, dass Sie nicht lockerlassen. Vielleicht widerspricht Ihr Sohn, oder er beschwert sich oder jammert. Gehen Sie nicht darauf ein. Je mehr Aufmerksamkeit Sie solchen Reaktionen schenken, desto häufiger kommen sie. Warten Sie stattdessen geduldig, bis er aufhört zu maulen (oder eine Pause einlegt) und loben Sie ihn dann anschaulich:

- Du meckerst gar nicht mehr.
- Das klingt ja schon viel freundlicher.
- Jetzt zeigst du Respekt.

Vielleicht versucht Ihr Sohn auch, Sie auf die Palme zu bringen, indem er gar nichts sagt oder genau das Gegenteil von dem, was Sie hören wollen. Lassen Sie sich nicht provozieren. Wiederholen Sie Ihre Anweisung trotzdem nicht. Gehen Sie einfach zum nächsten Schritt über.

Fünfter Schritt: Stehen bleiben und abwarten

Warten ist eine sehr wirkungsvolle Strategie. Es zeigt, dass Ihnen Ihre Anweisung wichtig genug ist, um sich die Zeit zu nehmen, sie auch *durchzusetzen*. Selbst ein Kind, das nach dem dritten oder vierten Schritt noch nicht kooperiert, dürfte es sich anders überlegen, wenn Sie einfach stehen bleiben und abwarten. Es sieht dann, dass Sie nicht nachgeben. Und wenn Sie dabei freundlich bleiben, aktivieren Sie seine natürliche Neigung, es Ihnen recht zu machen. Vermutlich müssen Sie nicht lange auf die Kooperation warten. Doch falls Sie einen ganz schlechten Tag erwischt haben und Ihr Sohn noch immer nicht pariert:

Sechster Schritt: Loben Sie beim Stehen und Abwarten anschaulich jeden kleinsten Schritt in die richtige Richtung und hören Sie richtig zu, um Ihrem Sohn seine Gefühle zu spiegeln

Hat sich wiederholtes Ermahnen, Nörgeln oder gar Schimpfen bereits eingebürgert, rechnen Kinder womöglich mit einer hitzigen, emotional aufgeladenen Interaktion. Anschauliches Lob erfüllt im sechsten Schritt den Zweck,

Ihrem Sohn zu zeigen, dass Sie ihn trotzdem noch mögen und gut finden. Außerdem lernt er so, wie er sich mehr positive Aufmerksamkeit sichern kann:

- Du sprichst in Zimmerlautstärke.
- Du wirfst nicht mit Legosteinen.
- Du bist ja schon auf dem Weg zur Tür.

Richtiges Zuhören hilft Ihrem Sohn, sich verstanden zu fühlen, was in aller Regel Widerstand abbaut:

- Du hast so viel Spaß in der Badewanne. Vielleicht bist du ja sauer, weil du schon raus musst.
- Ich sehe, dass du wirklich wütend bist. Sieht so aus als hättest du keine Lust zum Aufräumen.
- Du würdest jetzt sicher lieber weiterspielen.

Bleiben Sie so lange beim sechsten Schritt, bis Ihr Sohn kooperiert. Die Nie-zweimal-bitten-Methode funktioniert immer. Warum? Weil es keinen siebten Schritt gibt, der da heißt »und irgendwann gebe ich auf«!

Was Eltern wissen wollen

F: Die Nie-zweimal-bitten-Methode erscheint mir unnötig aufwendig. Meine Kinder sollen mich respektieren und einfach folgen. Warum brauche ich dafür eine besondere Methode?

A: Es wäre schön, wenn Kinder ihre Eltern von sich aus respektieren würden. Wir Erwachsene respektieren andere nur, wenn sie sich unseren Respekt verdient haben. Das Gleiche gilt für Kinder und Teenager. Sie respektieren uns, wenn wir ihren Respekt verdienen. Die positiven, verbindlichen und konsequenten Strategien dieses Buches helfen Ihrem Kind, auf Sie zu hören, Sie ernst zu nehmen und zu tun, was Sie sagen – anders ausgedrückt: Sie zu respektieren.

F: Ab welchem Alter kann ich die Nie-zweimal-bitten-Methode einsetzen?

A: Bei Kindern ab einem Alter von drei Jahren. Dann sind sie gewöhnlich alt genug, um zu verstehen und sich zu merken, was wir von ihnen erwarten.

F: Wird die Nie-zweimal-bitten-Methode bei meinem Jungen auch funktionieren? Er ist eindeutig der sensible, gefühlsbetonte Typ und hat eigentlich täglich Wutausbrüche und Ausraster. Was soll ich tun, wenn er weint, jammert, widerspricht, mich beleidigt oder sogar nach mir schlägt?

A: Manche Kinder haben große Gefühle und starke Reaktionen. Sie neigen zu Wutanfällen oder zu destruktivem, manchmal sogar gewalttätigem Verhalten, wenn es nicht so läuft, wie sie sich das vorstellen. Das gilt umso mehr, wenn solche Ausbrüche in der Vergangenheit – auch nur manchmal – die Wirkung hatten, dass Sie sich umstimmen ließen oder ihm besonders viel Aufmerksamkeit schenkten.

Selbst extrem temperamentvolle Kinder reagieren bald verhaltener, wenn Sie die Gelassener-einfacher-glücklicher-Erziehungsmethoden einsetzen. Zunächst beobachten Sie aber möglicherweise vorübergehend eine Eskalation des missliebigen Verhaltens. Die Psychologen nennen das »Löschungstrotz«. Wenn Ihr Sohn noch nicht überzeugt ist, dass seine alten Taktiken nicht mehr funktionieren, strengt er sich vielleicht umso mehr an und deshalb verschlimmert sich die Situation zunächst, bevor sie besser wird.

Bleiben Sie gelassen, respektvoll, ruhig und bestimmt, dann sorgt der angeborene Wunsch des Kindes, Ihnen zu gefallen, schon dafür, dass es sich nach und nach auf das erwünschte Verhalten umstellt. Und je konsequenter Sie die Nie-zweimal-bitten-Methode für alle Start-Verhaltensweisen einsetzen, desto eher lernt auch das sensibelste und sturste Kind zu kooperieren.

F: Meine Jungs kooperieren schon ganz gut, aber ich habe keine Lust, ihnen jeden Tag immer wieder das Gleiche zu erzählen. Wie bringe ich sie dazu, mehr Verantwortungsgefühl zu entwickeln und selbständiger zu werden?

A: Bei Kindern kommt Kooperation (also zu tun, was man ihnen sagt) vor Eigenständigkeit (also sich selbst zu sagen, was sie tun sollten). Um mehr Eigenständigkeit und ein reiferes Verantwortungsbewusstsein herbeizuführen, müssen wir uns zunächst darauf konzentrieren, dass sie in 90 Prozent der Fälle auf Anhieb und ohne Theater folgen. Wenn Sie sagen, Ihre Kinder kooperieren »schon ganz gut«, gehe ich davon aus, dass sie nicht in 90 Prozent aller Fälle beim ersten Mal auf Sie hören. Wenn das so wäre, hätten Sie sicher gesagt, sie kooperieren »sehr gut«. Vermutlich sind Sie daran gewöhnt, dass Sie Anweisungen mehrfach wiederholen müssen, bevor sie befolgt werden.

Setzen Sie den ganzen Tag lang die Nie-zweimal-bitten-Methode bei jeder »Start-Verhaltensweise« ein. Wenn die Kooperation (auf die erste Aufforderung und ohne Widerworte) die 90-Prozent-Marke erreicht hat, werden Sie feststellen, dass Ihre Jungs Ihre Anweisungen allmählich schon erahnen und ihnen vorgreifen. Sie fangen dann an, sich selbst zu sagen, was sie als Nächstes tun sollten.

Zu mehr Eigenständigkeit erziehen Sie Ihre Söhne aber auch, indem Sie jedes Mal darauf eingehen und anschaulich loben, wenn sie sich vernünftig verhalten, schon **bevor** Sie es sagen:

- Du hast ja schon dein Musikbuch herausgeholt, ohne dass ich es dir sagen musste. Du weißt also, was als Nächstes ansteht.
- Das war sehr selbständig von dir, die Tassen runterzubringen, ohne dass es dir jemand sagen musste.
- Du hast ja schon mit den Hausaufgaben angefangen.

Zusammenfassung

Natürlich funktioniert die Nie-zweimal-bitten-Methode bei manchen Jungen besser. Sie gewöhnen sich schneller daran zu kooperieren. Ein sensibler, gefühlsbetonter Junge ist oft impulsiver, sturer und explodiert schneller. Er ist insgesamt unreifer. Ein solches Kind braucht gewöhnlich länger, bis es gewohnheitsmäßig auf die erste Aufforderung hin widerspruchslos kooperiert. Ebenso gilt: Wenn ein Kind schon lange Zeit aufbrausend und gereizt reagiert hat, brauchen Eltern länger, sich sein Vertrauen und seinen Respekt zu verdienen. Ist ein Kind an vage Regeln und Abläufe und Inkonsequenz gewöhnt, ist es nur nachvollziehbar (wenn auch ärgerlich), dass es in den ersten Wochen immer wieder austestet, was geht, bevor es endgültig akzeptiert, dass Sie das Sagen haben und die neue Methode durchgezogen wird.

Vielleicht sind Sie jetzt skeptisch – zum Beispiel, weil Sie glauben, dass Ihr Sohn einfach davonstürmt oder widerspricht oder Ihnen gar nicht zuhört. Sie gehen womöglich davon aus, dass er reagiert wie immer, auch wenn Sie die Dinge anders angehen. Lassen Sie sich von aller Skepsis nicht davon abhalten, der Nie-zweimal-bitten-Methode eine Chance zu geben. Ich bitte Sie lediglich darum, unvoreingenommen auszuprobieren, die Dinge anders zu formulieren und anders anzupacken.

Diese Methode ist nicht nur ausgesprochen freundlich und respektvoll, sondern auch bestimmt und konsequent. Ich garantiere Ihnen, dass Sie damit *alle* Kinder dazu bringen, gewohnheitsmäßig zu kooperieren – ganz egal wie groß anfänglich der Ärger oder der Widerstand war. Lassen Sie sich also nicht beirren, sondern ziehen Sie die sechs Schritte durch.

Achtes Kapitel – Positive und negative Konsequenzen

Sie waren kleine Tyrannen

Mit meinem Mann heiratete ich auch Joel und Brett, seine Söhne aus einer früheren Ehe. Sie waren damals sechs und vier und nicht einfach zu haben. Im Grunde waren sie ziemlich verzogen. Sie verbrachten jedes zweite Wochenende bei uns und die Hälfte der Ferien. Ich muss sagen, das erste Jahr war einfach schrecklich! Sie beschwerten sich über alles, was ich anders machte als ihre Mutter. Sie ließen sich nur von ihrem Vater helfen. Sie sagten »uäh« zu allem, was ich ihnen vorsetzte, auch wenn es ihr Lieblingsessen war. Joel sagte Brett, er solle nicht auf mich hören. Sie machten unanständige Geräusche, wenn ich sprach. Sie erzählten ihrem Vater, ich sei wie die böse Stiefmutter aus Hänsel und Gretel. Und dabei riss ich mir ein Bein aus, um nett zu ihnen zu sein!

In Noëls Erziehungskurs erkannten wir unser Problem. Sie kamen damit durch, sich wie die kleinen Tyrannen aufzuführen. Sie hatten die Oberhand, und ich tat alles, um es ihnen recht zu machen. Und irgendwann verlor ich natürlich die Beherrschung und schrie sie an oder drohte mit einer Strafe – die nie kam, weil ich ja wollte, dass sie mich mochten. Doch das taten sie nicht!

Als wir das Prinzip des Verdienens kennenlernten, nahm mir das viele Sorgen. Sich etwas zu verdienen ist viel besser, als es einfach so zu bekommen. Wir führten ein, dass sie sich jedes Extra verdienen mussten. Sie konnten sich zum Beispiel eine zweite Gutenachtgeschichte verdienen. Sie

> konnten sich verdienen, zehn Minuten lang in Papas Lieblingssessel zu sitzen. Natürlich mussten sie sich ihre Bildschirmzeit verdienen. Und sie mussten sich sogar das Privileg verdienen, mit ihrem Lieblingsspielzeugauto zu spielen. Und diese neuen Regeln wurden von uns zehnmal am Tag mit ihnen durchgesprochen. Beim Durchsprechen ging es grundsätzlich darum, was sie tun sollten – nicht darum, was sie lassen sollten. Joel bekam Gelegenheit, sich noch mehr zu verdienen, da er der Ältere war. Und wenn sie es nicht schafften, sich ihre Extras zu verdienen, dann war es gewöhnlich mein Mann, der es ihnen sagte – damit ich nicht die Buhfrau sein musste.
>
> Wir trugen im Kalender ein, wann wir damit anfingen, weil wir uns nicht vorstellen konnten, dass es so schnell funktionieren würde wie Noël sagte. Doch so war es! Schon nach zwei Tagen wurde es besser, nach einer Woche noch mehr, und zwei Wochen später hatten wir fast keine Probleme mehr! Wir praktizierten auch andere Strategien wie anschauliches Lob, die Nie-zweimal-bitten-Methode, Familienarbeitseinsätze, Extrazeit und richtiges Zuhören. Doch es war das Verdienprinzip, das bei ihnen am meisten brachte.
>
> Jemand sagte mir, vielleicht hätten die Strategien ja gar nicht geholfen. Vielleicht hätten sich die Jungs einfach an mich gewöhnt und mich akzeptiert. Kann schon sein, aber die Veränderung vollzog sich innerhalb von zwei Wochen, nachdem wir ein ganzes Jahr lang nicht weitergekommen waren. Deshalb weiß ich genau, dass es die neuen Strategien waren, durch die alles anders wurde. Acht Jahre später stehen wir uns sehr nahe, und ich finde die Kinder toll. Manchmal lachen wir zusammen darüber, wie schlecht sie sich benommen haben und wie schwach ich in dieser schlimmen Zeit damals war.
>
> **Stiefmutter von Joel (14) und Brett (12)**

Bei den *Konsequenzen* geht es nur darum, wie wir auf das Verhalten eines Kindes reagieren. Wenn wir bereit sind, *konsequent durchzugreifen*, nehmen uns unsere Kinder ernst. Wir denken bei dem Wort *Konsequenzen* meist an unsere Reaktionen auf Fehlverhalten. Darunter fällt aber auch, wie wir auf die vielen richtigen Verhaltensansätze reagieren, die wir jeden Tag immer wieder erkennen. Belohnungen sind die *Konsequenzen* für Verhalten, das wir häufiger sehen möchten. Durch Belohnungen werden Werte, Kompetenzen und Gewohnheiten verstärkt, die die Eltern für richtig halten.

Letztlich wollen wir erreichen, dass unsere Kinder unsere Werte verinnerlichen, damit sie das Richtige tun, weil es sich richtig anfühlt, und weil es sich nicht gut anfühlt, wenn sie ihren Werten nicht treu bleiben. Das bezeichnen wir als Gewissen. Ein solches Verantwortungsgefühl entwickelt sich über Jahre. Wir können daher nicht erwarten, dass Kinder oder Jugendliche bereits über ein ausgeprägtes Gewissen verfügen. Reife entsteht nicht, weil die Zeit vergeht. Wir alle kennen viele Erwachsene, die noch immer keinen starken Wertekanon entwickelt haben. Als Eltern müssen wir aktiv werden und unsere Kinder sanft, aber bestimmt zu vernünftigeren, reiferen Verhaltensweisen, Gefühlen und Einstellungen anhalten.

Eltern sind oft überzeugt, dass sich Verhalten nur dadurch wesentlich verbessern lässt, indem Fehlverhalten Konsequenzen nach sich zieht. Sicher sind Konsequenzen manchmal unvermeidlich, doch wir können uns nicht darauf verlassen, dass sie Kinder dazu motivieren, sich besser benehmen zu *wollen* oder daran zu *denken*, sich gut zu benehmen. Zunächst müssen Eltern daher die Strategien zur Motivation und Prävention praktizieren, die ich im vierten und fünften Kapitel vorgestellt habe. Ansonsten bringen Konsequenzen nichts. Wären Konsequenzen als solche wirkungsvoll, wären unsere Gefängnisse leer.

Es ist viel darüber geschrieben worden, wie wichtig es ist, dass sich unsere Kinder unserer bedingungslosen Liebe sicher sein können. So bedeutsam das ist, es hat leider gehörige Verwirrung gestiftet bezüglich des Konzepts des *konsequenten Durchgreifens*. Wie eine Mutter es formulierte:

»Früher fing mein Sohn, der sehr sensibel und gefühlsbetont ist, schon an zu schreien, wenn ich nur von Konsequenzen sprach. ›Ich hasse dich! Du bist die gemeinste Mama auf der ganzen Welt!‹, plärrte er. Ich hatte Angst, seine zarte Seele zu verletzen. Ich befürchtete, meine Beziehung zu ihm irreparabel zu schädigen. Also fassten mein Mann und ich ihn mit Samthandschuhen an und erwarteten von ihm nicht den gleichen Verhaltensstandard wie von seiner Schwester. Durch Noëls Bücher erkannten wir, dass Liebe etwas anderes ist als Billigung. Ich liebe ihn immer. Wir umarmen uns und nehmen uns jeden Tag Zeit füreinander. Aber deshalb muss ich sein Verhalten noch lange nicht billigen. Heute fühle ich mich nicht mehr schuldig, wenn ich konsequent durchgreife. Und er ist ein ganz anderes Kind – eins, das man nicht nur lieben, sondern auch sympathisch finden kann!«

Greifen wir bei Fehlverhalten nicht *konsequent* durch, hinterlässt das ein Ohnmachtsgefühl, das Unmut erregt – und entsprechende Handlungen. Unsere Kinder wissen eigentlich, dass wir sie *lieben*, doch wenn wir zu oft sauer sind, können sie sich nicht vorstellen, dass wir sie *mögen* und gut finden, was sie tun.

Sich Belohnungen verdienen

Belohnungen helfen Kindern und Teenagern, sich an neue Regelungen zu Kooperation und Selbstvertrauen zu gewöhnen. Haben sich solche Gewohnheiten erst fest etabliert, sind Belohnungen nicht mehr nötig.

Kleine tägliche Belohnungen

Anschauliches Lob ist eine kleine Belohnung für zwischendurch, die wir jeden Tag viele Male vergeben können. Wenn Sie anschauliches Lob und andere Belohnungen einsetzen, um Ihren Sohn zu motivieren, wird er zunächst kooperieren, weil es sich gut anfühlt, so gelobt und belohnt zu werden. Loben und belohnen Sie konsequent weiter, wird die Kooperation zur Gewohnheit. Am Ende entscheidet sich Ihr Sohn richtig, weil er sich besser fühlt, wenn er das Richtige tut. So bildet sich das Gewissen heraus.

Kinder und Jugendliche können sich täglich Belohnungen verdienen für jeden kleinsten Schritt in die richtige Richtung. Hier ein paar dieser kleinen Belohnungen, die Jungen wirkungsvoll motivieren können:

- Dem Kassierer am Supermarkt das Geld geben und das Wechselgeld in Empfang nehmen dürfen.
- Am Schaufenster der Zoohandlung fünf Minuten stehen bleiben und die Welpen anschauen dürfen.
- Etwas selbst entscheiden dürfen, das gewöhnlich jemand anderer bestimmt.

- Eine Anekdote aus der Babyzeit erzählt bekommen.
- Zehn Extra-Facebook-Minuten.
- In den letzten zehn Minuten Übezeit mit dem Musikinstrument setzt sich ein Elternteil dazu.
- Ein Elternteil leistet dem Jungen Gesellschaft, wenn er etwas erledigt, das er nicht gern tut.
- Auf der nächsten Autofahrt den Radiosender aussuchen.

Natürlich ist Bildschirmzeit immer eine sehr effektive Belohnung für die meisten Jungen. Wie das funktionieren kann, erfahren Sie im 15. Kapitel (Bildschirmzeit).

Mittlere Belohnungen

Eine mittlere Belohnung verdient Ihr Sohn, wenn er es über mehrere Tage schafft, eine besonders störende Gewohnheit abzulegen. Wenn Sie sich eine mittlere Belohnung ausdenken wollen, überlegen Sie einfach, welche Aktivität er besonders genossen oder erbeten hat – oder welche Aktivität ihm Ihrer Ansicht nach Spaß machen könnte. Solche Belohnungen sind leicht zu arrangieren und entweder kostenlos oder nicht teuer:

- Das Frühstück ans Bett bekommen.
- Wählen, in welches Lokal oder in welchen Film die Familie geht.
- Ein Picknick.
- Ein nächtlicher Spaziergang mit einem Elternteil – im Schlafanzug.
- Eine Verabredung zum Spielen.
- Bei Regen im Garten spielen dürfen.

Durchgreifen bei »Stopp«-Verhalten

Ein »Stopp«-Verhalten zeigt Ihr Sohn, wenn er gerade etwas tut, was gegen die Regeln verstößt, oder wenn er es bereits getan hat. Ist er gerade dabei, besteht Ihre Aufgabe darin, ihn so schnell wie möglich davon abzubringen – noch bevor Sie darüber nachdenken, welche Konsequenzen künftiges

Fehlverhalten verhindern könnten. Überlegen wir uns dazu erst einmal, was nicht funktioniert, wenn wir möchten, dass ein widerspenstiges, aufsässiges, rebellisches Kind bereitwillig aufhören soll, etwas Falsches zu tun.

Womit sich Fehlverhalten nicht stoppen lässt
Es ist kontraproduktiv, wenn Sie Ihren Sohn fragen, warum er sich daneben benimmt. Vielleicht weiß er es gar nicht. Und selbst wenn, will er es Ihnen vielleicht nicht erzählen. Falls er doch dazu bereit ist, kann er seine Gründe womöglich nicht klar in Worte fassen. Und auch wenn er das kann, wird jede Diskussion zu einem Zeitpunkt, an dem sich Ihr Sohn schlecht benimmt, Ihre Botschaft entkräften. Fragen Sie Ihren Sohn, kann bei ihm fälschlicherweise der Eindruck entstehen, dass er Ihre Anweisungen gar nicht befolgen muss, wenn er nur überzeugend erklären kann, dass er aus gutem Grund dagegen verstößt.

Fehlverhalten geht oft mit einem hohen Geräuschpegel einher: Es wird geweint, gequengelt, beleidigt und mit Schimpfwörtern um sich geworfen – manchmal sogar mit Kraftausdrücken. Mit dem ganzen Getöse will Sie Ihr Kind lediglich wissen lassen, dass es nicht tun möchte, was Sie von ihm verlangen. Zeigen Sie, dass Sie die Geräuschkulisse um jeden Preis unterbinden wollen, untergräbt das Ihre Autorität.

Konzentrieren Sie sich darauf, dem Fehlverhalten Einhalt zu gebieten. Stellen Sie sich die Geräuschentwicklung gar nicht erst als Fehlverhalten vor, dem Sie Herr werden müssen. Denken Sie daran, anschaulich zu loben, wenn Ihr Sohn eine Pause macht. Bald schon wird das Weinen, Jammern und Schimpfen immer seltener vorkommen.

Regen wir uns sichtlich auf, wenn sich unsere Kinder schlecht betragen, senden wir Ihnen unbewusst die Botschaft, dass wir uns nicht unter Kontrolle haben. Damit geben wir unseren Kindern ein schlechtes Beispiel. Außerdem geben Sie Ihrem Sohn eine Waffe in die Hand, die er gegen Sie verwenden kann, wenn er wütend ist – oder einfach aus Übermut. Je stärker wir uns darauf konzentrieren, ruhig und freundlich zu bleiben, desto leichter fällt es uns, ruhig und freundlich zu bleiben – auch wenn uns unsere Kinder gezielt provozieren, was durchaus vorkommt.

Was funktioniert

Setzen Sie die folgenden Schritte ein, um Ihren Sohn von Fehlverhalten abzuhalten, wenn ein einfaches »Hör auf!« keinen Erfolg verspricht. Aus langjähriger Erfahrung weiß ich, dass die meisten Kinder, selbst extrem impulsive Jungen, auf diese Schritte meistens positiv reagieren, wenn sie nicht gerade:

- hungrig sind,
- müde sind,
- unruhig und zappelig sind, weil sie nicht genug Bewegung hatten,
- hektisch sind,
- schon zur Genüge ermahnt wurden.

Es mag Ihnen so vorkommen, als ließen sich all diese täglichen Probleme auf keinen Fall gleichzeitig lösen. Wenn Sie großes Interesse daran haben, Ihr Familienleben und die Routineabläufe zu verbessern, um Verhaltensänderungen herbeizuführen, dann lesen Sie bitte den dritten Teil des Buches.

Auch beim »Stopp«-Verhalten fangen Sie am besten mit anschaulichem Lob an. Warten Sie ab, bis Sie ansatzweise angemessenes Verhalten erkennen oder bis Ihr Kind sein Fehlverhalten kurz unterbricht. Hat Ihr Sohn sich gerade respektlos geäußert, warten Sie ein paar Sekunden, bis er Luft holen muss, und sagen Sie dann:

> Jetzt bist du gar nicht mehr unhöflich.
> Ich merke, dass du aufgebracht bist, aber jetzt beherrschst du dich.
> Du sagst mir mit Worten, nicht mit dem Körper, wie wütend zu bist.

Anschauliches Lob ist kein Zaubermittel, das alles Fehlverhalten und Missempfinden Ihres Sohnes augenblicklich in Luft auflöst. Es führt ihm aber gewöhnlich vor Augen, dass man es den Eltern recht machen kann – und vermutlich reagiert er darauf, indem er sich besser benimmt. Oft reicht anschauliches Lob schon aus, um das Verhalten wieder einzuordnen.

Rücken Sie näher, wenn es nicht greift. Nehmen wir an, Sie haben Ihren Sohn anschaulich gelobt, doch er benimmt sich weiter daneben. Lassen Sie alles stehen und liegen, gehen Sie zu ihm hin und stellen Sie sich in seine Nähe. Nähe ist äußerst effektiv. Durch Körpersprache vermitteln Sie ihm, dass Sie ein Anliegen haben, es ernst meinen und entschlossen sind, es durchzusetzen. Rufen Sie ihm aus dem Nebenzimmer oder durch das Zimmer etwas zu, hat das nicht dieselbe Wirkung. Schließlich wollen Sie ihm doch begreiflich machen: »Das ist wichtig.« Sie werden feststellen, dass allein Ihre Nähe, *im Stehen*, ausreicht, um Ihren Sohn zu anständigem Benehmen zu veranlassen.

Statt ihnen böse Absicht zu unterstellen, können wir Fehlverhalten unserer Kinder auch als kindlichen Fehler betrachten.

> Du wolltest sie nicht umschubsen. Du bist einfach nur vorbeigerannt. Deshalb gilt hier im Haus die Regel, dass wir nicht rennen. Nicht rennen, nur gehen.
> Deine neue Trommel hört sich an wie das Schlagzeug einer richtigen Band. Du kannst damit einen tollen Sound machen. Aber die Regel lautet, dass wir uns nach sieben Uhr ruhig verhalten. Ich weiß, wie gern du trommelst. Überlegen wir uns also eine Zeit, die dafür geeignet ist.

Das reicht oft schon, um Fehlverhalten zu unterbinden.

Falls doch nicht, erklären Sie Ihrem Sohn ganz genau, *was er tun* (nicht, was er lassen) soll.

> »Gib mir bitte den Hammer« funktioniert vermutlich besser als »Hör sofort mit dem Gehämmer auf!«
> »Komm bitte her« ist wahrscheinlich effektiver als »Du gehst zu grob mit dem Baby um.«

Beachten Sie, dass am Ende jeder Anweisung »bitte« steht. Damit sind Sie ein Vorbild für höflichen Umgang miteinander – ganz ohne zu predigen.

Hört Ihr Sohn nicht umgehend auf (unter Berücksichtigung seiner natürlichen Reaktionszeit), widerstehen Sie bitte dem Impuls, Ihre Anweisung lauter zu wiederholen, erneut zu erklären, zu drohen oder zu drängen. Er wird Sie nämlich vermutlich beim zweiten oder gar dritten Mal ebenso ignorieren wie beim ersten Mal.

Hört Ihr Sohn nicht auf, wird er entweder lauthals protestieren (schreien, weinen, quengeln, widersprechen, flehen, drängen) oder seinen Widerstand leiser äußern (Sie ignorieren oder versuchen, das Thema zu wechseln) oder gegen eine andere Regel verstoßen. Seine mangelnde Kooperationsbereitschaft kann so frustrierend sein – vor allem, wenn Sie ohnehin schon gestresst oder in Eile sind –, dass die einzige nachvollziehbare Reaktion Ärger und Gereiztheit ist. Dass das Kind nicht folgt, scheint auf den ersten Blick der Fehler des Kindes zu sein.

Doch es gibt immer einen Grund für mangelnde Kooperationsbereitschaft. Vermutlich hatte er in der Vergangenheit mit derart nervtötendem Verhalten gewissen Erfolg: Vielleicht gewann er so Ihre ungeteilte Aufmerksamkeit, etwas mehr Zeit für die verbotene Tätigkeit oder es stellte sich bei ihm ein Machtgefühl ein, wenn er merkte, dass er Sie außer Fassung bringen konnte.

Hört Ihr Sohn nicht innerhalb von fünf oder zehn Sekunden nach Ihrer direkten Aufforderung auf, *müssen Sie umgehend eingreifen.* Selbstverständlich greifen wir sofort ein, wenn die Sicherheit eines Kindes gefährdet ist oder wenn Gefahr besteht, dass etwas beschädigt werden könnte. Doch unmittelbares Eingreifen ist ebenso dringend erforderlich, wenn es nicht die Sicherheit ist, die auf dem Spiel steht, sondern die Kooperation.

Ihr Eingriff besteht in aller Regel darin, dass Sie entweder dem Kind einen Gegenstand entziehen oder das Kind der Situation. Sobald Sie entschlossen eingreifen, erkennt Ihr Sohn vermutlich, dass Sie meinen, was Sie sagen, und hört von sich aus auf. Verstärken Sie dieses kooperative Verhalten, indem Sie ihn als positive Konsequenz anschaulich loben. Sind Sie verärgert, weil Sie wegen seines ursprünglichen Fehlverhaltens zu spät dran sind, fällt es schwer, freundlich zu bleiben. Denken Sie daran: Ihr Sohn hat einfach noch keine guten Gewohnheiten entwickelt, und es ist Ihre Aufgabe als Eltern, ihm diese von uns angestrebten Gewohnheiten beizubringen und anzutrainieren. Das geht nicht über Nacht.

Sobald Sie Ihrem Sohn den Gegenstand weggenommen oder ihn selbst entfernt haben, jammert, weint oder widerspricht er vielleicht. Womöglich schreit er herum oder beschimpft Sie sogar. Lassen Sie ihn seine Gefühle äußern. Versuchen Sie nicht, ihn abzulenken oder zur Vernunft zu bringen. Sobald er sich soweit beruhigt, dass er aufnimmt, was Sie sagen, sollten Sie ihm richtig zuhören. Nehmen Sie ihn in den Arm, wenn ihm das gewöhnlich guttut. Aber geben Sie nicht nach. Und natürlich sollten Sie jeden Hinweis auf positives Verhalten anschaulich loben.

Reagiert Ihr Sohn auf Ihr unmittelbares Eingreifen mit körperlicher Gewalt, müssen Sie das sofort unterbinden. Lassen wir zu, dass ein Kind seine Eltern verletzt oder Sachen beschädigt, fühlt es sich danach sehr schlecht, was häufig zu weiterem Fehlverhalten führt.

Konsequenzen

Zweck von Konsequenzen ist, künftiges Fehlverhalten zu verhindern oder zu verringern. Konsequenzen haben es aus mehreren Gründen in sich. Deshalb will ich an dieser Stelle näher darauf eingehen, was dabei alles schiefgehen kann. Dann können Sie Fallstricke meiden.

Was Konsequenzen anrichten können

Verhindern auch wiederholte Konsequenzen nicht, dass ein Kind erneut Regeln bricht, sind die Eltern mit ihrem Latein am Ende und verlieren den Mut. Sie schlussfolgern womöglich, dass Konsequenzen bei ihrem Kind nichts bringen. Doch das ist selten der Fall.

Wenn Konsequenzen offenbar keinen Erfolg zeigen, so liegt das gewöhnlich daran, dass wir nicht konsequent *durchgreifen*. Die Gründe dafür sind vielfältig:

Steht der betreffende Elternteil unter Stress oder ist emotional ausgelaugt, fürchtet er sich vielleicht vor möglichen negativen Reaktionen auf eine Konsequenz und tut lieber so, als hätte er das Fehlverhalten nicht bemerkt.

Ein Elternteil sieht womöglich bewusst über Fehlverhalten hinweg in der Hoffnung, dass der Junge daraus lernt, dass ihm negatives Aufmerksamkeitsheischen keine Aufmerksamkeit einträgt. Das funktioniert manchmal, oft aber nicht, weil der Junge sein Verhalten dann so lange weitertreibt, bis der Elternteil einfach reagieren muss.

Manche Eltern befürchten, eine Konsequenz könne den Willen eines Kindes brechen oder ihm Schuldgefühle einflößen.

Oder sie glauben, der Junge könne seine Impulse aufgrund seines angeborenen Temperaments nicht steuern, und Konsequenzen wären deshalb sinnlos.

Hier ein paar der Fallen, in die Eltern mit Konsequenzen tappen können, wenn sie noch nicht begriffen haben, wie wirkungsvoll konsequentes Handeln ist:

Manche Eltern drohen eine Konsequenz erst mehrmals an, bevor sie durchgreifen. Aus Sicht der Eltern funktioniert das scheinbar, denn das Kind kooperiert schon auf die Drohung hin – allerdings nur für kurze Zeit, weshalb die Drohung wiederholt werden muss. Irgendwann haben die Eltern dann genug. Die Drohung wird umgesetzt, und die Konsequenz tritt ein. Das Kind ist dann zu Recht außer sich, denn aus seiner Sicht haben die Eltern ohne Vorwarnung die »Spielregeln« geändert. Aus der Sohn-Perspektive bestand das »Spiel« darin, kurzfristig zu folgen, um sich die Eltern vom Hals zu schaffen, und sich dann gleich wieder fröhlich danebenzubenehmen, sobald die Eltern woanders hin schauten.

Eltern erinnern sich vielleicht noch an ihre eigene Kindheit und wissen daher, wie schlimm es ist, bestraft zu werden, und wie viel Wut und Angst es hervorruft. Ihren eigenen Kindern möchten Eltern solche Gefühle ersparen. In ihrer Verzweiflung reden sie dann womöglich von Konsequenzen, die sie aber später wieder aufheben oder abwandeln – vor allem wenn das Kind den Eltern vorwirft, sie seien ungerecht.

Oder Sie greifen dann doch nicht bis zum bitteren Ende durch, weil sich Ihr Sohn plötzlich besonders gut beträgt.

Manche Eltern lassen Fehlverhalten auch durchgehen, bis sie am Ende so wütend sind, dass sie mit Konsequenzen drohen, die sie niemals ausführen würden.

Dauert eine Konsequenz zu lange an, empfindet sie das Kind als Normalzustand. Es verliert dann den Glauben, dass es das Vertrauen der Eltern je zurückgewinnen kann.

Vielleicht haben Sie sich für eine Konsequenz entschieden, die zu schwach oder zu stark ist. Konsequenzen sollen so wehtun, dass das Kind sie spürt, dabei aber nicht verletzen.

Besteht die Konsequenz darin, Ihren Sohn auf sein Zimmer zu schicken, tut ihm das nicht weh, wenn sein Zimmer ausgestattet ist wie ein Spielzeugladen, wenn dort ein Computer oder ein Fernseher steht oder wenn er sein Handy mitnehmen darf.

Hat ein Kind etwas kaputt gemacht oder verloren und muss das bezahlen, so tut ihm das nicht weh, wenn der Verlust von einem dicken Polster Geburtstagsgeld abgefedert wird.

Vielleicht greifen Eltern zu Hause auch konsequent durch, ignorieren Fehlverhalten aber in der Öffentlichkeit oder spielen es herunter, weil sie peinliche Szenen vermeiden möchten.

Manche Eltern ahnden ein bestimmtes Fehlverhalten zwar konsequent, vergessen aber, mit dem Kind einzuüben, wie es sich stattdessen verhalten sollte. Das trifft oft auf Konsequenzen für verbale oder physische Aggression zu.

Es hilft unseren Kindern nicht dabei zu lernen, uns zu respektieren, wenn wir Konsequenzen verhängen oder androhen, die wir nicht durchsetzen können.

Sie sehen, konsequent durchzugreifen ist gar nicht so leicht. Doch es lohnt sich, denn Konsequenzen können Verhalten zum Besseren verändern. Je konsequenter Sie durchgreifen, desto effektiver sind Ihre Konsequenzen.

Drei äußerst effektive Konsequenzen

Wiederholungen. Eine solche *Wiederholung* ist die effektivste Konsequenz, die ich kenne. Dabei spielen Sie mit Ihrem Sohn das Szenario seines Fehlverhaltens noch einmal durch, nur dass er diesmal gleich alles richtig macht, ohne Theater.

Eine *Wiederholung* setzt sich aus zwei Teilen zusammen. Warten Sie nach einer Ungezogenheit, bis sich Ihr Sohn beruhigt hat (was ein paar Minuten, aber auch Stunden dauern kann). Dann bitten Sie ihn, Ihnen zu erklären, was er eigentlich hätte tun sollen – anstelle des Fehlverhaltens. Er muss Ihnen höflich und in einem vollständigen Satz darauf antworten.

- Ich hätte mich hinsetzen sollen, als du es gesagt hast.
- Ich hätte Rover loslassen sollen.
- Ich hätte fragen sollen, statt es mir einfach zu nehmen.

Beim Antworten entsteht vor seinem inneren Auge eine Szene, in der er sich richtig verhält. Spielen Sie die Situation dann noch einmal durch – mit Requisiten, wenn nötig. Sie geben die Anweisung (zum Beispiel »Gib mir den Ball«), und er befolgt sie.

Solche *Wiederholungen* nehmen nur ein oder zwei Minuten in Anspruch, haben jedoch zur Folge, dass sich das Verhalten sichtlich bessert. Ihr Sohn übt ein, wie er sich angemessen beträgt, und was ihm davon abschließend im Gedächtnis bleibt, ist seine Vorstellung davon, wie er das Richtige tut.

Verweigert Ihr Sohn auch nur einen Schritt der *Wiederholung* oder zieht er sie ins Lächerliche, zwingen Sie ihn zu nichts. Warten Sie, bis er sich wirklich beruhigt hat. Gehen Sie zur Tagesordnung über. Es wird nicht lange dauern, bis er ein Anliegen an Sie hat. Sagen Sie ihm dann, dass Sie gern mit ihm darüber reden, sobald er die *Wiederholung* mitgemacht hat. Weil Sie ruhig und freundlich bleiben und ihn nicht zurechtweisen, wird er sicher bald bereit sein, die *Wiederholung* korrekt durchzuführen.

Setzen Sie *Wiederholungen* bei Stopp- und Startverhaltensweisen ein, bei kleineren und größeren Regelverstößen, bei Fehlern und Nachlässigkeiten, bei anerzogener Hilflosigkeit, bei gewohnheitsmäßigem ebenso wie einmaligem Fehlverhalten, bei impulsivem, zwanghaftem oder vorsätzlichem Fehlverhalten.

Unser Ziel bei der Nie-zweimal-bitten-Methode (siehe siebtes Kapitel) ist, dass sich Kinder daran gewöhnen, im dritten Schritt zu kooperieren. Wenn Sie bereit sind, diese Methode bei allen Start-Verhaltensweisen anzuwenden, erreichen Sie dieses Ziel. Bis Sie soweit sind, sollten Sie jedes Mal, wenn Sie den vierten, fünften oder sechsten Schritt gehen müssen, eine *Wiederholung* einlegen, wenn Ihr Sohn schließlich kooperiert hat.

Es kann vorkommen, dass ein Kind, das im dritten Schritt noch nicht tut, was Sie ihm sagen, von mangelnder Kooperation zu echtem Fehlverhalten übergeht, einer Stopp-Verhaltensweise. Wenn Sie die Strategien, die Sie in diesem Buchteil bereits kennengelernt haben, umsetzen, wird das nicht oft passieren. Doch kommt es soweit, müssen Sie konsequent durchgreifen. Lesen Sie daher bitte weiter.

Das Streichen einer Belohnung. Haben Sie tägliche Belohnungen für bestimmte Verhaltensweisen eingeführt, ist eine ausgesprochen wirkungsvolle Konsequenz für Fehlverhalten, dass Ihr Sohn diese Belohnung am betreffenden Tag nicht bekommt. Wenn Sie es schaffen, konsequent zu bleiben, wird er bald motiviert sein, sich besser zu beherrschen. Aber seien Sie gewarnt: Bekommt Ihr Sohn seine Belohnung zum ersten Mal nicht, könnte er ausgesprochen ungehalten reagieren. Stellen Sie sich also auf ausgiebiges „Richtig-Zuhören" ein.

Abseits. Das *Abseits* ist eine äußerst effektive Konsequenz für impulsives Fehlverhalten, das auch nach anhaltendem anschaulichem Lob, *Durchsprechen*, Belohnungen für Vernunft und *Wiederholungen* noch vorkommt.

Das *Abseits* ist so etwas Ähnliches wie eine Auszeit. Sie verbannen Ihren Sohn dabei aber nicht in ein anderes Zimmer, was Kinder oft sehr aufbringt, sondern es findet in dem Raum statt, in dem Sie sich aufhalten. Ihr Sohn muss sich hinsetzen, wo und wie Sie es ihm sagen, ohne sich aufzuführen, zu weinen oder zu sprechen – und zwar so viele Minuten, wie er Jahre alt ist. Steht er auf, setzen Sie ihn wieder hin und treten dann beiseite, damit er merkt, dass es seine Aufgabe ist, im *Abseits* zu bleiben – nicht Ihre, ihn dort festzuhalten. Die Zeit läuft jedes Mal wieder von vorn.

Abseits ist eine Lernerfahrung, denn Sie bleiben in der Nähe, um anschaulich zu loben und richtig zuzuhören. Ansonsten sprechen Sie Ihren Sohn dabei bitte nicht an. Sein natürliches Bedürfnis, mit Ihnen zu interagieren, wird ihm helfen, sich solange zu beherrschen, bis die *Abseits*-Zeit vorüber ist. Wenn Sie in der Vergangenheit nicht immer konsequent waren, kann es bei den ersten Malen eine Stunde dauern, bis Ihr Sohn kapiert, dass Sie es ernst meinen, und die erforderlichen Minuten am Stück still sitzen bleibt.

Läuft die Stoppuhr ab, muss Ihnen Ihr Sohn erklären, warum er ins *Abseits* kam. Lassen Sie sich nicht mit einem »weiß ich nicht mehr« abspeisen. Bitten Sie ihn, doch mal vernünftig zu überlegen. Ist er nicht bereit zu antworten, steigern ein paar weitere Minuten im *Abseits* die Bereitschaft gewöhnlich. Sagt er es Ihnen, sollten Sie ihn unbedingt anschaulich loben. Als Nächstes muss er dann eine *Wiederholung* ausführen. Das heißt, er muss Ihnen zunächst sagen, wie er sich hätte verhalten sollen, und die Szene dann noch einmal mit korrektem Verhalten durchspielen.

Abseits ist eine Konsequenz, die effektiv zu positiven Verhaltensänderungen beiträgt, denn es ist freundlich, bestimmt, respektvoll, voller Momente des anschaulichen Lobs und des richtigen Zuhörens und endet stets mit einer *Wiederholung*. Sie werden dabei nicht wütend, und das hilft Ihrem Sohn, sich besser beherrschen zu lernen.

Konsequenzen reichen nicht

Wenn Sie nur auf Konsequenzen setzen, um Ihr Kind zu mehr Selbstbeherrschung zu erziehen, nehmen Sie an oder hoffen, dass Ihr Sohn wenig Gefallen an den Folgen findet – so wenig, dass er es sich künftig zweimal überlegt, wenn er in die Versuchung gerät, gegen Regeln zu verstoßen, und sich dann bewusst dagegen entscheidet, weil er die Konsequenzen vermeiden möchte. Das kann gelegentlich zutreffen – wenn Sie Glück haben. Doch diese Annahme lässt außer Acht, wie intensiv die Versuchung, wie ausgeprägt die Impulsivität Ihres Sprösslings und wie stark der Drang oder Zwang ist, den er spürt.

Konsequenzen sind nur ein Teil der Erziehung zur Impulssteuerung. Sie erreichen damit vor allem, dass Ihr Sohn lernt, Sie ernst zu nehmen, und dass er merkt, dass Sie das Sagen haben. Richten Sie Ihren Fokus statt auf Konsequenzen mehr auf die Erziehung zur Impulssteuerung, werden Sie feststellen, dass Sie immer häufiger auf *Durchsprechen*, anschauliches Lob und *Wiederholungen* zurückgreifen und immer seltener das *Abseits* ins Spiel bringen müssen. Sie denken nicht mehr so viel über Konsequenzen nach, weil Ihr Sohn Sie immer öfter ernst nimmt. Er hört aufmerksamer zu, folgt schneller und reagiert auf Ihre freundliche, aber bestimmte Stimmlage und auf den freundlichen, aber ernsten Blick, der ihm verrät: »Ich meine, was ich sage.« Mit Ihren neuen Hilfsmitteln werden Sie bald merken, dass viele missliebige Verhaltensweisen im

Keim erstickt werden, die in der Vergangenheit so sehr eskaliert wären, dass eine Konsequenz unabdingbar schien, um Ihr Kind zur Vernunft zu bringen.

> ### Was Eltern wissen wollen
>
> **F:** Wie soll ich reagieren, wenn mein Sohn etwas wirklich Gefährliches tut – wenn er das Baby beißt oder auf die Straße rennt?
> **A:** Ist Gefahr im Verzug, müssen wir sofort eingreifen. Dann ist keine Zeit für Gespräche oder strategische Erwägungen. Tun Sie, was Sie tun müssen, um Ihr Kind in Sicherheit zu bringen. Eine **Wiederholung** im Anschluss ist aber eine ausgesprochen effektive Methode, mit der Ihr Sohn sichereres, vernünftigeres Verhalten einüben kann, damit sich bessere Gewohnheiten in seinem Langzeitgedächtnis verankern. Auf diese Weise verringern Sie die Wahrscheinlichkeit, dass sich das Gefährdungsverhalten wiederholt. Durch **Abseits** können Sie riskantes Verhalten ebenfalls eindämmen. Und tägliches **Durchsprechen** hilft Kindern, weniger impulsiv und stärker vernunftbetont zu reagieren. Schaffen Sie in der Zwischenzeit die richtigen Voraussetzungen. Lassen Sie das Baby nicht unbeaufsichtigt. Nehmen Sie Ihren Sohn fest an die Hand, noch bevor Sie an eine Straße kommen.
>
> **F:** Positive und negative Konsequenzen scheinen bei meinem Sohn nichts zu bewirken. Warum nicht?
> **A:** Meinen Sie damit vielleicht, dass sie das Fehlverhalten nicht umgehend ausgemerzt haben? Es gibt keine Strategie, die Ihren Sohn über Nacht in ein Musterkind verwandelt. Daher glauben viele Eltern, dass **konsequentes Durchgreifen** keine Wirkung zeigt, wenn Ihr Kind zwar folgt, aber sichtlich widerwillig. Tatsächlich ist jede Kooperation, auch unter Protest, mit Widerspruch oder Augenrollen, ein Schritt in die richtige Richtung – nämlich hin zur bereitwilligen Kooperation.
> Konsequenzen zeigen bei Jungen manchmal erst nach einiger Zeit Wirkung. Unsere Gesellschaft stellt Jungen nicht vor jederzeit verfügbare Herausforderungen. Deshalb müssen sie sich eigene Herausforderungen suchen. Eine davon besteht darin, die Grenzen möglichst auszureizen, eine weitere darin, die Eltern möglichst raffiniert auf die Palme zu bringen. Positive und negative Konsequenzen führen unter Umständen

nicht so schnell zu vernünftigem Verhalten, wie Sie es gerne hätten – vor allem nicht, wenn Ihr Sohn ein schwierigeres Temperament hat.
Auch im Teenager-Alter stellen sich die Ergebnisse oft erst verzögert ein. Das liegt zum Teil daran, dass Jugendliche über Jahre hinweg immer wieder ermahnt und kritisiert wurden und entsprechend aufgebracht und frustriert sind. Sie können sich nicht mehr so gut vorstellen, dass sie es ihren Eltern recht machen können. Auch leben die meisten Teenager eher ungesund: Sie essen zu viel Fastfood, verbringen zu viel Zeit vor dem Bildschirm, schlafen und bewegen sich zu wenig und verbringen zu viel Zeit mit Gleichaltrigen und zu wenig mit der Familie. Diese ungesunde Lebensweise kann auch in schwächerer Ausprägung zu Antriebslosigkeit, Apathie, Depressivität, Unmut und Aggressivität führen. Eine solche geistige und körperliche Verfassung erschwert es Jugendlichen, sich neue, positivere Gewohnheiten anzueignen.

Wir können dazu lediglich sagen, dass konsequentes Durchgreifen nur dann nicht funktioniert, wenn es Fehlverhalten **über längere Zeit** nicht reduziert. Dass positive und negative Konsequenzen mit der Zeit unerwünschte Verhaltensweisen nicht vermindern, habe ich noch nie erlebt – jedenfalls nicht, solange Eltern auch die übrigen Strategien für eine gelassenere, einfachere, glücklichere Erziehung einsetzen. Konsequenzen sind kein Ersatz für die Strategien zur Prävention und Motivation. Sie sind lediglich erforderlich, um das geringfügige verbleibende Fehlverhalten zu korrigieren, das nach dem Einsatz dieser Strategien noch vorhanden ist. Positive und negative Konsequenzen greifen immer, weil Kinder und Jugendliche motiviert sind, es ihren Eltern recht zu machen – solange die Eltern dabei freundlich und gelassen bleiben.

F: Mein Sohn diskutiert gern und ist sehr aufbrausend. Versuche ich, Regeln mit Konsequenzen zu verknüpfen, wirft er mir vor, ihm Angst machen zu wollen. Wie kann ich ihm begreiflich machen, dass das, was sein Vater und ich tun, zu seinem Besten ist?

A: Es ist hochinteressant, dass Kinder in aller Regel keine Angst bekommen, wenn wir all die ineffektiven Methoden einsetzen – immer wieder dasselbe sagen, ermahnen, nörgeln, bestechen, drängen, predigen und laut werden. Der Grund: Wenn Eltern ineffektiv erziehen, hat das Kind das Sagen. Deshalb gibt es nichts, was dem Kind Angst machen könnte.

Fühlt sich ein Heranwachsender von einer Konsequenz bedroht, bedeutet das in aller Regel, dass er keinen Ausweg sieht. Ihm wird klar, dass er die Anweisung oder Regel befolgen muss. Diese Erfahrung muss recht unbehaglich sein für ein Kind, das daran gewöhnt ist, die Oberhand zu behalten, eine Extrawurst zu bekommen und Macht zu empfinden, weil es seine Eltern so raffiniert in Rage versetzen kann und am Ende mit seiner Verweigerungshaltung durchkommt. Funktionieren die bewährten Strategien eines solchen Kindes nicht mehr, fühlt es sich verständlicherweise zunächst verunsichert. Es entspannt sich erst wieder, wenn es sich angewöhnt, das Richtige zu tun, und die vielen Vorteile genießt – wie zum Beispiel anschauliches Lob.

F: Ich habe von Ihnen gelernt, dass ich meinem Sohn sagen soll, welches Verhalten ich von ihm erwarte – nicht, welches Verhalten er ablegen soll. Trotzdem dauert es manchmal eigentlich zu lange, bis er das unerwünschte Verhalten einstellt. Will er mich dann bewusst auf die Palme bringen? Wie soll ich reagieren?

A: Das ist eine ausgesprochen schwierige Frage für Eltern. Eine derart verzögerte Reaktion kann Absicht sein oder einfach Gewohnheit. Doch öfter, als Eltern meinen, ist eine verlängerte Reaktionszeit auch einfach auf das persönliche Temperament ihres Kindes zurückzuführen. Vielleicht kann Ihr Sohn sein Fehlverhalten nicht abstellen, wenn Sie es ihm sagen, obwohl er gerne gehorchen würde. Kinder reagieren üblicherweise langsamer als Erwachsene – vor allem, wenn es um missliebige Aktivitäten geht. Das gilt umso mehr für Jungen von sensiblerer, gefühlsbetonter Wesensart. Sie können ausgesprochen schnell, ja, sogar hyperaktiv, reagieren, wenn sie etwas gern tun. Tun sie etwas nicht so gern, sind sie dagegen oft extrem langsam, ablenkbar oder sogar lethargisch.

Ihr Ziel ist, dass Ihr Sohn so schnell reagiert, wie es ihm persönlich möglich ist. Je nach der ihm angeborenen Reaktionsschnelligkeit stellt ein Kind Fehlverhalten innerhalb weniger Sekunden ein, wenn es dazu bereit ist. Bei manchen Jungen kann das bis zu 10 Sekunden dauern. Hat Ihr Sohn ein solches Temperament, stellen Sie sich darauf ein, etwas länger stehen zu bleiben und abzuwarten, als Sie es eigentlich vorhatten.

Zusammenfassung

Ihr Sohn wird nie vollkommen sein. Doch wenn Sie die Strategien zum *konsequenten Durchgreifen* einsetzen, wird er zunehmend kooperativer, selbstsicherer, motivierter, eigenständiger und rücksichtsvoller. Auch Sie als Eltern werden nie vollkommen sein. Doch wenn Sie diese Strategien praktizieren, werden Sie immer positiver, bestimmter und konsequenter. Und Ihr Familienleben wird gelassener, einfacher und glücklicher.

Neuntes Kapitel – Extrazeit

Ich glaube, die Extrazeit gab ihm das Gefühl, wichtig zu sein

Als Henry in die Pubertät kam, verzweifelte ich fast an ihm. Meine Frau und ich waren dauernd damit beschäftigt, ihn zurechtzuweisen – wegen seiner Hausaufgaben, weil er am Tisch nicht gerade saß, weil er seine Unterwäsche wechseln sollte, weil er seinen Bruder ärgerte, weil er uns ignorierte, wenn wir ihn von seinem Rechner wegriefen. Immer wieder dasselbe.
Eines Tages bekam ich mit, wie er mit den Eltern seines besten Freundes sprach – und zwar ausgesucht höflich. Er hielt sich gerade und sah ihnen dabei in die Augen. Da merkte ich, der Henry, den ich liebte, war immer noch da – begraben unter all den lästigen Unsitten. Und ich erkannte, dass wir Teil des Problems waren. Ihm musste es so vorkommen, als hätten wir ständig etwas an ihm auszusetzen.
Ich erinnerte mich, wie Noël erzählt hatte, dass Extrazeit Kinder dazu bringt, es ihren Eltern recht machen zu wollen. Da schwor ich mir auf der Stelle, dass kein Tag mehr vergehen sollte, an dem ich nicht Zeit mit ihm verbringen würde, ohne ihn auf Fehlverhalten hinzuweisen oder ihm zu erklären, was er besser machen sollte. Ich hatte solche Angst, dass mir etwas dazwischen kommen und ich dieses Versprechen nicht halten könnte, dass ich ihm gar nichts davon erzählte. Ich begann einfach, mich daran zu halten. Wenn ich spät nach Hause kam, waren es manchmal nur zehn Minuten am Tag. War ich unterwegs, versuchte ich es über Skype. Und während der Extrazeit wurde ich stets das eine oder andere anschauliche Lob los und gewöhnte mir dadurch an, auch sonst öfter anschaulich zu loben.
Ich fragte nicht, ob er Schach spielen oder mir helfen wolle, die Garage aufzuräumen. Ich sagte bloß: »Das steht an.« Natürlich warnte ich ihn vor und

> überrumpelte ihn nicht einfach damit. Erst reagierte er ziemlich unwirsch, doch ich ließ mich nicht beirren. Ich blieb hart und übte mich im richtigen Zuhören. Am Ende der ersten Woche suchte er von sich aus meine Nähe und verbrachte mehr Zeit mit mir.
> Es dauerte ein paar Wochen, bis ich die erhoffte Veränderung an ihm bemerkte. Ich musste ihn nicht mehr ständig erinnern, was er tun sollte, weil er anfing, selbst daran zu denken. Nach etwa einem Monat erzählte ich ihm von dem Versprechen, das ich mir gegeben hatte, und er strahlte. Ich glaube, die Extrazeit gab ihm das Gefühl, wichtig zu sein. Das ist jetzt fast drei Jahre her, und seitdem hat er sich zu einem ausgesprochen vernünftigen und verantwortungsbewussten jungen Mann entwickelt. Wir haben so viel Spaß zusammen. Und ich bin ungeheuer stolz auf ihn. Und auf mich auch, denn ich habe mein Versprechen gehalten.
>
> **Vater von Henry (15)**

Extrazeit ist Zeit, die ein Elternteil mit einem Kind verbringt, bei einer Tätigkeit, die beiden Spaß macht, nicht vor einem Bildschirm stattfindet und nichts kostet. Natürlich ist auch wichtig, dass die ganze Familie Zeit zusammen verbringt, doch hier geht es um etwas anderes: nämlich um Zeit, die ein Elternteil ganz speziell einem Kind widmet.

Warum Extrazeit beiden guttut – dem Sohn ebenso wie dem Vater oder der Mutter

Viele Eltern gehen unwillkürlich davon aus, dass ihre Kinder wissen, wie viel sie ihnen bedeuten. Als Eltern tun wir doch so viel zum Wohle der Familie. Viele setzen vermutlich voraus, dass ihren Kindern das bewusst ist. Das ist jedoch oft nicht der Fall, selbst wenn wir es ihnen immer wieder sagen. Vielleicht fehlt ihnen die nötige Reife, um das zu begreifen. Vielleicht stehen aber auch unsere Nörgeleien, Drohungen, gerunzelten Stirnen und unsere Ungeduld im Widerspruch zu unseren Liebesworten.

Es reicht nicht, unsere Kinder zu lieben. Wir müssen unsere Liebe auch so kommunizieren, dass sie bei unseren Kindern ankommt. Verbringen wir oft Zeit mit jedem Kind für sich, sagen wir damit aus, dass wir gern mit dem Kind zusammen sind und dass wir es mögen. Zuneigung und Wertschätzung sind ebenso wichtig wie Liebe. Wenn wir bereitwillig unsere Erwachsenenanliegen und Aufgaben hintanstellen und in die Welt unseres Kindes eintauchen, lernt es daraus, dass wir es schätzen, dass wir uns für seine Hobbys, seine Probleme, seine Sorgen, seine Freuden, seine Träume und seine Gefühle interessieren – nicht nur für sein Verhalten, seine Noten oder dafür, ob es am betreffenden Tag schon Klavier geübt hat.

Kinder bekommen mehr Selbstvertrauen, wenn sie spüren, dass die Menschen, die ihnen in ihrer Welt am wichtigsten sind (und das sind die Eltern, auch wenn das bei Teenagern nicht immer so offensichtlich ist), gern mit ihnen zusammen sind. Extrazeit vermittelt Kindern viel wirksamer als Worte Selbstachtung, Selbstvertrauen und Kooperationsbereitschaft – ganz egal wie liebevoll wir uns ausdrücken.

Die Sohn-Vater- und Sohn-Mutter-Bindung stärken

Ein Reservoir an schönen Erinnerungen sorgt für engere Bindungen zwischen Eltern und Kindern. Diese Bindungen haben automatisch zur Folge, dass der betreffende Elternteil für das Kind zum Vorbild wird, dem es gefallen möchte. Auf diese Weise können Sie Werte, Kompetenzen und Gewohnheiten, die Ihnen wichtig sind, effektiver weitergeben. Ein Schrank voller schöner Erinnerungen lässt nach und nach auch Dankbarkeit und Empathie entstehen. (Und umgekehrt: Unangenehme Erinnerungen führen allmählich zu Verbitterung und Rachegefühlen).

Wir wissen, dass Kinder unsere ungeteilte Aufmerksamkeit haben wollen. Ist Ihr Sohn sehr gefühlsbetont und angespannt, schreckt Sie der Gedanke an Extrazeit womöglich, weil Ihnen sein Bedürfnis nach Aufmerksamkeit vorkommt wie ein Fass ohne Boden. Dabei hat das Fass (das Bedürfnis des Kindes nach ungeteilter elterlicher Aufmerksamkeit) durchaus einen Boden. Es wirkt nur bodenlos, wenn es nicht gefüllt wird. Ein Junge, der nicht darauf zählen kann, dass ihm seine Eltern oft, vorhersagbar und ohne Störungen Extrazeit widmen, kann viele unangenehme Wege finden, sich die

Aufmerksamkeit seiner Eltern zu sichern. Hat er keine realistische Aussicht auf positive Aufmerksamkeit, gibt er sich mit negativer Aufmerksamkeit zufrieden.

Genießen Sie Ihren Sohn

Einer der großen Vorteile häufiger Extrazeit ist, dass der betreffende Elternteil den Jungen in dieser Zeit gewöhnlich von seiner besten Seite erlebt (aufmerksam, entspannt, aufgeschlossen, neugierig). Er ist besonders liebenswert, und bald schon genießt man das Zusammensein immer mehr. Nimmt der betreffende Elternteil die positiven Eigenschaften des Kindes wahr, fühlt er sich auch in der eigenen Rolle wohler und entspannter: »Wenn mein Kind so toll ist, dann muss ich doch ein ganz guter Vater/eine ganz gute Mutter sein.« Extrazeit wirkt entspannend und belebend – für Eltern und Kinder. Sie ist ein wirkungsvoller Faktor zum Stressabbau.

Wie Sie Ihren Sohn dazu bringen, begeistert zu lernen

Extrazeit gibt Ihnen Gelegenheit, Ihren Sohn mit neuen Ideen in Berührung zu bringen, mit neuen Sichtweisen, neuen Wegen zur Problemlösung, neuen Wörtern, neuem Wissen. Forschungsergebnisse sagen uns ebenso wie unser gesunder Menschenverstand, dass Kinder am besten lernen, wenn es ihnen Spaß macht. Das Spielen mit Ihrem Kind liefert die idealen Rahmenbedingungen für praktische vergnügliche Lernerfahrungen.

Je mehr Zeit ein Junge allein mit einem engagierten, begeisterten Elternteil verbringt, desto zugänglicher und lernwilliger wird er. Einzelunterweisung ist die effektivste Methode, rasch und gründlich Wissen zu erwerben. In der Extrazeit kann ein Elternteil viele nützliche Kompetenzen vermitteln und maßgebliche Werte und Verhaltensweisen vorleben. Kinder ahmen von Natur aus Handlungen, Gesten und sogar die Stimmlage der Menschen nach, die ihnen am wichtigsten sind. Unter vier Augen sind Eltern in der Regel am ruhigsten, am wenigsten gereizt und kritisch. Viel Extrazeit bringt ihr Kind unwillkürlich dazu, ihr gelassenes, liebevolles, konzentriertes Elternverhalten nachzuahmen. Dadurch wird es selbst entspannter, reifer und vernünftiger.

Wie Sie die Zuneigung unter Geschwistern fördern

Selbst Geschwisterkinder, die meist gut miteinander auskommen, verhalten sich anders, wenn sie mit den Eltern alleine sind. Jedes Kind kann sich dann entspannen, weil der hintergründige Wettbewerb zwischen Geschwistern, der häufig unter der Oberfläche existiert, eine Zeit lang nicht präsent ist. Ohne Störungen oder Konkurrenz durch Geschwister kann sich jedes Kind von seiner persönlichen besten Seite zeigen. Wenn es in der ungeteilten positiven Aufmerksamkeit der Eltern badet, steigt seine Selbstachtung – aber auch seine Konzentrationsfähigkeit und seine emotionale Belastbarkeit. Selbst wenn ihr Sohn eigentlich schon aufgeben oder etwas anderes tun will, bleibt er länger bei der Stange, um mit Ihnen zusammen zu sein.

Häufig, geplant und etikettiert

Damit Extrazeit ihre positive Wirkung voll entfalten kann, muss sie häufig sein, geplant werden und ausdrücklich als solche etikettiert.

Häufig

Ideal für die emotionale Entwicklung Ihrer Kinder wäre, wenn Sie jeden Tag eine halbe Stunde allein mit jedem Kind verbringen könnten – und etwas tun, was Ihnen beiden Spaß macht. Darauf reagieren die meisten Eltern mit einem atemlosen: »Aber ich habe drei Kinder. Und ich kann auf keinen Fall jeden Tag eineinhalb Stunden Extrazeit aufbringen!«

Haben Sie zwei Kinder und können eine Stunde für sie erübrigen, dann spielen Sie eine halbe Stunde mit einem Kind, während sich das andere alleine beschäftigt, und wechseln Sie dann ab. Haben Sie drei Kinder, sollten Sie jedem 20 Minuten Extrazeit widmen.

Haben Sie nicht jeden Tag eine halbe Stunde Zeit, um sie mit Ihrem Sohn zu genießen, fangen Sie eben zunächst kleiner an. Es ist vielleicht nicht leicht, doch es ist immer möglich, den Tagesplan einer Familie so abzuändern, dass für jedes Kind 10 oder 15 Minuten täglich frei werden – zur Not früh am Morgen, vor der Schule.

Geplant

Extrazeit muss geplant sein, damit sich Ihr Sohn darauf einstellen kann. Sonst hängt er Ihnen womöglich ständig am Rockzipfel, stellt dumme Fragen und ist im Weg – und zwar nur, weil er Ihre Aufmerksamkeit möchte. Weiß Ihr Sohn, dass er seine Extrazeit bekommt, und wann, dann kommt er zur Ruhe, geht seiner Wege und beschäftigt sich mit anderen Dingen, weil er sicher ist, dass Sie mit ihm zusammen sein möchten, dass Sie die zugesagte Extrazeit einhalten und dass Sie von sich aus auf ihn zukommen.

Etikettiert

Etikettiert bedeutet, dass Ihr Sohn wissen muss, dass Sie sich für diese Extrazeit gezielt etwas vorgenommen haben, dass Sie sie schätzen und sich darauf freuen. Ein Vater hat mir auf einem meiner Seminare erzählt, er gehe mit seinem Sohn einkaufen. Dabei hätten beide großen Spaß, weil sich der Vater trotzdem auf die Beziehung konzentriere, nicht auf die Besorgungen. Als sie den letzten Laden verließen, sagte der Vater zu seinem Sohn: »Das war Extrazeit nur für uns beide. Und ich freue mich, dass ich nur dich dabei hatte und dein Bruder nicht mitgekommen ist.« Der Junge blickte erstaunt auf und drückte seinen Vater fest. Bis dahin hatte er geglaubt, sie hätten nur Besorgungen gemacht. Als er merkte, dass das für seinen Vater Extrazeit war, hatte er das Gefühl, etwas ganz Besonderes zu sein.

Jungen brauchen Extrazeit mit ihrem Vater

Für Jungen ist ganz besonders wichtig, dass sie auf Extrazeit mit ihrem Vater (oder einer Vaterfigur) zählen können. Die Aufmerksamkeit eines gleichgeschlechtlichen Elternteils tut ihnen besonders gut.

Natürlich brauchen Jungen auch Extrazeit mit ihrer Mutter. Doch selbst in Familien, in denen beide Eltern berufstätig sind, verbringen die Kinder gewöhnlich mehr Zeit mit der Mutter. Zu kurz kommt oft die Extrazeit mit ihrem Vater (oder einer Vaterfigur).

Jedes Kind ist genetisch darauf programmiert, zum gleichgeschlechtlichen Elternteil aufzuschauen und diesen nachzuahmen. Mädchen glauben, wenn sie groß sind, werden sie wie die Mutter. Jungen glauben, sie werden wie ihre Väter. Sie können sich sicher vorstellen, wie es sich für einen Jungen anfühlt, wenn der für ihn wichtigste Mensch auf der Welt zu viel zu tun hat, um Zeit mit ihm zu verbringen. Natürlich untergräbt das seine Selbstachtung.

Nehmen Sie sich die Zeit, etwas mit Ihrem Sohn zu unternehmen, das Ihnen Spaß macht. Ihre Begeisterung wird ihn früher oder später anstecken. Ob Sie gerne schreinern, Briefmarken sammeln, Orchideen züchten oder Jazzmusik hören – verlassen Sie sich nicht auf die Hoffnung, dass sich Ihr Sohn eines Tages auch dafür interessieren könnte. Geben Sie ihm stattdessen eine kurze, leichte Aufgabe. Sagt er »Nee, keine Lust«, entgegnen Sie: »Doch. Komm gleich mal her.« Lassen Sie ihm keine Wahl. Und loben Sie ihn – selbstredend – anschaulich für alles Erreichte. Jeder Junge hat den starken Drang, ein Mann zu werden. Beziehen Sie als Vater oder Vaterfigur Ihren Jungen in Ihre Interessen ein, denkt er unwillkürlich: »Ich werde ein Mann.«

Extrazeit mit dem ältesten Kind

Der oder die Erstgeborene braucht Extrazeit meist dringender als jüngere Geschwister. Der Grund: Vor der Geburt des ersten Geschwisterchens hatte dieses Kind Sie ganz für sich allein. Der oder die Älteste wird in eine Erwachsenenwelt hineingeboren und ist daran gewöhnt, ganz viel Extrazeit zu bekommen. Kommt ein zweites Kind, muss das erste die elterliche Zuwendung plötzlich teilen. Ihm fehlt die Extrazeit, selbst wenn es sich nicht bewusst daran erinnert. Bekommt der Große nicht die Extrazeit, die er braucht und ersehnt und an die er gewöhnt ist, sucht er die Schuld dafür vermutlich bei dem neuen Baby. Das vergiftet seine Gefühle für das Geschwisterchen und kann die Beziehung zu ihm noch auf Jahre oder gar Jahrzehnte trüben.

Wie Sie Störungen durch Geschwister minimieren

Sobald Sie etwas mit einem Kind unternehmen, werden Sie womöglich feststellen, dass die anderen Geschwister unbedingt mitmachen wollen. Doch das ist nicht der Sinn der Extrazeit. Haben Sie Ihren Kindern beigebracht, sich in ihrem Zimmer ruhig alleine zu beschäftigen, kommt das während der Extrazeit gut zupass. Im 18. Kapitel (Alleine spielen) finden Sie Tipps, wie Sie Ihren Kindern diese nützliche Fähigkeit anerziehen können.

Sie müssen zu einem neutralen Zeitpunkt die nötigen Voraussetzungen schaffen, damit jedes Kind weiß, wann Sie ihm Extrazeit widmen und was es zu tun hat, während es warten muss, bis es dran ist. Sie wissen nicht, wie? Dann lesen Sie bitte noch einmal das fünfte Kapitel (Die richtigen Voraussetzungen schaffen).

Was Sie während der Extrazeit mit Ihrem Sohn anfangen können:

- Bewährt haben sich Brettspiele, Puzzles, Kartenspiele, Spiele wie Mühle, Schach, Domino, Scrabble oder Backgammon. Generationen von Jungen fanden diese Spiele anregend und spannend. Sie steigern die Impulssteuerung und die Konzentration und lehren strategisches Denken und Problemlösung. Sorgen Sie für Abwechslung, indem Sie alle paar Wochen ein neues Spiel einführen. Spiele bekommen Sie in jedem Secondhandladen für kleines Geld.
- Wortspiele (Wortschatz, Buchstabieren), Rechenspiele, allgemeine Wissensquizze. Sie müssen selbst nicht hochgebildet sein, um diese Spiele zu spielen. Sie wissen vermutlich ohnehin mehr, als Sie denken – und vermutlich mehr als Ihr Kind.
- Übertragen Sie Ihre Begeisterung auf Ihr Kind. Wenn Sie sich schon lange keine Zeit mehr für Hobbys oder eigene Interessen genommen haben, dann fangen Sie jetzt damit an. Das ist aus mehreren Gründen wichtig:
  - Wenn Sie sich Zeit für eigene Interessen freihalten (neben Erwerbstätigkeit, Haushalt und Kindern), dann entspannen Sie sich, Sie tanken auf und sammeln neue Energie. Sie haben mehr Spaß am Leben.
  - Mit der Zeit gewinnen Sie dadurch mehr Geduld und die Entschlossenheit, in Ihrer Elternrolle gelassener, freundlicher und konsequenter zu werden.

- Sie gehen mit gutem Beispiel voran. Ihr Sohn sieht, dass es beim Erwachsenwerden nicht nur um Pflichten und Aufgaben geht. Merkt Ihr Sohn, dass Erwachsene Spaß haben, wird er selbst lieber erwachsen werden wollen.
- Ob Sie sich für Heimwerken, Handarbeiten oder für Ihren Garten interessieren, Gitarre spielen, Kreuzworträtsel machen oder in Geschichtsbüchern stöbern – Ihr Sohn wird Ihre Interessen gerne teilen, wenn Sie:
  - ihn nicht nur zuschauen, sondern mitmachen lassen.
  - jeden Schritt in die richtige Richtung anschaulich loben.
  - die richtigen Voraussetzungen schaffen, damit Sie entspannt und sicher sein können, dass er weiß, was er tun soll – und was nicht.
  - ihm leichte, überschaubare Aufgaben übertragen, damit er Erfolgserlebnisse hat, bevor er die Lust verliert.
  - auch bei anderen Gelegenheiten über das gemeinsame Interesse sprechen.
- Sie können auch zusammen etwas Neues erlernen.
- Sie können zusammen eine Sammlung beginnen.
- Ausflüge halten viele für Familiensache. Doch Kinder und Eltern haben oft mehr Spaß (und entwickeln engere Bindungen), wenn sie sich im Zoo, im Museum, auf der Kirchweih oder im Sportverein in zwei Gruppen aufteilen. Wichtig ist dabei abzuwechseln, welches Kind bei welchem Elternteil bleibt, damit keine Routine entsteht. (Auch Teenager müssen mit. Gerade in diesem Alter brauchen Kinder Berührung mit sinnvollen Werten der Erwachsenenwelt, und die bekommen sie nur, wenn sie viel Zeit mit der Familie verbringen.)

Extrazeit können Sie verwenden, um wichtige Werte, Verhaltensweisen, Kompetenzen und Einstellungen zu vermitteln und einzuüben

Extrazeit weckt im Kind den Wunsch, die positiven Verhaltensweisen und Werte des Elternteils nachzuleben. Deshalb ist Extrazeit die ideale Zeit, um die Werte vorzuleben, die Ihnen wichtig sind – wie zum Beispiel, dass man sich an die Spielregeln hält, dass man flexibel und geduldig ist, wenn nicht alles so läuft wie geplant, dass man mit Enttäuschung und Frust umgehen lernt, ohne die Schuld bei anderen zu suchen, und das man sich sportlich verhält (nicht angibt, wenn man gewinnt, und nicht jammert, wenn man verliert).

Geht Ihr Sohn davon aus, dass er entscheidet, was oder wie Sie zusammen spielen, dann können Sie ihm <u>Flexibilität</u> beibringen und ihm angewöhnen, dass man sich <u>abwechselt</u>:
Lassen Sie sich *nicht* von ihm diktieren, was sie unternehmen. Damit würden Sie sich zum Sklaven machen.

Entscheiden Sie *abwechselnd*, was unternommen wird.

Möchte Ihr Sohn etwas anderes anfangen, obwohl das eine noch nicht beendet ist, können Sie ihm <u>Durchhaltevermögen</u> vermitteln:
Wundern Sie sich *nicht*, wenn Ihr Sohn seine Aufmerksamkeit zwischendurch auf etwas anderes richtet oder sich nicht mehr richtig konzentriert.

Lassen Sie aber *nicht* zu, dass er mittendrin etwas anderes anfängt, selbst wenn er es war, der bestimmt hat, was gespielt wird.

Zeigen Sie sich nötigenfalls *bereit*, das Spiel leicht abzuwandeln, damit es für ihn leichter oder reizvoller wird.

Haben Sie Probleme, mit Ihrem Sohn Gespräche zu führen, können Sie ihm zu mehr <u>Aufgeschlossenheit</u> und <u>Selbstvertrauen</u> verhelfen:
Stellen Sie *keine* Fragen, die ihn verlegen machen oder ablenken. Jungen empfinden Fragen oft als zudringlich. Sie reagieren vielleicht abweisend, mit einsilbigem Gemurmel oder einem »weiß nicht«, oder indem sie die Stirn runzeln und gar nichts sagen (wie das sprichwörtliche Kaninchen vor der Schlange).

Machen Sie es Ihrem Sohn *leichter*, Ihnen mitzuteilen, was in ihm vorgeht:

- indem Sie anschaulich loben, was er tut und sagt,
- indem Sie kommentieren, was Sie beide tun,
- indem Sie näher ausführen, was er sagt. Sagt er beispielsweise: »Das Puzzle ist einfach!«, könnten Sie entgegnen: »Du hast erst alle Randteile herausgesucht, deshalb ist es jetzt so einfach.«

Bittet Sie Ihr Sohn, etwas für ihn zu zeichnen oder zu basteln, weil er es nicht kann, können Sie sein Selbstbewusstsein aufbauen:
Nehmen Sie es ihm nicht *ab*, selbst wenn er bettelt oder weint. Das würde ihn zum passiven Zuschauer degradieren.

Erteilen Sie ihm unaufgefordert *keine* Ratschläge, wie er es besser machen könnte. Damit stoßen Sie vermutlich auf Widerstand.

Zeichnen oder basteln Sie mit Ihrem Kind, jeder für sich.

Bieten Sie ihm konkrete praktische Hilfestellung, doch nur in Bereichen, die er schwierig findet – etwa beim Festhalten des Lineals, wenn er einen Stift daran entlangzieht.

Versucht sich Ihr Sohn vergnügt (ohne Frust) an einer Sache, die Ihrer Ansicht nach aussichtslos ist, können Sie ihm helfen, belastbarer und selbstbewusster zu werden:
Erklären Sie ihm *nicht*, dass er vermutlich scheitern wird. Manche Kinder bringt so eine Warnung dazu, sich doppelt anzustrengen, um das Unmögliche zu erreichen.

Schlagen Sie ihm *nur dann* eine alternative Methode vor, wenn er danach fragt.

Bieten Sie *nicht* an, ihm zu helfen oder für ihn einzuspringen.

Drängen Sie ihn nicht. Diese Zeit ist gemeinsame Zeit. Bleiben Sie einfach bei ihm.

Wenn Sie möchten, dass Ihr Sohn mehr Selbstvertrauen entwickelt:
Geben Sie *nicht* vor, unfähiger, unvernünftiger, unwissender, dümmer oder schwächer zu sein, als Sie es sind. Das würde unbeabsichtigt dem natürlichen Trieb aller Kinder zuwiderlaufen, erwachsen zu werden und immer

gekonnter und sicherer mit den komplexen Anforderungen des Erwachsenenlebens umzugehen.

Lassen Sie ihn *nicht* gewinnen.

Schaffen Sie die richtigen Voraussetzungen für die Aktivitäten der Extrazeit, indem Sie Ihre Überlegenheit einräumen und Sie sich ein Handicap verordnen. Beim Schach könnten Sie beispielsweise mit weniger Figuren spielen. Sind Spielzüge zeitlich begrenzt, geben Sie sich weniger Zeit.

Reagiert Ihr Sohn schnell frustriert, wenn er etwas nicht so gut oder so schnell kann, wie er es gerne hätte, können Sie ihm helfen, <u>positivere</u> Reaktionen zu entwickeln:

Sagen Sie *nicht*: »Macht doch nichts.« oder »Ist nicht so schlimm.«

Fordern Sie ihn *nicht* zu mehr Ruhe oder Gelassenheit auf.

Versuchen Sie *nicht*, ihm seinen Frust abzunehmen. Unsere Aufgabe ist es, unseren Kindern dabei zu helfen, mit den unvermeidlichen Frustrationen des Lebens fertigzuwerden – nicht, ihnen möglichst alles aus dem Weg zu räumen. Das geht ohnehin nicht.

Machen Sie unaufgefordert *keine* Vorschläge.

Nehmen Sie ihm die Sache *nicht* ab.

Warten Sie *stattdessen* geduldig.

Und *loben* Sie anschaulich und hören Sie richtig zu:

- Gut, du gibst nicht auf! (Sagen Sie das, bevor er das Handtuch werfen will!)
- Sicher wünschst du dir jetzt, du wärst stärker.
- Diese Teile sind so winzig, es ist schwer, sie richtig festzuhalten. Das frustriert.

Schaffen Sie die richtigen Voraussetzungen, bevor Sie loslegen, indem Sie Ihrem Sohn »die neue Regel« verraten. So eine Regel könnte lauten: »Ich höre dir zu, aber ich warte, bis du mich höflich um Hilfe bittest. Wenn ich dir helfe, heißt das nicht, dass ich es für dich mache. Ich helfe dir durch Fragen, die dir zeigen, wie du es alleine schaffen kannst.« Sprechen Sie die Sache anschließend durch.

Fragen Sie *nicht*, ob er Hilfe braucht. Das interpretieren Kinder in der Regel so, dass die Eltern dann übernehmen.

Fragen Sie *stattdessen*, ob er Anregungen möchte, wie er es leichter, schneller oder anders machen kann. Das vermittelt ihm die positive Botschaft, dass es seine Aufgabe bleibt. Beachten Sie dabei: Sagt er nein, behalten Sie Ihre guten Ratschläge für sich.

Wie Sie sich auf Extrazeit vorbereiten

Sind Sie zu beschäftigt, gestresst oder erschöpft, um sich gleich in die Extrazeit zu stürzen, wenn Sie von der Arbeit kommen, lassen Sie sich *nicht* von Ihrem Sohn überreden, sofort mit ihm zu spielen, wenn Sie durch die Türe kommen. Vermitteln Sie Ihrem Sohn *nicht* unbeabsichtigt den Eindruck, mit ihm zu spielen sei für Sie eine Belastung, wie in folgendem Gespräch zwischen einem Vater und seinem Siebenjährigen:

Der Vater kommt von der Arbeit.

Harry: Papa, Papa! Willst du die Burg sehen, die ich gebaut habe?

Vater: Klar, gib mir eine Minute. (Er legt Schlüssel, Aktenkoffer und Jacke ab. Dann schaut er die Post durch.) Rechnungen!

Harry: (Geht weg und kommt umgehend mit zwei Spielzeugrittern zurück.) Ist die Minute schon um?

Vater: (Öffnet einen Umschlag und blickt nicht auf.)

Harry: (Etwas lauter.) Ist die Minute schon um?

Vater: (Leicht genervt.) Was?

Harry: (Hält seinem Vater einen der Ritter hin.) Willst du jetzt meine Burg sehen? Ich bin König Artus. Du kannst der König eines anderen Landes sein.

Vater: Ich habe gesagt, gib mir eine Minute. Lass mich doch erst mal zur Ruhe kommen.

Harry trollt sich. Kurz darauf gibt es Abendessen. Vater und Sohn haben offenbar vergessen, dass sie eigentlich Zeit miteinander verbringen wollten. Dabei verlieren beide. Das kurze Gespräch hinterließ bei Harry den Eindruck, dass seinem Vater die Rechnungen wichtiger waren als er, und dass er Spielen als lästig empfand.

Vielleicht nehmen Sie sich lieber erst etwas Zeit zum Abschalten. Versuchen Sie das aber nicht vor dem Bildschirm, mit einem Bier oder einem Schokoriegel. Das stresst Körper und Geist nur noch mehr. Sie werden müde und bekommen Schuldgefühle. Außerdem geben Sie Ihren Kindern ein schlechtes Beispiel für ungesunde »Entspannung«. Nehmen Sie sich die Zeit für eine wirklich erholsame Aktivität als Übergang von den Anforderungen im Job zu den häuslichen Pflichten, die ihnen neue Kraft gibt. Sie können zum Beispiel:

- duschen und sich umziehen.
- in einem abgedunkelten Zimmer Musik hören.
- einmal um den Block gehen.
- Sport treiben.
- lesen.
- einem faszinierenden Hobby nachgehen.
- Tagebuch schreiben.
- meditieren.

Vielleicht stellen Sie ja fest, dass Sie Ihre Kinder sogar in die eine oder andere Entspannungsaktivität integrieren können.

Überlegen Sie sich, ob es für Sie oberste Priorität hat, das Essen auf den Tisch zu bringen. Ist das so, lassen Sie sich dabei von allen Kindern helfen. Auf diese Weise können Sie positiv mit Ihnen interagieren.

Was, wenn Ihr Sohn keine Extrazeit mit Ihnen verbringen will?

Überlegen Sie sich zunächst, warum er das ablehnt. Vielleicht haben Sie ja in der Vergangenheit zu viel gepredigt oder kritisiert, was seiner Selbstachtung schadet. Vielleicht möchte er möglichst wenig Zeit mit Ihnen verbringen, um nicht zurechtgewiesen zu werden oder Sie zu enttäuschen.

Vielleicht durfte er bisher auch zu lange vor dem Bildschirm sitzen. Deshalb findet er jetzt alles andere »langweilig«. Vielleicht hat er sich die schnippische, respektlose Haltung gegenüber Erwachsenen angeeignet, die in so vielen Fernsehsendungen, Filmen und Computerspielen propagiert wird, denen Kinder ausgesetzt sind – selbst in altersgerechten Produkten.

Vielleicht meidet er auch die Nähe zu Eltern, die dauernd jammern, gestresst oder in Eile sind – die immer streiten und nie lächeln.

Vielleicht glaubt er nicht so richtig, dass Sie wirklich mit ihm zusammen sein möchten. Also stellt er Sie auf die Probe und prüft, ob Sie hartnäckig bleiben. Er will sich lieber keine zu großen Hoffnungen machen. Haben Sie früher Versprechen gebrochen, die Sie ihm gegeben haben, ist er womöglich misstrauisch und glaubt nicht, dass Sie diesmal Wort halten und regelmäßig Extrazeit für ihn reservieren.

Vielleicht ist er auch sauer auf Sie. Das kann verschiedene Gründe haben. Vielleicht fühlt er sich in der Schule oder in der Gruppe als Versager. Vielleicht hat er nicht genug altersgerechte Möglichkeiten. Ein wütendes Kind kann auf Rache aus sein und möchte seine Eltern oder einen Elternteil bestrafen.

Welche Beweggründe Sie hinter seinem Verhalten auch vermuten, fangen Sie auf keinen Fall an zu predigen, zu argumentieren, zu drängen, zu überreden, zu nörgeln oder ihm Schuldgefühle einzuflößen. Und verlangen Sie keine Erklärung von ihm. Vielleicht hat er die gar nicht. Womöglich erlebt er eine verwirrende Aufwallung von Gefühlen. Unter Umständen reicht sein Wortschatz nicht aus, um seine Gemütslage zu beschreiben. Vielleicht glaubt er, er muss jetzt die eine richtige Antwort geben oder einen Grund nennen, der Sie zufriedenstellt. Vielleicht hat er auch Angst, Sie könnten sich aufregen, wenn er Ihnen sagt, was er wirklich fühlt.

Beharren Sie auf der Extrazeit, wenn möglich jeden Tag. Routine baut Widerstände ab. Durchaus verständlich, wenn Sie die unangenehme Situation lieber meiden würden, Zeit mit jemandem zu verbringen, der so deutlich zeigt, dass er überall sonst lieber wäre als bei Ihnen. Extrazeit einzufordern, kann für Eltern sehr schmerzhaft werden. Sie fühlen sich dabei unter Umständen zurückgewiesen, traurig, schuldig oder gar verzweifelt.

Schaffen Sie die richtigen Voraussetzungen, indem Sie die Angelegenheit zu einem neutralen Zeitpunkt durchsprechen, so oft es nötig ist. Lassen Sie sich die nächste Extrazeit *von Ihrem Sohn* komplett vorschreiben: wo, wann, was, wie und warum. Geben Sie ihm zwei Termine zur Auswahl und beginnen Sie mit ganz kurzen Zeitintervallen. Merkt er, dass es Spaß macht, Zeit mit Ihnen zu verbringen, verlängern Sie die gemeinsame Zeit allmählich. Benutzen Sie eine Stoppuhr und versichern Sie ihm, dass die Extrazeit vorüber ist, sobald das Signal ertönt – selbst wenn Sie oder er noch nicht fertig sind mit dem, was Sie angefangen haben. Auf diese Weise kann er sicher sein, dass die gefürchtete Geduldsprobe keine Sekunde länger dauert als erwartet. Planen Sie die Extrazeit so ein, dass sich eine Aktivität anschließt, auf die sich Ihr Sohn freut.

Erliegen Sie nicht der Versuchung, für die Extrazeit Geld auszugeben. Das ist ein deutliches Signal für Verzweiflung. Lassen Sie Ihren Sohn höchstens jede zweite Aktivität auswählen. Und verdoppeln Sie Ihre Anstrengungen, ihn den ganzen Tag über immer wieder anschaulich zu loben und ihm richtig zuzuhören. Weisen Sie ihn möglichst wenig zurecht. Ihr Sohn soll spüren, dass Sie ihn mögen, ihn gut finden und ihn verstehen.

Haben Sie einen Moment übrig, setzen Sie sich zu ihm, während er einem angenehmen Zeitvertreib nachgeht, und reden Sie mit ihm. Solange Sie es schaffen, sich Vorträge oder Ratschläge zu verkneifen (die von Kindern und Jugendlichen häufig als Kritik und Missbilligung empfunden werden), wird er nach und nach lockerer werden und Ihre ungeteilte Aufmerksamkeit genießen.

Berührungspunkte außerhalb der Extrazeit

Reißen Sie sich vom Computer los, lassen Sie Anrufe auf den Anrufbeantworter laufen und setzen Sie sich stattdessen fünf Minuten lang zu Ihrem spielenden Kind. Am Anfang fällt Ihnen das vielleicht schwer. Es fühlt sich wie Nichtstun an, wie verschwendete Zeit. Dabei tun Sie etwas sehr Wichtiges, wenn Sie bei Ihrem Sohn sitzen, ihn beobachten und sich mit ihm unterhalten. Sie legen das Fundament für eine starke Beziehung und Sie bauen Selbstvertrauen und Selbstachtung auf – bei sich und Ihrem Sohn.

Fragen Sie nicht, ob er möchte, dass Sie mit ihm spielen. Setzen Sie sich einfach auf den Boden, nehmen Sie einen Legostein oder einen Dinosaurier und spielen Sie damit. Stellen Sie keine Fragen. (Das kann Kinder irritieren.) Sagen Sie, was Sie wahrnehmen. Loben Sie häufig anschaulich. Und gehen Sie auf alles ein, was er sagt.

Wecken Sie Ihren Sohn morgens vor der Schule, indem Sie sich an sein Bett setzen und über etwas Schönes sprechen. Dabei können Sie ja Ihren Morgenkaffee trinken. Selbst ausgesprochene Morgenmuffel reagieren gewöhnlich positiv auf diesen sanften, liebevollen Start in den Tag und werden fröhlicher.

Sitzt Ihr Sohn vor dem Bildschirm, setzen Sie sich dazu und schauen Sie eine Weile zu, was er gerade sieht oder spielt. Auch wortlose Gemeinschaft kann Bindungen stärken und dazu beitragen, dass sich Ihr Sohn besser angenommen und gewürdigt fühlt.

Gewöhnen Sie sich an, von jedem Kind mindestens einmal am Tag Hilfe im Haushalt einzufordern, beim Kochen, beim Ausräumen des Geschirrspülers, beim Müllentsorgen, beim Wäschelegen. Wechseln Sie durch, damit kein Kind ständig etwas besonders Verhasstes tun muss. Stellen Sie sich in den ersten ein oder zwei Wochen auf Proteste ein wie »Das ist aber ungerecht.« oder »Das ist doch *deine* Aufgabe.« Bleiben Sie hart, hören diese Proteste bald auf, und ihre Kinder werden diese Einsätze sogar genießen – auch wenn sie das nie zugeben würden. Wichtig ist, dass Sie diese gemeinsamen Arbeiten klar als Extrazeit bezeichnen. Das Kind weiß dann, dass Sie diese Zeit mit ihm verbringen wollen – und sich nicht bloß vor Ihrer Arbeit drücken.

So sorgen Sie für besondere Momente

Nutzen Sie jede Gelegenheit zu anschaulichem Lob. Dadurch kann ein ganz alltäglicher zu einem sehr besonderen Moment werden. Hier ein paar Beispiele für anschauliches Lob für kleine Extrazeit-Momente, die wir aus unserem Tag herauskitzeln können:

- Das ist lieb, dass du mir beim Aufräumen geholfen hast. Deshalb haben wir jetzt Zeit für ein Spiel.

- Ich freue mich, dass du mich auf dem Hundespaziergang begleitet hast. Es war schön, Zeit nur mit dir zu verbringen, ohne Unterbrechung durch die Kleinen.
- Danke, dass du mit in den Supermarkt gekommen bist. Dadurch bin ich schneller fertiggeworden. Aber das ist noch nicht alles: Es hat mir viel Spaß gemacht, mich auf dem Weg mit dir zu unterhalten. Und keiner von uns ist dabei laut geworden!

Lassen Sie jedes Kind einmal die Woche eine halbe Stunde länger aufbleiben als sonst und nutzen Sie diese Zeit für besondere Aktivitäten.

Nehmen Sie sich zur Schlafenszeit 10 oder 15 Minuten, um jedem Kind für sich Gute Nacht zu sagen und sich mit ihm zu unterhalten. Tun Sie das bereits, achten Sie bitte darauf, dass es eine positive Erfahrung ist, ohne Vorträge, Kritik, Ermahnungen oder gereizte Untertöne. Gibt es beim Schlafengehen immer Theater, das Sie nervt und Ihnen die positive Stimmung verdirbt, lesen Sie das 22. Kapitel (Zeit fürs Bett: Schlaf und Ruhe).

Diese Anregungen können Sie entsprechend anpassen für Zeiten, die Sie nicht nur einem Kind widmen können. Sie können kleine Extrazeit-Schnipsel unterbringen, indem Sie sich bewusst zwei oder drei Minuten darauf konzentrieren, eine positive Beziehung zu dem einen Kind aufzubauen, und Ihren Fokus danach auf das zweite Kind richten.

Praktizieren Sie das bereits, dann ruhen Sie sich nicht auf Ihren Lorbeeren aus. Bauen Sie immer mehr kleine Extrazeit-Momente in den Alltag ein. Sie motivieren Ihren Sohn dazu, sich von seiner besten Seite zu zeigen. Das übersetzt sich in besseres Verhalten und ein gelasseneres, einfacheres, glücklicheres Familienleben.

Was Eltern wissen wollen

F: Mein Sohn benimmt sich die meiste Zeit über schlecht. Die Extrazeit ist daher nicht sehr angenehm. Hilfe!

A: Durch Extrazeit können Sie seinen Widerwillen oder Widerstand abbauen. Natürlich erhoffen Sie sich eine Besserung seiner Einstellung oder seines Verhaltens, seiner Konzentrationsfähigkeit, seines Selbstvertrauens und so weiter. Doch wenn Sie sich darauf konzentrieren, was noch nicht so gut läuft, frustriert, enttäuscht und ärgert Sie das nur noch mehr, was Ihren Sohn nur negativer beeinflusst. Sie wissen doch: Eine negative, destruktive Einstellung ist fast immer das Ergebnis eines unangenehmen Gefühls. Das kann Ärger sein, Angst oder die Befürchtung, die Eltern zu enttäuschen. Hören Sie daher möglichst oft richtig zu, damit Ihr Sohn merkt, dass Ihnen auch seine Gefühle am Herzen liegen, nicht nur sein Verhalten und seine Leistung:

- Sieht etwas so schwierig aus, möchte man am liebsten gar nicht erst anfangen, stimmt's?
- Vielleicht hast du ja Angst, ich könnte sauer werden, wenn du die Strategien vergessen hast, die ich dir letztes Mal beigebracht habe.

Eine unkooperative, demotivierte Haltung lässt sich durch jede Menge anschauliches Lob in vielen kleinen Schritten in die richtige Richtung verändern:

- Das hast du aber sehr ordentlich gemacht.
- Du weißt ja noch, wie das geht!
- Du lässt dir Zeit und schluderst nicht.

F: Vor allem beim Abendessen und in der Extrazeit erfindet mein Sohn gern Geschichten. Er weiß genau, dass sie nicht wahr sind. Aber er möchte, dass wir ihm glauben. Das ist das Problem. Wie kann ich ihn zu mehr Ehrlichkeit anleiten?

A: Diese Angewohnheit ist schnell zu ändern. Erstens: Tun Sie nicht so, als würden Sie ihm glauben. Geben Sie ehrlich zu, dass Sie ihm die Geschichte nicht abnehmen. Moralisieren Sie dabei aber nicht über das Lügen. Wir lügen alle, fast täglich. Der Unterschied ist nur, dass wir Erwachsenen die kulturellen »Regeln« kennen und wissen, wann man lügen oder die Wahrheit zurechtrücken darf. Kinder haben diese Regeln noch nicht verinnerlicht. Verwenden Sie daher lieber das Wort »so tun als ob«. Irgendwann tut das Ihr Sohn dann auch.

F: Wenn ich von der Arbeit komme und Extrazeit mit einem Kind verbringen will, bricht regelmäßig die Hölle los. Die anderen Kinder prügeln sich förmlich um meine Aufmerksamkeit. Was soll ich tun?

A: Eifersucht und Rivalität ist erwartungsgemäß dann am stärksten, wenn Ihre Kinder Sie längere Zeit nicht gesehen haben. Es ist sinnlos, sich darüber aufzuregen, dass sie um Ihre Aufmerksamkeit wetteifern und diese für sich einfordern. Planen Sie Extrazeit mit einem Kind nicht gerade dann ein, wenn sich alle Kinder freuen, Sie zu sehen.
Stellen Sie keine Regeln auf, wer Ihnen zuerst seine Neuigkeiten erzählen oder als Nächster sein Bild zeigen darf. Setzen Sie sich alle zusammen hin – am besten auf den Boden, dann haben die Kinder Platz, und lästiges Gekabbel und »versehentliche« Übergriffe werden möglichst vermieden. Machen Sie etwas, bei dem alle mittun können, wie malen oder Lego bauen. Loben Sie jedes Kind anschaulich. Daraus lernen die Kinder mit der Zeit, dass Sie Ihre Aufmerksamkeit nicht einfordern oder klammern müssen. Loben Sie besonders dann anschaulich, wenn sich die Kinder nicht kabbeln oder rivalisieren. Sprechen Sie dann zu einem neutralen Zeitpunkt mit jedem Kind einzeln durch, wann es seine Extrazeit mit Ihnen bekommt.

F: Wenn ich mit meinem Sohn spiele, korrigiert er mich häufig, als wäre er der Erwachsene. Wie bringe ich ihm bei, respektvoller mit mir umzugehen?

A: Korrigiert Sie Ihr Sohn, widerspricht er Ihnen, hat Einwände oder immer das letzte Wort, tut das aber mit freundlicher Stimme im Konversationston, sollten Sie sich nicht provozieren lassen. Ärgern Sie sich nicht. Vielleicht tut er das, weil er in der Vergangenheit damit erfolgreich Ihre Aufmerksamkeit erregt hat – selbst wenn Ihre Reaktion unfreundlich war. Haben Sie einen Fehler gemacht, räumen Sie ihn ein. Machen Sie aber keine große Sache daraus. Trifft nicht zu, was er sagt, stellen Sie es richtig. Und loben Sie ihn anschaulich für seinen freundlichen Umgangston.

Widerspricht Ihnen Ihr Sohn aber auf respektlose Weise, gehen Sie nicht darauf ein. Warten Sie, bis er aufhört, und loben Sie ihn dann anschaulich dafür. Mit einer **Wiederholung** sollten Sie Ihrem Sohn Gelegenheit geben, sich in positiver Kommunikation zu üben.

Schaffen Sie zu einem neutralen Zeitpunkt die richtigen Voraussetzungen (**nicht** unmittelbar nachdem Ihnen Ihr Kind auf die Nerven gefallen ist), indem Sie eine »neue Regel« erlassen. Die könnte lauten: »Wenn du jemanden korrigieren möchtest, solltest du das mit einer Frage tun. Sag nicht, ›Das ist aber kein schöner Name für einen Dinosaurier.‹ Sag lieber: ›Wie bist du denn auf diesen Namen gekommen?‹« Lassen Sie sich dann beim **Durchsprechen** von **ihrem Sohn erklären**, welches Verhalten Sie erwarten.

F: Meine Jungs wollen immer nur Kampf- und Killerspiele spielen. Sie lassen gern Spielzeugautos zusammenstoßen, bringen Türme aus Bausteinen zum Einsturz, malen Bilder von Schlachten oder tun so, als würden sie Feinde töten oder gefangen nehmen. Wie kann ich Ihnen beibringen, dass auch andere Spiele Spaß machen?

A: Ein Stück weit ist das natürlich ganz normal. Vor allem sensible, empfindsame und impulsive Jungen beschäftigen sich besonders gern mit Aggression, Gewalt und Zerstörung – insbesondere, wenn sie viel Wut angestaut haben, weil sie zu Hause oder in der Schule oft kritisiert werden. Warum auch immer, ein Junge mit dieser Neigung muss lernen, auch ruhige, unaggressive Beschäftigungen zu genießen. Sie können Ihrem Sohn dabei helfen, flexibler zu werden.

Möchte Ihr Sohn in der Extrazeit nur laute, sehr aktive oder aggressive Spiele spielen, während Sie ihn gern an stillere, ruhigere, ortsgebundene Aktivitäten gewöhnen wollen, predigen und meckern Sie nicht. Machen Sie ihm seine Präferenzen oder Gewohnheiten nicht zum Vorwurf. Wählen Sie stattdessen die Aktivitäten aus, die **Sie** ihm schmackhaft machen möchten, wenn Sie an der Reihe sind zu entscheiden, wozu die Extrazeit verwendet wird. Lassen Sie sich nicht davon leiten, was er Ihres Wissens lieber tun würde. Machen Sie zur Regel, dass Töten und Sterben, Unfälle oder Explosionen, Zerstörung oder Vernichtung tabu sind, wenn Sie über die Extrazeit bestimmen dürfen. Schaffen Sie die richtigen Voraussetzungen, indem Sie das alles zu einem neutralen Zeitpunkt mit Ihrem Kind **durchsprechen** – es ihm erst erklären und dann nachfragen. Machen Sie sich bewusst, dass einem emotionalen, impulsiven Jungen eine stille, ruhige Beschäftigung von Haus aus »langweilig« vorkommen muss. Üben Sie sich daher aktiv im richtigen Zuhören.

Stellen Sie den Wecker am Anfang auf fünf Minuten, denn vielleicht kann sich Ihr Sohn nicht vorstellen, dass ihm ein Spiel oder ein Zeitvertreib Spaß macht, der nicht mit gespielter Aggression oder Gewalt zu tun hat.

Lenken Sie seine aggressiven Fantasien in nicht-physische Bahnen, um ihm langsam abzugewöhnen, seine Aggressionen auszuleben. Lassen Sie sich von ihm eine Geschichte diktieren, die sie niederschreiben, statt das Ganze nachzuspielen. Lesen Sie Geschichten, die ihn ansprechen. Wandeln Sie laute oder aggressive Spiele ab. Wählen Sie jeder eine Action-Figur und lassen Sie sie miteinander reden, statt Kämpfe auszutragen. Führen Sie immer wieder unaggressive Details ins Spiel ein: »Hier kommt der beste Freund des Ritters. Er sagt, es sei Zeit fürs Abendessen.«

Vergisst Ihr Sohn die neue Regel und fällt in aggressives Spiel zurück, was ihm am Anfang bestimmt passieren wird, bauen Sie **Wiederholungen** ein (siehe achtes Kapitel 8: Positive und negative Konsequenzen). Bleiben Sie dran, und Sie werden bald feststellen, dass er Aktivitäten toleriert und am Ende sogar genießt, die er zuvor als »langweilig« abtat.

Zusammenfassung

Häufige, geplante, etikettierte Extrazeit tut der ganzen Familie gut. Ihr Sohn gewinnt dadurch kontinuierlich an Selbstvertrauen, Lebensfreude und Bereitschaft, auch unangenehme Aufgaben in Angriff zu nehmen. Seine Motivation, es den Erwachsenen in seinem Umfeld recht zu machen, wird ständig steigen. Sie haben mehr Spaß an ihren Kindern und fühlen sich in Ihrer Elternrolle gelassener und zuversichtlicher, denn Sie wissen, dass Sie sich Ihren Kindern von Ihrer besten Seite zeigen.

Zehntes Kapitel – Die Rolle der Väter und wie Mütter Väter unterstützen können

Ich bin so stolz auf den jungen Mann, der aus ihm geworden ist

Als meine Kinder noch klein waren, war mir nicht klar, dass Jungen von mir etwas anderes brauchten als von ihrer Mutter. Das änderte sich, als Kyle ungefähr zwölf war. Da machte er sich plötzlich wichtig: Er widersprach, hörte nicht auf seine Mutter, tat es den »coolen Typen« in der Schule nach, schimpfte auf seine Lehrer, erklärte, die Schule seit Zeitverschwendung, und vernachlässigte seine Hausaufgaben. Wir hielten das für eine Phase, doch sie wollte nicht vorübergehen. Und Darren entwickelte sich allmählich in die gleiche Richtung.

Meine Frau hörte einen Vortrag von Noël über Jungen. Als sie nach Hause kam, las sie mir die Leviten. Sie erklärte, ich solle Kyle zur Ordnung rufen und nicht einfach voraussetzen, dass sie das tat. Und sie erzählte mir, ich sollte Zeit nur mit ihm verbringen. Ich fühlte mich angegriffen und rechtfertigte mich zunächst: Schließlich hatte ich viel zu tun, und das wusste sie ganz genau.

Doch dann dachte ich, ich könnte es ja mal versuchen. Also las ich das Buch und befasste mich mit Strategien. Anschaulich Loben und richtig Zuhören fielen mir am Anfang schwer, doch ich gewöhnte es mir an. Kyle hielt das zunächst für Sarkasmus, doch bald gewann ich seine Aufmerksamkeit. Als ich ihm die neuen Regeln über das Verdienen erklärte und die Dinge mit ihm durchsprach, begann er, mich ernst zu nehmen.

> Die Extrazeit war klasse. Ich ging jede Woche mit ihm klettern, und er fand toll, dass ich nur ihn mitnahm, sonst niemanden. Musste er chauffiert werden, fuhr ich ihn – und nachdem ich uns radio- und kopfhörerfreie Fahrten verordnet hatte, führten wir richtig gute Gespräche. Ich merkte, dass er interessante Ideen hatte, was mir zuvor entgangen war.
>
> Allmählich vertraute er sich mir an, und wie sich herausstellte, fühlte er sich gestresst davon, seinen Platz in der Welt zu finden und erwachsen zu werden. War er klug genug, um einen guten Job zu bekommen? Würde er bei den Mädels ankommen? Würde er Haare auf der Brust kriegen? Und gut küssen können? Ich war platt. Um solche Dinge machte er sich also Gedanken, während er so unnahbar und cool wirkte. Je mehr Zeit wir miteinander verbrachten, desto öfter unterhielten wir uns. Ich glaube, er spürte, dass ich gern mit ihm zusammen war. Dadurch wurde er gelassener, denke ich – und konnte sich selbst besser leiden.
>
> Wir hielten uns bewusst weiter an die Strategien, denn wir wollten Rückfälle vermeiden und mit gutem Beispiel vorangehen. Sein respektloses Verhalten hat sich Kyle schnell abgewöhnt, und seine Teenagerjahre waren ein Kinderspiel für uns. Seit ein paar Monaten ist er an der Uni. Ich bin so stolz auf den jungen Mann, der aus ihm geworden ist – mitfühlend, fleißig, selbstbewusst.
>
> **Vater von Kyle (19), Sarah (16) und Darren (13)**

Die Rolle der Väter

Was es bedeutet, ein Mann zu sein, lernt ein Junge von seinem Vater oder von Vaterfiguren. Die Aufgabe des Vaters in der Familie ist daher, seinem Sohn zu zeigen, wie ein Mann ist. Er bringt ihm bei:

- seine Gefühle zu kontrollieren und konstruktiv zu äußern.
- seine Körperkraft einzusetzen und auszukosten, aber dabei Schwächere (vor allem Mädchen und Frauen) zu respektieren.
- sich in die Familie einzubringen.
- Konflikte bestimmt (aber weder aggressiv noch passiv) zu klären.

- Selbstachtung zu empfinden.
- sich außerhalb der Familie in der Schul- und Arbeitswelt wohlzufühlen und Erfolg zu haben.

Durch die Strategien der gelasseneren, einfacheren und glücklicheren Erziehung können Väter ihren Söhnen all diese Kompetenzen vermitteln, die im Leben so wichtig sind. Engagiert sich ein Vater aktiv, um seinem Sohn beizubringen, ein Mann zu sein, profitieren Vater und Sohn enorm davon. Die Bindung zwischen ihnen wird enger, und die Selbstachtung und der Respekt voreinander wächst. Außerdem haben Väter und Söhne so viel Spaß zusammen. Das führt dazu, dass Jungen so werden wollen wie ihre Väter, wenn sie groß sind.

Alle Jungen brauchen männliche Vorbilder. Verbringen Väter nicht genug Zeit mit ihren Söhnen, suchen sich die Jungen diese Vorbilder woanders. In dem durch viel beschäftigte oder abwesende Väter erzeugten Vakuum erliegen Jungen häufig dem Einfluss älterer Jungen. Forschungsergebnisse belegen, dass dieses Bedürfnis von Jungen, zu einem älteren Geschlechtsgenossen aufzuschauen, ein wesentlicher Grund dafür ist, dass sie sich Gangs anschließen. Hat ein Junge ein positives älteres männliches Vorbild, ist das ein verlässliches Indiz dafür, dass er die Schule abschließen wird, vielleicht sogar studiert und nicht auf die schiefe Bahn kommt.

In der Vergangenheit hatten Jungen weitaus häufiger Gelegenheit, von Männern zu lernen. Inzwischen können Jungen ihre Väter kaum noch bei der Arbeit beobachten. Vor allem die Söhne von Büroangestellten wissen oft nicht genau, was ihre Väter eigentlich beruflich machen oder warum. Aus diesem Grund können sie ihre Väter nicht bewundern und nachahmen, wie es ihrer natürlichen Neigung entspricht.

In der zweiten Hälfte des 20. Jahrhunderts hat sich die Arbeitszeit der Väter verlängert. Abends und am Wochenende sind sie unter Umständen erschöpft und gestresst und schalten lieber hinter der Zeitung oder vor dem Computer ab, statt sich mit ihren Kindern zu beschäftigen. Und weil so viele Väter länger arbeiten und häufig weiter pendeln müssen, geht ihre zu Hause verbrachte Zeit dann mit lästigen Pflichten drauf wie Rechnungen überweisen, Rasen mähen oder Reparaturarbeiten erledigen. Jungen möchten von Haus aus gern Zeit mit ihren Vätern verbringen, doch der Vater will solche

Dinge womöglich zügig erledigen und dabei nicht auch noch ein Kind beaufsichtigen, damit er danach seine Freizeit genießen kann. Daran sehen Sie, dass auch ein hingebungsvoller, gewissenhafter Vater letztlich nicht unbedingt ein gutes Vorbild ist.

Verbringt ein Vater nur wenig Zeit zu Hause, befürchtet er vielleicht, die Erziehung seiner Kinder könnte das bisschen Zeit vergällen, das er mit ihnen verbringt. Deshalb zögert er vielleicht, auf korrektem Verhalten zu bestehen, Regeln durchzusetzen, Abläufe einzufordern und Konsequenzen zu ziehen, wenn es zu Verstößen oder Abweichungen kommt.

Tatsächlich kennen viele Väter die Regeln gar nicht genau, die in ihrer Familie gelten, weil es die Mütter sind, die gewöhnlich mehr Zeit zu Hause mit den Kindern verbringen und dann häufig einseitig neue Regeln erlassen. So sind Väter in familiäre Abläufe manchmal gar nicht eingeweiht und fühlen sich fremd. Selbst am Wochenende, wenn der Vater den ganzen Tag zu Hause ist und die Hälfte der Aufsicht über Mahlzeiten, Hausaufgaben, Bäder, Bildschirmzeit und Schlafenszeit übernehmen könnte, ist die Mutter oft trotzdem »im Dienst« und kümmert sich um alle Aspekte des Familienlebens. Der Mutter mag das so vorkommen, als sei der Vater desinteressiert oder faul und nehme nicht wahr, dass ihr eine Auszeit guttäte.

Das ist aber nicht der Grund, aus dem viele Väter bei den täglichen Brennpunkten außen vor bleiben. Viel wahrscheinlicher ist, dass sie sich weniger zutrauen. Das ist ein Teufelskreis, denn je weniger sich ein Vater einbringt, desto weniger traut er sich zu, und je weniger er sich zutraut, desto weniger will er sich einbringen.

Überlassen es Väter den Müttern, Hausaufgaben zu kontrollieren, zu üben und zu lesen, gewinnen Jungen den Eindruck, Schularbeiten, Hausaufgaben, Üben, Lesen, sein Bestes zu geben, ordentlich zu schreiben und gute Noten zu bekommen seien Dinge, die nur für Frauen wichtig sind, für Männer nicht. Und da Jungen genetisch darauf programmiert sind, sich an ihren Vätern oder einer Vaterfigur zu orientieren, ahmen sie oft nach, was ihnen als geringes Interesse des Vaters an Schule und Lernen erscheint.

Hat ein Vater zu Hause zu viel zu tun oder ist er zu sehr mit anderen Dingen beschäftigt oder zu gestresst, um sich die Zeit zu nehmen, bewusst darüber nachzudenken, was in seiner Beziehung zu seinem Sohn wichtig ist, dann wirkt dieser Vater desinteressiert und lieblos. Dabei stimmt das überhaupt nicht. Jeder Vater, mit dem ich spreche, wünscht sich enge Bindungen an seine Kinder, und vor allem eine starke Beziehung zu seinem Sohn.

Ist der Vater physisch oder emotional abwesend, vermisst ihn der Sohn und empfindet es als belastend, dass er diese für ihn lebenswichtige Bindung nicht spürt. Vielleicht ist dem Jungen dabei gar nicht klar, was er fühlt oder wodurch diese Gefühle ausgelöst werden. Der Junge meint womöglich, sein Vater will in Wirklichkeit gar keine Zeit mit ihm verbringen. Er weiß vielleicht, dass ihn sein Vater liebt, ist aber nicht überzeugt davon, dass er ihn auch mag.

Müde, gestresste Väter kritisieren ihre Kinder oft zu scharf. Das ist vor allem für Jungen schädlich, weil sie die natürliche Neigung haben, ihre Väter zu kopieren. Jungen empfinden die Kritik intensiver, und das kann ihr Selbstwertgefühl stark beeinträchtigen. Doch so muss es nicht sein.

Was kann ein Vater seinem Sohn geben?

Wie Sie Jungen beibringen, mit ihrer Energie und Körperkraft richtig umzugehen

In den meisten Familien ist der Vater für die körperlichen Aktivitäten zuständig, die ein Junge braucht und ersehnt. Gewöhnlich übernehmen die Väter die Aufgabe, Jungen beizubringen, wie sie ihre körperlichen Energien, Kräfte und Triebe richtig einsetzen. Kaum eine Mutter drängt sich dabei vor. Diese Aussage ist natürlich eine grobe Verallgemeinerung. In Ihrer Familie mag das anders sein. Doch die meisten Mütter haben wenig Spaß an den groben, rauen Kampfspielen und Rangeleien, die Jungen brauchen. Eine Mutter sorgt sich vermutlich eher, dass sich dabei jemand wehtut, dass Kleider kaputt gehen oder Möbel beschädigt werden könnten – oder dass es am Ende Tränen gibt.

Väter verstehen den Drang eines Jungen nach körperlicher Bewegung. Sie machen sich nicht so viele Gedanken. Väter wissen gewöhnlich, dass es nicht schlimm ist, wenn sich einer wehtut. Sie wissen, wenn man das »mit Würde trägt«, gibt es den Jungen das nötige Selbstvertrauen, sich in den Kampfspielen zu behaupten, die Jungen so gern spielen. Väter können Jungen beibringen, wie weit sie gehen dürfen, ohne echten Schaden anzurichten – ob das verletzte Gliedmaßen, Gefühle oder kaputte Möbel sind. Jungen, die mit ihren Vätern herumtoben, können lernen, wie man fair kämpft.

Jungen Respekt vor Schwächeren vermitteln

Traditionell ist es die Aufgabe der Väter und der älteren Männer in der Gemeinschaft, einem Jungen Respekt vor Schwächeren zu vermitteln, vor allem vor Mädchen und Frauen. In unserer Kultur wie in vielen anderen auch halten Jungen physische Überlegenheit hoch. Wir hätten das vielleicht gerne anders, und versuchen womöglich aktiv, andere Werte vorzugeben, doch für die meisten Jungen ist Körperkraft nach wie vor ein wichtiger Wert. Wenn Jungen älter, größer und stärker werden, kommt der Zeitpunkt, an dem ihnen klar wird, dass sie ihren Müttern körperlich überlegen sind. Das kann zum Problem werden, wenn ein Junge seiner Mutter negative Gefühle entgegenbringt. Dazu kommt es schnell, wenn eine Mutter einerseits ständig an ihrem Sohn herumnörgelt, ihm aber andererseits Dinge abnimmt, die er ohne Weiteres selber erledigen könnte und sollte.

Empfindet ein Junge Frust, Ärger, Wut oder fühlt er sich ungeliebt, kann das dazu führen, dass er seine Körperkraft und -größe einsetzt, um seine Mutter auf mehr oder minder subtile Weise einzuschüchtern oder es ihr heimzuzahlen. Vielleicht bedrängt er seine Mutter und schreit ihr ins Gesicht. Vielleicht rempelt er sie »versehentlich« im Vorbeigehen an. Vielleicht hebt er die Hände zu einer Drohgebärde. Selbst Jungen, die ihre Körperkraft nie im Leben gegen ihre Mutter einsetzen würden, können in Wortwahl und Tonfall mitunter äußerst respektlos sein.

Sie als Väter können Ihren Söhnen beibringen, ihre Mütter zu achten. Nehmen Sie sich die Zeit, sich mit der Mutter zusammenzusetzen und die Regeln und Abläufe festzulegen, die Sie beide für Ihre Familie einführen möchten – und ebenso die Belohnungen und Konsequenzen. Gewöhnen Sie sich an, eventuelle Meinungsverschiedenheiten, die Sie beide haben, unter vier Augen auszutragen – nicht vor Ihrem Sohn. Sie müssen eine einheitliche Front bilden. Nutzen Sie die Strategien für eine gelassenere, einfachere, glücklichere Erziehung, um sicherzugehen, dass Ihr Sohn die Regeln und Abläufe kennt und befolgt.

Seien Sie Vorbild für Ihren Sohn, damit er seine Mutter, Großmutter, Lehrerin und alle anderen Frauen in seinem Leben wertschätzt. Bestehen Sie auf Höflichkeit und Respekt, in Worten und im Tonfall. Üben Sie das mit Durchsprechen und Wiederholungen ein.

Wenn Ihre Frau ein Problem mit Ihrem Sohn hat, und Sie geht damit Ihrer Ansicht nach ungeschickt um, geraten Sie als Vater vielleicht in Versuchung, auf eine der folgenden drei typischen, doch wenig hilfreichen Arten zu reagieren: Sie mischen sich ein, Sie beraten (oder kritisieren) aus dem Hintergrund oder Sie sagen einfach gar nichts. Diese Reaktionen verringern den Respekt Ihres Sohnes vor seiner Mutter. (Ich gehe davon aus, dass Ihre Frau in dieser Situation versucht, eine Regel oder einen Ablauf durchzusetzen, auf die oder den sich beide Eltern geeinigt haben.) Nützlicher ist, ihr in dieser Situation mit Ihrer Autorität den Rücken zu stärken. Stellen Sie sich neben Ihre Frau, schauen Sie Ihren Sohn an und sagen Sie bestimmt und ernst: »Tu, was deine Mutter sagt.« oder etwas in diesem Sinne. Diese Demonstration der Einheit hilft Ihrem Sohn, seine Mutter zu respektieren.

So bringen Sie Jungen nahe, wie wichtig Bildung ist

Es ist auch Aufgabe des Vaters, seinem Sohn klarzumachen, wie wichtig Bildung ist. Meist sind die Mütter für die Kontrolle der Hausaufgaben zuständig und in der Schule gibt es viel mehr Lehrerinnen als Lehrer. Für einen Jungen liegt daher nahe, dass es den Vater nicht so interessiert, was er lernt oder ob er sich anstrengt.

Selbst ein Vater, der sehr viel aushäusig arbeitet, kann sich am Wochenende Zeit nehmen – oder vielleicht auch morgens, bevor er das Haus verlässt –, um sich mit seinem Sohn hinzusetzen und sich für seine Schularbeiten und Hausaufgaben zu interessieren. Im vierten Teil erfahren Sie mehr darüber, wie Sie Ihren Sohn zu schulischen Bestleistungen anspornen.

Vorbild sein für berufliches und soziales Engagement

Es ist Aufgabe des Vaters, seinem Sohn zu zeigen, wie man in der Welt zurechtkommt. Väter und Vaterfiguren müssen Vorbilder dafür sein, wie Männer ihre außerhäuslichen Pflichten wahrnehmen. Ein Junge, der seinen Vater respektiert, möchte automatisch auch so werden. Er möchte in die Aktivitäten seines Vaters einbezogen werden. Väter, nehmt eure Jungs mit zur Arbeit und nehmt euch die Zeit, zu Hause und am Arbeitsplatz, ihnen zu zeigen und zu erklären, was ihr da eigentlich tut. Bezieht eure Söhne in die Bereiche eurer Arbeit ein, die sich dafür eignen. Lasst sie damit ein bisschen Geld verdienen. Sprecht ihr über eure Arbeit, denn erzählt nicht nur von Problemen, sondern unbedingt auch von Strategien. Redet über eure Ziele, über eure Erfolge und Misserfolge, über eure Gefühle und Erkenntnisse. Mahlzeiten und die Schlafenszeit sind geeignete Zeitpunkte für solche Gespräche. In der Extrazeit könnt ihr solche Einblicke in euer Leben geben ohne Ablenkungen durch andere Kinder oder Aufgaben.

Das soll nicht heißen, dass nur die Väter solche Aspekte ihres Lebens mit Kindern teilen sollen – Mütter natürlich auch. Ich möchte nur herausstellen, dass Jungen darauf programmiert sind, mehr darauf zu hören, was ihre Väter sagen – und das sollten wir nutzen.

Mehr Selbstvertrauen durch körperliche Zuneigung

In manchen Ländern und Kulturen ist körperliche Nähe zwischen Vätern und Söhnen akzeptiert und wird geschätzt. Unsere Kultur gehört leider nicht dazu. Doch auch wenn ein Junge nicht mehr auf Vaters Schoß sitzen möchte, braucht er nach wie vor die körperliche Nähe zum Vater (oder einer Vaterfigur) – genauso sehr wie die der Mutter.

Studien belegen, dass Jungen, die hier Defizite haben, eher sexuellem Missbrauch zum Opfer fallen, weil sie nach Wärme und Zuneigung hungern, und dazu gehören eben auch Berührungen.

Väter, nutzt jede Gelegenheit, euren Söhnen durchs Haar zu fahren, sie zu drücken, ihnen auf die Schulter zu klopfen oder sie am Arm zu berühren. Nehmt sportliche Betätigungen oder Spiele in das Repertoire eurer gemeinsamen Aktivitäten auf, die physischen Kontakt voraussetzen.

So leben Sie Freundschaft vor

Jungen sollten ihre Väter auch über Freundschaften sprechen hören. Ein Vater kann erklären, was er an seinen Freunden mag und wie er Probleme mit Freunden klärt. Sie wissen ja: Ihr Sohn möchte es Ihnen gleichtun. Zeigen Sie sich also von Ihrer besten Seite.

Wie Sie Ihrem Sohn Rücksichtnahme und Manieren beibringen

Jungen können den Eindruck gewinnen, dass Tischmanieren und Höflichkeit »was für Mädchen« sind und echte Männer stolz darauf sind, sich ungehobelt zu benehmen. Deshalb ist es wichtig, dass Väter und andere erwachsene Männer mit gutem Beispiel vorangehen und zeigen, dass Manieren wichtig sind.

Wie Mütter die Vater-Sohn-Beziehung stärken können

Mütter können die Beziehung zwischen Vater und Sohn verbessern und stärken. Leider können Mütter die väterliche Autorität aber auch versehentlich untergraben und die Vater-Sohn-Beziehung stören, wenn sie den Vater vor den Kindern korrigieren oder kritisieren. Manche Mütter machen sich über den Vater lustig, sprechen über ihn, als sei er auch ein Kind – jemand, dem sie kein vernünftiges Verhalten zutrauen und um den sie sich kümmern müssen. Alle Kinder beobachten sehr genau, wie ihre Eltern miteinander umgehen. Ein Junge merkt, wenn die Mutter den Vater nicht respektiert.

Hört ein Junge, wie seine Mutter den Vater (oder Stiefvater) ermahnt, den Müll rauszubringen, den Rasen zu mähen oder den Hund auszuführen, verstärkt das das Stereotyp des Jungen von der nörgelnden Frau und dem ausgenutzten Mann. Das ist für Söhne und Töchter gleichermaßen verstörend. Vor allem aber kann es dazu führen, dass der Junge die Achtung verliert – vor dem Vater, der ihm schwach und unterwürfig erscheint und sich alles gefallen lässt, aber auch vor der Mutter, die offenbar sauer auf den Vater ist.

Manchmal frustriert und nervt es die Mütter auch, wenn Väter zu »weich« sind. Gewöhnlich heißt das, sie weichen Regeln auf oder sehen über Fehlverhalten hinweg, statt der Mutter »den Rücken zu stärken«. Das passiert, wenn der Vater nicht von vornherein aktiv in die Festlegung von Regeln und Abläufen eingebunden wurde und daher nicht genau weiß, was Sache ist. Eine ausgesprochen widrige Dynamik entsteht, wenn sich Mütter damit belastet fühlen, dass sie die Kinder disziplinieren müssen. Verständlicherweise äußert sich ihr Frust dann manchmal in Ungeduld, Nörgelei und Schreierei.

Dem Vater sind die Genervtheit und das Gemecker der Mutter verständlicherweise unangenehm, sodass er sich vom Disziplinieren der Kinder noch mehr distanziert. Das wiederum erhöht den Stress für die Mutter und sie wird noch gereizter und ungeduldiger. Sie merken schon – ein Teufelskreis.

Traut die Mutter dem Vater nicht zu, als Elternteil gleichberechtigter Partner zu sein, ergreift sie meist die Initiative, kritisiert den Vater oder trifft Entscheidungen, ohne sie mit ihm abzusprechen. Das hat den unerwünschten Effekt, dass das Vertrauen des Vaters in seine erzieherischen Fähigkeiten noch stärker untergraben wird.

Manche Mütter beklagen, dass der Vater die ersten fünf Mal darüber hinwegsieht, wenn sich das Kind ihm gegenüber ungebührlich verhält, beim sechsten Mal dann aber explodiert und in seinem Zorn zu laut und zu heftig reagiert. Die Mutter will ihre Kinder dann instinktiv vor dem eigenen Vater beschützen.

Solche wenig konstruktiven Reaktionen können Sie vermeiden, wenn beide Eltern an einem Strang ziehen und eine einheitliche Front bilden. Sie werden sich die Zeit nehmen müssen, sich gemeinsam zu überlegen, was Sie sich für Ihre Familie vorstellen und wie Sie das erreichen wollen. Das erfordert vermutlich Kompromisse. Lesen Sie weiter, wenn Sie mehr darüber erfahren möchten.

> **Abende – oder halbe Stunden – zu zweit**
>
> Es passiert allzu leicht, dass sich erschöpfte, gestresste Mütter ganz auf die Kinder, das Haus, die Schule, die Einkäufe und dergleichen konzentrieren. Die Bedürfnisse des Vaters werden vernachlässigt. Ein gemeinsamer Abend in der Woche, an dem nicht über die Kinder gesprochen wird, bringt sehr viel, wenn Sie Ihren Partner dazu motivieren möchten, etwas für Sie zu tun oder Ihnen auch nur zuzuhören. Sie können sich einen Abend zu zweit in der Woche nicht leisten? Falsch. Wo ein Wille ist, ist auch ein Weg. Man kann so einen gemeinsamen Abend auch zu Hause verbringen.
>
> Neben so einem Abend der Zweisamkeit empfehle ich Eltern, sich jeden Abend, an dem beide Eltern zu Hause sind, eine halbe Stunde Zeit füreinander zu nehmen, wenn die Kinder im Bett sind. Das nenne ich die allabend-

> liche halbe Stunde zu zweit. Gespräche über die Kinder sind in dieser Zeit tabu. Sie können zusammen kochen, essen (ohne elektronische Ablenkungen), auf dem Sofa sitzen und Händchen halten, Musik hören, im Garten frische Luft schnappen, einen kleinen Spaziergang machen, wenn die Kinder schon alt genug sind, um alleine zu bleiben, Karten oder ein Brettspiel spielen oder kuscheln. Sie sollen sich dabei entspannen, Spaß haben, die Gefühle aufleben lassen, die sie zueinander geführt haben, die Paarbeziehung stärken, die schon bestand, bevor die Kinder kamen, und die noch bestehen wird, wenn die Kinder aus dem Haus sind. Diese tägliche halbe Stunde wird der Beziehung zu ihrem Partner enorm guttun. Mit der Zeit wird sie auch eine Menge Stress abbauen und dazu beitragen, dass Sie sich Ihren Kindern gegenüber positiver, bestimmter und konsequenter verhalten.

Wie Sie Anhänglichkeit von der Mutter- auf die Vaterfigur übertragen

Kleine Kinder beiderlei Geschlechts hängen anfangs oft sehr an der Mutter, da sie meist die Kinder in den ersten Lebensjahren hauptsächlich betreut. Es ist wichtig, dass Jungen ihre Anhänglichkeit irgendwann von der Mutter auf den Vater übertragen. Bei den meisten Jungen passiert das von alleine – irgendwann zwischen dem zweiten und dem siebten Lebensjahr. Manche Jungen fixieren sich aber auch auf die Mutter. Nur die Mutter darf sie trösten, ihnen die Schuhe binden, sie zu Bett bringen, ihnen helfen – auch wenn der Vater zur Verfügung steht. Das wird schnell zur Gewohnheit. Vielleicht bietet sich der Vater an, seinem Sohn eine Gutenachtgeschichte vorzulesen, ihn zum Karate-Training zu fahren oder ihn vor einer Klassenarbeit abzufragen, und wenn der Junge sagt oder zeigt, dass das lieber die Mutter machen soll, fühlt er sich zurückgewiesen. Mit der Zeit schlägt der Vater dann immer seltener vor, etwas mit seinem Sohn zu unternehmen. Entwickelt sich eine solche Dynamik, sind Väter und Söhne die Verlierer.

Um das zu verhindern oder Abhilfe zu schaffen, empfehle ich Vätern, mehrmals die Woche etwas Zeit mit jedem Kind allein zu verbringen, ohne die Mutter. Die Mutter muss sich dann zurückhalten mit akribischen Anweisungen dazu, wie der Vater in ihrer Abwesenheit die Kinder zu füttern, anzuziehen, zu baden oder zu bespielen hat. So können Jungen, die zu sehr an der Mutter hängen, eine natürliche Bindung zum Vater entwickeln. Und bei beiden wächst das Vertrauen.

Wie Mütter und Väter eine Einheit bilden

Mütter *und* Väter müssen eine wichtige Rolle übernehmen, um Kinder beider Geschlechter zu verantwortungsvollen, hilfsbereiten, rücksichtsvollen und aufgeschlossenen Menschen zu erziehen. Doch sie haben unter Umständen unterschiedliche Vorstellung davon, wie diese Ziele zu erreichen sind. Statt zu streiten, sollten sie Kompromisse schließen. *Klärende Gespräche* sind eine Strategie der gelasseneren, einfacheren und glücklicheren Erziehung, die das Familiengetriebe ölt. Sie führen zu Kompromissen, mit denen beide Elternteile gut leben können. Sie sollten zu einem neutralen Zeitpunkt stattfinden. Damit meine ich, dass kein Elternteil in Rage oder in Eile sein oder vor einem Bildschirm sitzen sollte. Setzen Sie für *klärende Gespräche* nicht mehr als 15 Minuten an.

So führen Sie ein klärendes Gespräch

Die erste Minute eines klärenden Gesprächs ist der genauen Beschreibung des Problems oder der Frage gewidmet, die einem Elternteil auf dem Herzen liegt. Achten Sie unbedingt darauf, der Beschreibung des Problems keinesfalls mehr als eine Minute zu opfern, denn sonst besteht die Gefahr, dass ausführlich über das Problem gesprochen wird, was Sie aber keinen Schritt näher an einen Kompromiss zu seiner Lösung bringt.

Nach dieser ersten Minute machen Vater und Mutter abwechselnd Lösungsvorschläge. Diese schreiben sich beide Eltern auf. Wechseln Sie sich dabei so lange ab, bis die 15 Minuten um sind. Gefällt einem Elternteil der Vorschlag des anderen, kann er zustimmen. Er kann aber auch einen eigenen Vorschlag hinzufügen.

Gefällt Ihnen ein Vorschlag Ihres Partners nicht, dürfen Sie ihn nicht einfach ablehnen. Sie müssen stattdessen einen Gegenvorschlag machen. Im folgenden Dialog lesen Sie über verschiedene solche Gegenvorschläge.

Dieses *klärende Gespräch* wurde von einem Paar aufgezeichnet, das lernen wollte, sich nicht über Erziehungsprobleme zu streiten. Beide Elternteile setzten sich zusammen aufs Sofa, als die Kinder schon schliefen. Elektronische Geräte hatten sie ausgeschaltet. Die Mutter begann das *klärende Gespräch*, indem sie einen Satz zu einem Problem sagte, das ihr auf der Seele lag und für das sie eine Lösung finden wollte.

Mutter: Es treibt mich zum Wahnsinn, dass ich Sam jeden Tag daran erinnern muss, die Meerschweinchen zu füttern.

Vater: Aber du weißt doch, was Noël gesagt hat. Das sollen wir nicht.

Mutter: Tja, aber ich will nicht, dass sie verhungern. Wir müssen uns also etwas einfallen lassen, wenn wir ihn nicht daran erinnern sollen.

Vater: Warum schaffen wir die blöden Viecher nicht einfach ab? Er interessiert sich sowieso nicht mehr für sie.

Mutter: Aber Sarah schon. Deshalb will ich sie nicht abschaffen. Wie wäre es, wenn wir festlegen, dass er erst vor den Bildschirm darf, wenn sie gefüttert sind?

Vater: Tja, bei den Hausaufgaben und den Tischmanieren hat das gut funktioniert. Vielleicht klappt es ja auch mit den Meerschweinchen. Aber wirst du aufhören, ihn daran zu erinnern?

Mutter: Ich denke schon. Ich möchte ja gern, dass er verantwortungsbewusster wird. Ich kann das in die Liste seiner täglichen Pflichten aufnehmen.

Vater: Und wenn er erst sehr spät daran denkt, sie zu füttern, dann wird etwas von seiner Stunde Bildschirmzeit abgezogen.

Mutter: Also brauchen wir eine Zeitgrenze. Wie wäre es, wenn er alles auf seiner Liste bis 19 Uhr erledigt haben muss?

Vater: Damit ist das Problem gelöst – und wir haben noch nicht einmal die ganzen 15 Minuten gebraucht!

Mutter: Das wird ihm vermutlich nicht gefallen. Deshalb müssen wir uns auf viel richtiges Zuhören gefasst machen.

Vater: Und wenn er dran denkt, müssen wir ihn anschaulich loben. Versuchen wir das mal eine Woche lang und sehen, wie es klappt.

Mutter: Ich bin mir ziemlich sicher, dass ihn das motivieren wird, daran zu denken. Geben wir der Sache aber lieber zwei Wochen.

Vater: Vielleicht vergisst er es am Anfang ab und zu. Wir dürfen ihn dann *nicht* erinnern. Alles, was wir tun können, ist richtig Zuhören, wenn er sich ärgert, dass er seine Bildschirmzeit nicht bekommt.

> **Was Eltern wissen wollen**
>
> F: Ich möchte dazu beitragen, dass sich mein Mann mehr mit unseren Söhnen befasst – zu ihrem Wohl, aber auch zu seinem. Er verpasst so viel! Er arbeitet sehr lang. Wie kann ich ihn stärker einbeziehen?
>
> A: Auch Väter, die viel arbeiten, können sich Zeit für ihre Kinder nehmen, wenn sie wirklich wollen. Es kommt aber oft vor, dass die Väter den Bezug dazu verlieren, was ihre Kinder brauchen, wollen und mögen. Eine Mutter kann viel tun, um eventuelle Widerstände zu überwinden, die ein Vater gegen die intensivere Beschäftigung mit seinen Kindern aufgebaut haben mag. Der Status quo ist nicht immer leicht umzukehren, doch einen Versuch ist es allemal wert. Und das können Mütter tun:
> Kritisieren oder korrigieren Sie Ihren Mann nicht. Das schadet seinem Selbstvertrauen und kann seiner Entfremdung noch Vorschub leisten. Lassen Sie ihn selbst einen Weg finden, eine Beziehung zu seinen Kindern zu entwickeln – auch wenn Ihr Weg ein anderer wäre. Er ist vielleicht nicht vollkommen – aber Sie auch nicht.
> Loben Sie Ihren Mann anschaulich für jeden winzigen Schritt in die richtige Richtung: wenn er bei den Hausaufgaben hilft (auch wenn es mit Tränen endet), wenn er die Tischmanieren Ihres Sohnes korrigiert (auch wenn Ihnen die Art und Weise missfällt), wenn er eine Gute-Nacht-Geschichte vorliest (auch wenn er dabei die Schlafenszeit hinauszögert), wenn er über Dinosaurier, Superhelden oder Rugby spricht (auch wenn Ihr Sohn eigentlich sein Spielzeug aufräumen sollte).
> Hören Sie Ihrem Partner richtig zu, wenn er sich über die Kinder beklagt, statt ihm Ratschläge zu erteilen, wie er das Problem lösen könnte.
> Machen Sie es dem Vater leicht, Extrazeit mit jedem Kind zu verbringen, indem Sie die Geschwister anderweitig beschäftigen.
>
> F: Als Vater muss ich zugeben, dass ich die Kindererziehung mehr oder weniger meiner Frau überlassen habe. Ich hätte eigentlich gern mehr Anteil am Leben meines Sohnes, befürchte aber, dass es schon zu spät

ist. Er will offensichtlich nichts mit mir zu tun haben – oder nur, wenn ich ihm etwas kaufen soll. Wie finde ich wieder zu ihm?

A: Die folgenden Anregungen helfen Ihnen, wieder eine liebevolle, enge Beziehung zu Ihrem Sohn aufzubauen. Erwarten Sie aber nicht, dass das über Nacht geht.

Setzen Sie sich zu ihm, wenn er ihm Wohnzimmer oder in der Küche ist. Unterhalten Sie sich mit ihm.

Fragen Sie ihn nicht aus, wenn er gerade bedrückt, beleidigt oder respektlos wirkt. Loben Sie ihn stattdessen anschaulich für jedes freundliche Wort. Sie können richtig zuhören und ihm von Ihren Erfahrungen erzählen.

Nehmen Sie die Mahlzeiten mit Ihren Kindern am Tisch ein. Sie werden ein aufmerksames Publikum finden.

Fahren Sie Ihren Sohn zu seinen diversen Aktivitäten. Lassen Sie das Autoradio ausgeschaltet. Setzen Sie als Regel fest, dass Sie ihn nur fahren, wenn er dabei nicht am iPod hängt oder SMS schreibt.

Hören Sie aufgeschlossen zu, wenn Ihr Sohn spricht, auch wenn Sie das Thema nicht so interessiert oder seine Äußerungen nicht Ihren Wertvorstellungen entsprechen. Verkneifen Sie es sich, ihn zur Ordnung zu rufen. Das würde ihn nur noch mehr entfremden.

Planen Sie so, dass Sie jeden Tag Zeit mit Ihrem Sohn verbringen – wenn auch nur zehn Minuten.

Bieten Sie Ihrem Sohn die Extrazeit nicht an, als wäre das ein Vorschlag, den er auch ablehnen könnte. Sagen Sie ihm im Voraus, dass Sie beide an einem bestimmten Tag etwas zusammen unternehmen. Bieten Sie ihm eine Auswahl an Aktivitäten und Uhrzeiten. Rechnen Sie mit Beschwerden, lassen Sie sich aber nicht beirren. Ihr Sohn wird merken, dass Sie wirklich Zeit mit ihm verbringen möchten. Und das spürt er erst richtig, wenn Sie darauf bestehen.

Eröffnen Sie Ihrem Sohn Möglichkeiten, sich etwas Geld oder Privilegien zu verdienen, wenn er Ihnen zur Hand geht – etwa in Haus und Garten oder beim Abheften von Quittungen.

Nehmen Sie Ihren Sohn mit zur Arbeit – an einem Tag, an dem Sie sich die Zeit nehmen können, ihm zu zeigen, was Sie da eigentlich tun.

Bei extremer Entfremdung (die sehr selten vorkommt) will Ihr Sohn womöglich gar nichts mit Ihnen zu tun haben. Solche Jungen sitzen oft stundenlang vor dem Bildschirm. Dann müssen Sie vielleicht Kontakt zu ihm suchen, indem Sie an seinen Bildschirmaktivitäten teilnehmen oder sich mit ihm darüber unterhalten. Setzen Sie die Strategien zur gelasseneren, einfacheren und glücklicheren Erziehung um, können Sie schon bald Sinnvolleres mit Ihrem Sohn unternehmen.

F: Ich würde gerne alles tun, was Sie da empfehlen. Doch seit meiner Scheidung bin ich nur noch Teilzeitvater. Ich sehe meine Kinder jedes zweite Wochenende. Ich habe Angst, dass das zu wenig ist, um bei meinem Sohn irgendetwas zu bewirken. Wie kann ich diese Zeit am effektivsten nutzen?

A: Nachstehend finden Sie Hinweise für getrennt lebende oder geschiedene Väter, die ihre Kinder nur unregelmäßig sehen. So sichern Sie sich mehr Zeit mit jedem Kind, in der Sie meine Empfehlungen aus diesem Kapitel umsetzen können:

- Widmen Sie sich Ihren Kindern, solange diese wach sind. Widerstehen Sie der Versuchung, Arbeit nachzuholen oder E-Mails zu lesen.
- Begrenzen Sie drastisch die Zeit, die Ihre Kinder vor dem Bildschirm verbringen. Sie sollen sich stattdessen mit Ihnen beschäftigen.
- Tappen Sie nicht in die Denkfalle, Sie müssten Ihre Kinder mit Süßigkeiten oder neuen Spielsachen bei Laune halten. Ihre Kinder brauchen **Sie**. Konzentrieren Sie sich auf kostenlose oder preiswerte Aktivitäten, die Sie gemeinsam genießen können.
- Sehen Sie an jedem Tag, an dem Sie die Kinder haben, Extrazeit für jedes Kind vor, in der sich die anderen Kinder alleine beschäftigen. Sie sollten sie aber nicht vor dem Bildschirm parken, denn dann ist das Kind zu abgelenkt, dem Sie sich widmen möchten.
- Binden Sie die Kinder reihum ein, wenn Sie das Essen zubereiten. Sie können dabei nach Mahlzeit, Tag oder Wochenende durchwechseln.
- Essen Sie grundsätzlich mit Ihren Kindern.
- Staffeln Sie die Zubettgehzeiten Ihrer Kinder, damit Sie sich möglichst für jedes eine halbe Stunde Zeit für ein Gute-Nacht-Ritual nehmen können. Unterhalten sich Eltern im Dunkeln mit Ihren Kindern, erfahren sie viel, was untertags nicht so leicht über die Lippen geht. Natürlich verändern sich solche Rituale mit zunehmendem Alter der Kinder.

- Lassen Sie sie jedoch nicht ersatzlos auslaufen. Selbst Teenager benötigen noch Extrazeit mit Ihnen.

F: Ich bin geschieden und ziehe meine beiden Jungs alleine auf. Ihr Vater ist in eine andere Stadt gezogen, sodass er sie nicht so oft besuchen kann, und sie sind noch zu klein, um alleine zu ihm zu fahren. Ihr Vater denkt an ihre Geburtstage und nimmt sie in den Ferien, doch während der Schulzeit hat er überhaupt keinen Anteil an ihrem Leben. Ich habe das Gefühl, dass meine Söhne mehr männlichen Einfluss in ihrem Leben bräuchten, aber wie kann ich dafür sorgen?

A: Sie haben Recht. Je mehr verantwortungsbewusste männliche Vorbilder Jungen in ihrem Alltag haben, desto besser für ihre Entwicklung. Sie müssen aber nicht die eine Person finden, die ihnen den Vater ersetzt. Ein Junge kann viele Vorbilder haben. Vorbild bedeutet, dass jemand in einer bestimmten Situation zeigt, wie man sich verhält. Die Funktion eines älteren männlichen Vorbilds ist, einem Jungen zu zeigen, was einen Mann ausmacht.

Innerhalb der erweiterten Familie kann auch ein Großvater, ein Stiefvater, ein Onkel, ein älterer Cousin oder sogar ein älterer Bruder als erwachsenes männliches Vorbild dienen, solange er die nötige Reife mitbringt, ein gutes Beispiel zu geben. Führen Sie neue Traditionen ein: Laden Sie diese wichtigen männlichen Vorbilder am Sonntag zum Essen ein oder zum Sportfest Ihres Sohnes oder zum Schulspiel am Ende des Schuljahres.

Eine getrennt lebende oder geschiedene Mutter kann einen Lebensgefährten haben, ob er bei ihr lebt oder nicht. Er achtet womöglich peinlich darauf, den biologischen Vater nicht zu verdrängen und merkt deshalb gar nicht, dass auch er eine wichtige Vaterfigur sein kann.

Außerhalb der Familie kann ein Patenonkel das männliche Vorbild sein, zu dem ein Junge aufschaut, oder ein guter Freund der Familie, ein Lehrer, ein Mentor, der ihm von der Schule zugeteilt wurde, der Gruppenleiter bei den Pfadfindern, der Trainer oder Kampfsportlehrer, ein Therapeut oder Berater oder ein älterer Schüler oder ehrenamtlicher Helfer (von einer Organisation wie Big Brother in den USA, die Kinder, die einen Erwachsenen in ihrem Leben brauchen, mit Erwachsenen zusammenbringt, die diese Rolle erfüllen wollen), oder sogar ein Arbeitgeber, wenn der Junge einen Job hat.

Melden Sie Ihre Söhne zu Freizeit- oder Wochenendaktivitäten an, die von Männern geleitet werden, die Ihren Wertvorstellungen entsprechen. Auch Vorbilder aus Literatur, Film und Nachrichten können großen Einfluss haben. Sprechen Sie über die Eigenschaften, die Sie an Männern bewundern, und schlagen Sie einen Bogen zu den positiven Eigenschaften Ihrer Söhne.

Nicht alle diese Vorbilder erfüllen denselben Zweck, doch der tiefere Sinn ist stets, dass all diese Männer den Jungen zeigen, dass Männer verantwortungsbewusste, produktive Mitglieder der Gesellschaft sein können.

Zusammenfassung

Mit diesem Kapitel will ich Vätern helfen, die wichtige Rolle zu erkennen, die Sie dabei spielen, das Beste aus Ihren Söhnen herauszuholen. Manche Väter trauen sich diese Rolle nicht zu, vor allem wenn der eigene Vater distanziert, unbeteiligt oder zu kritisch war. Deshalb spreche ich an, wie Mütter Väter dabei unterstützen können, diese wichtige Position in der Familie besser auszufüllen. Ich zeige ferner, wie Väter und Mütter als Team funktionieren können. So lassen sich Spannungen minimieren und alle haben mehr Spaß am Familienleben.

Dritter Teil
Strategien, die das Leben mit Söhnen gelassener, einfacher und glücklicher machen – jeden Tag

Elftes Kapitel: Die Voraussetzungen für ein gesundes Kinderleben

Brennpunkte sind die Tageszeiten, zu denen leicht etwas schiefläuft: Mahlzeiten, Hausaufgabenzeit, Aufräumzeit, Badezeit, Schlafenszeit und so weiter. Die Qualität des Familienlebens ergibt sich daraus, wie Eltern mit all diesen täglichen Brennpunkten umgehen. Dabei verhalten wir uns oft so, als hätten wir keinen Einfluss darauf:

- Natürlich bin ich ständig in Eile. So ist das Leben heutzutage eben.
- Natürlich wird es morgens immer hektisch.
- Natürlich ist das Zubettgehen jeden Tag ein Albtraum.

Nichts davon ist »natürlich«. Das Familienleben ist das Ergebnis der vielen kleinen Entscheidungen, die Eltern den ganzen Tag über treffen. Wir können kooperative Phasen verlängern, das Selbstvertrauen stärken und Fehlverhalten auf ein Mindestmaß reduzieren, wenn wir unseren Jungen einen gesunden Lebensstil bieten. Und mit »bieten« meine ich nicht, unverbindlich vorschlagen oder zur Diskussion stellen. Ich meine damit, *verbindlich darauf zu bestehen.*

Sie haben vermutlich schon öfter versucht, etwas durchzusetzen, was Sie für richtig hielten. Vielleicht haben Sie letztlich aufgegeben, weil Ihr Sohn sich quergestellt, protestiert, geweint oder sie einfach ignoriert und gemacht hat, was er wollte. Die Versuchung ist groß, um des lieben Friedens willen nachzugeben. Dabei wissen Eltern ganz genau, dass der Frieden, den sie so verzweifelt herbeisehnen, nur anhält bis zum nächsten Ausraster oder Regelverstoß.

Was ein gesundes Leben bringt

Wenn wir unseren Söhnen ein gesundes Leben bieten, hilft ihnen das, ruhiger, motivierter, kooperativer, vernünftiger, weniger impulsiv und weniger aggressiv zu werden. Deshalb dürfen wir diese so wichtigen Entscheidungen über die Lebensweise nicht ihnen überlassen. Weil sie unreif und impulsiv sind, entscheiden sie sich vermutlich für das, wozu sie gerade Lust haben. Wir Erwachsenen wissen besser, was sie wirklich brauchen, damit sie gut gedeihen und sich optimal entwickeln.

Ein gesundes Leben für unsere Jungen bedeutet, dass wir jeden familiären Brennpunkt ganz gezielt steuern müssen. Wir können weit mehr Einfluss darauf ausüben, was bei uns zu Hause vor sich geht, als wir denken. Wir können die Umwelt unserer Kinder so gestalten, dass es leichter für sie wird, ruhig, kooperativ und verantwortungsvoll zu reagieren, statt sich danebenzunehmen.

Unsere Tage mit unseren Kindern bestehen von morgens bis abends aus einer einzigen Aneinanderreihung von Brennpunkten. Wenn wir nur ein paar dieser täglichen Brennpunkte entschärfen, ist das Leben gleich viel weniger stressig. Schließlich ist es für alle angenehmer, wenn es an Brennpunkten gelassener, einfacher und glücklicher zugeht. Damit der Tag (meist) reibungslos abläuft, müssen sich Eltern angewöhnen, (meist) positiv, bestimmt und konsequent zu sein. So erziehen Sie Ihre Söhne zu (meist) respektvollen, kooperativen, selbstbewussten, motivierten, rücksichtsvollen und eigenständigen Menschen.

Respekt

Seit Menschengedenken haben Jungen Autorität stets weniger respektiert als Mädchen. Das manifestiert sich in ungleich geringerer Kooperationsbereitschaft, Missachtung bekannter Regeln und Abläufe und einer Veranlagung zu Streitlust und Aufsässigkeit.

Es liegt nahe, sich wildes, unüberlegtes oder respektloses Verhalten durch das Testosteron zu erklären. Sicherlich spielen die Gene mit hinein, doch den Einfluss des Umfelds, das wir zu Hause und die Lehrer in der Schule schaffen, dürfen wir dabei nicht übersehen. Wenn wir resigniert hinnehmen, dass sich Jungen eben so benehmen – nämlich offensichtlich oder unterschwellig respektlos –, dann stecken wir nicht viel Gehirnschmalz, Zeit und Mühe in den Versuch, solches Fehlverhalten abzustellen oder zu minimieren. Und wir greifen nicht mit positiven und negativen Konsequenzen durch. So schleift sich respektloses Verhalten ein.

Wir alle kennen Kinder und Halbwüchsige, die brummeln, grunzen oder wegschauen, wenn ihre Eltern mit ihnen sprechen, aber ihren Lehrern oder den Eltern von Freunden höflich, freundlich und hilfsbereit begegnen. Das zeigt, dass Gewohnheit enorm dazu beiträgt, einen respektvollen oder respektlosen Umgang zu entwickeln. Jungen können und sollten sich angewöhnen, ihren Eltern mit Respekt zu begegnen.

Ungeachtet des Brennpunkts, an dem es passiert: Spricht Sie Ihr Sohn in quengeligem, unfreundlichem oder respektlosem Ton an, tadeln Sie ihn nicht dafür. Das bringt selten etwas. Ignorieren Sie es aber auch nicht. Schauen Sie Ihren Sohn nur an, warten Sie, bis er aufhört und loben Sie ihn anschaulich dafür.

Kooperation

Meine Definition von Kooperation ist, dass ein Kind tut, was ihm ein vertrauenswürdiger Erwachsener sagt – auf Anhieb und ohne Theater. Jungen sind oft weniger kooperationsbereit als Mädchen. Das liegt zum Teil daran, dass sie sich leichter ablenken lassen, zum Teil daran, dass sie laute, wilde Spiele bevorzugen und zum Teil daran, dass sie sich nur widerstrebend von einer faszinierenden Aktivität losreißen. Infolgedessen erlebe ich in vielen Familien, mit denen ich arbeite, dass von Töchtern mehr Kooperation verlangt wird als von Söhnen. Offenbar ist es so schwierig, Jungen Gehorsam abzuverlangen, dass sich die Eltern vielleicht sagen: »Ich muss nicht jeden Kampf ausfechten.« Dabei ist es nie ein gutes Gefühl, wenn man die Werte und Verhaltensweisen, auf die man Wert legt, schleifen lässt. Sie nehmen sich damit selbst den Wind aus den Segeln.

Von keinem Kind (und übrigens auch von keinem Erwachsenen) kann man jederzeit 100-prozentig korrektes Verhalten erwarten. Doch wir können uns auf 90-prozentige Kooperation einschießen – und diese auch erreichen. Dieses Ziel mag Ihnen unrealistisch erscheinen, doch wenn Sie die Strategien zur gelasseneren, einfacheren, glücklicheren Erziehung konsequent einsetzen, können Sie es erreichen.

Wie Sie Ausraster in den Griff bekommen

Mangelnde Kooperationsbereitschaft äußert sich graduell unterschiedlich. Ausraster bilden ein Extrem. Davon gibt es zwei Hauptarten. Die üblichste ist ausschließlich verbal: Weinen, Schreien, Jammern, Schimpfen, manchmal Fluchen. Die andere hat dieselben verbalen Aspekte, aber auch einen physischen: Türen werden zugeschlagen, es wird gestoßen, getreten, mit Gegenständen geworfen, es werden Sachen beschädigt, es wird gespuckt und gekratzt. Ich treffe diese Unterscheidung, weil jede dieser grundlegenden Arten von Ausrastern eine andere Strategie verlangt.

Gelegentliche Trotzanfälle sind in der frühen Kindheit unvermeidlich. Ein Kleinkind oder Kindergartenkind rastet vielleicht nur deshalb aus, weil es grenzenlosen Frust oder Wut oder auch Angst empfindet. Es verfügt nicht über den Wortschatz oder die nötige Impulssteuerung, um seine Gefühle auf ruhigere oder vernünftigere Weise zum Ausdruck zu bringen.

Manche Kinder scheinen nie aus diesem Trotzalter herauszuwachsen. Sie rasten öfter aus als andere, ihre Ausbrüche dauern länger und sind heftiger. Solche Kinder haben gewöhnlich ein extremes Temperament. Es sind oft die besonders sensiblen, gefühlsbetonten, impulsiven, unflexiblen und unreifen. Diese Beschreibung passt deutlich häufiger auf Jungen als auf Mädchen. Es sollte uns daher nicht überraschen, dass mehr Jungen Ausraster haben – und auch noch mit zunehmendem Alter.

Eltern halten solche Ausraster oft für Fehlverhalten, dem Einhalt geboten werden muss, und zwar so schnell wie möglich. Sie schenken ihnen daher enorm viel Aufmerksamkeit. Das kann mit der Zeit dazu führen, dass ein Kind solche Anfälle (wenn auch oft unbewusst) einsetzt, um Aufmerksamkeit zu erhalten, um die Eltern zu manipulieren oder um ihnen etwas heimzuzahlen.

Ausraster werden gewöhnlich ausgelöst, wenn ein Kind nicht tun will, was wir von ihm verlangen, oder wenn wir es von etwas abhalten, was es tun möchte. Das ist aber niemals die ganze Geschichte. Es tragen stets noch andere Faktoren dazu bei, von denen jeder einzelne ein extremer veranlagtes Kind über die Grenze von bloßem Unmut zum ausgewachsenen Trotzanfall treiben kann:

- Müdigkeit
- Hunger
- Durst
- Süßigkeiten oder raffinierte Kohlenhydrate
- zu wenig körperliche Bewegung am betreffenden Tag, um physische Energie abzubauen
- zu viel Zeit vor dem Bildschirm
- Rivalität unter Geschwistern
- schulische Probleme (die die Leistung, das Verhalten oder soziale Aspekte betreffen können)

Wenn wir Häufigkeit, Intensität und Dauer solcher Anwandlungen verringern möchten, müssen wir mehrere Maßnahmen ergreifen. Wir müssen uns darauf konzentrieren, das häusliche Umfeld positiver, bestimmter und konsequenter zu gestalten, indem wir proaktiv die gerade aufgelisteten Faktoren bekämpfen. (Ich gehe in den folgenden Kapiteln auf all diese Aspekte noch näher ein.) Damit erreichen Sie schon sehr viel, wenn Sie Frust und Angst verringern und ein Kind stabilisieren möchten, das leicht die Nerven verliert.

Unseren Jungen müssen wir außerdem beibringen, wie sie ihre Gefühle konstruktiv bewältigen können, um nicht noch mehr Ärger zu bekommen oder die Beziehungen zu Eltern, Geschwistern, Lehrern und Altersgenossen stark zu strapazieren.

Leben Sie schon längere Zeit mit solchen Ausrastern, kommt es Ihnen vielleicht so vor, als könne Ihr Sohn unmöglich lernen, seine Gefühle ruhiger zu äußern. Die Strategien aus dem zweiten Teil zeigen Ihnen, wie das geht.

> **Jungen mit extremem Temperament**
>
> Mithilfe effektiver Strategien können wir Jungen helfen, ruhiger und positiver mit den unvermeidlichen Enttäuschungen und Frustrationen des Lebens umzugehen. Seien Sie aber gewarnt: Es gibt keinen Zauberstab, der aus einem sensiblen, gefühlsbetonten, impulsiven, unflexiblen oder unreifen Kind über Nacht ein ruhiges, umgängliches, gelassenes, positiv gestimmtes Kind macht. Sie werden enorme Verbesserungen feststellen, doch das dauert und verlangt von Ihnen Entschlossenheit.

Selbstvertrauen

Selbstvertrauen ist wie alle Themen, um die sich Eltern Gedanken machen, eine Frage der graduellen Ausprägung. Kein Kind ist in jedem Lebensbereich gleich selbstbewusst. Und kein Kind leidet unter einem vollständigen Mangel an Selbstvertrauen.

Selbstvertrauen steht jedem Kind qua Geburt zu. Selbstvertrauen macht das Leben lebenswert. Das Leben, besonders für Kinder, ist voller neuer und schwieriger Situationen, die es zu bewältigen gilt. Ohne die Stärke, die der Glaube an sich selbst vermittelt, kann das Leben ausgesprochen schwierig sein – und sogar leidvoll.

Dass Ihr Sohn Selbstvertrauen besitzt, erkennen Sie daran, dass er stolz ist auf das, was er kann und weiß. Es ist ihm nicht peinlich, er entschuldigt sich nicht dafür und er glaubt auch nicht, sein Licht unter den Scheffel stellen zu müssen. Ebenso wenig empfindet er den Drang, andere, die weniger geschickt oder begabt sind, herabzuwürdigen. Selbstvertrauen hat aber auch viel damit zu tun, eigene Fehler oder Schwächen einzuräumen, ohne sich dafür zu schämen oder sich darüber zu definieren.

Heutzutage stellen Eltern und Lehrer fest, dass Jungen oft ängstlicher und weniger selbstbewusst erscheinen als Mädchen. Das kann sich in anerzogener Hilflosigkeit manifestieren. Darunter ist zu verstehen, dass das Kind überzeugt ist, etwas nicht gut zu können, noch bevor es sich wirklich bemüht hat. Jungen zeigen oft wenig Bereitschaft, etwas Neues auszuprobieren, und Jungen geben häufiger als Mädchen zu schnell auf, sobald sich eine Aufgabe oder Tätigkeit nicht wunschgemäß entwickelt. Mehr Jungen als Mädchen bezeichnen sich selbst als dumm.

Viele Jungen versuchen, einem Macho-Image gerecht zu werden. Sie tun so, als hätten sie nie Angst oder Probleme. Sie leben in dem noch immer verbreiteten Glauben, dass Jungen keine Gefühle zeigen sollten – ja, Gefühle wie Verletzlichkeit gar nicht haben sollten. Zum Teil aufgrund dieser unrealistischen Erwartung empfinden Jungen in aller Regel öfter Angst als Mädchen. Sie gewöhnen sich zu Beginn eines neuen Schuljahrs schwieriger ein. Jungen sind oft anhänglicher als Mädchen, wollen nicht alleine spielen oder alleine nach oben gehen und meinen, sie könnten nur einschlafen, wenn ein Elternteil danebensitzt. Jungen haben öfter Angst im Dunklen. Deshalb haben Jungen auch häufiger Einschlafprobleme als Mädchen. Statistisch entwickeln Jungen auch mehr Phobien.

Obwohl sie es nicht herauslassen, sorgen sich Jungen ebenso sehr um ihre schulischen Leistungen wie Mädchen. Manche haben Angst vor dem Wettbewerb mit ihren Kameraden. Manche befürchten, ohne guten Noten nicht studieren zu können, und deshalb später nicht viel zu verdienen und keine Familie ernähren zu können.

In unserer Kultur gilt es für Jungen immer noch als äußerst wichtig, körperlich fit und stark zu sein: ein guter Sportler, der sich in physischen Auseinandersetzungen behaupten kann. Jungen, die das nicht können, leiden oft unter mangelndem Selbstvertrauen, selbst wenn sie viele andere Kompetenzen oder Begabungen besitzen. Uns allen ist die stereotype männliche Sorge vertraut, der Penis könne zu klein sein. Sie beginnt gewöhnlich in der Adoleszenz. Jungen sorgen sich auch, sie könnten kleiner sein als ihre Altersgenossen. Sie haben Angst, als »Schwuler« oder »Nerd« gehänselt zu werden.

Eltern berichten häufig, ihre Söhne fühlten sich gestresst und nervös. Stress entsteht oft durch viele Hausaufgaben, außerschulische Aktivitäten, Prüfungen oder die Angst, die Sportmannschaft zu enttäuschen. Eltern sagen dann vielleicht, der Stress, den ihr Sohn empfindet, gehöre eben zum Leben. Dabei ist unbedingt zu beachten, dass Stress und Nervosität nicht von einer Situation verursacht werden. Stress ist eine mögliche Reaktion auf eine Situation. Durch den Einsatz der Strategien, die ich in diesem Buch erkläre, können wir unseren Söhnen beibringen, gelassener und zuversichtlicher auf Situationen zu reagieren, die ihnen derzeit Angst machen.

Jungen kaschieren mangelndes Selbstvertrauen gewöhnlich mit Angeberei und abfälligen Bemerkungen. Aus Gesprächen unter Jungen sind Ihnen vermutlich Sätze vertraut wie: »Mein Vater ist stärker als deiner«, »Ha, wir haben acht Computer« oder »Du kickst ja wie ein Mädchen«. Weil in solchen Gesprächen immer wieder gelacht wird und sich die Jungen allem Anschein nach amüsieren, wirken sie harmlos. Jungen haben oft das Bedürfnis, nach außen hin so zu tun, als machten ihnen die Hänseleien und Frotzeleien nichts aus. Doch wenn Sie in einem ruhigen Moment mit Ihrem Sohn darüber sprechen, wie er solche Sprüche wirklich empfindet, gibt er vermutlich zu, dass sie seine Gefühle verletzen.

Manchmal erzählen mir Eltern auch, Ihr Sohn sei zu selbstbewusst. Das entpuppt sich meist als Trugschluss. Der Junge ist vielleicht vorwitzig, trägt zu dick auf oder hänselt andere, doch auf den zweiten Blick wird meist klar, dass er seinen eigenen Fähigkeiten ganz und gar nicht vertraut.

Mangelndes Selbstvertrauen bei Jungen und ihre extremen Reaktionen, um ihre Gefühle zu verbergen, sind ein Zustand, der eindeutig für keinen gut ist – weder für den Jungen selbst noch für seine Familie, seine Altersgenossen oder die Gesellschaft als Ganzes. Es ist Jungen schlicht nicht möglich, ihre normalen, menschlichen Gefühle der Angst und Sorge lange zu unterdrücken. Diese unbehaglichen Empfindungen bahnen sich Wege nach außen, die für alle Beteiligten abträglich sind. Gefühle der Verletzlichkeit, die Jungen nicht zu offenbaren wagen, äußern sich häufig in Form von Wut, Respektlosigkeit und Aggression.

So muss es nicht sein. Wir können unsere Söhne zu ganzen Menschen erziehen, mit einem breiten Spektrum an Gefühlen, denen sie Ausdruck verleihen können ohne Scham oder Furcht. Es ist aber nicht möglich, unseren Kindern Selbstvertrauen oder den Glauben an sich einzuimpfen. Positive Gefühle stellen sich automatisch ein, wenn sich ein Kind geschätzt und verstanden fühlt und weiß, dass es in seiner Welt erfolgreich bestehen kann. Dass diese Ziele erreicht werden, daran haben Eltern einen großen Anteil.

Mitunter haben Eltern den Eindruck, sie könnten nicht viel daran ändern, wie ihr Sohn sich selbst sieht. Es mag ihnen so vorkommen, als sei ihm wichtiger, was seine Kameraden oder seine Lehrer von ihm halten. Selbstvertrauen ist eine gewohnheitsmäßige Sicht auf sich selbst und die Welt. Kinder erlernen solche Gewohnheiten zu Hause und nehmen sie dann mit in die Welt hinaus. Es ist für Eltern gar nicht schwer, das Selbstvertrauen ihres Kindes zu stärken. Leider ist es aber ebenso leicht zu beschädigen. In vielen Familien verbringen Kinder zu viel Zeit damit zu streiten, sich zu beschweren, zu quengeln und herumzuschreien – und Eltern verbringen ebenfalls zu viel Zeit damit zu streiten, sich zu beschweren, zu nörgeln und herumzuschreien. Diese familiäre Dynamik zehrt am Selbstvertrauen von Kindern und Eltern.

Je nach dem Temperament Ihres Sohnes reagiert er auf elterliche Negativität unter Umständen mit Zorn und Trotz – oder mit einer passiven »Mir doch egal«-Haltung. Wir dürfen aber nicht vergessen, was diesem irritierenden Verhalten zugrunde liegt: Der Junge fühlt sich nicht wohl in seiner Haut – und auch nicht in der Beziehung zu seinen Eltern.

Eigenständigkeit (auch manchmal Motivation, Vernunft oder Verantwortungsbewusstsein genannt)

Jungen stehen in dem Ruf, in der Schule wie zu Hause pflichtvergessen, unzuverlässig und unordentlich zu sein. Eigenständig ist ein Kind dann, wenn es alles selbst erledigt, was es selbst erledigen kann. Dazu gehören Organisation und Zeitmanagement. Und es muss Regeln und Abläufe kennen. Ist ein Junge motiviert, muss er nicht erinnert oder angetrieben werden. Dann ist er bereit, alles Notwendige zu tun, um ein Ziel zu erreichen – selbst wenn es anstrengend, zeitraubend oder sogar unbequem ist.

Nörgeln (Anweisungen ständig zu wiederholen und das Kind zu ermahnen) ist die übliche und durchaus verständliche Reaktion der Eltern, wenn der Sohn vergisst oder vernachlässigt, was er zu tun hat. Doch diese Nörgelei ist für Eltern äußerst frustrierend und für Kinder absolut lästig. Kurzfristig können Sie dadurch Kooperation erreichen (oder auch nicht), doch langfristig ist es auf jeden Fall kontraproduktiv. Je mehr Sie bereit sind, sich ständig zu wiederholen und Ihr Kind zu ermahnen, desto leichter werden Sie ignoriert, desto vergesslicher oder ablenkbarer wird Ihr Sohn und desto mehr müssen Sie sich wiederholen. Ihr Sohn muss es gar nicht selber übernehmen, an seine Pflichten zu denken, weil Sie es sich unbewusst zu Ihrer Aufgabe gemacht haben, ihn daran zu erinnern. Auf diese Weise wird er davon abhängig, dass Sie für ihn denken.

Doch so muss es nicht sein. Wir können unseren Kindern, selbst besonders zerstreuten Jungen, beibringen und antrainieren, vernünftig und verantwortungsbewusst, eigenständig und motiviert zu sein. Doch das erfordert Zeit, Denkarbeit und die Bereitschaft, bestimmte Dinge künftig anders zu handhaben. Erziehung und Training machen Arbeit, doch damit leben Sie leichter, als auf Jahre hinaus den Frust des ewigen Wiederholens und Ermahnens zu ertragen – und die Streitereien und Respektlosigkeiten, die sich oft anschließen.

Der erste Schritt hin zur gewohnheitsmäßigen Eigenständigkeit besteht darin, Ihr Kind zur Kooperationsbereitschaft zu erziehen. Folgt Ihr Sohn die meiste Zeit, dann eignet er sich allmählich – und vermutlich unbewusst – vernünftige Routinen an. Solche Routinen gehen Ihrem Sohn bald in Fleisch und Blut über. Dann müssen Sie ihm nicht mehr sagen, was er wann und wie zu tun hat. Das übernimmt er dann selber. Und genau das versteht man unter Eigenständigkeit.

Zusammenfassung

In den folgenden Kapiteln des dritten Teils beleuchte ich, wie sich die typischen täglichen Brennpunkte so optimieren lassen, dass sich das Familienleben nachhaltig verändert. Der Gedanke, die Kontrolle über das Familienleben zurückzugewinnen, macht Ihnen vielleicht Angst. Doch nur Mut! Sie haben schließlich nichts zu verlieren – außer den Stress, sich immer und immer wieder mit demselben Fehlverhalten auseinanderzusetzen, und mit den elterlichen Schuldgefühlen, die uns unsere Nörgelei, unsere Zurechtweisungen und unser Geschrei verursachen. Wir wissen schließlich ganz genau, dass wir die Erwachsenen sind und in der Lage sein sollten, unsere Reaktionen zu kontrollieren.

Zu gewinnen haben Sie ein gelasseneres, einfacheres, glücklicheres Familienleben. Bleiben Sie dran, und Sie werden von Woche zu Woche feststellen, dass Ihnen die Umsetzung der Strategien leichter fällt – vor allem, wenn sich erfreuliche Ergebnisse einstellen.

Zwölftes Kapitel: Aufstehen und fertig machen

Die Wende kam wie ein Wunder!

Der morgendliche Wahnsinn – so nannte ich das früher, weil ich James jeden Morgen praktisch aus dem Bett zerren, ihm mindestens fünfmal sagen musste, er solle aufhören zu spielen und sich anziehen, und ihn dazu anhalten musste, sein Frühstück zu essen. Damit wir nicht zu spät kamen, band ich ihm am Ende immer die Schuhe, obwohl er das längst selbst konnte. Als ich las, was Noël zu diesem Thema geschrieben hat, hatte ich ein gewaltiges Aha-Erlebnis. Ich erkannte, dass James in Wirklichkeit müde war. Deshalb war er so langsam und leicht ablenkbar. Ich erkannte weiter, dass ihm seine Langsamkeit meine Aufmerksamkeit eintrug.
Mein Mann und ich erarbeiteten einen Vierpunkteplan, wie wir ihn nannten. Wir brachten James eine Stunde früher ins Bett, worüber er sich anfangs natürlich erbittert beschwerte. Wir achteten darauf, ihn immer anschaulich zu loben, wenn er auf die erste Aufforderung reagierte. Wir standen alle früher auf, damit ich genug Zeit hatte abzuwarten, bis er seine Zähne geputzt und seine Schuhe angezogen hatte, statt deshalb zu nörgeln. Und wir sprachen jeden Abend ausführlich durch, was er morgens zu tun hatte. Die Wende kam wie ein Wunder! Es war, als wäre er in zwei Wochen zwei Jahre erwachsener geworden! Das ist inzwischen sechs Monate her, und unsere Tage beginnen viel entspannter. Vergessen wir, ihn anschaulich zu loben oder hören auf, die Dinge durchzusprechen, fällt er sofort in alte Unsitten zurück. Das hält uns bei der Stange!

Mutter von James (8)

In vielen Familien ist der Morgen für die Eltern die stressigste Zeit des Tages. Ein Kind braucht ewig, sich anzuziehen, während sich ein anderes über den verbrannten Toast beschwert oder über den Gesang seiner Schwester. Ein anderes Kind protestiert vielleicht, weil es keinen Schal anziehen möchte oder schiebt Panik wegen einer Hausaufgabe, die es am Vorabend nicht ganz geschafft hat. Und die Eltern merken, wie sie sich ständig wiederholen, ermahnen, drängen, beruhigen, predigen und widersprechen.

Das kann sich anfühlen wie ein Zirkus mit drei Manegen, in dem die Eltern am Ende gar nicht mehr wissen, worauf sie sich konzentrieren sollen. Oder wie das Löschen eines Buschbrandes, bei dem man ein Feuer austritt und gleich daneben kurz darauf ein neues aufflackert. Kein Wunder, dass das tägliche morgendliche Chaos den Eltern die Laune verdirbt. Für viele Eltern ist der schlimmste Teil des Tages bereits geschafft, wenn sie zur Arbeit kommen!

Nicht so offensichtlich ist vielleicht, dass so ein stressiger Start in den Tag auch unsere Kinder beeinträchtigt. Stimmung, Motivation, die Bereitschaft, die Herausforderung des Lernens zu bewältigen, ja, selbst Konzentration, Organisation, Merkfähigkeit und soziale Kompetenzen – all das hängt sehr davon ab, dass sich ein Kind entspannt fühlt und sich etwas zutraut. Es ist aber schwer, sich entspannt und selbstbewusst zu fühlen, wenn der Tag mit Hektik und Zurechtweisungen beginnt.

Natürlich kann Stress am Morgen Jungen und Mädchen Probleme bereiten. Doch wie wir gesehen haben, sind Jungen offenbar anfälliger und geraten leichter aus dem Gleichgewicht, wenn ihr Umfeld suboptimal ist. Wir müssen uns also die Zeit nehmen und uns überlegen, wie wir die morgendlichen Abläufe an Wochentagen ruhiger, effizienter und angenehmer gestalten können. Das rüstet Jungen für einen besseren Schultag – in Bezug auf Lernen, Verhalten und Interaktionen mit den Klassenkameraden.

Was morgens schieflaufen kann

Morgendliches Chaos ist kein Schicksal. Wird es morgens hektisch, gibt es dafür immer einen Grund. Gewöhnlich liegen sogar mehrere Gründe gleichzeitig vor, die sich verstärken:

Das Problem beginnt unter Umständen schon am Vorabend. Kommen Kinder zu spät ins Bett, sind sie morgens müde und lethargisch. Müdigkeit führt zu Zerstreutheit, Vergesslichkeit, Reizbarkeit und Überempfindlichkeit. Das gilt für ein Jungengehirn in besonderem Maße.

Vielleicht geht Ihr Kind ja rechtzeitig zu Bett, schreibt aber unter der Decke noch SMS oder wartet im Extremfall, bis die Eltern eingeschlafen sind, um dann wieder aufzustehen und noch ein bisschen Computer zu spielen.

Auch Ängste können ein Kind noch lange wachhalten, wenn das Licht bereits gelöscht ist, und erholsamen Schlaf verhindern.

Die Ernährung wirkt sich auf die morgendliche Stimmung und auf die Motivation aus. Isst ein Kind abends keine vollwertige, gesunde Mahlzeit oder verdrückt es nach dem Essen einen süßen Nachtisch oder später ein Betthupferl, leidet es womöglich unter dieser unausgewogenen Ernährung. Dass kann morgens zu Lethargie und Zerstreutheit führen, oder aber zu Hyperaktivität oder Aufsässigkeit. Das Gleiche kann passieren, wenn Ihre Kinder raffinierte Kohlenhydrate zum Frühstück zu sich nehmen: Zucker auf Getreideprodukten, gesüßtes Fruchtjoghurt, Weißbrot und Ähnliches.

Werden Kinder mit Ermahnungen, Aufforderungen oder Drohungen durch die morgendliche Routine gehetzt, rebellieren sie früher oder später. Das kann sich in Verweigerung äußern. Sie tun dann nicht, was von ihnen erwartet wird – obwohl sie es genau wissen. Das Ganze kann aber auch subtiler ablaufen: Dann werden die Kinder immer langsamer und erledigen die Dinge im Schneckentempo. Oder sie bringen ihre Eltern gezielt durch verschiedene Kleinigkeiten auf die Palme.

Ein Kind, dem ein Elternteil nicht genug ungeteilte positive Zeit schenkt, merkt schnell, dass es sich Aufmerksamkeit sichern kann, indem es Probleme macht oder bekommt. Der Morgen ist die Tageszeit, in der Eltern solches Fehlverhalten nicht ignorieren oder ausblenden können.

Vielleicht hat ein Kind Angst vor einem bestimmten Aspekt des Schulalltags. Vielleicht findet es den Stoff zu schwer oder kommt nicht mit. Vielleicht hat es Konflikte mit dem Lehrer. Vielleicht verunsichern es Freundschaften. Solche Sorgen oder Abneigungen verderben ihm die Freude auf die Schule. Ein solches Kind wird natürlich trödeln.

So läuft der Morgen ruhiger ab: ein Handlungsplan

Machen Sie sich zunächst bewusst, dass Sie zu Recht Autorität ausüben. Sie dürfen vernünftige Regeln und Abläufe festlegen und durchsetzen. Das ist nicht nur Ihr gutes Recht als Mutter oder Vater, sondern sogar Ihre Pflicht! Das restliche Kapitel ist der Vermittlung von Strategien gewidmet, die Sie einsetzen können, um drei vordringliche Ziele zu erreichen:

- Stress für alle Beteiligten abzubauen, damit sich der Morgen besser anfühlt.
- Kindern beizubringen, zu tun, was sie tun müssen – Zeitmanagement inbegriffen.
- Kinder zur Eigenständigkeit zu erziehen, damit sie selbst wissen, was sie zu tun haben.

Stehen Sie unter Stress, kommt Ihnen vielleicht schon der Gedanke an eine Vereinfachung oder Entstressung Ihres Lebens wie zusätzlicher Stress vor. Halten Sie sich daher vor Augen, dass Sie und Ihre Kinder einen gelasseneren, einfacheren und glücklicheren Start in den Tag verdienen, und dass Sie alle einen erfreulicheren und produktiveren Tag haben werden, wenn der Morgen gut anläuft.

Es folgen zwölf Strategien, die Ihnen zu einem guten Start in den Tag verhelfen. Vermutlich praktizieren Sie die eine oder andere bereits hin und wieder. Wenn das so ist, nehmen Sie sich vor, das noch konsequenter zu betreiben. Die Wirkung ist am größten, wenn sie so viele Strategien wie möglich umsetzen. Und das zahlt sich aus. Morgens herrscht freundlichere Stimmung (bei Ihnen und Ihren Kindern) und alle Beteiligten (Sie und die Kinder) verhalten sich morgens besser.

Aber vergessen Sie nicht: Keine dieser Empfehlungen wird viel bringen, wenn Ihr Sohn nicht genügend schläft. Ein unausgeschlafenes Kind *braucht* einfach den Schlaf, den es so verzweifelt nachzuholen versucht, wenn wir wollen, dass es aufstehen und funktionieren soll. Ein müdes Kind ist höchstwahrscheinlich unkonzentriert oder grantig oder beides. Ein gelassenerer, einfacherer, glücklicherer Morgen beginnt ausgeschlafen.

Die ersten drei Strategien betreffen den Vorabend. Die übrigen neun Strategien setzen Sie dann morgens um.

1. Bereiten Sie so viel wie möglich am Vorabend vor. Mit jeder Arbeit oder Aufgabe, die Sie oder Ihre Kinder aus der heißen Morgenphase herausnehmen können, müssen Sie morgens an weniger Dinge denken. Umso ruhiger und gelassener sind alle:

Lassen Sie Ihren Sohn – so lange es nötig ist, unter Ihrer Aufsicht – seine Kleidung für den nächsten Tag bereitlegen. Lassen Sie Ihr Kind – wiederum unter Ihrer Aufsicht – eine Liste der Dinge durchgehen, die es am nächsten Tag für die Schule braucht.

Nehmen Ihre Kinder Pausenbrote mit, lassen Sie sie diese (mit Ihrer Hilfe oder unter Ihrer Aufsicht) vorbereiten und legen Sie sie über Nacht in den Kühlschrank. Wieder eine Sache, an die Sie morgens nicht denken müssen.

Wenn die Familie nach dem Abendessen den Tisch abräumt, decken Sie ihn gleich für das Frühstück.

2. Wie wir gesehen haben, ist die feinmotorische Steuerung bei Jungen im Vergleich weniger ausgereift. Sie haben deshalb mehr Probleme beim Anziehen, es dauert länger und ist »langweiliger«. Nehmen Sie sich die Zeit, es Ihrem Sohn beizubringen. Begehen Sie aus Zeitgründen den Fehler, ihn selbst anzuziehen, bekommt er nicht die nötige Übung. Seine entsprechenden Fähigkeiten bleiben dann weiter unterentwickelt, manchmal für Jahre. Übernehmen Sie Aufgaben, die Ihr Sohn schon gut selbst erledigen kann, degradieren Sie sich außerdem zu seinem Dienstboten. Die Folge: Er sieht nicht ein zu tun, was ihm ein Dienstbote sagt. Vielleicht glaubt er sogar, der Dienstbote sollte tun, was er sagt.

Hat Ihr Sohn echte Probleme, sich selbst anzuziehen, dann bringen Sie es ihm zu einem anderen Zeitpunkt in Ruhe bei:

Es kann ausgesprochen schwierig sein, Socken so anzuziehen, dass die Ferse an der richtigen Stelle ist – vor allem, wenn die Socken straff sitzen. Zeigen Sie Ihrem Sohn mit einem Paar Ihrer eigenen Socken, wie man die Ferse ausrichtet. Ihr Sohn wird die notwendige Greif- und Drehbewegung leichter verinnerlichen und meistern, weil sich die zu großen Socken problemlos überstreifen lassen.

Den Umgang mit Knöpfen, Reißverschlüssen und Bindebändern sollten Sie ihm beibringen, indem Sie das Kleidungsstück vor ihm auf den Tisch legen, damit er sieht, was er tut. Lassen Sie ihn erst an einem Kleidungsstück üben, das er trägt, wenn er die Technik sicher im Griff hat.

Knöpft er seine Jacke nach dem Zufallsprinzip, bringen Sie ihm bei, von unten anzufangen. Dann sieht er, ob jeder Knopf im richtigen Knopfloch sitzt, und kann rechtzeitig korrigieren.

Ihr Sohn soll lernen, sein Hemd in die Hose zu stecken? Lassen Sie ihn am Anfang mit einem langen T-Shirt und einer Schlafanzughose üben. Weiß er, welche Handbewegungen erforderlich sind, können Sie ihn an seinen Schulsachen üben lassen.

Schuhe binden – Schritt für Schritt

1. Erklären Sie jeden Schritt ganz genau, wenn Sie Ihrem Sohn die Schuhe binden.
2. Lassen Sie sich nach etwa einer Woche von Ihrem Sohn genau erklären, was Sie machen, während Sie seine Schuhe binden.
3. Bald wird er manche Schritte mit Ihrer Hilfe (indem Sie ihm bei Bedarf die Hand führen) selber können. Lassen Sie sich von ihm beschreiben, was er gerade macht. Müssen Sie nachhelfen, stellen Sie lieber Fragen, statt Anweisungen zu erteilen. So muss er mitdenken und lernt schneller.

Vergessen Sie nicht, anschaulich zu loben:
- Du hast aber gut aufgepasst. Dann weißt du jetzt genau, was zu tun ist.
- Den Knoten hast du aber schön fest gezogen.

3. Es ist natürlich möglich, dass Ihr Sohn problemlos tun könnte, was er tun soll, aber vor sich hin trödelt. Vielleicht ist er abgelenkt, vielleicht schindet er aber auch ganz bewusst Zeit. Egal aus welchem Grund – es hilft, die Dinge durchzusprechen. Sprechen Sie mit ihm die Gewohnheiten und Abläufe durch, die Sie einführen möchten. Dadurch verankern sich positive Verhaltensweisen im Langzeitgedächtnis. Nehmen Sie sich daher mehrmals täglich zu einem neutralen Zeitpunkt 60 Sekunden für Fragen wie:

- Wo soll dein Schlafanzug hin, wenn du ihn ausgezogen hast?
- Was kannst du morgens tun, um dir deine abendliche Bildschirmzeit zu verdienen?
- Wohin stellst du deine Müslischüssel nach dem Frühstück?

Die folgenden neuen Strategien beziehen sich auf Dinge, die Sie morgens anders machen sollen.

4. Sorgen Sie dafür, dass alle Familienmitglieder morgens 10 oder 20 Minuten früher aufstehen als jetzt. Dann haben Sie weniger Hektik und den Kopf frei, um anschaulich zu loben, richtig zuzuhören und an die Nie-zwei-mal-bitten-Methode für Startverhalten wie Anziehen, Unterschriftzettel finden, Brot in die Schultasche stecken et cetera zu denken.

Das kleine zusätzliche Zeitpolster verschafft Ihnen Seelenfrieden und das Selbstvertrauen, sich zu behaupten, wenn sich ein Gewitter zusammenbraut – nicht nachzugeben, damit Sie nicht zu spät kommen. Ihre Kinder haben genug Zeit, ihre morgendlichen Aufgaben in ihrem Tempo zu erledigen. Kinder zur Eile anzuhalten, bringt niemals ihre besten Seiten zum Vorschein. Und für uns gilt dasselbe. Ein entspannter Start in den Tag schafft für unsere Kinder und für uns die besten Voraussetzungen für Erfolg.

Reizt Sie der Gedanke, alle früher aus dem Bett zu holen, doch Sie befürchten, das ist nicht zu schaffen? Dann klingt das Folgende womöglich vertraut für Sie:

- Meine Kinder gehen jetzt schon zu spät ins Bett. Wenn sie noch früher aufstehen müssen, sind sie ja noch unausgeschlafener.

Die Lösung für dieses Problem ist, das Schlafengehen abends früher anzusetzen, damit Ihre Kinder eher im Bett sind und eher schlafen.

5. Wecken Sie Ihren Sohn nur einmal. Andernfalls gewöhnt er sich an, Sie die ersten drei oder vier (oder zwölf) Mal auszublenden, wenn Sie rufen oder ins Zimmer kommen. So wird er abhängig von Ihrem »Weckdienst«.

Kaufen Sie ihm stattdessen einen lauten Wecker und bringen Sie ihm bei, ihn selbst zu stellen (indem Sie zu einem neutralen Zeitpunkt alles so oft durchsprechen und proben, wie nötig).

Machen Sie zur Regel, dass der Wecker so weit vom Bett entfernt steht, dass Ihr Sohn aufstehen muss, um ihn auszuschalten. Ist er erst einmal raus aus den Federn, sinkt die Wahrscheinlichkeit, dass er noch einmal unter die Decke kriecht. Eine Garantie gibt es dafür aber nicht.

Ein Wecker ist kein Wunderding. Doch im Zusammenspiel mit mehreren anderen Strategien kann er Widerstand abbauen.

6. Der Morgen ist für Eltern vor allem deshalb so stressig, weil sie Angst haben, zu spät zu kommen. Die Lösung: Lassen Sie es darauf ankommen. Stress und Angst bringen die schwärzesten Seiten auch der ruhigsten und gelassensten Eltern zum Vorschein. Wer Angst hat, zu spät zu kommen, dem fällt das Lächeln schwer. Wir nerven unsere Kinder, indem wir ihnen Anweisungen geben, obwohl sie genau wissen, was sie zu tun haben, statt abzuwarten, ob sie es ohne Ermahnung von sich aus tun. Wir vergessen unseren höflichen Umgangston. Wir verfallen in Befehlsgehabe und blaffen Instruktionen. Wir werden schnell ungeduldig, wenn ein Kind seine Aufgaben in seinem eigenen Tempo erledigt – das heißt, mit Ablenkungen und Unterbrechungen, um zu spielen oder um ins Nichts zu starren.

Natürlich möchten wir unseren Verpflichtungen nachkommen und pünktlich sein. Werden Sie im Operationssaal erwartet oder müssen ein Flugzeug erwischen, können Sie sich selbstredend nicht erlauben, eine halbe Stunde zu spät zu kommen. Doch in den meisten Fällen ist es nicht so schlimm, wenn wir uns ab und zu mal verspäten. Der Lehrer schimpft womöglich, und Ihr Sohn bekommt Punktabzug. Das allein reicht vielleicht nicht, um sein Verhalten zu ändern, doch in Verbindung mit den anderen von mir empfohlenen Strategien ist unsere Bereitschaft, auch mal zu spät zu kommen, ein Teil der Lösung des morgendlichen Stressproblems.

Haben Sie beschlossen, Zuspätkommen in Kauf zu nehmen, haben Sie damit eine Hauptquelle morgendlicher Nervosität beseitigt und sind für Ihre Umwelt sofort ein angenehmerer Zeitgenosse. Sind Sie entspannt und lächeln mehr, dann fällt es Ihnen auch leichter, an anschauliches Lob und richtiges Zuhören zu denken.

Die meisten Kinder kommen ungern zu spät in die Schule. Es ist unangenehm und unter Umständen sogar peinlich. Aber Ihrem Sohn ist vielleicht nicht klar, dass er selbst dafür verantwortlich ist. Er denkt womöglich unbewusst, es sei Ihre Aufgabe, dafür zu sorgen, dass er rechtzeitig in die Schule kommt. Mit anschaulichem Lob können Sie ihm begreiflich machen, dass dem nicht so ist. Denken Sie morgens immer daran, zu sagen:

- Du bist ja heute sofort aufgestanden. Das bedeutet, wir sind vermutlich pünktlich, ohne dass wir uns besonders beeilen müssen.
- Wir liegen gut in der Zeit, weil du nicht gejammert hast, dass sich deine Socken komisch anfühlen.
- Wir sind pünktlich, weil du heute Morgen keinen Trotzanfall hattest.

7. Das Schlimmste ist für viele Eltern morgens, die Kinder anzuziehen.
Hier ein paar bewährte Strategien, wie sie das Anziehen für alle Beteiligten leichter und weniger anstrengend gestalten können. Neben der zweiten Strategie (Ihrem Sohn beizubringen, sich selbst anzuziehen) können die folgenden Anregungen dazu beitragen, dass dieser Teil der Morgenroutine künftig anders abläuft:

Lassen Sie Ihren Sohn seine Kleidung für den Tag (die er am Vorabend schon auf einen Stapel gelegt hat – siehe Strategie 1) in den Teil der Wohnung bringen, wo es am wenigsten Ablenkungen gibt.

Bleiben Sie bei Ihrem Sohn, während er sich anzieht. Halten Sie sich aber bewusst zurück und helfen Sie ihm nicht bei Dingen, die er selber kann. Sagen Sie ihm auch nicht, was als Nächstes kommt. Er soll selbst mitdenken.

Statt ihn zu ermahnen, sollten Sie jeden noch so kleinen Schritt in die richtige Richtung anschaulich loben:

- Du hast ja schon deine Hose an.
- Das war sicher schwer, weil der Ausschnitt an diesem Oberteil so eng ist. Aber du hast kräftig gezogen und hast es geschafft!
- Ich habe dich gar nicht jammern hören.

Am Anfang werden Sie vermutlich oft richtig zuhören müssen:

- Vielleicht wünschst du dir ja, dass ich das für dich mache – wie früher.
- Socken sind manchmal wirklich nervig.
- Deine Miene sagt mir, dass du sauer bist.

Bis Ihr Sohn sich alleine anziehen kann, sollten Sie die Voraussetzungen schaffen, ihm seine Aufgabe zu erleichtern. Machen Sie sich keine Sorgen, das demotiviert ihn nicht, denn Sie zeigen ihm ja zu einem neutralen Zeitpunkt, wie er es richtig machen soll (siehe Strategie 2).

Nutzen Sie die Freude der Jungen am Wettbewerb, indem Sie beim Anziehen eine Stoppuhr laufen lassen (oder beim Bettenmachen, beim Zähneputzen et cetera). Das wirkt oft ungeheuer motivierend. Wenn Sie in der Extrazeit dran sind, eine Aktivität auszuwählen, können Sie mit Ihrem Sohn ein Diagramm zeichnen, aus dem hervorgeht, wie viele Minuten er jeden Tag braucht, um sich anzuziehen, wie viele Sekunden es dauert, bis er seine Socken übergezogen oder sein Hemd zugeknöpft hat. Weil er diese Kompetenzen an mindestens fünf Tagen der Woche übt (solange Sie nicht klein beigeben und es für ihn tun), wird er sich bald verbessern und seine früheren

Werte in den Schatten stellen. Das macht ihn stolz – vor allem, wenn sein Vater ihn dabei noch anschaulich lobt.

Manche Jungen finden es an sich schon motivierend, ihren Punktwert zu verbessern oder Punkte zu gewinnen. Andere brauchen eine handfestere Belohnung: Bildschirmzeit, einen Sticker, eine Extra-Gutenachtgeschichte, Geld.

8. Kein Bildschirm am Morgen. Bildschirme lenken Kinder ab, nehmen ihnen die Motivation für die nächste anstehende Aufgabe und kosten wertvolle Zeit.

9. Nutzen Sie den Umstand, dass Ihr Kind morgens hungrig ist. Kinder, die ausgeschlafen sind und am Vorabend vernünftig gegessen haben, haben morgens Hunger (siehe 13. Kapitel – Mahlzeit!). Machen Sie zur Regel, dass morgens alle Aufgaben vor dem Frühstück erledigt sein müssen: Anziehen (auch die Schuhe), Pausenbrot einpacken, Schultasche an die Türe stellen, Haare kämmen, Betten machen. Die einzige morgendliche Aufgabe, die nach dem Frühstück noch kommt, ist Zähne putzen. Lassen Sie Ihren Sohn die Zähne direkt nach dem Frühstück in der Küche putzen, damit er nicht weglaufen und anfangen kann zu spielen.

10. Die alte Redensart »Alles hat seinen Platz« verhilft Kindern zu mehr Kooperationsbereitschaft und Eigenständigkeit. Ihr Junge wird sich schneller und reibungsloser anziehen, wenn er weiß, wo alle seine Sachen sind. Kinder folgen gewöhnlich schneller, wenn Sie sie auffordern, ihre Turnsachen zu holen, wenn der Turnbeutel immer am selben Platz ist. Sie schmieren auch ihre Pausenbrote schneller, wenn sie genau wissen, wo alles steht, was sie dafür brauchen. Und Sie müssen sie nicht so viel bedienen, wenn sie wissen, wo alles ist, was sie für ihr Frühstück brauchen.

11. Ebenso sorgen vertraute Abläufe für geringeren Widerstand. Kinder – vor allem solche mit extremem Temperament, bei denen es sich oft um Jungen handelt, fühlen sich wohler und folgen besser, wenn sie wissen, was sie erwartet. Nehmen Sie sich daher – gegebenenfalls mit Ihrem Partner – die Zeit, sich zu überlegen, wie die morgendlichen Pflichten idealerweise ablaufen sollten. Zeichnen Sie diese Abläufe dann in der richtigen Reihenfolge auf. Erstellen Sie eine große, optisch ansprechende Grafik mit ordentlicher Beschriftung in Druckbuchstaben (nicht in Schreibschrift). Verwenden Sie dafür bunte Textmarker und lassen Sie viel Platz. Schneiden Sie mit der ganzen Familie Bilder aus Zeitschriften aus, um jeden Schritt zu illustrieren. Die Bilder sind besonders wichtig für Kinder, die noch nicht lesen können, machen das Ablaufdiagramm aber auch für ältere Kinder interessanter. Je stärker Sie die Kinder in die Erstellung einbeziehen, desto mehr Beachtung werden sie dem Diagramm schenken, wenn es erst an der Wand hängt.

Das Morgendiagramm gibt Ihnen viel Anlass zu anschaulichem Lob und erinnert Sie daran. Aus diesem Grund empfehle ich, die morgendlichen Aktivitäten für die Grafik in kleinere Einheiten aufzuteilen. Ein Diagramm für ein Kind, das ungern aufsteht oder sich anzieht, könnte mit folgenden Aufgaben beginnen:

- Aufwachen
- Augen öffnen
- Wecker ausmachen
- Füße auf den Boden stellen
- Schlafanzug ausziehen
- Schlafanzug unters Kissen stecken
- Unterhose anziehen
- Socken anziehen
- Hose anziehen

und so weiter und so fort

Ihr Sohn wird bald merken, wie leicht es ist, alles zu erledigen, was auf dem Diagramm steht. Und Sie werden das Diagramm sehr hilfreich finden, wenn Sie in Versuchung geraten, ihn zu ermahnen. Sie wissen ja: Je öfter Sie sich wiederholen, desto eher geraten Sie in Versuchung, sich erneut zu wiederholen, denn wer sich ständig wiederholt und ermahnt, wird ignoriert. Zeigen

Sie stattdessen auf einen Schritt in der Grafik, den Ihr Kind bereits erledigt hat, und loben Sie es anschaulich dafür. Zeigen Sie dann lächelnd auf den nächsten Punkt auf der Liste. Bringen Sie genug Selbstbeherrschung auf, um nicht wieder in Streitereien, Rechtfertigungen oder Verhandlungen zurückzufallen, ist die Wahrscheinlichkeit groß, dass Ihr Sohn den nächsten Schritt abarbeitet – wenn auch nicht unbedingt in bester Stimmung. Und schon haben Sie wieder etwas, das Sie anschaulich loben können.

12. Reservieren Sie morgens 10 Minuten für Extrazeit. Schlaf ist eine wesentliche Voraussetzung dafür, dass Ihr Kind körperlich, emotional und geistig funktioniert. Deshalb muss es unbedingt zeitig ins Bett – außer zu ganz besonderen Gelegenheiten. Leider kommen viele Väter so spät von der Arbeit, dass Sie nur sehr wenig Extrazeit mit jedem Kind verbringen können, ohne das Schlafengehen hinauszuschieben. Statt Kindern zu erlauben, später ins Bett zu gehen, kann auch früh am Morgen Extrazeit mit dem Vater eingeplant werden. Das könnte bedeuten, dass die Familie ein bisschen früher aufstehen muss – doch das ist die Sache wert.

Was Eltern wissen wollen

F: Mein Sohn kommt manchmal erst gegen 19 Uhr vom Fußballtraining nach Hause. Dann hat er Hunger und braucht ein bisschen Ruhe. Deshalb fängt er erst nach 20 Uhr mit den Hausaufgaben an. Ich weiß, dass das zu spät ist. Er schläft dann schon halb und ist nicht motiviert, sodass er länger braucht als nötig. Und er kommt erst sehr spät ins Bett. Entsprechend schwer ist es, ihn morgens aus den Federn zu holen. Doch was kann ich tun?

A: Die Lösung für dieses Problem, das die Nachtruhe und morgens den Familienfrieden gefährdet: Lassen Sie Ihren Sohn vorarbeiten – am Wochenende, an den Tagen, an denen er früher zu Hause ist, und an Tagen, an denen er für den nächsten Tag nicht viel aufhat. Auf diese Weise können Sie ihn zu einer vernünftigen Zeit ins Bett schicken. Es wird trotzdem noch Tage geben, an denen Ihr Sohn nicht alle Hausaufgaben für den nächsten Tag machen kann, wenn er rechtzeitig ins Bett kommen soll. Was ich jetzt sage, wird Sie vielleicht schockieren: Ausreichender Schlaf, um morgens frisch in den Tag zu starten, ist im Zweifel wichtiger, als alle Hausaufgaben zu erledigen. Weitere Tipps zum Thema Hausaufgaben finden Sie im vierten Teil.

F: Ich habe morgens nicht die Zeit, eine halbe Stunde lang meinem Sohn zuzuschauen. Warum kann er sich nicht alleine anziehen? Seine Schwester macht das doch auch, und die ist ein Jahr jünger!

A: Es braucht Zeit, gute Gewohnheiten anzutrainieren – und zwar nicht ab und zu über Wochen und Monate, sondern jeden Tag. Und Training verlangt die Anwesenheit eines Trainers. Schließlich würden wir unsere Kinder ja auch nicht in die Schule schicken, wenn dort keine Lehrer wären. Und die nötige Zeit dafür finden Sie eher, wenn die ganze Familie etwas früher aufsteht.

Zusammenfassung

Geht es in Ihrer Familie morgens immer hektisch und stressig zu, kommt Ihnen das vielleicht so vor, als sei es eben unvermeidlich, wenn man Kinder hat – insbesondere leicht ablenkbare, impulsive, unordentliche Jungen. Doch es geht auch anders!

Versuchen Sie zunächst, ein paar der Morgenstrategien aus diesem Kapitel umzusetzen, und nach einer Woche dann die nächsten. Es wird nicht lange dauern, bis morgens alles viel glatter läuft. Und wenn es morgens entspannter zugeht, startet die ganze Familie fröhlicher und mit mehr Selbstvertrauen in den neuen Tag.

13. Kapitel – Mahlzeit!

Inzwischen freue ich mich auf die Mahlzeiten

Inzwischen freue ich mich wieder auf die gemeinsamen Mahlzeiten, doch noch vor einem Jahr war das ganz anders. Unter der Woche bin ich selten rechtzeitig zum Abendessen zu Hause. Deshalb ist mir wichtig, dass wir samstags und sonntags zusammen essen. Doch vor allem die Jungen drehen dann immer voll auf, machen Blödsinn, reden dazwischen, schnappen sich gegenseitig Essen weg oder stehen während der Mahlzeit auf, um irgendetwas zu holen. Ich konnte sehen, wie das meiner Frau die Laune verdarb. Sie zog die Stirn in Falten und wurde sichtlich nervös – und das machte mich auch nervös. Sie erwartete von mir, dass ich den Jungen Disziplin beibrachte, doch sie schenkten uns beiden keine Beachtung. Eine Minute lang war Ruhe, dann fing der Zirkus wieder von vorne an. Die Mädchen hatten bald auch genug davon, weil Carl und David keinen zu Wort kommen ließen, einander nachäfften und gekünstelt lachten.

Eines Abends, die Kinder waren schon im Bett, weinte meine Frau und warf mir vor, ich sei nicht streng genug. Also beschloss ich, härter durchzugreifen. Wir wussten seit einer Weile von den Strategien für gelassenere, einfachere und glücklichere Erziehung, hatten uns aber noch nicht dazu durchgerungen, sie auch umzusetzen. Jetzt waren wir soweit! Wir setzten uns mit jedem der Jungen hin und erklärten ihnen die neuen »Tischsitten« unter vier Augen. Wir sprachen sie gründlich mit ihnen durch. Und natürlich lobten wir sie anschaulich, wenn sie geduldig warteten und am Tisch blieben oder ganz normal lachten – nicht wie die Hyänen. Und natürlich auch, wenn sie taten, was man ihnen sagte.

> Mir war klar, dass sie sich zum Teil deshalb so aufführten, weil ich so selten zu Hause war. Deshalb plante ich für jeden Extrazeit ein, zu festgelegten Terminen, sodass sie sich darauf verlassen konnten. Und wir setzten vernünftiges Verhalten bei Tisch auf die Liste der Dinge, mit denen sie sich ihre iPad- und Wii-Zeit verdienen mussten. Ich stellte erstaunt fest, wie schnell das alles griff – nicht über Nacht, doch schon nach ein oder zwei Wochen. Inzwischen sind die Mahlzeiten eine entspannte Angelegenheit. Jeder bekommt die Gelegenheit, etwas Interessantes zu erzählen, was ihm in der jeweiligen Woche zugestoßen ist – und die anderen müssen sich spannende Fragen dazu überlegen. Die Stirn meiner Frau ist wieder viel glatter – und ich habe kein schlechtes Gewissen mehr!
>
> **Vater von David und Carl (9 und 4) und Diana und Avery (12 und 8)**

Die Probleme, die Jungen bei den Mahlzeiten machen, gehören gewöhnlich in eine der zwei folgenden Kategorien: Sie zeigen schlechte Tischmanieren oder sind schlechte Esser (was sich in Gemecker, Gejammer oder Verweigerung äußern kann). Natürlich gibt es auch Kinder, auf die beides zutrifft.

Tischmanieren

Tischmanieren müssen wie andere Regeln und Abläufe auch festgelegt werden durch klare, konsequente Erwartungen. Sie müssen durchgesprochen (und geprobt) werden. Ihre Einhaltung muss anschaulich gelobt werden. Und sie erfordern richtiges Zuhören. Viele Eltern wundern sich, wenn sie hören, dass ihr Sohn von anderen Erwachsenen in den höchsten Tönen für sein Verhalten außer Haus gelobt wird. Jungen, die ihr Essen unzivilisiert in sich hineinschaufeln, am Tisch laut rülpsen oder aufstehen, bevor die Mahlzeit vorüber ist, würden sich außer Haus nicht im Traum so verhalten. Das beweist, dass Ihr Sohn meist weiß, wie man sich anständig benimmt. Sie haben es ihm erfolgreich beigebracht. Er hat nur noch nicht begriffen, dass er sich auch zu Hause so benehmen muss. Dieses Missverständnis können Sie mit den dargelegten Strategien klären.

Warum sich Ihr Sohn am Tisch danebenbenimmt

Vielleicht kleckert Ihr Sohn beim Essen oder er rammt sein Messer ins Fleisch, statt es ordentlich zu schneiden. Vielleicht unterbricht er auch immer wieder die Mahlzeit oder kommt erst nach mehrmaliger Aufforderung an den Tisch. Manchmal ist schwer zu sagen, ob Ihr Sohn ordentlich essen und sich anständig betragen kann und das mit Absicht unterlässt, oder ob er nur vergesslich ist oder noch nicht die nötigen Kompetenzen erworben hat.

Das können Sie folgendermaßen überprüfen: Hat er es schon einmal – nur ein einziges Mal – ohne Aufforderung richtig gemacht, so heißt das, er kann es. Wenn er es aber kann, warum tut er es dann nicht? Es sind mehrere Faktoren, die sich auf die Tischmanieren Ihres Sohnes auswirken:

- Vielleicht hat er noch nicht begriffen, dass Tischmanieren wichtig sind.
- Vielleicht glaubt er, es sei cool, die elterlichen Regeln und Erwartungen zu missachten.
- Vielleicht macht er jemanden nach, den er bewundert.
- Vielleicht ist er süchtig nach der negativen Aufmerksamkeit, die ihm zuteilwird, wenn er sich albern oder unreif aufführt.
- Vielleicht kriegt er es hin, wenn er sich auf seine Tischmanieren konzentriert, wird aber leicht abgelenkt durch eine hektische, laute oder interessante Umgebung.

Wie Sie durch anschauliches Lob Tischmanieren verbessern

Anschauliches Lob ist die Antwort auf all diese Probleme. Wenn Sie Ihren Sohn täglich anschaulich loben, nimmt er sich selbst bald als jemanden wahr, der sich am Tisch vernünftig verhält:

- Du verwendest ja die Gabel, nicht die Finger.
- Du isst mit geschlossenem Mund!
- Es gibt ja gar keine Frotzeleien oder Schreierei. Das ist so friedlich, dass mir das Essen gleich viel besser schmeckt.

Je eher Sie bereit sind, solche kleinen Schritte in die richtige Richtung zu bemerken und anschaulich zu loben, desto schneller empfindet Ihr Sohn Stolz, weil er sich zu benehmen weiß. Das motiviert ihn mehr und mehr, anständig zu essen und sich vernünftig zu verhalten.

Voraussetzungen für die erfolgreiche Verbesserung der Tischmanieren

Wenn Sie das richtige Umfeld schaffen, können viele Probleme verringert oder ganz aus der Welt geschafft werden:

Die richtige Ernährung kann das Verhalten Ihres Sohnes spürbar positiv beeinflussen. Viele Eltern sorgen dafür, dass ihre Kinder einigermaßen gesund essen, und sind stolz, weil sie sich besser ernähren als Kinder anderer ihnen bekannter Familien. Doch für einen impulsiven Jungen, der oft zappelig oder laut ist oder zu Albernheiten neigt, reicht das nicht.

So enthalten beispielsweise Säfte, Fruchtjoghurt und getrocknete Früchte hohe Mengen an konzentriertem Zucker. Der Honig im Müsli, die Marmelade auf dem Frühstücksbrot, ein paar Kekse als Snack nach der Schule – das summiert sich. Wenn Sie es schaffen, zuckerhaltige Nahrungsmittel aus den Mahlzeiten zu verbannen und auf Naschereien zu verzichten, werden auch solche Kinder viel ruhiger, die sonst einfach von Natur aus hyperaktiv wirken. Sind Sie bereit, Ihre Kinder *hervorragend* zu ernähren, werden Sie feststellen, dass Ruhelosigkeit, alberne Geräusche, Ablenkbarkeit und Wildheit beim Spielen stark nachlassen.

Legen Sie bei jeder Mahlzeit und bei jeder Zwischenmahlzeit eine Serviette neben den Teller. Dann gewöhnt sich Ihr Sohn schneller daran, sie auch zu benutzen.

Geben Sie Ihren Kindern Besteck in der richtigen Größe, das sie leicht benutzen können.

Kinder, deren Füße baumeln, sitzen oft krumm oder zappeln herum. Sie sitzen aufrechter und verhalten sich ruhiger, wenn ihre Füße fest auf dem Boden stehen oder auf einer Fußstütze.

Damit ein unkonzentriertes Kind sein Glas Saft oder Milch nicht vom Tisch stößt, sollten Sie einen Untersetzer auf den Tisch kleben oder auf dem Tischset die Stelle markieren, an der das Glas abgestellt werden sollte. Wenn Sie die neue Verhaltensweise häufig durchsprechen und anschaulich loben, schleift sie sich bald ein.

Wenn Sie die Dinge mit Ihrem Sohn durchsprechen, kann er sich selbst in der richtigen Rolle sehen. Nehmen Sie sich zu neutralen Zeitpunkten untertags (*nicht* während einer Mahlzeit) die Zeit für einminütiges Durchsprechen. Stellen Sie Ihrem Sohn Fragen wie diese:

- Was sagst du, wenn du aufstehen möchtest?
- Was solltest du tun, wenn du nicht essen möchtest, was auf deinem Teller liegt?
- Zeig mir, wie man Messer und Gabel richtig hält.

Wenn Ihr Sohn solche Fragen jeden Tag beantwortet, stellt er sich dabei vor, wie er vernünftig ist. Dadurch bürgern sich neue, reifere Verhaltensweisen ein, ohne dass Ihr Sohn viel darüber nachdenken muss.

Schlechte Esser

Was schmeckt oder nicht schmeckt, ist oft eine Frage der Gewohnheit. In den meisten Regionen der Welt kennen die Menschen die moderne westliche Vorstellung von »Kinderessen« nicht, das sich vom Essen der Eltern unterscheidet. Auf der ganzen Welt essen Kinder, was auf den Tisch kommt – oder sie essen es nicht. Bekommen sie nichts anderes und werden sie von den Erwachsenen nicht gedrängt oder ermuntert, wird der Hunger irgendwann so groß, dass sie essen. Das natürliche Hungergefühl bringt sie dazu, auch Dinge zu essen, die ihnen nicht so schmecken. Mit der Zeit und wenn sie sie öfter essen, mögen sie Speisen lieber, die sie anfangs abgelehnt haben. Auch wir können unsere Kinder dazu erziehen, mit Appetit zu essen, was ihnen vorgesetzt wird.

Beim Essen sind Jungen in der Regel mäkeliger als Mädchen. Das liegt offenbar daran, dass sie generell sensibler sind und empfindlicher reagieren – etwa auf Nahrungsmittel mit kräftigem Geschmack oder die Beschaffenheit oder den Geruch bestimmter Speisen oder sogar darauf, dass sich zwei Nahrungsmittel auf ihrem Teller berühren.

Jungen sind gewöhnlich auch unflexibler. Sie reagieren mit höherer Wahrscheinlichkeit immer wieder gleich. Mädchen sind tendenziell kooperativer und deshalb eher bereit, unbekannte Speisen zu kosten. Dabei stellen sie dann fest, dass ihnen manche Sachen schmecken, von denen sie vorher dachten, sie würden sie nicht mögen.

Um das gefürchtete Theater zu vermeiden und damit ein schlechter Esser überhaupt etwas zu sich nimmt, gewöhnen sich Eltern manchmal an, nur das zu kochen, was ihr Sohn gern isst. Das verstärkt seine Eigenheiten aber noch. Gibt es zwei oder drei dieser Sorte in einer Familie, von denen jeder etwas anderes mag oder nicht mag, stellen Eltern am Ende jedem Familienmitglied etwas anderes auf den Tisch. Das macht enorm viel Arbeit und verschwendet kostbare Zeit.

Dabei können Eltern viel tun, damit launische, wählerische Esser flexibler werden, auch mal etwas Neues probieren und sich abwechslungsreicher ernähren:

Wie bei allen Angewohnheiten, die wir korrigieren möchten, beginnen Sie gewöhnlich mit anschaulichem Lob. Achten Sie bewusst auf jedes noch so kleine Anzeichen für Aufgeschlossenheit und seltene Momente des Muts beim Essen und sprechen Sie sie an:

- Du hast ja die Sauce gekostet und gar nicht gesagt, dass sie eklig schmeckt. Das war sehr höflich von dir!
- Ich habe dich nicht protestieren hören, als deine Bohnen an das Kartoffelpüree gekommen sind.
- Früher hast du keinen Mais gegessen, doch letzte Woche hast du dich getraut und ihn probiert. Und jetzt magst du ihn so gern!

Nehmen Sie jeden Tag ein Kind mit in die Küche, wenn Sie das Essen zubereiten. Selbst widerwillige oder mäkelige Esser sind viel eher bereit, etwas zu kosten und es gut zu finden, wenn sie mitgekocht haben.

Lassen Sie Ihre Kinder drei Stunden vor dem Essen (außer Wasser) nichts trinken und nicht naschen. Dann kommen sie hungrig an den Tisch, und wer Hunger hat, hat mehr Appetit. Wie das Sprichwort sagt: »Hunger ist der beste Koch.«

Körperliche Bewegung und frische Luft regen den Appetit an. Sorgen Sie dafür, dass sich schlechte Esser jeden Tag genügend im Freien bewegen.

Zu wenig Schlaf schlägt auf den Appetit: Das Kind will dann gar nicht essen oder hat Heißhunger auf bestimmte Nahrungsmittel (gewöhnlich raffinierte Kohlenhydrate). Kommt ein Kind früher ins Bett, führt das gewöhnlich innerhalb weniger Wochen zu mehr Appetit und einem breiteren Speiseplan.

Servieren Sie kleine Portionen, damit das Kind nicht von einem Essensberg eingeschüchtert wird, den es bewältigen muss. Ein hungriges Kind schafft gewöhnlich eine winzige Portion von allem – auch von den Speisen, die ihm nicht so schmecken. Mit der Zeit sieht es sich immer mehr als »guten Esser«. Bieten Sie Ihrem Sohn keinen Nachschlag an. Warten Sie, bis er von sich aus mehr verlangt. Dann fühlt er sich nicht bevormundet oder unter Druck gesetzt.

Essen Sie immer mit Ihren Kindern, damit Sie Gelegenheit haben, sich gute Manieren und anregende Tischgespräche von Ihnen abzuschauen. Außerdem können Sie dann jedes bisschen Wagemut oder Aufgeschlossenheit bemerken und anschaulich loben.

Belohnen Sie Ihr Kind nicht durch einen Nachtisch dafür, dass es eine bestimmte Menge einer bestimmten Speise isst. Dann fixieren sich die Kinder auf das Dessert als das Höchste der Gefühle. Was sie zuvor essen müssen, um es sich zu verdienen, wird umso unattraktiver. Wir möchten doch, dass unsere Kinder den Geschmack von gesundem Essen schätzen lernen. Die Betonung auf dem Nachtisch bewirkt genau das Gegenteil. Außerdem wird das Kind dadurch veranlasst zu betteln, zu feilschen und zu quengeln.

Verkneifen Sie sich während der Mahlzeiten Aussagen darüber, was Ihr Kind alles nicht isst oder über die hungernden Kinder in der Dritten Welt, die so gern essen würden, was Ihr Kind verschmäht. Drängen, drohen oder verhandeln Sie nicht. Das nimmt den Mahlzeiten jede Menge Spannung, die entsteht, weil ihr Kind quengelt, meckert oder schachert und Sie immer wieder dasselbe predigen und ihm noch zwei Bissen mehr aufnötigen, wenn es seinen Nachtisch haben will. Solche unerfreulichen Interaktionen können ein Kind so belasten, dass es Verdauungsstörungen bekommt oder seinen Appetit verliert. Stellen Sie sich nur einmal vor, wie Sie sich fühlen würden, wenn ein Riese neben Ihnen säße und Sie zwingen wollte, etwas zu essen, von dem Sie sicher sind, dass es abscheulich schmeckt. Dann würden Sie vielleicht genauso reagieren wie Ihr kleiner Essensverweigerer.

Ist Ihr Kind besonders heikel, fragen Sie sich vielleicht trotz der vorstehenden Anregungen, wie Sie es dazu bringen können, sich ohne Erpressung oder Bestechung halbwegs ausgewogen zu ernähren. Die Antwort ist ein Plan, den ich in meinem Buch *Calmer, Easier, Happier Parenting* näher erläutere.

> ### Was Eltern wissen wollen
>
> **F:** Mein Sohn isst meist, was auf den Tisch kommt – ohne großen Protest, aber furchtbar langsam! Er lässt sich vom Gespräch ablenken und wir ermahnen ihn dann, sich aufs Essen zu konzentrieren. Wir werden gereizt, und er ebenfalls. Was können wir tun, um ihn dazu zu bringen, schneller zu essen?
>
> **A:** Dass Sie der Langsamkeit Ihres Sohnes so viel Aufmerksamkeit schenken, verstärkt sie noch. Ein hungriges Kind isst sich in 15 Minuten satt. Stellen Sie also zu Beginn jeder Mahlzeit die Stoppuhr (auf 20 Minuten, damit er etwas Spielraum hat). Drängen oder ermahnen Sie ihn nicht zum Essen. Loben Sie ihn anschaulich, wenn er isst. Klingelt die Stoppuhr, ist die Mahlzeit beendet – auch wenn Ihr Sohn noch hungrig ist. Bis zur nächsten Mahlzeit oder Zwischenmahlzeit überlebt er und dann ist der Hunger vermutlich noch größer, sodass er sich mehr aufs Essen konzentriert.
>
> **F:** Mein Fünfjähriger isst vieles gern, hat aber wenig Appetit und ist ziemlich dünn. Das macht meiner Frau große Sorgen. Manchmal füttert sie ihn sogar, damit er noch ein paar Löffel mehr isst. Die Mahlzeiten werden dadurch furchtbar stressig. Wie können wir ihn dazu animieren, etwas mehr zu essen, ohne ihn unter Druck zu setzen?
>
> **A:** Sprechen Sie zunächst mit Ihrem Kinderarzt. Liegt kein medizinisches Problem vor, ist er vielleicht von Natur aus kein großer Esser. Oder er reagiert auf die angespannte Atmosphäre und Ihren Druck, dass er mehr essen soll. So oder so, die Lösung ist dieselbe. Setzen Sie ihm kleine Portionen vor und loben Sie ihn anschaulich, wenn er isst. Versuchen Sie aber nicht, ihm mehr aufzuzwingen. Wie viel er isst, darf überhaupt kein Thema mehr sein. Dann genießen Sie die gemeinsamen Mahlzeiten bald alle wieder mehr, und (vielleicht) werden Sie ja feststellen, dass er dann von sich aus mehr zu sich nimmt.

Zusammenfassung

Traditionell spielen die Mahlzeiten in der Familie in den meisten Kulturen eine große Rolle als tägliche Gelegenheiten zum Kontakt und zur Nähe, zur Entspannung und zum Austausch spannender und wichtiger Informationen. Dabei lernen Kinder, sich zu benehmen und auch mal etwas Ungewohntes zu probieren. Weil Kinder den Gesprächen der Erwachsenen lauschen, gewinnen sie neue Erkenntnisse und erweitern ihren Wortschatz. Über Wochen und Monaten nehmen sie dabei auch die Werte und Grundsätze der Familie auf.

Leider ist dieses wohltuende Ritual in unserer Zeit bei vielen nicht mehr üblich. Die Mahlzeiten werden zunehmend hektisch und stressig. Wir können aber gezielt versuchen, diesen Trend umzukehren. Wir können die in diesem Kapitel geschilderten Strategien umsetzen und wieder die positiven Effekte gelassenerer, einfacherer und glücklicherer Mahlzeiten genießen.

14. Kapitel – Aufräumen und Ordnung halten

Plötzlich war alles anders

Mein Sohn war ein furchtbarer Schlamper! Er spielte keine fünf Minuten, da sah sein Zimmer schon aus, als hätte eine Bombe eingeschlagen. Er warf einfach alles herum. Und nicht nur sein Spielzeug – alles seine Sachen lagen überall in der Wohnung herum. Es brachte mich zur Weißglut, dass er seine Schmutzwäsche nicht in den Korb legte, sondern daneben auf den Boden. Es kam mir vor, als läge ich ihm schon jahrelang damit in den Ohren.

Eines Tages beschloss ich, mich an Noëls Rat zu halten. Ich packte die meisten seiner Spielsachen in Kisten und räumte sie weg. Nun konnte er nicht mehr so viel Unordnung machen, selbst wenn er alles herumwarf. Außerdem schaffte ich so viel Platz in seinem Regal, dass er immer alles problemlos unterbringen konnte. Einmal in der Woche holen wir eine der Spielzeugschachteln und tauschen den Inhalt gegen die Sachen, mit denen er die ganze Woche gespielt hat.

Wir stellten eine neue Regel auf: Bevor er vor den Bildschirm durfte und vor dem Schlafengehen mussten alle Spielsachen, Klamotten und Bücher an ihrem Platz sein – sonst konfiszierte sich sie und er konnte sie erst am nächsten Tag zurückbekommen. Wenn es Zeit zum Aufräumen war, räumten mein Mann oder ich mit ihm zusammen auf. Wir taten das mit viel Begeisterung, damit er sah, dass Aufräumen nichts Schlimmes ist. Wir erklärten ihm, wo alles hingehörte. Und wir lobten anschaulich jeden Schritt in die richtige Richtung, wie Noël gesagt hatte. Wir akzeptierten seine Gefühle.

> Wir hörten ihm aufmerksam zu, wenn er sich aufregte, statt ihn zurechtzuweisen. Wir sprachen alles mit ihm durch – allerdings nicht kurz vor dem Aufräumen.
>
> Sobald wir die Dinge anders angingen, gewöhnte sich Jack rasch an, alles ordentlich aufzuräumen. Heute muss ich ihn gar nicht mehr ermahnen. Und das neue System hatte noch andere positive Effekte. Er denkt inzwischen (immer öfter) daran, langsamer zu machen, sodass seine Handschrift ordentlicher wird. Und er erledigt seine Aufgaben fast ohne Protest.
>
> **Mutter von Jack (10)**

In unserer Kultur gelten Jungen als notorisch unordentlich, vergesslich und verantwortungslos. Zu diesem Bild der Eltern von ihren Söhnen – und der Söhne von sich selbst – tragen verschiedene Faktoren bei: Bei Jungen ist die Feinmotorik häufig unterentwickelt, sodass Eltern schneller und häufiger mit anpacken und für einen Jungen tun, was er eigentlich selbst erlernen sollte – richtiges Aufräumen inbegriffen. Tun Eltern zu viel, entwickelt der Sohn eine Erwartungshaltung und ist sich immer weniger bewusst, was er eigentlich tun sollte – und wie. Darüber ärgern sich Eltern verständlicherweise und fangen an zu ermahnen, zu korrigieren und zu schimpfen. Dadurch schenken Jungen dem Thema eher noch weniger Aufmerksamkeit.

Vermutlich benimmt sich Ihr Sohn schon besser, wenn er nicht zu Hause ist – etwa in der Schule, im Sportverein oder bei Freunden. Doch Jungen sind durchaus in der Lage, sich auch im häuslichen Umfeld vernünftig zu benehmen – was in diesem Fall heißt, ihre Sachen ordentlich an den dafür vorgesehenen Platz zu räumen. Das erreichen Sie folgendermaßen:

So kommt Ordnung ins Zimmer Ihres Sohnes

Die meisten Kinder besitzen zu viele Spielsachen, zu viele Stofftiere, zu viel Elektronik und Spiele, Sportausrüstung in doppelter Ausführung, zu viele Klamotten, insgesamt einfach viel zu viel Zeug. Eine Folge davon: Sie können vieles gar nicht mehr richtig würdigen. Ja, manchmal wissen sie gar nicht, was sie alles haben. Sie gewöhnen sich an, einfach Kisten auszuleeren, wenn sie etwas suchen. Dadurch liegt viel herum, auf dem sie achtlos herumtrampeln. Entsprechend Ehrfurcht gebietend ist die Aufgabe, das alles wieder aufzuräumen.

Verringern Sie diese Berge proaktiv. Alle Spielsachen, Kleider und Geräte, die ihr Sohn Ihrer Ansicht nach nicht braucht, weil sie kaputt sind, weil er zu groß dafür ist, weil er sie doppelt hat oder weil sie nicht Ihren Werten entsprechen, sollten Sie wegwerfen, verschenken oder verkaufen. Damit meine ich natürlich nicht, dass Sie Dinge weggeben sollten, an denen Ihr Sohn hängt. Aber er braucht keine 40 Matchbox-Autos und auch keine Riesenkiste voller Legosteine – vor allem, wenn er noch nicht gern aufräumt.

Auch nach dieser Säuberungsaktion hat Ihr Sohn vermutlich noch zu viele Sachen, um sie problemlos ein- und auszuräumen. Das ist ein Problem, denn wenn Sie Ihrem Sohn beibringen möchten, sein Zimmer immer ohne Theater aufzuräumen, dann muss alles seinen bestimmten Platz haben. Die Lösung: Packen Sie die allermeisten Spielsachen weg und lassen Sie Ihrem Sohn nur einen geringen Teil. Viele Familien führen ein Ritual ein, dass jede Woche, einmal im Monat oder nach Verdienst stattfindet. Dabei kann sich Ihr Sohn etwas aus einer weggepackten Kiste nehmen. Dafür legt er etwas hinein, mit dem er zuletzt gespielt hat. Auf diese Weise hat ihr Sohn jeweils weniger Spielsachen zur ständigen Verfügung.

Kommt das Spielzeug dann nach mehreren Wochen oder Monaten wieder aus der Kiste, fühlt es sich für ihn neu an – und sie müssen nichts Neues kaufen. Das ist vor allem deshalb so wichtig, weil alle Kinder es aufregend finden, wenn etwas neu oder anders ist. Offenbar gilt das für Jungen ganz besonders – vor allem für sensible, gefühlsbetonte. Durch diese Rotation der Spielsachen befriedigen Sie die angeborene Sehnsucht des Jungengehirns nach Neuem.

Stehen nicht so viele Spielsachen zur Verfügung, ist auch das Aufräumen kein solches Problem. Es hat aber noch einen weiteren Vorteil, wenn weniger Spielzeug griffbereit daliegt: Kinder spielen dann in aller Regel länger mit allem, bevor sie das Interesse verlieren. Und sie spielen obendrein kreativer.

Feste Aufräumzeiten

Legen Sie ein oder zwei konkrete Tageszeiten fest, zu denen alle Familienmitglieder – Eltern wie Kinder – alle ihre Sachen an Ort und Stelle haben müssen. Was noch herumliegt, wird für eine gewisse Zeit konfisziert. Ihr Sohn kann es sich am nächsten Tag zurückverdienen durch eine besondere Leistung – wenn er ansonsten kooperativ und selbständig ist. Das kann eine Arbeit sein, für die Sie ihn sonst honorieren würden. Stattdessen erhält er dann einen konfiszierten Gegenstand zurück.

Damit diese Strategie funktioniert, müssen sie sie zu einem neutralen Zeitpunkt gründlich durchsprechen. Und hören Sie unbedingt richtig zu, wenn sich Ihr Sohn aufregt bei der Vorstellung, dass sein Verhalten tatsächlich Konsequenzen haben könnte. Läuft die Aufräumfrist beispielsweise um 18 Uhr ab, sollten Sie ihn nicht um 17:58 Uhr daran erinnern. Das möchten Sie vielleicht gern, um einen Zornesausbruch zu vermeiden, doch damit tun Sie ihm keinen Gefallen. Lassen Sie ihn die Konsequenzen tragen, damit er daraus lernen kann.

Wenn Sie diese Methode anwenden, um ihm beizubringen, regelmäßig aufzuräumen, stellen Sie vielleicht fest, dass ein konfisziertes Spielzeug oder Kleidungsstück wochenlang verräumt bleibt, bis Ihr Sohn überhaupt merkt, dass es fehlt. Und selbst wenn es ihm auffällt, ist es ihm vielleicht nicht die Mühe wert, es sich durch eine Sonderleistung zurückzuverdienen. Vielleicht beschließt er erst, aktiv zu werden, wenn auch der letzte Ersatz konfisziert ist. Das zeigt, dass Ihr Sohn noch immer zu viele Sachen hat.

Belohnungen

Auch Belohnungen sind ein äußerst effektives Mittel, Kinder dazu zu bringen, von alleine aufzuräumen – jeden Tag. Diesen Rat beherzigen viele Eltern und verlangen inzwischen, dass das Zimmer aufgeräumt ist (und die Schmutzwäsche im Korb, der Papierkorb geleert, alle Bücher im Regal, das Bett gemacht, die CDs in ihren Hüllen, et cetera), bevor die tägliche Bildschirmzeit in Anspruch genommen werden darf. Darf Ihr Sohn nicht jeden

Tag vor den Bildschirm, könnte er als Belohnung für ein aufgeräumtes Zimmer ein besonderes Spiel bekommen oder auch Bastelmaterial.

> **Was Eltern wissen wollen**
>
> F: Ich weiß, meinem Sohn beizubringen, wie er richtig aufräumt, und ihm anzugewöhnen, jeden Tag ohne Theater aufzuräumen, sind zwei Paar Stiefel. Mein Sohn kann aufräumen, beschwert sich aber, und will erst damit anfangen, wenn ich ihm helfe. Ich nehme an, er hat noch nicht verinnerlicht, dass er es alleine machen soll. Muss ich, um ihm das beizubringen, mithelfen? Dazu habe ich eigentlich keine Lust.
>
> A: Achten Sie auf den Zeitpunkt. Müssen Spielsachen erst vor dem Schlafengehen aufgeräumt werden, stoßen Sie vermutlich auf Widerstand. Ihr Sohn ist dann müde (auch wenn er das selbst nicht wahrnimmt), und Müdigkeit ist der Feind der Motivation. Die meisten Kinder haben vor dem Essen Hunger (jedenfalls wenn sie in den Stunden zuvor nichts genascht haben). Eine Aufräumaktion vor dem Essen (auch vor dem Mittagessen am Wochenende) motiviert gewöhnlich ungeheuer. Räumen Sie mit Ihrem Sohn zusammen auf. Wenn Sie mit gutem Beispiel vorangehen, freundlich bleiben und ihn nicht drängen, wenn Sie ihn anschaulich loben und ihm richtig zuhören, wird das seinen Widerstand bald schwächen. Achten Sie aber darauf, dass Sie nicht mehr aufräumen als er. Sagen Sie nicht: »Ich räume das ganze Lego weg und du alle Autos.« Das könnte schnell dazu führen, dass Sie eifrig aufräumen, während Ihr Sohn abgelenkt wird und wieder zu spielen anfängt. Fragen Sie ihn lieber, was er als Erstes aufräumen möchte, und warten Sie ab, bis er vernünftig antwortet. Räumen Sie dann demonstrativ für jedes Teil, das er an seinen Platz stellt, ebenfalls einen Gegenstand auf. Dauert die Aktion länger als zehn Minuten, hat Ihr Sohn vermutlich immer noch zu viele Spielsachen.
> Quengelt und jammert Ihr Sohn noch, obwohl Sie den neuen Ansatz seit mehreren Wochen praktizieren, überprüfen Sie, ob er auch jeden Tag seine Extrazeit mit einem Elternteil bekommt – vor allem mit dem Vater oder einem anderen erwachsenen Mann. Kinder machen oft

> Theater, wenn sie die Aufmerksamkeit auf sich lenken möchten, die sie herbeisehnen und verdienen.
>
> F: Wenn es ans Aufräumen geht, fangen meine beiden Jungs pünktlich an zu streiten, wer mit welchen Sachen gespielt hat und wer das Puzzle herausgeholt hat. Sie versuchen grundsätzlich, sich zu drücken. Wie kann ich ihnen beibringen, weniger an sich selbst zu denken und kooperativer zu sein?
> A: Erklären Sie die Frage, wer womit gespielt hat, für nebensächlich. Lassen Sie den einen Sohn an allen geraden Tagen alle Spielsachen aufräumen, den anderen an allen ungeraden Tagen. Der Junge, der gerade dran ist, kann sich eine Extra-Belohnung verdienen, wenn er seine Aufgabe gründlich und gut gelaunt erledigt. Beteiligt sich der andere Junge und hilft mit, obwohl er gar nicht dran wäre, sollte er ebenfalls eine kleine Belohnung erhalten. Halten Sie sich an diesen Plan, und Sie werden sehen, dass die beiden bald besser zusammenarbeiten.

Zusammenfassung

Wenn Sie diese Strategien wirklich konsequent umsetzen, werden Sie feststellen, dass Ihre Söhne – auch solche im Teenageralter – schon bald mehr Verantwortung für ihre Siebensachen an den Tag legen. Konsequenz ist das A und O. Sie fällt uns Menschen nicht leicht. Zum Glück müssen Sie nicht hundertprozentig sein. Um konsequenter zu werden, sollten Sie es sich zur Aufgabe machen, jedes kleine Zeichen für Ordnungssinn und Organisation anschaulich zu loben, Ihren Kindern richtig zuzuhören, wenn sie sich aufregen, täglich alles gründlich durchzusprechen und häufiger Extrazeit mit Ihrem Sohn zu verbringen. Innerhalb weniger Wochen wird er bereitwilliger und selbständiger aufräumen. (Und das gilt auch für andere zuvor problematische Brennpunkte).

15. Kapitel – Bildschirmzeit

Es war wie eine Sucht

Letztes Jahr war Sami 13. Da wollte er nicht mit uns sprechen, ja, am liebsten nicht mit uns gesehen werden. Er wollte nicht bei uns sein wie früher und Familienspiele spielen wie **Monopoly, Risiko** oder **Boggle**. Er wollte die ganze Zeit in seinem Zimmer bleiben und Computerspiele spielen, vor allem die ganz gewalttätigen, die eigentlich für viel ältere Spieler gedacht waren. Er sprach von nichts anderem. Das ging so weit, dass wir ihn eines Abends nicht bewegen konnten, vom Rechner weg und ins Bett zu gehen. Meine Frau und ich hatten das Gefühl, ihn zu verlieren.

Da nahmen wir an der Schule an einem Workshop von Noël teil. Thema war, die Kontrolle über die Elektronik zurückzugewinnen, und wir dachten, wir könnten ihre Vorschläge ja mal ausprobieren. Wir stellten also eine neue Regel auf, die besagte, dass jedes Kind jeden Tag bestimmte Aufgaben erledigen musste, um sich seine Computer- und Fernsehzeit zu verdienen. Sami war der Älteste, deshalb war seine Liste am längsten: Er sollte täglich sein Zimmer aufräumen, alle Hausaufgaben machen, Cello üben, ohne sich beschweren, uns anständige Antworten geben, nach dem Essen den Tisch abräumen helfen und noch einiges mehr. Und er sollte den Computer ausschalten, sobald wir es ihm sagten – ohne Widerspruch. Wir räumten ihm zunächst einen Fünf-Minuten-Countdown ein – das half. Doch wir mussten ihn anfangs hart im Zaum halten, so verzweifelt war er. Wir mussten Kontroll-Software für Eltern anschaffen, damit er nicht während der Hausaufgaben auf Facebook oder YouTube zugreifen konnte. Wir hätten ihm gern vertraut, doch das ging nicht. Es war wie eine Sucht.

> Ich wusste damals bereits, wie wichtig es war, mit jedem Kind alleine Zeit zu verbringen. Bei Sami lief das immer auf Handyspiele hinaus, denn er wollte nichts Reales tun. Das taten wir also weiterhin, ich bestand aber darauf, dass er dreimal die Woche auch andere Dinge mit mir unternahm.
> Wir setzten auch viele der anderen Strategien ein, die Noël befürwortet, doch ich glaube, ohne die Bildschirmregeln hätte alles nichts gebracht. Allmählich gewöhnte sich Sami an, alle Aufgaben auf seiner Liste zu erledigen, und er wurde immer weniger computersüchtig. Heute macht er auch wieder andere Dinge. Und er ist viel angenehmer im Umgang!
>
> **Vater von Sami (14), Mora (10) und Felipe (9)**

Es war nie einfach, Kinder zu erziehen, doch diese Aufgabe ist für Eltern heute schwerer denn je. Ein Grund dafür ist die starke Verbreitung elektronischer Geräte, die fast jeden Bereich des Alltags erobert haben – und, so scheint es, nahezu jede freie Minute.

Die Beschäftigung mit dem Bildschirm ist bei Jungen und Mädchen ein immer größeres Problem, aber bei Jungen ganz besonders, wie es oft scheint. Häufig beklagen sich Eltern, dass ihr Sohn, der vordem recht kooperativ war, Entzugserscheinungen zeigt, wenn er den Bildschirm abschalten soll: Reizbarkeit, Wut, Respektlosigkeit, Trotz, bis hin zur physischen Aggression.

Sorgen Sie sich, dass Ihr Sohn zu viel Zeit vor dem einen oder anderen Bildschirm verbringt, dann sind Sie in bester Gesellschaft. Das Gleiche gilt, wenn Sie sich Gedanken um die Inhalte machten, die er sich ansieht, oder um seine Online-Kontakte. Fühlen Sie sich frustriert und ohnmächtig, ja, vielleicht sogar verzweifelt, weil Sie nicht wissen, wie Sie die Kontrolle über die Elektronik in Ihrem Haushalt zurückgewinnen können, stehen Sie damit nicht allein.

Warum macht der Bildschirm süchtig?

Ist Ihr Sohn ohne Weiteres in der Lage, stundenlang wie gebannt vor einem Bildschirm zu sitzen, erscheint alles, was ich vorhin über Jungen und ihre kurze Aufmerksamkeitsspanne gesagt habe, plötzlich fragwürdig. Es gibt mehrere Gründe, warum sich Jungen so gut auf Bildschirmaktivitäten konzentrieren können:

Die Inhalte sind überwiegend visuell. Das strengt das Jungengehirn nicht so an. Die meisten Anweisungen zu Hause und in der Schule erfordern jedoch, dass der Junge zuhört, und das fällt ihm wesentlich schwerer.

Bildschirmaktivitäten sind spannend. Sie sind oft mit grellen Farben verbunden, mit lauten Geräuschen und raschem Szenenwechsel, aber auch mit Aggression und Wettbewerb. Das alles fesselt ein Jungengehirn.

Es findet eine unmittelbare Belohnung statt. Auch das steigert die Konzentration.

Neurologisch betrachtet ist Bildschirmaktivität extrem gewohnheitsbildend. Bei vielen anderen Freizeitbeschäftigungen tritt nach einer Weile eine Art Sättigungsgefühl ein, und man ist dann wieder bereit, etwas anderes zu tun. Doch je mehr Zeit ein Mensch vor dem Bildschirm verbringt, desto mehr Zeit will er vor einem Bildschirm verbringen. Infolgedessen gibt es nur sehr wenig, was Jungen lieber tun würden.

Doch so muss es nicht sein. Sie *können* die Autorität ausüben, die Ihnen als Elternteil zusteht, und Ihrem Sohn die Werte vermitteln, die Ihnen wichtig sind. Sie *können* Regeln aufstellen und sich daran halten. Ihr Sohn *kann* bessere Gewohnheiten entwickeln. Um das zu erreichen, müssen Sie zunächst – gegebenenfalls mit Ihrem Partner – Folgendes klären:

- wie viel Zeit jedes Ihrer Kinder Ihrer Ansicht nach schadlos täglich vor dem Bildschirm verbringen kann.
- welche Inhalte für Sie akzeptabel beziehungsweise inakzeptabel sind.
- wann die Bildschirmzeit stattfinden sollte.

Diese Fragen sind nicht immer leicht zu beantworten. Kinder haben viel Überzeugungskraft. Sie können Zweifel an der Gültigkeit Ihrer Werte und Überzeugungen wecken. Außerdem lassen sich Eltern häufig von den Bildschirmgewohnheiten anderer Familien in ihrem Umfeld beeinflussen. Was um uns herum passiert, fühlt sich irgendwann normal, unvermeidlich oder gar richtig an.

Dass sich Experten für die kindliche Entwicklung uneins darüber sind, wie viel Bildschirmzeit für Kinder und Jugendliche richtig ist, macht die Sache nicht leichter. Die Experten haben auch unterschiedliche Ansichten dazu, welche Wirkung gruselige oder aggressive oder anzügliche Inhalte auf Kinder haben.

So behaupten manche Fachleute, dass Kinder unter zwei Jahren gar nichts vor einem Bildschirm zu suchen haben. Andere gehen noch weiter und meinen, dass Bildschirmaktivitäten für Kinder bis zu drei Jahren schädlich sind. Es gibt Psychologen, die glauben, dass sich Gewaltinhalte von Computerspielen, Filmen und Fernsehsendungen kaum auf das Verhalten, die Gefühlswelt und die Denkprozesse von Kindern auswirken. Andere Experten für geistige Gesundheit stellen besorgniserregende Veränderungen des Verhaltens und der Einstellung von Kindern fest, die Aggressionen auf dem Bildschirm ausgesetzt waren – gleich, ob verbalen oder physischen.

Wenn die Profis streiten, stehen die Eltern oft ratlos da. Wie Sie vermutlich bemerkt haben, kann es Eltern sehr schwerfallen, sich die Kontrolle über die Bildschirmzeit zurückzuerobern. Die Versuchung ist daher groß, sich jeweils der fachlichen Meinung anzuschließen, die den Eltern das Leben leichter macht.

In den letzten 20 Jahren wurden jedoch viele Erhebungen über das Familienleben durchgeführt, und die Ergebnisse sind eindeutig. Die Eltern berichten einstimmig, je mehr Zeit Kinder vor einem Bildschirm zubringen, desto wahrscheinlicher sind folgende Entwicklungen:

- Andere Freizeitbeschäftigungen werden unattraktiver.
- Die Kinder verbringen weniger Zeit mit den Eltern.
- In der Familie wird weniger miteinander gesprochen und gespielt.
- Die Kinder, vor allem die Jungen, lesen weniger.
- Die Kinder verlieren ihre Neugier.
- Die Kinder schludern sich durch ihre Hausaufgaben, um wieder vor den Bildschirm zu können (ein Problem, das bei Jungen weitaus größer ist als bei Mädchen).

Die Gespräche und die traditionellen Spiele der Kinder werden oft von den Themen und Charakteren ihrer Bildschirmaktivitäten beherrscht. Sie ahmen mehr nach und sind weniger fantasievoll (was wiederum ganz besonders auf Jungen zutrifft).

- Die Jungen werden in Spiel und Gespräch aggressiver – verbal wie physisch.
- Kinder bekommen mehr Angst vor Kriminalität und auch vor Naturkatastrophen.
- Jungen wie Mädchen entwickeln eine verächtliche, respektlose Einstellung gegenüber Erwachsenen und Autorität.
- Bei Teenagern leidet der schulische Ehrgeiz.

Natürlich sind nicht bei jedem Kind alle diese Probleme festzustellen. Doch die allermeisten Familien kennen zumindest die eine oder andere dieser Wirkungen.

Viele wissenschaftliche Studien belegen, dass sich die Inhalte, denen Kinder über den Bildschirm ausgesetzt sind, *sehr wohl* auf ihre Einstellung, ihr Verhalten, ja, sogar auf ihre Stimmung auswirken. Wer sich so benimmt wie manche Spiel- oder Filmfigur, den würden wir nicht ins Haus lassen, damit unsere Kinder keinem schlechten Einfluss ausgesetzt sind. Genauso wachsam und entschlossen müssen wir mit allem umgehen, was über große und kleine Bildschirme ins Haus kommt.

Kleine Kinder können nicht zwischen dem wirklichen Leben und der (mitunter interaktiven) Fiktion unterscheiden, die sie auf dem Bildschirm sehen. Was sie dort wahrnehmen, hat daher enormen Einfluss auf sie. Mit fünf oder sechs Jahren weiß ein Kind theoretisch, dass nicht real ist, was auf dem Bildschirm passiert. Dennoch kann es von der Bildschirmaktivität so in ihren Bann gezogen werden, dass die Grenzen zwischen Fantasie und Wirklichkeit verschwimmen. Viele Eltern berichten, das Jungen noch im Alter von acht oder neun Jahren von Bildschirmcharakteren und -ereignissen erzählen, als seien sie real.

Selbst ältere Kinder, die das klar trennen können, unterliegen noch erheblichem Einfluss der Dinge, die sie auf dem Bildschirm sehen und tun.

Und je mehr Zeit sie vor dem Bildschirm verbringen, desto stärker dieser Einfluss. Umgekehrt gilt: Je weniger Zeit Ihr Sohn vor dem Bildschirm sitzt, desto ruhiger, freundlicher und kooperativer ist er, und desto bessere Werte entwickelt er.

Ein Leitfaden für alle, die die Kontrolle über die Elektronik im Haus zurückgewinnen möchten

Eltern können die Kontrolle über die Elektronik zurückgewinnen, damit Bildschirmaktivitäten zu einem positiven Element des Familienlebens werden, statt zu einem negativen.

Ich rede nicht davon, alle Bildschirme zu verbannen, selbst wenn das für Ihre Familie eine praktikable Lösung wäre. Wir müssen die Bildschirmaktivitäten unserer Söhne aber genau im Auge behalten und uns überlegen, wie diese Einflüsse zu dem Menschen passen, der aus unserem Kind einmal werden soll.

Wer sich hinsetzt, um mit seinem Kind eine Fernsehsendung oder einen Film zu sehen oder ihm beim Computerspielen zuzuschauen, der macht vermutlich eine aufschlussreiche Erfahrung. Viele Eltern fühlen sich sehr unwohl, ja, sind sogar entsetzt, wenn sie mit eigenen Augen sehen, was da täglich auf ihr Kind einwirkt – und wie viel Spaß es offensichtlich daran hat.

Sie kennen vielleicht den Begriff Bildschirmsucht oder Bildschirmabhängigkeit. Das mag Ihnen überzogen erscheinen, doch man kann von jeder Aktivität (oder Substanz) abhängig werden, die vorübergehend die Stimmung oder die Gehirnfunktion verändert. Sobald Kinder merken, dass sie sich ein bisschen mehr Bildschirmzeit verschaffen können, wenn sie quengeln, betteln, jammern, streiten, lügen, feilschen oder sich vor der Arbeit drücken (selbst wenn diese Taktiken nur hin und wieder funktionieren), wird ein Bereich des Gehirns aktiviert, der oft als Suchtzentrum bezeichnet wird.

Sobald sich Ihr Sohn seine Bildschirmzeit aber verdienen muss, werden die Gedanken darüber in einem anderen Teil des Gehirns verarbeitet, dem sogenannten präfrontalen Cortex. Dort werden unter anderem rationales Denken, Motivation und Ursache und Wirkung gesteuert. Jungen, die sich ihre Zeit vor dem Bildschirm verdienen müssen, machen sich nicht abhängig von der Elektronik. Der erste Schritt zur Rückgewinnung der Kontrolle über die Bildschirmaktivitäten Ihres Sohnes ist, Regeln dafür zu erlassen, was er erledigen muss, um seine Bildschirmzeit zu *verdienen*.

Vielleicht gefällt Ihnen die Vorstellung, Regeln festzulegen, um die Bildschirmzeit Ihres Sohnes zu begrenzen und so wieder Herr über die Elektronik in Ihrem Haus zu werden. Doch angesichts der Suchtwirkung, die Bildschirme oft auf Jungen ausüben, trauen Sie sich womöglich nicht zu, diese Regeln auch durchzusetzen. Das ist eine sehr verbreitete Sorge, vor allem, wenn Ihr Sohn vom Temperament her eher sensibel, aufbrausend und starrsinnig ist.

Im zweiten Teil des Buches haben Sie erfahren, wie Sie Ihren Sohn dazu anleiten können, kooperativer zu werden und Ihre Regeln zu respektieren. Je konsequenter Sie die grundlegenden Strategien zu gelassenerer, einfacherer und glücklicherer Erziehung praktizieren, desto eher wird Ihr Sohn Ihre Regeln akzeptieren. Am Anfang wird er sicher maulen und widersprechen. Schließlich schränken Sie seinen Zugriff auf das ein, was für ihn eine Komfortzone ist. Das beeinträchtigt sein Wohlbehagen und macht ihn vielleicht sogar wütend, bis hin zu verbaler (mitunter sogar physischer) Aggression. Wenn Sie aber fest bleiben, wird sein Widerstand in den nächsten Wochen rasch schwinden. Noch schneller geht das, wenn Sie auf Grobheit nicht reagieren (egal ob durch Schimpfwörter, Tonfall oder Gesten). Bleiben Sie freundlich und ruhig, bis er aufhört (oder pausiert) und loben Sie ihn dann anschaulich. Das wirkt viel effektiver gegen solches Verhalten als Ermahnen, Erklären, Zurechtweisen, Drohen oder Bestrafen.

Gestehen Sie ihm seine Gefühle zu. Hören Sie ihm richtig zu. Es ist nicht der Fehler Ihres Sohnes, dass er so wild auf Bildschirme ist. Er verdient Ihr Mitleid.

Als Eltern können wir die Suchtwirkung von Bildschirmen zu unserem Vorteil nutzen. Die meisten Kinder und Teenager tun alles, was wir verlangen, damit sie ihre zugeteilte Bildschirmzeit in Anspruch nehmen können. Und wenn sie sie verdienen müssen, werden sie irgendwann nicht mehr so süchtig danach sein und nicht mehr so gebannt. Haben Sie daher keine Angst. Knüpfen Sie ruhig viele Bedingungen an die Bildschirmzeit Ihres

Sohnes. Solange Sie nicht nachgeben und in einem Moment des Selbstzweifels Ihre eigenen Regeln aufweichen, wird er motiviert sein, alles Nötige zu tun, um seine Bildschirmzeit zu verdienen.

> **Er spielt ständig auf meinem Handy herum!**
>
> Viele Kinder greifen wie selbstverständlich nach dem Handy der Eltern und spielen darauf, ohne um Erlaubnis zu fragen. Das ist gleich aus mehreren Gründen problematisch. Auch das Spielen auf dem Handy ist Bildschirmzeit und muss daher verdient werden. Außerdem sollten sich Kinder angewöhnen, aus Respekt um Erlaubnis zu fragen, bevor sie etwas benutzen, das ihnen nicht gehört. Die Lösung: Nehmen Sie sich die Zeit, vor jeder Nutzung Ihres Mobiltelefons das Passwort einzugeben. Und erwähnen Sie dieses nie im Beisein Ihrer Kinder. Lassen Sie sich auch nicht von ihnen über die Schulter schauen, wenn Sie es eingeben.

Die Regeln: So wird Bildschirmzeit verdient

Welche Regeln sollten Sie also festlegen, damit sich Ihr Sohn seine Bildschirmzeit verdienen kann? Ich empfehle die Folgenden:

Bevor ein Bildschirm eingeschaltet werden darf, müssen Hausaufgaben und Lektüre für die Schule zu Ihrer Zufriedenheit erledigt sein. Das ist wichtig, denn Bildschirmaktivitäten beeinträchtigen die Motivation eines Kindes, sich auf andere Dinge zu konzentrieren. Außerdem löst Bildschirmzeit impulsive Reaktionen aus und verstärkt sie. Das sind ganz andere Impulse, als sie Ihr Sohn braucht, um sich bei den Hausaufgaben anzustrengen.

Ich hoffe, Sie haben nicht überlesen, dass die Hausaufgaben zur *Zufriedenheit der Eltern* erledigt sein müssen. Das entmutigt Sie vielleicht, wenn Sie – wie die Eltern vieler Jungen – Jahre gebraucht haben, Ihrem Sohn zu vermitteln, dass er die Schule und die Hausaufgaben ernst nehmen muss, und all Ihre Ermahnungen und der ganze Stress nur wenig gebracht haben.

Jungen zu schulischen Erfolgen anzuspornen, ist ein wichtiger Faktor, wenn Sie das Beste aus Ihrem Sohn herausholen möchten. Im vierten Teil erkläre ich, wie Sie Ihrem Sohn helfen können, sein schulisches Potenzial voll auszuschöpfen, damit er erfahren kann, wie viel Selbstvertrauen es vermittelt, wenn man lernt, beständig sein Bestes zu geben. Denken Sie für den Moment nur daran, dass Ihr Sohn hochmotiviert ist, Qualität und Quantität seiner Hausaufgaben zu verbessern, wenn er das tun muss, um Bildschirmzeit zu verdienen. Spielt Ihr Kind ein Instrument, leidet auch die Motivation und Gründlichkeit, wenn Sie es erst nach der Bildschirmzeit üben lassen.

Auch die Hausarbeit wird Ihr Sohn viel williger und sorgfältiger erledigen, wenn er sich damit Bildschirmzeit verdient.

Verlangen Sie von Geschwistern, eine gewisse Zeit friedlich zusammen zu spielen, um sich ihre Bildschirmzeit zu verdienen. Das Leben ist heute so hektisch, dass Geschwister oft wenig miteinander zu tun haben. Das kann negativen Meinungen übereinander Vorschub leisten. Damit Geschwister gern Zeit miteinander verbringen, müssen Sie vielleicht zunächst die richtigen Voraussetzungen schaffen – etwa, indem Sie helfen, ein Brettspiel auszusuchen und ihnen den Anfang erleichtern. Ist die Geschwisterbeziehung unbeständig, müssen Sie vielleicht während des Spiels dabei bleiben und durch gutes Vorbild zeigen, wie man fair bleibt, aber auch anschaulich jedes Anzeichen für Begeisterung oder Freundlichkeit loben und auf Beschwerden und Vorwürfe reagieren, indem Sie richtig zuhören.

Will Ihr Sohn keine Zeit mit Ihnen verbringen, machen Sie tägliche Extrazeit mit Ihnen zur Vorbedingung für die Bildschirmzeit. Lesen Sie dazu noch einmal das neunte Kapitel (Extrazeit) und setzen Sie die dort beschriebenen Strategien um. Bald wird er die Zeit mit Ihnen genießen.

Sondert sich Ihr Sohn von der Familie ab (verkriecht er sich allein in seinem Zimmer oder will nur mit Freunden zusammen sein), machen Sie zur Regel, dass er jeden Tag eine bestimmte Zeit am Familienleben teilnehmen muss, um sich seine Bildschirmzeit zu verdienen.

Spielt Ihr Sohn nicht gern alleine oder glaubt, dass er das nicht kann, stellen Sie die Regel auf, dass er sich erst kurze Zeit alleine beschäftigen muss, bevor er vor einen Bildschirm darf. Weiß er nichts mit sich anzufangen, lesen Sie bitte das 18. Kapitel (Alleine spielen).

Schaffen Sie die nötigen Voraussetzungen, indem Sie die neue Regel einführen: Eines der Kriterien, die Ihr Sohn erfüllen muss, um sich für den nächsten Tag Bildschirmzeit zu verdienen, ist, dass er den Rechner auf Ihre erste Aufforderung hin abschalten muss. Sprechen Sie diese neue Regel jeden Tag durch. Dadurch geht sie Ihrem Sohn schneller in Fleisch und Blut über. Nehmen wir an, Ihr Sohn hat sich eine bestimmte Bildschirmzeit verdient und mittlerweile das Meiste davon aufgebraucht:

Geben Sie ihm eine Countdown-Zeit von 5 Minuten, bevor er abschalten muss. Dadurch kann er zum Beispiel noch den Level speichern, den er erreicht hat.

Bleiben Sie während dieser fünf Minuten bei ihm im Zimmer, damit er Sie ernst nimmt und damit Sie ihn anschaulich loben und richtig zuhören können.

Stoppen Sie die fünf Minuten. Das ist angenehmer, als wenn Sie dauernd auf die Uhr schauen, was Ungeduld vermittelt.

Klingelt die Stoppuhr, sagen Sie *einmal*: »Jetzt ist Zeit zum Abschalten.« oder etwas Ähnliches. Verlangen Sie, dass Ihr Sohn darauf antwortet (nicht nur mit einem Grunzen) und reagiert.

Berücksichtigen Sie dabei seine natürliche Reaktionszeit. Geben Sie ihm ein paar Sekunden zum Ausschalten. Tut er es, loben Sie anschaulich, dass er folgt. Schaltet er das Gerät nicht aus, greifen Sie sofort ein und schalten Sie es selbst aus.

Ihr Sohn wird mit dieser und allen anderen Regeln für die Bildschirmzeit besser kooperieren, wenn Sie alles umsetzen, was Sie bisher gelernt haben – vor allem das anschauliche Loben.

- Du bist gar nicht gleich zum Computer gestürzt, als du heimgekommen bist. Du hast sofort mit den Hausaufgaben angefangen.

- Schön, dass du daran gedacht hast zu fragen, ob du an den Rechner darfst, statt ihn ohne Erlaubnis einzuschalten. Meine Antwort ist: Natürlich darfst du, sobald ich sehe, dass du die Hausaufgaben fertig hast und dein Bett gemacht ist.
- Du beschwerst dich kaum noch über die neuen Bildschirmregeln, obwohl sie dir nicht passen. Du hast das iPad jetzt sogar schon seit 20 Minuten nicht mehr erwähnt.

Familien-Spieleabend

Immer mehr Familien reservieren einen Abend, meist freitags oder samstags, für gemeinsame Aktivitäten. Oft wird daraus ein Filmeabend, weil die Eltern am Ende der Arbeitswoche erschöpft sind und am liebsten ruhig dasitzen und gar nichts tun möchten. Machen Sie stattdessen einen allwöchentlichen Spieleabend daraus. Spielen Sie Karten oder ein Brettspiel. Manche Familien führen auch einen wöchentlichen Familien-Bastelabend oder -Heimwerkerabend ein. Wenn Sie es sich leisten können, gehen Sie mit Ihren Kindern Bowling spielen oder Schlittschuhlaufen. Selbst wenn Sie müde sind und sich dazu aufraffen müssen – sobald Sie angefangen haben, werden Sie sich erfrischt fühlen. Die Bindungen, die dabei entstehen, sind unbezahlbar – und außerdem können Sie sicher sein, dass Sie Ihre Kinder zu einem konstruktiven Freizeitverhalten erziehen, vielleicht fürs ganze Leben.

Was Eltern wissen wollen

F: Mein Sohn hat so viel Elektronik. Wie kann ich dafür sorgen, dass er nicht heimlich ein Gerät benutzt, wenn er sich die Zeit noch nicht verdient hat?

A: Sie können es zur Regel machen, dass alle Familienmitglieder ihre Handys und anderen Geräte an einem bestimmten Platz an der Eingangstür ablegen, wenn sie das Haus betreten. Dort bleiben sie, bis sich Ihre Kinder ihre Bildschirmzeit verdient haben. Danach kommen sie sofort wieder dorthin zurück. Ist Ihr Sohn gerade sehr bildschirmsüchtig, wird er diese Regel anfangs vielleicht missachten. Stellen Sie sich darauf ein, dass Sie alle Elektronik unter Verschluss nehmen müssen, bis das nicht länger notwendig ist. Und sichern Sie alles grundsätzlich mit Passwörtern.

F: Mein halbwüchsiger Sohn erzählt mir, er muss sein Handy ständig bei sich haben, damit er mit seinen Freunden kommunizieren kann. Wie kann ich ihm das abgewöhnen?

A: Da heutzutage viele Teenager alle Verabredungen mit Freunden über Textnachrichten oder soziale Medien treffen, ist verständlich, dass sie ständig Zugang zu ihren Geräten haben möchten. Als Eltern wissen wir aber, dass das nicht gut für sie ist, weil es das wirkliche Leben beeinträchtigt. Die Versuchung ist aber groß, den Bitten oder Argumenten des Kindes nachzugeben und ihm am Ende nahezu unbegrenzten Zugriff zu gestatten. Eine Lösung, die vielen Familien hilft, ist, in jeder Stunde 10 Minuten vorzusehen, in der alle Familienmitglieder ihre Nachrichten oder E-Mails prüfen und beantworten dürfen (allerdings nicht beim Essen oder während der Hausaufgaben). Die übrige Zeit bleiben die Handys in dem Korb an der Tür.

F: Ich komme mir mit meinen Computerregeln manchmal verlogen vor, weil ich selbst dauernd aufs Handy oder auf den Laptop schaue. Wie kann ich da darauf bestehen, dass sich mein Sohn an die Regeln zur Bildschirmzeit hält?

A: Gehen Sie mit gutem Beispiel voran. Sorgen Sie dafür, dass Ihr Sohn, solange er wach ist, erlebt, wie Sie sich ohne Bildschirm entspannen – zum Beispiel beim Lesen, im Gespräch, mit einem Puzzle, bei Handarbeiten oder beim Heimwerken. Und lassen Sie nie einen Bildschirm im

Hintergrund laufen. Auch wenn niemand wirklich hinschaut – es wird doch zur Gewohnheit. Wenn Sie gewöhnlich morgens den Fernseher einschalten, um den Wetterbericht zu sehen, nehmen Sie künftig lieber das Radio.

F: Mein Sohn hat sich seine DS selbst gekauft. Er sagt, deshalb sei es nicht fair, wenn ich ihn nicht damit spielen lasse. Was kann ich dagegen sagen?

A: Wenn sich Ihr Sohn sein elektronisches Spielzeug von seinem eigenen Geld gekauft oder geschenkt bekommen hat, ist er vielleicht der festen Überzeugung, dass er auch das Recht haben sollte zu entscheiden, wann und wo er es benutzt. Er stellt damit das gesamte Konzept infrage, dass Bildschirmzeit verdient werden sollte. Vergessen Sie dabei nicht, dass Sie als Eltern Verantwortung tragen. Deshalb müssen Ihre Werte vorgehen. Lassen Sie sich nicht auf Diskussionen ein. Hören Sie stattdessen richtig zu und sprechen Sie zu einem neutralen Zeitpunkt alles immer wieder mit ihm durch.

Zusammenfassung

In jedem Seminar und bei jedem Workshop oder Vortrag begegnen mir Eltern, die verzweifelt nach Orientierung zum besorgniserregenden und frustrierenden Thema des Umgangs mit Elektronik suchen. Oft fühlen sie sich hilflos und demoralisiert – vor allem bei Kindern vor und im Teenageralter.

Die in diesem Kapitel umrissenen Strategien helfen Ihnen, die Kontrolle über das zurückzugewinnen, was in Ihrem Haus passiert, damit Ihre Werte im Vordergrund stehen können. Ich behaupte nicht, dass das leicht zu erreichen ist. Sie müssen Ihre fünf Sinne beieinander haben und sehr entschlossen bleiben. Doch die Mühe lohnt sich. Ihre Kinder werden sich besser benehmen und sich auch besser fühlen – und Sie ebenfalls. Das Familienleben wird gelassener, einfacher und glücklicher.

16. Kapitel – Engagement für die Familie und die Gemeinschaft

> **Jetzt haben sie Respekt und benehmen sich nicht mehr wie verwöhnte kleine Prinzen**
>
> Ich arbeite viel und meine Frau ist Vollzeitmutter. Deshalb sind wir immer stillschweigend davon ausgegangen, dass Sie sich um das Haus, das Essen, die Wäsche, den Einkauf und all die Kleinigkeiten kümmert. Das war ein Haufen Arbeit, die nie aufzuhören schien. Die Mädchen halfen ein bisschen, doch es passte ihnen nicht, dass die Jungen keinen Finger rührten. Meine Frau meinte, sie fühle sich schon wie Aschenputtel – vor allem, weil die Jungen alles für selbstverständlich nahmen und nichts zu schätzen wussten. Ja, sie wurden mit zunehmendem Alter immer anspruchsvoller, richtiggehend respektlos. Ich hätte nie so mit meiner Mutter gesprochen. Sagte sie ihnen, sie sollten den Müll rausbringen, lachten sie nur und meinten: »Das ist dein Job, Mama.« Cisco plapperte es Marcus nach.
>
> Ich war es müde, die Klagen meiner Frau zu hören, und beschloss, konsequent durchzugreifen. Doch ich merkte, dass ich Teil des Problems war. Schließlich half ich selbst wenig im Haushalt. Ich gab den Jungs daher ein schlechtes Beispiel. Also setzten sich meine Frau und ich hin und schrieben auf eine Liste, was sie alles tat – und die Liste war lang! Dann setzten wir uns mit jedem Kind alleine zusammen, wie es Noël rät, und erklärten ihm die »neue Regel«: Nach dem Essen sollten alle 20 Minuten lang im Haushalt helfen. Sie konnten sich auf der Liste aussuchen, was sie machen wollten. Natürlich maulten Marcus und Cisco. Ich erklärte und begründete, doch da stupste mich meine Frau unter dem Tisch an. Ich erinnerte mich,

16. Kapitel – Engagement für die Familie und die Gemeinschaft

> dass ich lieber richtig zuhören sollte. Es stellte sich heraus, dass Cisco keine Vorstellung davon hatte, wie lang 20 Minuten waren. Er dachte, das wäre eine lange Zeit. Und Marcus befürchtete, er würde seine Sache schlecht machen und geschimpft werden. Also versprach ich, ihnen zu zeigen, wie alles richtig erledigt wird, und nicht ungeduldig zu werden. Gott sei Dank waren mir Methoden wie das Durchsprechen oder anschauliches Loben bekannt. Dadurch änderte sich die Einstellung der Jungen gewaltig.
>
> Das ist jetzt ein Jahr her. Die Hausarbeit nach dem Essen gibt es immer noch. Nach ein paar Monaten führte ich ein, dass in jeder zweiten Woche auch am Samstagvormittag geholfen wurde. Und es machte ihnen gar nichts aus! In Wirklichkeit hatten wir viel Spaß und werkelten und reparierten rund ums Haus. Inzwischen können alle Kinder die Waschmaschine einschalten, Lebensmittel einkaufen, staubsaugen und ein paar Gerichte kochen. Sie sind stolz auf sich, vor allem die Jungen, weil das von ihren Freunden keiner kann. Sie haben jetzt mehr Respekt und sind keine verwöhnten kleinen Prinzen mehr. Und meine Frau hat mehr Zeit, sich zu entspannen.
>
> **Vater von Maribel (17), Lucia (15), Marcus (12) und Cisco (9)**

Die Ergebnisse wissenschaftlicher Forschung zu den geschlechtsspezifischen Unterschieden in der Gehirnentwicklung lassen vermuten, dass Männer in der Evolution – vermutlich aufgrund ihrer ursprünglichen Rolle als Jäger – Entschlossenheit, Fokussierung und das Bedürfnis nach Zielorientierung entwickelt haben. Theoretisch haben Frauen, vielleicht aufgrund der vielen häuslichen Anforderungen, die zeitgleich auf sie einstürmten, Gehirne entwickelt, die eher für Multi-Tasking geeignet sind.

Männer haben offensichtlich überall auf der Welt einen starken Drang, ihren Beitrag zu leisten, ob in der Familie, im Job oder in der größeren Gemeinschaft. Damit sich Jungen in ihrer Haut wohlfühlen, müssen wir dafür sorgen, dass sie sich in die Familie und in die Gemeinschaft einbringen: in der Schule, in der Kirche, bei den Pfadfindern, im Chor und so weiter. Das gibt ihrem Leben mehr Sinn als die Vorstellung, dass ihre Aufgabe darauf beschränkt ist, jeden Tag zur Schule zu gehen, nach Hause zu kommen und zu spielen, zur Schule zu gehen und zu spielen, zur Schule zu gehen und zu spielen. Wir müssen Jungen erkennen lassen, dass sie etwas beizutragen haben. Das kann eine besondere Begabung sein, eine Fähigkeit, ein Interesse, die eigene Persönlichkeit, der Charakter oder ihre Zeit. Liegt der Schwerpunkt auf solchen Beiträgen, kommt die beste Seite jedes Jungen zum Vorschein. Sie fühlen sich dadurch besser, betragen sich besser und entwickeln sich zu fürsorglichen, verantwortungsbewussten Männern.

Hilfe im Haushalt

Es gibt wichtige Gründe dafür, dass Kinder und Jugendliche beider Geschlechter lernen und üben sollten, sich umfassend selbst zu versorgen. Dazu gehört, Lebensmittel einzukaufen und Mahlzeiten zuzubereiten, zu putzen – und zwar auch Wohnbereiche, die von allen genutzt werden (nicht nur das eigene Zimmer) –, Wäsche zu waschen, Reparaturen und Arbeiten rund ums Haus auszuführen, Tiere zu versorgen und so weiter:

Kinder fühlen sich besser, wenn sie wissen, wie sie sich und den Haushalt versorgen können. Solche Fähigkeiten vermitteln Selbstvertrauen.

Übernehmen alle Familienmitglieder Arbeiten im Haushalt, lässt sich auch die häufige Situation vermeiden, dass sich die Eltern abrackern, während die Kinder spielen – ohne zu wissen oder sich dafür zu interessieren, was nötig ist, um einen Haushalt zu führen. Das ist weder für die Kinder gut noch für die Eltern.

Erledigen Eltern gewohnheitsmäßig Arbeiten, die auch Kinder und Jugendliche verrichten können und sollten, führt das zu Respektverlust. Die Eltern werden wie Dienstboten behandelt – und noch nicht einmal dafür bezahlt. Kinder würdigen und achten ihre Eltern mehr, wenn sie sie nicht für selbstverständlich nehmen.

Kinder entwickeln aber auch Selbstwertgefühl, wenn sie regelmäßig einen Beitrag leisten, der nicht nur sie selbst und ihre eigenen Interessen betrifft.

Anderen zu helfen macht glücklich. Studien belegen, dass schon der Gedanke daran, wie man anderen das Leben erleichtern könnte (im Gegensatz zum Eigennutz) die sogenannten Glückshormone im Gehirn freisetzt.

Die Arbeit im Haushalt vermittelt außerdem Problemlösungskompetenzen, Beharrlichkeit, Teamgeist, Impulssteuerung und die Bereitschaft, auf sofortige Befriedigung zu verzichten.

Wer seine Kinder im Haushalt helfen lässt, bereitet sie auf das Erwachsenenleben vor. Mit einem positiven Ansatz, der bestimmt und konsequent verfolgt wird, hilft Hausarbeit Kindern und Jugendlichen, eine positive Einstellung zu ihren Aufgaben zu entwickeln. Das Erwachsenwerden erscheint dann reizvoller und nicht deprimierend oder beängstigend.

Hausarbeit kann glücklich machen

Aus der Reaktion vieler Jungen auf jeden zaghaften Hinweis, dass sie im Haushalt helfen könnten, schließen viele Eltern, dass solche Arbeiten schrecklich sein müssen. Allzu oft gelingt es Kindern, vor allem Jungen, ihre Eltern davon zu überzeugen, dass diese Aufgaben langweilig oder eklig oder unter ihrer Würde sind. Eltern teilen diese Ansicht mitunter – vor allem, wenn in ihnen der Frust steckt, den die jahrelange Übernahme häuslicher Pflichten mit sich bringt, an denen Kinder und Teenager sich beteiligen können und sollten.

Hausarbeit kann Spaß machen. Es ist im Grunde nichts Schlimmes daran, einen Boden zu wischen oder zu saugen oder Geschirr abzuspülen, Unkraut zu jäten, Wäsche zu waschen, ja, selbst die Toilette zu putzen. Das sollten wir uns unbedingt klar machen, denn unsere Einstellung zur Hausarbeit wirkt sich enorm auf die Einstellung unserer Kinder aus. Erledigen Eltern die Hausarbeit fröhlich, ohne Hektik oder Klagen, stellen sie oft fest, dass auch ihre Kinder eher bereit sind, solche Aufgaben klaglos zu übernehmen.

Was Hausarbeit für ein Kind belastend machen kann, ist das nagende Schuldgefühl, wenn es sich erfolgreich vor einer Arbeit gedrückt hat – vor allem, wenn es weiß, dass das am Ende auffliegt und ihm eine Zurechtweisung einträgt. Ebenso bedrückend ist es für Kinder, wenn sie arbeiten müssen und dabei andere Kinder spielen sehen oder hören können – insbesondere vor einem Bildschirm. Noch ein Faktor, der Hausarbeit zur Last macht, ist Zeitdruck.

Die Leiter der Gewohnheit

Für Hausarbeiten (und ebenso für Hausaufgaben und Instrumentalübungen) gibt es eine Gewohnheitsleiter mit fünf Sprossen.

Auf der *untersten Sprosse* der Leiter verweigert Ihr Kind die Aufgaben rundweg, mit denen es beauftragt wurde. Diese Reaktion kommt nur selten vor – es sei denn, Eltern akzeptieren sie.

Die *nächste Sprosse* ist schon üblicher: Unwillen und Widerstand. Das Kind erledigt die Aufgabe zwar am Ende, doch unter Protest. Es beschwert sich, versucht zu verhandeln und zu feilschen, es trödelt und schindet Zeit. Im Extremfall lügt es sogar.

Die *dritte Sprosse* der Leiter ist eine positive Entwicklung. Ihr Kind übernimmt seine Aufgaben bereitwillig. Es versucht nicht, sich davor zu drücken. Aber es erledigt sie flüchtig, schludrig und gedankenlos. Es verrichtet sie gewöhnlich schnell, damit es sich möglichst bald wieder schöneren Beschäftigungen widmen kann.

Die *vierte Sprosse* der Leiter ist ein weiterer Fortschritt. Ihr Kind erledigt seine Aufgaben nicht nur bereitwillig, sondern ist auch bei der Sache. Es versucht aber noch nicht aktiv, sein Bestes zu geben. Das hat einen einfachen Grund: Die meisten Kinder wissen erst, wie sie ihr Bestes geben können, wenn ihnen das gezeigt wurde.

Am Ende kommt die *fünfte Sprosse* der Leiter, die Ihr Ziel ist. Ihr Kind erledigt seine Aufgaben nicht nur konzentriert, sondern gibt sein Bestes und ist stolz darauf, wenn es sorgfältig und gründlich gearbeitet hat.

Steht Ihr Sohn im Moment auf der zweiten oder dritten Sprosse dieser Leiter, sind Sie vielleicht der Überzeugung, dass es noch lange dauern und viel Geduld erfordern wird, ihn bis auf die fünfte Sprosse zu bringen. Dann freut es Sie bestimmt zu erfahren, dass das gar nicht so lange dauern muss und auch ihre Geduld nicht übermäßig strapazieren wird. Kindern Kompetenzen beizubringen und sie daran zu gewöhnen, kooperativ und eigenständig zu arbeiten und ihr Bestes zu geben, ist nicht so schwer, wenn Sie die Strategien zu einer gelasseneren, einfacheren und glücklicheren Erziehung einsetzen.

Jungen und Mädchen

Weil Jungen feinmotorisch meist ungeschickter sind als gleichaltrige Mädchen, wird von Mädchen oft mehr Mithilfe im Haushalt erwartet. Außerdem stehen Jungen in dem Ruf, sich nach Möglichkeit vor ihren Aufgaben zu drücken. Es sollte daher nicht überraschen, dass sie diesem Ruf auch gerecht werden. Eltern sprechen oft scherzhaft über die mangelnde Bereitschaft von Jungen, sich an der Hausarbeit zu beteiligen. Manchmal versuchen Eltern durch Humor, Frust oder Zorn zu vermeiden. Zorn ist kein guter Motivator, Kindern Dinge beizubringen oder sie mit ihnen einzuüben. Doch Witze oder Sarkasmus verstärken das Selbstbild eines Jungen, der sich als verantwortungslos, gedankenlos oder unordentlich wahrnimmt.

Weil es Jungen oft gelingt, sich vor ihren Pflichten zu drücken, bekommen sie auch nicht das Gefühl, einen Beitrag zu leisten. Erledigen sie ihre Aufgaben irgendwann, gab es meist vorher schon so viele Ermahnungen und Kritik der Eltern, dass Jungen nicht den Eindruck bekommen, ihr Beitrag werde gebührend gewürdigt. Es kommt ihnen vielmehr so vor, als könnten sie doch nie etwas richtig machen.

Wie Sie Jungen in den Haushalt einbeziehen

Mit folgenden Empfehlungen können Sie Ihren Sohn dazu anleiten, gewohnheitsmäßig Aufgaben im Haushalt zu übernehmen – so, wie er auch in der Schule meist erledigt, was ihm aufgetragen wird.

Erkennen Sie ausdrücklich an, was Ihr Sohn bereits gut macht. Das motiviert ihn, mehr Aufgaben besser zu erledigen.

- Ah, du räumst die Einkäufe in die Speisekammer und lässt sie nicht einfach auf dem Tisch stehen. Das ist mehr, als du eigentlich tun musst.
- Du hast dich zwar erst darüber beklagt, dass du die Terrasse fegen solltest, aber dann hast du es prompt erledigt.

- Du wolltest eigentlich nicht Unkraut jäten, aber dann bist du herausgekommen und hast uns dabei geholfen. Deshalb sind wir schneller fertig geworden.

Verbringen Sie regelmäßig, möglichst jeden Tag, etwas Zeit mit Ihrem Sohn. Unternehmen Sie etwas, das Ihnen beiden Spaß macht (Siehe neuntes Kapitel: Extrazeit). Häufige, angenehme Erlebnisse zu zweit vertiefen die Bindung zu Ihrem Kind und motivieren es wieder mehr, Sie zufrieden zu stellen und stolz zu machen. Achten Sie darauf, dass Kritik und Predigten in der Extrazeit außen vor bleiben.

Nehmen Sie Ihrem Sohn nichts mehr ab, was er alleine bewältigen kann. Statt Mittag- oder Abendessen zu kochen, während Ihre Kinder spielen, sollten Sie immer ein Kind helfen lassen. Selbst wenn Ihr Sohn gerade für eine wichtige Prüfung büffelt, sollten Sie ihn in die Küche rufen und ihn fünf Minuten beschäftigen. Mit täglicher Übung wird Ihr Sohn bald geschickter und traut sich mehr zu – und ist entsprechend stolz auf seinen Beitrag. Nach und nach dürfen Sie dann immer mehr Eigenständigkeit von ihm erwarten – am Ende sogar, dass er erst ein- und später zweimal die Woche allein für die ganze Familie kocht.

Statt ein Ladung Wäsche in die Maschine zu stecken, während die Kinder in der Schule sind oder wenn sie schon schlafen, sollten Sie waschen, wenn die Kinder zu Hause sind, und sich bei jedem Schritt helfen lassen – vom Sortieren nach Farben bis zum Zusammenlegen und Einräumen von Kleidungsstücken und Bettwäsche. Mit solcher Übung sind schon Kinder unter 13 – auch Jungen – viel früher in der Lage, selbstständig Wäsche zu waschen, als sich viele Eltern vorstellen können.

Hängen Sie gut einsehbar eine Liste mit anstehenden Hausarbeiten auf. (Kleben Sie den Zettel innen an die Tür eines Küchenschranks – das ist praktisch und gleichzeitig diskret). Achten Sie untertags darauf, wenn eines Ihrer Kinder einen Satz beginnt mit »Kann ich ...« oder »Machst du mir ...«.

- Kann ich mich morgen nach der Schule zum Spielen verabreden?
- Spielst du mit mir Lego?
- Reparierst du meinen Reißverschluss? Er klemmt.

Wenn Sie mit Ja antworten wollen, sollten Sie stattdessen sagen: »Ich sage ja, wenn du mich noch einmal fragst, nachdem du … deine Schulschuhe geputzt, das Wohnzimmer gesaugt, die Regale in der Speisekammer abgewischt, den Spieleschrank aufgeräumt, die Puzzleteilchen wieder in die Schachtel zurückgelegt hast.« Kinder haben jeden Tag viele Anliegen. Mit dieser Strategie ist Ihr Haushalt bald bestens in Schuss.

Schaffen Sie die richtigen Erfolgsvoraussetzungen, indem Sie sich über Ihre Werte klarwerden, damit Sie diese in Regeln und Abläufe übersetzen können. Nehmen Sie sich in Ruhe – ohne Kinder – etwas Zeit, um sich genau zu überlegen, welche Hausarbeiten Ihr Sohn übernehmen soll, wie oft und wie gründlich. Auf diese Weise fällt es Ihnen leichter, konsequent zu bleiben.

Schlagen Sie nicht vor, bestehen Sie darauf. Vergessen Sie nicht die vier Zauberworte: »Die neue Regel lautet …«.
Ausführliches Durchsprechen ist unverzichtbar, wenn aus Widerstand Bereitschaft werden soll:

- Wo musst du nachschauen, wenn du sicher sein willst, dass alle Tassen wieder in der Küche sind?
- Was sollst du tun, wenn die Spülmaschine voll mit sauberem Geschirr ist?
- Auch wenn du keine Lust hast mitzumachen – was sollst du tun, wenn es Zeit ist für die Hausarbeit?

> **»Langweilig« und »ungerecht«**
>
> Vermeiden Sie beim richtigen Zuhören die Wörter »langweilig« und »ungerecht«, selbst wenn Ihr Sohn sie verwendet, um sich über seine Pflichten zu beklagen. Keines dieser Wörter beschreibt ein Gefühl, und beim richtigen Zuhören geht es um Gefühle. Ob etwas »langweilig« ist, ist Auslegungssache, keine Tatsache. Was der eine langweilig findet, kann dem anderen Spaß machen, ja, ihn sogar richtiggehend faszinieren. Manches, was zunächst langweilig erscheint, macht bald mehr Freude, wenn man es öfter tut.
>
> Die meisten Kinder haben kein klares Gerechtigkeitsgefühl. Beschweren Sie sich, dass etwas »ungerecht« ist, bedeutet das meist nur, dass sie es nicht tun wollen. Es gibt leider wirklich Ungerechtigkeit auf der Welt, doch Kinder, deren Eltern dieses Buch lesen, dürften damit keine Erfahrung aus erster Hand haben.
>
> Streiten oder argumentieren Sie nicht mit Ihrem Sohn, wenn er behauptet, etwas sei »langweilig« oder »ungerecht«. Vermutlich legt er Ihre Äußerungen als Kritik aus oder als Vortrag, dem er nicht zuhören möchte. Konzentrieren Sie sich ganz darauf, ihm zu spiegeln, wie er sich Ihrer Ansicht nach fühlt.

Einsatz für die ganze Familie

Eine Liste mit täglichen oder wöchentlichen Pflichten gibt oft Anlass zu Meckerei. Eltern haben dann die zusätzliche Aufgabe zu ermahnen, zu drängen und zu überwachen. Ich empfehle einen ganz anderen Ansatz zum Umgang mit Hausarbeit. Ziehen Sie jeden Tag nach dem Essen, bevor alle auseinander laufen, die ganze Familie 20 Minuten lang zu Arbeiten heran wie Tisch abräumen, Geschirr spülen, Wohnzimmer aufräumen, Waschbecken putzen, Mülleimer leeren – eben alles, was so anfällt. Es hat folgende Vorteile, wenn die ganze Familie zusammenhilft:

Der Widerstand beim Einzelnen sinkt, wenn er sieht, dass die anderen mittun. Gemeinsame Arbeit kann sogar Spaß machen und fördert den Teamgeist.

Der Arbeitseinsatz ist auf einen überschaubaren Zeitraum begrenzt und fühlt sich dadurch weniger belastend an.

Die Eltern sind dabei und können jederzeit anschaulich loben, richtig zuhören und bei Bedarf korrigierend eingreifen.
Die Zeit, die die Kinder nach dem Familieneinsatz zum Spielen haben, wird intensiver geschätzt und als Belohnung empfunden.
Das Kind hat keine Schuldgefühle. Es muss sich nicht erst selbst motivieren.
Mit diesem System können sich Kinder nicht schlampig durch ihre Pflichten mogeln, um möglichst schnell wieder spielen zu dürfen. Jeder muss mitmachen, bis die 20 Minuten um sind. Das hält Kinder dazu an, langsamer zu machen und sich darauf zu konzentrieren, sorgfältig zu arbeiten.

Kann in Ihrer Familie nicht jeden Tag gemeinsam gegessen werden, wird das Programm eben mit den Familienmitgliedern umgesetzt, die gerade da sind – auch wenn manche abwesend sind und manche bereits gegessen haben. Eltern, die das Experiment mit solchen Familieneinsätzen gewagt haben, berichten einhellig, dass auch hartnäckiger Widerstand bald verpufft.

Beiträge zur Gemeinschaft

Kinder profitieren, wenn Sie sich auch außer Haus engagieren. Vor allem für Jungen ist das die ideale Gelegenheit, ihre Sozialkompetenz zu praktizieren und zu optimieren. Sie lernen dabei auch zu führen, sich unterzuordnen und im Team zu arbeiten. So können Sie Ihrem Sohn diese Möglichkeiten eröffnen:

Lassen Sie Ihren Sohn Dinge sammeln und in die Schule bringen, die auf der »Wunschliste« des Lehrers stehen (in aller Regel Bastelmaterial, Extrastifte und Marker, Papiertücher, et cetera).
Fördern Sie aktiv die Beteiligung Ihres Sohnes an allen Wohltätigkeitsveranstaltungen, Festen, Sammel- und Spendenaktionen der Schule, auch wenn er wenig Lust dazu hat.
Spielt Ihr Sohn ein Musikinstrument, singt oder tanzt er gern oder hat Spaß am Theaterspielen, lassen Sie ihn einer Band, einem Chor oder einer

Theatergruppe beitreten. Überlassen Sie diese Entscheidung nicht einfach ihm. Manche Jungen verzichten auf solche Chancen, weil sie befürchten zu versagen oder uncool zu wirken.

Sportmannschaften, Pfadfinder, kirchliche Jugendgruppen – das alles gibt Jungen Gelegenheit, sich in Rücksichtnahme und Großzügigkeit zu üben, den Grundvoraussetzungen für jedes gesellschaftliche Engagement.

Was Eltern wissen wollen

F: Mein Sohn verweigert sich schlicht, wenn ich ihn auffordere, im Haushalt zu helfen. Was kann ich tun, damit er seine Einstellung ändert?

A: Natürlich ist es leichter, ihn dazu zu bewegen, sich einzubringen, wenn sie damit im Kleinkindalter beginnen. Doch es ist nie zu spät. Menschen sind »Rudeltiere« und das Rudel eines Kindes ist seine Familie. Jedes Rudel hat einen Anführer und die jüngeren Rudelmitglieder sind genetisch darauf programmiert, dass sie gerne vom Anführer akzeptiert werden möchten. Wenn Sie die Strategien dieses Buches umsetzen, machen Sie klar, dass Sie der Rudelführer sind. Ihr Sohn reagiert darauf naturgemäß, indem er ihre Autorität respektiert. Nehmen Sie sich als Anführer Zeit und würdigen seinen Beitrag, wird er darauf sehr positiv reagieren und bald stolz auf seine Leistung sein.

F: Wir verlangen nicht viel von unserem Sohn. Er muss lediglich einmal die Woche Altglas und Papierabfälle wegbringen und am Wochenende die Spülmaschine ausräumen. Warum macht er so ein Theater, wenn er mithelfen soll?

A: Dass wir unseren Kindern zu wenig zumuten, ist ein wesentlicher Teil des Problems! Auch ein Kind, das jede Woche ein paar Handgriffe übernehmen muss, wird den Rest der Woche verwöhnt. Deshalb empfindet es die wenigen Aufgaben als Zumutung. Zwischen Arbeiten, die nur einmal die Woche oder alle zwei Wochen auszuführen sind, liegen mehrere Tage, an denen Ihr Sohn vergessen kann, dass er Pflichten hat. Der Tag, an dem er etwas tun muss, wirkt dann jedes Mal wie ein Schock. Ihr Sohn wir eher akzeptieren, dass Mithilfe unvermeidlich ist, wenn die ganze Familie jeden Tag Einsatz bringt.

Zusammenfassung

Viele Eltern und Lehrer halten Jungen immer noch für verantwortungs-, gedanken- und rücksichtslos. Allzu oft entwickelt sich diese negative Sichtweise zur selbsterfüllenden Prophezeiung. Sie prägt auch das Selbstbild der Jungen und beeinflusst ihre Handlungen (und Unterlassungen), ihre Werte und persönlichen Ziele. Um diese schädliche und falsche Wahrnehmung zu verändern, müssen die Erwachsenen im Leben eines Jungen diesem bewusst Kompetenzen vermitteln und Gewohnheiten anerziehen. Das Ergebnis wird Sie überraschen!

17. Kapitel – Kommunikation

Inzwischen spricht er klar und deutlich mit Verwandten und schaut dabei nicht mehr zu Boden

Im letzten Jahr hatte Clyde nicht viel Spaß an der Schule. Er bezeichnete sich selbst als dumm. Der Lehrer meinte, wir sollten uns keine Sorgen machen, er entspreche dem Durchschnitt der Jungen in der Klasse. Doch die Hausaufgaben entwickelten sich immer mehr zum Kampf. Am schwersten fielen ihm Aufsätze und schriftliche Beiträge. Er wusste nie, was er schreiben sollte. Was er dann zu Papier brachte, war schwammig, unstrukturiert und sehr kurz.

In ihrem Buch über Hausaufgaben schrieb Noël etwas, das mir absolut einleuchtete: Ein Kind kann nur gut schreiben, wenn es auch gut sprechen kann. Clydes Schwester ist ausgesprochen kommunikativ und hat überhaupt keine Probleme beim Schreiben. Clyde hatte prompt den Eindruck, dass er ihr nie das Wasser reichen könne. Ich beschloss, ihm beizubringen, sich besser zu artikulieren. Mein Mann hielt das für eine Schnapsidee! Er meinte, wir sollten ihn mit Belohnungen motivieren. Doch er wusste einfach nicht, wie man richtig sprach oder schrieb, deshalb reichten Belohnungen nicht. Wir setzten uns viermal die Woche zusammen – jeweils 20 Minuten, mit Stoppuhr. Sollte er es schrecklich finden, wüsste er, dass es zumindest bald vorbei war. Doch er fand es gar nicht schrecklich! Wenn es nach mir gegangen wäre, hätte mein Mann das am Wochenende übernommen, doch er fand es albern und weigerte sich.

Ich brachte Clyde bei, Adjektive zu verwenden, um genauer zu beschreiben, was er sagen wollte. Wir machten ein Spiel daraus, uns möglichst

> ausgefallene Adjektive auszudenken. Dann animierte ich ihn dazu, sich zu überlegen, ob er seinem Gesprächspartner auch genug Informationen gab, damit ihn dieser verstehen konnte. Ich ließ ihn üben, Geschichten in der richtigen Reihenfolge zu erzählen. Und wir spielten noch ein Spiel, das Noël empfohlen hatte: sich Synonyme zu überlegen. Dabei stellte sich heraus, dass er nicht genau wusste, was manche grundlegenden Wörter bedeuteten.
>
> Mir war klar, dass ihn das schriftlich weiterbringen würde, doch ich hoffte, es würde ihm auch Selbstvertrauen einflößen – und so war es. Nachdem wir drei Wochen miteinander gearbeitet hatten, meinte mein Mann: »Clyde wirkt plötzlich viel erwachsener.« Ich fühlte mich bestätigt! Clyde schreibt nicht nur besser und die Hausaufgaben fallen ihm leichter – er kann sich jetzt auch im Gespräch mit seiner Schwester behaupten. Inzwischen spricht er klar und verständlich mit Verwandten und schaut dabei nicht mehr zu Boden. Und das Schreiben macht ihm überhaupt nichts mehr aus!
>
> **Mutter von Lucie (13), Clyde (10) und Todd (4)**

In der Schule wird von den Jungen erwartet, mit den Leistungen der Mädchen mitzuhalten. Weil ihre Sprachentwicklung langsamer vonstattengeht als bei gleichaltrigen Mädchen, laufen Jungen Gefahr, ihr schulisches Potenzial nicht voll auszuschöpfen. Um für ausgeglichene Bedingungen zu sorgen, müssen Eltern eingreifen und den Jungen zeigen, wie man Sprache einsetzt, um effektiver zu kommunizieren – und das mit ihnen üben. Kommunikation ist alles, was der Mitteilung oder dem Austausch von Informationen oder Gedanken dient. Unsere hauptsächlichen sprachlichen Kommunikationswege sind:

- rezeptiv – Zuhören und Lesen
- expressiv – Sprechen und Schreiben

Verzögerte Sprachentwicklung erklärt manche der typischen Verhaltensweisen von Jungen, die Eltern und Lehrer häufig lästig finden: Ablenkbarkeit,

Vergesslichkeit, mangelnde Kooperationsbereitschaft et cetera. In diesem Kapitel beleuchten wir, wie wir Jungen beibringen können, aufmerksamer zuzuhören und sich verständlicher auszudrücken – und wie wir das mit ihnen einüben können. Dadurch bessern sich nicht nur ihre schulischen Leistungen, sondern auch die Beziehungen zur Familie, zu Gleichaltrigen und zu Erwachsenen im weiteren Umfeld. Im 27. Kapitel (Leseverständnis und Denkvermögen verbessern) geht es darum, Jungen mehr Lese- und Schreibkompetenz zu vermitteln.

Zuhören

In unserem Gehirn entsteht automatisch ein geistiges Bild von den Wörtern, die wir hören. Sagt jemand das Wort »Katze«, sehen wir das Bild einer Katze. Der Fachbegriff dafür ist auditive Verarbeitung. Bei vielen Jungen ist die auditive Verarbeitung weniger ausgereift als bei gleichaltrigen Mädchen.

Probleme mit der Verarbeitungsgeschwindigkeit

Sprechen wir über die Geschwindigkeit, mit der das Gehirn die Wörter, die ein Kind hört, in geistige Bilder umsetzt. Wer mit einem sehr kleinen Kind spricht, würde nie längere Absätze mit Informationen herunterrattern. Uns wäre klar, dass sein unreifes Gehirn nicht mit der Geschwindigkeit unserer Wörter mithalten kann. Das gilt auch für kleine Kinder, die selbst gern sprechen, sprachlich sehr versiert wirken und sich gut ausdrücken können. Wir sagen so einem Kind nur immer einen oder zwei Sätze auf einmal und sprechen langsam und deutlich. Dann warten wir seine Reaktion ab, um festzustellen, ob es noch zuhört und begreift. Erst dann äußern wir die nächsten ein oder zwei Sätze.

Jungen sind länger als Mädchen auf diese Herangehensweise angewiesen, weil ihre auditive Verarbeitung langsamer reift. Nehmen wir darauf keine Rücksicht, kommen unsere Worte bei einem Jungen als Blabla an. Er wird bald nicht mehr hinhören, vor allem wenn wir unser Blabla auch noch in genervtem Tonfall absondern. Und eine genervte Reaktion Ihrerseits ist durchaus naheliegend, wenn Sie versuchen, ihm etwas ernsthaft zu erklären, und er schaut dabei abwesend im Zimmer herum statt zuzuhören. Vielleicht unterbricht er Sie auch und fragt, ob er Ihr Handy zum Spielen haben oder noch einen Keks bekommen kann. Auch Lehrer, Trainer und Musiklehrer kann das zur Weißglut treiben. Wer noch nie von der unreifen auditiven Verarbeitung gehört hat, sucht die Schuld unwillkürlich bei dem Jungen: »Er hört einfach nicht zu.« Doch selbst wenn der Junge zuhört und wir klare Sprache verwenden, um etwas Bestimmtes zu erklären, begreift er vielleicht nicht, worauf wir hinauswollen.

Machen wir es den Jungen leichter zuzuhören und zu verstehen – und zu kooperieren. Mit einem Jungen müssen wir langsamer sprechen, damit sein Gehirn genug Zeit hat, die Wörter und Sätze zu verarbeiten und die Sprache in geistige Bilder umzusetzen. Und wir müssen laufend prüfen, ob er uns folgen kann. Stellen Sie jeweils nach ein paar Sätzen ein oder zwei Fragen, um sicherzugehen, dass Ihr Sohn noch zuhört und begreift, wovon Sie sprechen.

Haben wir es eilig oder stehen unter Stress, haben wir vielleicht das Gefühl, dass uns die Zeit dafür fehlt. Wir möchten lieber einfach stillschweigend voraussetzen, dass bei unserem Kind alles richtig angekommen ist. Doch damit sparen wir definitiv an der falschen Stelle, denn mit Eile ist nichts gewonnen. Unter dem Strich dauert die Kommunikation dann sogar länger. Wollen wir das vermeiden, müssen wir in unseren Tagesablauf genug Zeit einplanen, um so zu sprechen, dass es das Jungengehirn leichter verarbeiten kann. Ansonsten wird uns unser Sprössling nicht nur nicht hören, sondern sich vielleicht sogar angewöhnen zu ignorieren oder zu missachten, was wir sagen. Und das untergräbt am Ende den Respekt.

Probleme bei der Figur-Grund-Wahrnehmung

Ein weiterer wesentlicher Aspekt der auditiven Verarbeitung ist die »Figur-Grund-Wahrnehmung«. Das hört sich nach einem schwierigen wissenschaftlichen Fachbegriff an, beschreibt aber im Grunde ein ganz einfaches Konzept. Betrachten wir etwas, erfassen wir es, indem wir uns unwillkürlich unbewusst fragen: »Welche Eindrücke sind daran die wichtigsten, auf die ich achten sollte?«

Das Gleiche gilt für alles, was wir hören. Hören wir Sprache, nehmen wir eine Menge Wörter wahr. Um diese in eindeutige geistige Bilder umzusetzen, müssen wir herausfiltern: »Was sind die wichtigsten Eindrücke, auf die ich achten muss?« Das wird als Figur-Grund-Wahrnehmung bezeichnet. »Figur« steht dabei für das Vordergründige, auf das es besonders ankommt. »Grund« ist der wissenschaftliche Ausdruck für das, was wir landläufig als »Hintergrund« bezeichnen würden.

Natürlich findet Ihr Sohn unter Umständen ganz andere Aspekte interessant oder wichtig als der jeweilige Sprecher. Es ist aber die Aufgabe des Zuhörers herauszufinden, worum es dem Sprecher geht. Der Zuhörer muss sich fragen: »Warum erzählt mir der Sprecher das alles?«

Haben Sie schon einmal die frustrierende Erfahrung gemacht, dass sich Ihr Sohn im Gespräch auf ein unwesentliches Detail fixiert und dabei gar nicht mitbekommt, was Sie ihm eigentlich sagen wollen? Hat ein Kind Probleme zu erkennen, worauf der Sprecher hinauswill, können zwei Dinge eintreten, die beide problematisch sind: Vielleicht hört das Kind nicht mehr zu, weil es verwirrt ist. Oder es hört noch zu, versteht aber falsch und behält dann nicht im Kopf, was der Sprecher sagen will. Das kann seine Beziehungen zu Altersgenossen ebenso belasten wie die zu Eltern und Lehrern.

Weil das Jungengehirn bei der Figur-Grund-Wahrnehmung Probleme hat, müssen wir mit Jungen sprechen, als wären sie jünger als sie eigentlich sind. Das bedeutet, wir müssen kürzere Sätze bilden, wichtige Wörter und Sätze wiederholen, die Punkte besonders hervorheben, die wir klären möchten, und öfter mal eine Pause einlegen, um zu prüfen, ob auch alles angekommen ist.

Probleme mit dem Verständnis komplexer Sätze

Die Wahrscheinlichkeit, dass lange Sätze – die gewöhnlich komplizierter aufgebaut sind und aus mehr Satzteilen bestehen – beim Hören oder Lesen verwirrend wirken, ist bei Jungen größer als bei Mädchen. Ein Junge versteht die Bedeutung oft erst, wenn der lange Satz in mehrere kürzere Sätze unterteilt wird. Ein Junge kann gewöhnlich viele Wörter für sich lesen, doch werden diese zu Sätzen mit mehreren Nebensätzen zusammengefügt, bringt ihn das durcheinander. Seine Verarbeitungsmechanismen sind noch nicht so ausgereift, dass er die Beziehungen zwischen den Gedanken bildlich erfassen kann, für die die Wörter stehen. An diesem Punkt schaltet er dann vermutlich ab und findet die ganze Sache »langweilig«. Dadurch haben Jungen einen großen Nachteil.

Probleme bei der auditiven Verarbeitung haben nichts mit mangelnder Intelligenz zu tun. Ihr Junge mag sonst durchaus aufgeweckt sein, und trotzdem dürften Sie feststellen, dass die Geschwindigkeit, mit der er Sprache verarbeitet, seine auditive Figur-Grund-Wahrnehmung und sein Verständnis komplexer Sätze weniger ausgereift sind, als sie angesichts seines Alters und seiner Intelligenz erwarten würden. Doch auditive Verarbeitung ist eine Kompetenz, die entwickelt und verbessert werden kann – wie jede andere Kompetenz auch.

Besser zuhören lernen

Eine höchst effektive Methode, die auditive Verarbeitung Ihres Sohnes zu fördern, ist ein Spiel – das sogenannte »Go Game«. Durch dieses Spiel lernt das Jungengehirn mit der Zeit, aufmerksamer zuzuhören und schneller zu verarbeiten, was es hört, darauf zu achten, was dem Sprecher wichtig ist, und komplexe Sätze zu verstehen und zu behalten. Ihr Sohn lernt außerdem, zutreffende geistige Bilder des Gehörten zu entwerfen, diese zu beschreiben, in seinem Kurzzeitgedächtnis zu speichern und in Handlung umzusetzen. Mit dem Go Game vermitteln und üben Sie aber nicht nur Kompetenzen zur auditiven Verarbeitung ein, sondern auch Geduld – eine wesentliche Voraussetzung für die Impulssteuerung.

Das »Go Game«

Dieses Spiel besteht aus fünf Schritten:

Erster Schritt: Sorgen Sie dafür, dass es keine Ablenkungen gibt.

Zweiter Schritt: Erklären Sie Ihrem Sohn, dass Sie ihm drei Aufträge erteilen, er diese aber erst ausführen darf, wenn sie »go« sagen.

Dritter Schritt: Erteilen Sie Ihrem Sohne eine Anweisung, die aus drei Teilen besteht. Bei einem sehr kleinen Jungen könnte das sein: »Wenn ich ›go‹ sage, nimmst du die Hälfte der Büroklammern aus der Schale auf dem Tisch.

Dann legst du alle bis auf eine auf den Schreibtisch neben die Schale. Die letzte Büroklammer soll auf das größte Buch auf dem Schreibtisch.«

Fangen Sie ruhig klein an, mit einfachen Anweisungen, damit Ihr Sohn Verarbeitungskompetenz und Selbstvertrauen entwickeln kann. Möglicherweise springt er schon auf, um Ihre Anweisungen auszuführen, bevor Sie überhaupt zu Ende gesprochen haben. Heben Sie die Hand, um »Warte« zu signalisieren, und loben Sie ihn anschaulich, wenn er folgt.

Vierter Schritt: Bitten Sie Ihren Sohn zu beschreiben, was er tun soll. Das kann für Jungen mit mangelnder Verarbeitungskompetenz der schwierigste Teil sein. Er muss sich merken, was Sie gesagt haben, sich seine Handlungen in der richtigen Reihenfolge bildlich vorstellen und dann beschreiben, was er vor seinem inneren Auge sieht. Am Anfang braucht er vielleicht mehrere Anläufe, bis das klappt. Loben Sie anschaulich jeden kleinen Schritt in die richtige Richtung.

Wundern Sie sich nicht, wenn er am Anfang auf Dinge zeigt, statt sie beim Namen zu nennen, oder wenn er vage Begriffe wie »da drüben« verwendet, statt genau zu sagen, wo er etwas hinstellen soll. Leiten Sie ihn dazu an, Ihnen ganz genau zu schildern, was er wohin legen soll. Achten Sie darauf, dass er es Ihnen in derselben Reihenfolge angibt, in der er es ausführen soll. Loben Sie anschaulich jeden kleinsten Fortschritt in seiner Ausdrucksweise. Unterstützen Sie ihn weiter, bis er in der Lage ist, flüssig und korrekt, ohne Ihre kleinen Fingerzeige oder Stichwörter, genau zu beschreiben, was er tun soll.

Fünfter Schritt: Sagen Sie dann »go«. Beobachten Sie Ihren Sohn genau. Achten Sie darauf, dass er die Anweisungen exakt befolgt, und loben Sie anschaulich jeden Teilschritt, an den er gedacht hat. Mit ein bisschen Übung ist Ihr Sohn in Kürze in der Lage, sich einfache dreistufige Anweisungen problemlos und genau vorzustellen und sie auszuführen – und bald auch komplexere. Ist dieser Punkt erreicht, können Sie zu vier- und fünfstufigen Anweisungen übergehen.

Stellen Sie Ihrem Sohn dabei immer wieder andere Aufgaben, damit das Spiel für ihn interessant bleibt. Lassen Sie ihn auch körperlich tätig werden – eine Türe berühren, soundsovielmal hüpfen oder klatschen oder einen Gegenstand an einen ganz unpassenden Ort stellen. Bauen Sie auch Lese-, Rechen- und allgemeine Wissensaufgaben ein. Um die Verarbeitungskompetenz Ihres Sohnes zusätzlich zu fördern, lassen Sie ihn zwischen zwei ähnlichen Objekten unterscheiden, etwa so: »Leg das kleine blaue Buch unter das kleine weiße Buch.« Damit es für Ihren Sohn unterhaltsamer wird, können Sie auch die Rollen tauschen und sich von ihm Anweisungen erteilen lassen.

Hier weitere Beispiele für Aufträge mit drei Ausführungsschritten:

- Geh zweimal um den Tisch herum, setz dich dann neben mich und sag mir die Namen von vier Dschungeltieren.
- Hüpf dreimal auf dem rechten Fuß, dann zähl rückwärts in Zweierschritten von 39 bis 15 und setz dich im Schneidersitz mit dem Rücken zur Wand auf den Boden.
- Sing dem Hund, bevor du aufstehst, »Happy Birthday« vor, leg dann den Tacker in die oberste Schublade und setzt dich mit verschränkten Armen hin.

Ihnen und Ihrem Sohn werden die Ideen sicher nicht ausgehen. Die Möglichkeiten sind unbegrenzt.

Alle Kinder profitieren, wenn man regelmäßig das Go Game mit ihnen spielt, und es ist äußerst abwechslungsreich. Es lässt sich an jede Situation anpassen, in die Sie geraten. Ein Vater erzählte mir neulich, er habe seinen Sohn auf einem Transatlantikflug stundenlang mit dem Go Game bei Laune gehalten, ohne dass der Junge dabei einmal aufstehen musste.

Sprechen

Die Sprache entwickelt sich bei Jungen gewöhnlich langsamer als bei Mädchen. Im Schnitt fangen Jungen später an zu sprechen, erweitern ihren Wortschatz langsamer und neigen eher dazu, Wörter falsch auszusprechen oder im falschen Zusammenhang zu verwenden. Jungen sprechen gewöhnlich in kürzeren Sätzen und selbst erwachsene Männer formulieren häufig einfacher, mit weniger Nebensätzen. Jungen schmücken ihre Aussagen mit weniger Adjektiven und Adverbien aus. Was sie sagen wollen, wird dadurch vager und unklarer.

So erziehen Sie ihr Kind zu einer klareren Sprache

Eltern verstehen oft, was ihr Sohn sagen will – auch wenn er sich schwammig ausdrückt oder der Satzbau nicht stimmt. Damit unsere Söhne aber auch außer Haus erfolgreich kommunizieren können, müssen wir ihnen beibringen, sich unmissverständlicher und reifer auszudrücken, damit sie besser verstanden werden. Und das geht so:

Stellen Sie Ihrem Sohn viele Fragen. Prüfen Sie aber vorher, ob er auch aufnahmebereit ist, statt sie einfach auf ihn einprasseln zu lassen.

Fragen Sie insbesondere nach Dingen, die er erklären oder vorhersagen muss, statt einfach Informationen abzurufen.

Akzeptieren Sie kein »Ich weiß nicht« als Antwort. Fordern Sie ihn stattdessen auf: »Gebrauche deinen Kopf«. Geben Sie ihm keine Hinweise oder Anhaltspunkte. Er kann selbst überlegen. Loben Sie alles Positive an seiner Antwort anschaulich.

Halten Sie Ihren Sohn dazu an, Ihre Fragen mit ganzen Sätzen zu beantworten.

Macht Ihr Sohn einen Fehler oder verwendet Begriffe falsch, sagen Sie ihm den Satz richtig vor und lassen Sie ihn nachsprechen. Das lehnt er anfangs vielleicht ab, weil es seinen Gesprächsfluss unterbricht, doch wenn Sie daran denken, richtig zuzuhören und anschaulich zu loben, wird er es schon bald positiv auffassen.

Bringen Sie ihm bei, Substantive in seinen Sätzen durch Adjektive zu ergänzen, damit klarer wird, was er sagen will.

Spricht Ihr Sohn, überlegen Sie, ob auch ein Mensch, der nicht zur Familie gehört, in der Lage wäre, ihn zu verstehen. Zeigen Sie ihm, wie er erklären kann, was er meint. Machen Sie ihm klar, welche seiner Sätze leicht nachvollziehbar sind, und welche ein Außenstehender vielleicht nicht ohne Weiteres begreifen kann.

Anders ausgedrückt
Dahinter verbergen sich verschiedene Spiele, die Sprachkompetenzen effektiv verbessern helfen. Diese Spiele können Sie mit Kleinkindern genauso gut spielen wie mit Teenagern.

Stellen Sie die Stoppuhr auf fünf Minuten. Sie und Ihr Sohn arbeiten als Team zusammen, um die höchstmögliche Punktzahl zu erreichen, indem Sie sich so viele Wörter wie möglich ausdenken, bevor die Zeit abgelaufen ist.

Zum Beispiel:
- Andere Wörter für »gut, lustig, schön«.
- Andere Wörter für »schlecht, langweilig, furchtbar«.
- Andere Wörter, um Sätze zu verbinden statt »und, dann, deshalb«.
- Adjektive, mit denen man eine Handlung wie »gehen, essen, atmen, lernen, spielen« näher beschreiben kann.

Gleichbedeutende oder fast gleichbedeutende Wörter für Substantive (wie Haus, Kampf, Freund), Verben (wie gehen, laufen, drücken), Adjektive (wie traurig, schnell, heimlich).

Spielen Sie das Spiel ein paar Tage später noch einmal und nach mehreren Tagen erneut, denn je häufiger etwas wiederholt wird, desto eher geht es vom Kurzzeit- ins Langzeitgedächtnis über. Spielen Sie dasselbe Spiel zum zweiten Mal, versuchen Sie und Ihr Sohn als Team, Ihr erstes Ergebnis zu übertreffen. Und meist wird Ihnen das auch gelingen.

Wie Sie Jungen beibringen, über ihre Gefühle zu sprechen
In unserer Gesellschaft sind Jungen von Leitbildern für eine ganz bestimmte Art von Männlichkeit umgeben – einem Macho-Bild, das die Jungen auf ein kleines Spektrum möglicher Reaktionen beschränkt. Wir müssen dafür sorgen, dass Jungen lernen und üben, über ihre Gefühle und Gedanken, ihre Sorgen und ihre Träume zu sprechen. Es ist wichtig, dass Jungen ohne Vorbehalte über ihr Seelenleben sprechen. Äußern sich Gefühle in Worten, ist die Wahrscheinlichkeit geringer, dass sie sich in Fehlverhalten übersetzen. Außerdem gilt: Können Erwachsene verstehen, was in einem Jungen

vorgeht, haben sie mehr Möglichkeiten, ihm zu helfen – ob durch aktives Eingreifen oder durch richtiges Zuhören.

Studien belegen: Die Fähigkeit und Bereitschaft, Gefühle zum Ausdruck zu bringen, sorgt für mehr Optimismus, eine positive Einstellung, gestärktes Selbstvertrauen und Zuversicht. Das möchten viele Eltern ihren Söhnen mitgeben. Doch es ist selten einfach, Jungen beizubringen und mit ihnen zu praktizieren, ihre Gefühle und Gedanken auszusprechen.

Beginnen Sie wie immer mit anschaulichem Lob (siehe viertes Kapitel). Nichts wirkt motivierender. Anschauliches Lob hilft Kindern, sich selbst in einem anderen Licht zu sehen. Loben Sie Ihren Sohn immer dann anschaulich, wenn er beschreibt, wie er sich fühlt, ohne zu jammern und ohne verbale oder physische Aggression. Achten Sie unbedingt darauf, jeden Tag einmal festzustellen und zu kommentieren, dass ihr Sohn bereit ist, seine Gefühle zu schildern, ohne zu weinen, zu schmollen oder sich schlecht zu benehmen. Sie können ihn mit Sätzen loben wie »Jetzt verstehe ich, wie du dich fühlst«. Daran erkennt ihr Sohn sehr genau, dass es für ihn Vorteile hat, wenn er sich öffnet.

Richtiges Zuhören (siehe sechstes Kapitel) vermittelt Kindern den Wortschatz, um ihre Gefühle auszudrücken. Hören Sie gezielt richtig zu, wenn Ihr Sohn allem Anschein nach negative Gefühle entwickelt. Wenn Sie bei der Stange bleiben, wird ihm das schneller zur Gewohnheit, als Sie denken. Äußern Sie auch bewusst häufig Ihre Gefühle – mit Wörtern, die Ihr Sohn versteht. Sie könnten zum Beispiel sagen: »Ich wäre gern pünktlich zum Essen zu Hause gewesen. Es hat mich total genervt, dass ich im Stau gestanden habe.« Wenn Sie dann noch etwas hinzufügen wie: »Am liebsten hätte ich laut geschrien, aber das habe ich nicht gemacht«, zeigt das Ihrem Sohn, dass es möglich und erstrebenswert ist, negativen Gefühlen nicht physisch Ausdruck zu verleihen.

Was Eltern wissen wollen

F: Meine Frau und ich setzen Ihre Strategien ein und stellen schon eine gewaltige Wirkung fest. Unser Sohn sagt jetzt nicht mehr »Hä?«, wenn wir ihm etwas erklären. Und wenn er uns etwas erzählt, hört sich das spannend an! Meine Frau macht sich aber Gedanken, weil er nie über seine Gefühle sprechen will. Was können wir tun?

A: In vielen Kulturen sprechen Frauen leichter über Gefühle und Beziehungen als Männer. Deshalb kommen Mütter schon mal auf den Gedanken, dass etwas nicht stimmt, wenn ihr Sohn (oder ihr Partner) ungern über seine Gefühle redet. Das Unbehagen des Jungen entstammt vermutlich der Präferenz des Jungengehirns, Probleme möglichst durch Handlungen zu lösen. Es kann daher eine tief verwurzelte Gewohnheit sein, die unbewusst durch das Nachahmen älterer Jungen entstanden ist. Vielleicht fehlt Ihrem Sohn wie so vielen Jungen aber auch der nötige Wortschatz, um seine Gefühle auszudrücken. Richtiges Zuhören hilft Jungen, sich präziser und sicherer zu artikulieren – nicht nur in Gesprächen über Fußball und Dinosaurier oder andere Fakten, sondern auch zu Themen wie menschliche Gemütszustände. Väter können hier enormen Einfluss ausüben. Sprechen Sie mit Ihrem Sohn über Ihre Gefühle, und früher oder später wird er es Ihnen gleichtun.

F: Mein älterer Sohn verwendet neuerdings gern Schimpfwörter und Fäkalsprache, und inzwischen macht das sein kleiner Bruder schon nach. Wie kann ich dem Einhalt gebieten? Wir haben erst versucht, es zu ignorieren, dann Konsequenzen gezogen – doch nichts fruchtet.

A: Vielleicht will Ihr Sohn mit seiner derben Sprache negative Aufmerksamkeit erregen. Vielleicht ist er sauer auf Sie und will Ihnen das so heimzahlen. So oder so, die effektivste Strategie ist, Ihre Jungen jedes Mal anschaulich zu loben, wenn sie damit aufhören, und anschließend Wiederholungen zu fordern und alles gründlich durchzusprechen. Das funktioniert (wenn auch nicht über Nacht), wenn Sie gleichzeitig daran denken, die anderen Strategien aus diesem Buch einzusetzen.
Fluchen kann aber auch ein komplexeres Problem darstellen als die Suche nach Aufmerksamkeit oder kindliche Rache. Über Schimpfwörter und Gossensprache identifizieren sich die Angehörigen bestimmter

> Gruppen von Jungen. Häufige Wiederholung bestimmter Wörter und Floskeln ist kennzeichnend für die Zugehörigkeit. Verwendet ein Junge immer wieder eine Sprache, die seine Eltern missbilligen, versucht er vielleicht verzweifelt, von dieser Gruppe akzeptiert zu werden.
> Durch die Strategien dieses Buches können Sie Ihrem Sohn dabei helfen, sich bewusst stärker an Ihnen zu orientieren als an dieser Gruppe. Extrazeit und gemütliche Mahlzeiten in der Familie sowie häufige lustige Familienabende können eine angeschlagene Vater-Sohn-Beziehung kitten helfen.

Zusammenfassung

Die unreife rezeptive und expressive Sprachverarbeitung von Jungen kann Verhaltensweisen und Einstellungen zur Folge haben, die Eltern und Lehrer verständlicherweise nerven oder sogar wütend machen. Doch unser Ärger verpufft, wenn wir uns bewusst machen, dass es viel gibt, was wir tun können, um dem Jungengehirn zu helfen, Sprache besser zu verarbeiten.

Man kann Jungen beibringen und antrainieren, genauer zuzuhören, damit sie besser verstehen und sich eher merken, was sie gehört haben, und sich präziser auszudrücken, damit sie sich leichter verständlich machen können. Das macht das Leben mit Jungen gelassener, einfacher und glücklicher.

Auch die Fähigkeit, effektiver zu kommunizieren, hilft Jungen, ihr schulisches Potenzial voll auszuschöpfen. Reiferes Hörverstehen führt immer auch zu reiferem Leseverstehen, mehr Sprachkompetenz immer auch zu mehr Schreibkompetenz.

18. Kapitel – Alleine spielen

Meine Jungs sind inzwischen total gut zu haben

Letztes Jahr haben mein Mann und ich auf einem von Noëls Seminaren alles über die Vorteile des Alleinespielens erfahren. Wir konnten uns aber nicht vorstellen, dass sich unsere drei Söhne je mit dem Gedanken anfreunden würden, sich täglich alleine zu beschäftigen. Sie waren 15, 8 und 5 Jahre alt und furchtbar laut und anstrengend. Ständig stritten sie um irgendetwas. Und dauernd lagen sie uns in den Ohren und verlangten mehr Computerzeit. Das raubte uns den letzten Nerv.

Also setzten wir uns mit jedem einzeln zusammen und erklärten ihm die neue Regel. Für den Anfang so teilten wir ihnen mit, sollten sie in der ersten Woche jeden Tag vor dem Essen zehn Minuten lang alleine spielen. Dann sollten es von Woche zu Woche immer fünf Minuten mehr werden, bis sie sich täglich eine halbe Stunde lang alleine beschäftigen würden. Für unseren Ältesten war das am schlimmsten – vermutlich, weil er seine schlechten Angewohnheiten schon am längsten hatte. Die ersten Wochen fielen uns allen schwer. Die Jungen beschwerten sich und heulten. Es gab ein paar Wutausbrüche wegen der schrecklichen Neuregelung. Der Große drohte uns sogar mit einem Anruf bei der Kinderseelsorge! Wie konnten wir es wagen, ihm seine Xbox zu entziehen!

Doch wir blieben hart. Wir wollten unseren Jungen helfen, eigenständiger zu werden, Enttäuschungen besser zu verkraften und mehr auf ihre eigenen Fähigkeiten und Begabungen zu vertrauen. Wir richteten uns nach den Strategien dieses Buches – wir lobten anschaulich, hörten richtig zu, sprachen täglich alles durch und vergaben Belohnungen, wenn sich die

> Jungen nicht beschwerten. Wenn ich in Versuchung geriet, ihnen für gutes Benehmen während der unantastbaren Alleinspielzeit doch Bildschirmaktivitäten zu gestatten, hielt mich mein Mann auf Kurs.
>
> Es dauerte gar nicht lange, und sie fingen an, sich selbst zu beschäftigen. Es wurde weniger gestritten. Ein paar Monate lang führte ich aus reiner Neugier eine Liste darüber, was sie in dieser Zeit mit sich anfingen. Wir staunten über ihren Einfallsreichtum. Wir hatten ja keine Ahnung gehabt, woran sie Spaß hatten: Zeichnen, Lesen (was zuvor nie besonders hoch im Kurs stand), Geschichten, ja, sogar Gedichte schreiben, Sammelalben anlegen, mit dem Hund spielen, mit ihren Action-Figuren und natürlich mit Lego spielen, Höhlen bauen, Kochen, Werken, sich sportlich betätigen. Wir konnten es kaum glauben, doch manchmal setzten sie sich sogar freiwillig an ihre Hausaufgaben oder lernten, räumten ihr Zimmer auf oder griffen zu ihren Instrumenten, um zu üben. Das Allerbeste war aber, dass sie vor unseren Augen erwachsener wurden! Heute sind meine Jungs total gut zu haben. Es wird kaum noch gezankt oder gequengelt. Ich bin sehr gern mit ihnen zusammen – und das hätte ich vorher nicht sagen können.
>
> **Mutter von Alan (16), Corey (9) und Malcolm (6)**

Jedes Kind sollte in der Lage sein, sich alleine zu beschäftigen – ohne Geschwister oder Freunde, ohne Bildschirm und ohne Eltern.

Das kann zwei Formen annehmen. Entweder geht ihr Kind von sich aus und spielt alleine. Manche Kinder tun das häufig, andere nur hin und wieder. Die Eltern wünschen sich, dass sich ihr Kind alleine beschäftigt, wenn keine Geschwister da sind, niemand zum Spielen kommt, keine Elektronik zur Verfügung steht und die Erwachsenen im Haus keine Zeit oder einfach keine Lust haben mitzuspielen.

Die meisten Kinder beschäftigen sich problemlos alleine, wenn sie es sich selbst ausgesucht haben. Das kommt bei Jungen aber viel seltener vor. Das liegt an dem extremen Temperament, das für Jungengehirne typischer ist. Ein besonders sensibles, gefühlsbetontes, impulsives, unflexibles und unreifes Kind wird eher nicht alleine spielen wollen. Vielleicht entwickelt es sogar Hassgefühle dagegen. Oder es ist der festen Überzeugung, dass es sich nicht alleine beschäftigen kann. Möglicherweise hat es Angst, alleine zu bleiben. Das alles sind Gewohnheiten, und Gewohnheiten lassen sich ändern.

Alle Kinder, auch solche mit einem extremeren Temperament, können lernen, sich alleine zu beschäftigen – und zwar nicht nur, wenn sie selbst gerade Lust dazu haben, sondern auch, wenn Sie als Eltern das wollen. Und die Kinder können lernen, das auch zu genießen. Die Fähigkeit, sich ohne Einwirkung anderer mit sich selbst zu beschäftigen, ist uns nämlich eigentlich angeboren. Selbst Kleinkinder können das schon.

Warum alleine spielen so wichtig ist

Alle Kinder (selbst wenn sie mit ihren Geschwistern gut auskommen) sollten lernen und üben, längere Zeit alleine zu spielen – auch die, denen das zunächst schwerfällt.

Ein Kind, das sich mit sich selbst beschäftigt, erlebt, dass sich die Dinge nicht immer erwartungsgemäß entwickeln. Vielleicht findet es das bestimmte Auto nicht, nach dem es sucht. Oder der Kopf von seinem Spielzeugdinosaurier fällt immer wieder herunter. Oder sein Lego-Konstrukt entspricht nicht genau dem Bild auf der Verpackung. Sind die Eltern zugegen, bittet ein Junge vermutlich um Hilfe, die er auch erhält (manchmal gut gelaunt, manchmal unwillig wegen der Unterbrechung). Es kommt uns nett und freundlich vor, einem Kind bei der Lösung solcher kleinen Probleme zu helfen, doch in Wirklichkeit behindert solche »Hilfe« unser Kind. Es lernt dann nicht, selbst Lösungen für Probleme zu finden. Seine Fähigkeit zur Problemlösung entwickelt sich nur weiter, wenn es auf sich gestellt ist und erst nach der Alleinspielzeit um Hilfe bitten kann.

Hinzu kommt, dass sich nicht alle Probleme sofort lösen lassen. Spielt Ihr Sohn jeden Tag eine gewisse Zeit alleine, lernt er nach und nach, mit der Frustration umzugehen, die sich automatisch einstellt, wenn er ein Problem nicht unmittelbar lösen kann.

Viele Konflikte zwischen Geschwistern gehen auch darauf zurück, dass eines der Kinder nichts mit sich anzufangen weiß. Was es allerdings aus Erfahrung weiß, ist, dass es durchaus unterhaltsam sein kann, den Bruder oder die Schwester zur Weißglut zu treiben. Und das trägt ihm ganz nebenbei auch noch die Aufmerksamkeit der Eltern ein! Die Qualität geschwisterlicher Interaktionen ist das Ergebnis einer Reihe von Faktoren. Ich will daher nicht sagen, dass alle Probleme zwischen Geschwistern gelöst sind, sobald sie gelernt haben, alleine zu spielen. Möchten Sie erreichen, dass sich ihre Kinder besser verstehen, ist aber auf jeden Fall eine wichtige Strategie, ihnen beizubringen, sich alleine zu beschäftigen.

Kommen Kinder in die Schule, wird im Tagesverlauf immer wieder von ihnen erwartet, sich auf eine Aktivität zu konzentrieren, ohne vom Lehrer dazu animiert, ermahnt, bestätigt oder zurückgeführt zu werden. Durch Rezeption werden viele der früheren spielerischen Aktivitäten durch Lesen, Schreiben und Rechnen ersetzt. Viele Eltern berichten, dass sich ihre Kinder bereitwilliger an die Hausaufgaben setzen und ihr Bestes geben, nachdem sie sie dazu angeleitet haben, sich regelmäßig alleine zu beschäftigen und ihre Probleme selbst zu lösen.

Hat Ihr Sohn ein extremeres Temperament, haben sie sich womöglich des »lieben Friedens willen« angewöhnt, seine Forderungen zu erfüllen, wenn er möchte, dass sie mit ihm spielen oder ihn unterhalten sollen. Kinder müssen merken, dass sie ihre Eltern nicht kontrollieren können. Keinem Kind tut gut, wenn die Eltern ständig nach seiner Pfeife tanzen. Sich still alleine zu beschäftigen, wirkt äußerst beruhigend, wenn ihr Sohn das erst einmal so verinnerlicht hat, dass er sich dabei wohlfühlt.

Allein spielen macht impulsive Jungen reifer

So groß die Versuchung auch sein mag, machen Sie nicht den Fehler, einen in aller Regel anstrengenden oder lauten Jungen vor einem Bildschirm zu parken, um sich etwas Ruhe für anstehende Aufgaben zu verschaffen. Für Sie ist das der leichtere Weg, aber ihr Kind bringt es nicht weiter. Es erwirbt dabei keine Fähigkeiten, die ihm helfen, reifer zu werden und sein Selbstvertrauen und seine Selbstachtung zu steigern.

Der Junge, von dem ich hier spreche, verbringt seine bildschirmfreie Zeit gern mit wilden, lauten, aggressiv anmutenden Spielen. Er tut Dinge, die ihm mehr als einmal untersagt wurden. Er hält sich oft in der Nähe der Erwachsenen oder seiner Geschwister auf und versucht, mit immer nervtötenderen Methoden ihre Aufmerksamkeit zu erregen. So ein Kind ist häufig unruhig und leicht ablenkbar. Seine Feinmotorik ist unterentwickelt. Ohne es je probiert zu haben, geht ein solches Kind davon aus, dass ruhige, sitzende Tätigkeiten »zu langweilig« sind. Was ihm dabei nicht klar ist: Natürlich findet es bestimmte Tätigkeiten langweilig, weil es sie noch nicht beherrscht und deshalb wenig Befriedigung daraus zieht. Weil es diese Tätigkeiten aber nach Kräften meidet, »übt« es sich nur selten darin und wird daher auch nicht besser.

Soll so ein Junge ruhig und konzentriert im Klassenzimmer sitzen, fällt ihm das schwer und verursacht ihm vielleicht sogar körperliches Missbehagen. Vermutlich wird er oft zurechtgewiesen, weil er nicht aufpasst, schwätzt oder herumzappelt statt zuzuhören oder zu arbeiten. Je mehr er aber kritisiert oder in ungeduldigem, gereiztem Tonfall angesprochen wird, desto unwilliger, ablehnender und vielleicht sogar aufsässiger wird er. Und dabei lernt er nach wie vor nicht, *wie* man still sitzt, sich konzentriert, am Ball bleibt und Probleme löst. Das ist ein Teufelskreis, den nur die Eltern umkehren können. Den meisten Lehrern fehlt das Rüstzeug, um Kindern beizubringen, wie sie eigenständig lernen – und das ist auch nicht ihre Aufgabe.

Wie alleine spielen zur Gewohnheit wird

Lassen Sie jedes Kind zu einer bestimmten Zeit jeden Tag allein in einem Zimmer spielen. Bestehen Sie darauf. Bildschirmzeit zählt nicht als Alleinspielzeit!

Hat jedes Kind ein eigenes Zimmer, ist das gewöhnlich der ideale Ort, um sich alleine zu beschäftigen. Teilen sich Ihre Kinder ein Zimmer, können Sie abwechselnd eines im Zimmer lassen und das andere in einem anderen Bereich der Wohnung.

Vielleicht erkennen Sie den Sinn, den es hat, Ihren Sohn lernen und üben zu lassen, sich alleine zu beschäftigen und später eigenständig zu arbeiten, wissen aber nicht, wie Sie mit ersten negativen Reaktionen umgehen sollen. Diese können graduell unterschiedlich ausfallen, von schwach (Unterbrechungen, Gequengel, vorgespielter Schmerz, damit sie herbeistürzen und nachsehen, ob alles in Ordnung ist) bis extrem (Weinen, Weigerung, im

Zimmer zu bleiben, Beleidigungen, Schimpfwörter, Trotzanfälle bis hin zu physischer Aggression). Tipps dazu, wie sie negative Reaktionen oder Fehlverhalten verringern, finden Sie im zweiten Teil.

Mit Durchsprechen zum Erfolg

Indem Sie Situationen mit Ihren Kindern durchsprechen, leiten Sie sie dazu an, sich vorzustellen, wie sie Dinge anders machen. Und das beeinflusst ziemlich schnell ihr Verhalten. Wie für jede neue Regel oder jeden neuen Ablauf, die oder den Sie einführen möchten, müssen Sie täglich mehrmals Zeit zum Durchsprechen einplanen, bis der Widerstand gegen das Alleinespielen weitgehend zusammengebrochen ist. Vielleicht müssen Sie mit Ihrem Sohn nur ein paar Mal alles durchsprechen, bis er sich mit der Vorstellung anfreundet, alleine zu spielen, vielleicht auch sehr oft.

Wählen Sie einen neutralen Zeitpunkt und beginnen Sie zum Beispiel so: »Die neue Regel lautet, dass du dich jeden Tag nach dem Essen alleine beschäftigst, bis die Stoppuhr klingelt.« Bitten Sie Ihren Sohn, Ihnen die neue Regel zu sagen. Indem er sie beschreibt, entwirft sein Gehirn ein klares geistiges Bild von ihm selbst, wie er sich richtig verhält. Sie könnten fragen:

- Wo sollst du dich aufhalten, wenn Mama oder Papa sagen, jetzt ist Alleinspielzeit?
- Was kannst du tun, wenn die Stoppuhr klingelt?
- Was sollst du tun, wenn du ein Problem hast, während du alleine spielst?

Fangen Sie klein an

Will Ihr Sohn gar nicht alleine spielen, können Sie ihm helfen, seine Abneigung oder Angst schneller zu überwinden, wenn Sie täglich *zwei* sehr kurze Alleinspielphasen in den Tagesablauf einbauen. Zunächst müssen Sie vielleicht ganz in der Nähe bleiben, damit sie jeden winzigen Schritt in die richtige Richtung anschaulich loben können:

- Du bist ja noch in deinem Zimmer.
- Du fragst gar nicht, ob die Zeit schon um ist.
- Du hast ja etwas gefunden, um dich zu beschäftigen.

Gehen Sie mit gutem Beispiel voran

Kinder ahmen die Erwachsenen nach, die ihnen wichtig sind. Sorgen Sie daher dafür, dass Ihre Kinder regelmäßig mitbekommen, wie Sie sich alleine beschäftigen. Sie müssen sehen, wie Sie einem Zeitvertreib nachgehen, der nicht vor dem Bildschirm stattfindet – wie Gartenarbeit, Backen, Lesen (ein Buch, nicht nur eine Zeitschrift oder die Zeitung), Handarbeiten, Karten schreiben, mit einem Haustier spielen, Spazierengehen. Sie meinen vielleicht, dass Ihnen dafür die Zeit fehlt, doch es ist nicht so wichtig, wie lange Ihre Kinder Sie dabei beobachten. Wichtig ist, dass Sie es oft sehen. Selbst wenige Minuten pro Tag hinterlassen bei Ihrem Sohn einen gewaltigen Eindruck. Ein zusätzlicher Vorteil: Sieht er, wie Ihnen etwas Spaß macht, wird er selbst lieber erwachsen werden. Wenn so ein Erwachsenenleben eine einzige Aneinanderreihung von Pflichten und Zwängen wäre, würde doch kein vernünftiges Kind erwachsen werden wollen, oder?

Beziehen Sie so oft wie möglich den Vater (oder andere Männer) in die Erziehung oder die Übungen ein

Kinder ahmen mit größerer Wahrscheinlichkeit die Handlungen und Verhaltensweisen gleichgeschlechtlicher Erwachsener nach. Für Jungen, die weit mehr Zeit mit ihrer Mutter verbringen als mit ihrem Vater, kann das zum Problem werden. Um dieses Missverhältnis zumindest ein Stück weit auszugleichen, sollte am Wochenende oder im Urlaub möglichst der Vater oder ein anderer männlicher Verwandter oder Freund der Familie die Erziehung zum Alleinespielen übernehmen.

Was Eltern wissen wollen

F: Wie lange sollte ein aktiver, lebhafter Junge in welchem Alter alleine spielen können? Ich möchte von meinen Söhnen nicht zu wenig oder zu viel verlangen.

A: Wissen Sie, dass sich Ihr Sohn im Moment fünf Minuten lang alleine beschäftigen kann, sollten Sie die Stoppuhr in den ersten Tagen auf fünf Minuten stellen. So kann er sich daran gewöhnen, etwas zu tun, wozu er wenig Lust hat. Fördern Sie dann sein Durchhaltevermögen, indem Sie die Zahl der Minuten alle paar Tage erhöhen. Mit täglicher Übung im Alleinspielen wird er nach ein paar Tagen oder nach einer Woche schon sechs Minuten aushalten, und dann sieben und so weiter. Mit etwas Übung kann sich schon ein sehr kleines Kind eine halbe Stunde lang selbst beschäftigen, und ein größeres auch mal eine ganze Stunde oder länger.

F: Offenbar weiß mein Sohn mit sich alleine nichts anzufangen. Was können wir tun?

A: Als Erstes müssen Sie ihm beibringen, ruhig und für sich zu spielen (und später zu arbeiten). Erst dann können Sie darauf bestehen, dass er die neue Fähigkeit täglich übt, bis sie zur geschätzten Gewohnheit wird. Nehmen Sie sich möglichst täglich 10 bis 15 Minuten Zeit. Das erscheint Ihnen vielleicht enorm viel, doch betrachten Sie es als Investition, die sich bald auszahlt. Holen Sie für diese Zeit ein Spiel heraus oder machen Sie etwas, das Ihr Sohn theoretisch auch alleine bewältigen könnte. Fangen Sie an zu spielen. Fordern Sie Ihren Sohn aber nicht auf mitzumachen. Zeigen Sie, dass es Ihnen Spaß macht. Sprechen Sie mit sich selbst über das, was Sie gerade tun:

- Toll, dass ich diese Stifte gefunden habe. Sie haben so viele Farben.
- Ich bin nicht sicher, ob das ein Feuerwehrhaus oder eine Polizeiwache werden soll ... Ich erkläre das jetzt mal zum Feuerwehrhaus.
- In diesem Buch aus der Bibliothek sind haufenweise Bilder von Giftschlangen.

Früher oder später wird Ihr Sohn bemerken, was Sie tun, und sich zu Ihnen gesellen. Erklären Sie ihm, dass Sie gern alleine spielen wollen, dass er aber in Ihrer Nähe spielen kann, wenn er will.

Loben Sie alles anschaulich, was er für sich alleine anfängt.

- Du hast ja tolle Ideen: Du hast aus der Schüssel einen Swimmingpool für deine Spielfiguren gemacht.
- Du hast nicht gewusst, wie man einen Fuß zeichnet, aber du hast nicht aufgegeben.

Nehmen Sie dazu immer wieder andere Sachen. Auf diese Weise kann und will Ihr Sohn sich bald mit vielen verschiedenen ruhigen Aktivitäten alleine beschäftigen. Keine Aktivität sollte dabei öfter als einmal die Woche drankommen, auch wenn Ihr Sohn darum bittet. Wenn er etwas unbedingt möchte, wird er am Ende damit spielen, wenn Sie nicht dabei sind, und genau das wollen wir ja erreichen.

F: Eine Woche lang habe ich meinen schluchzenden Vierjährigen jetzt jedes Mal wieder in sein Zimmer gebracht, wenn er herauskam, bevor die Stoppuhr ging. Ist das wirklich gut für ihn?

A: Ja. Wenn Sie ihm Eigenständigkeit vermitteln, ist das sehr gut für ihn. Fangen Sie mit sehr kurzen Zeitintervallen für das Alleinespielen an, vielleicht nur zwei oder drei Minuten, damit Ihr Sohn lernt, dass er die Trennung von Ihnen überlebt. Sprechen Sie die Sache jeden Tag mehrmals durch, hören Sie Ihrem Sohn richtig zu und loben Sie anschaulich, wenn er Eigenständigkeit beweist. Schon nach einer oder zwei Wochen werden Sie vermutlich feststellen, dass sein Selbstvertrauen zunimmt und dass er reifer wird.

Zusammenfassung

Wenn ich mit Eltern spreche, die diese Strategie zum Alleinespielen noch nicht praktizieren, reagieren diese oft ausgesprochen skeptisch. Sie können sich nicht vorstellen, dass ihre Söhne jemals die einfachen, gesunden Aktivitäten genießen könnten, die die drei Jungen glücklich machten, von deren Mutter die Geschichte am Kapitalanfang stammt. Die Eltern protestieren und sagen: »Das sind eben ganz Brave.« Oder: »So etwas machen Teenager heute doch gar nicht mehr.« Oder: »Meine Kinder wollen nur Computerspielen.« Das ist eine ganz typische Reaktion, wenn ich Eltern das erste Mal erkläre, dass Sie Ihren Kindern beibringen sollen, alleine zu spielen – und *nicht* vor dem Bildschirm.

Bleiben Sie aufgeschlossen. Die Aktivitäten, die den drei Jungen Spaß machten, als sie alleine spielen mussten, sind genau solche Aktivitäten, wie sie Kindern und jungen Menschen und sogar auch Erwachsenen seit Jahrhunderten Spaß machen. Es sind Aktivitäten, die Lebenstüchtigkeit und starke Werte vermitteln.

Das können alle Eltern erreichen, ganz gleich wie bildschirmsüchtig oder unwillig Ihr Sohn zunächst ist. Halten Sie sich konsequent an diese Strategie. Das bringt Ihnen viele Vorteile. Sie werden feststellen, dass Ihr Sohn sich bald daran gewöhnt und gern alleine ist. Und das er bald vernünftiger, geduldiger, reifer, selbständiger und selbstbewusster wird.

19. Kapitel – Körperliche Bewegung

Alles wurde besser

Brian ist mein Problemkind. Mit ihm musste ich ständig diskutieren: über Schlafenszeit, Hausaufgaben, darüber, was er essen würde und was er nicht essen würde. Ich war es so leid, dass er nur noch vor dem Computer sitzen wollte. Als ich in einem von Noëls Büchern las, dass körperliche Bewegung alle Brennpunkte entschärft, beschloss ich gleich, es damit zu versuchen. Brian lässt sich sehr leicht ablenken, ist aber eher der verträumte Typ, nicht der sportliche, draufgängerische. Auch mit der Koordination hapert es. Ich war mir daher nicht sicher, ob ich ihn zu körperlicher Bewegung animieren konnte. Wir haben keinen Garten, also musste ich eine andere Möglichkeit finden, ihm Auslauf zu verschaffen.

Wir fingen an, indem wir ein Stück des Schulwegs zu Fuß zurücklegten, erst nur zehn Minuten, dann immer mehr. Das passte ihm anfangs gar nicht. Er trat sogar nach mir! Ich musste viel durchsprechen, anschaulich loben und richtig zuhören. Freitags, wenn ich keine Hausaufgaben einplanen muss, gehe ich nach der Schule mit ihm und den Zwillingen in den Park. Dort rennen sie dann eine Stunde lang herum, bis sie erhitzt und verschwitzt sind.

Die Samstage und Sonntage übernimmt sein Vater. Er brachte Brian Fahrradfahren bei und geht mit ihm joggen. Ich dachte nicht, dass er mitmachen würde, doch er genießt das Zusammensein mit seinem Vater und läuft jedes Mal ein bisschen weiter, damit dieser stolz auf ihn ist.
Heute sorge ich dafür, dass Brian und die Zwillinge jeden Tag eine Stunde Bewegung bekommen, und zwar vor der Bildschirmzeit, damit die Motivation größer ist. Die Wirkung ist einfach enorm!

> Alles ist besser geworden. Die Hausaufgaben gehen schneller von der Hand. Er ärgert die Zwillinge nicht mehr so viel. Er jammert nicht, dass er nicht einschlafen kann. Er schläft, sobald er im Bett liegt. Er hat mehr Hunger, sodass er isst, ohne zu meckern. Er macht nicht einmal mehr Theater, wenn er den Rechner ausschalten muss. Außerdem hat es die Beziehung zu seinem Vater verbessert, der immer ein bisschen enttäuscht darüber war, dass Brian kein Interesse an Sport zeigte. Außerdem weiß ich, dass körperliche Bewegung ganz allgemein gut für die Gesundheit ist.
>
> **Mutter von Brian (10) und den Zwillingen Emma und Max (6)**

Warum tägliche Bewegung so wichtig ist

Alle Kinder profitieren, wenn sie sich jeden Tag richtig austoben können. Die meisten Kinder brauchen mehr Bewegung als sie bekommen. Bei Jungen kann das echte Probleme machen. Tägliche, intensive Bewegung bringt viele Vorteile:

Jungen haben den Drang, die vielen Muskelfasern zu bewegen, mit denen sie ausgestattet sind. Haben sie keine Gelegenheit, dies auf unkomplizierte, sichere Art und Weise zu tun, tun sie es trotzdem – und das Wie, Wo und Wann bringt sie mitunter in Schwierigkeiten.

An Tagen, an denen Ihr Sohn viel Bewegung hatte, ist er vermutlich ruhiger und kooperativer. Er kommt besser mit seinen Geschwistern aus. Er leistet weniger Widerstand, wenn er mit unangenehmen Aufgaben konfrontiert wird – wie Hausaufgaben erledigen oder den Meerschweinchenkäfig sauber machen. Alle täglichen Brennpunkte entschärfen sich. An Tagen, an denen ein aktiver Junge nur zu Hause herumlümmelt, dürfte sich sein Verhalten verschlechtern.

Kinder, die jeden Tag reichlich Bewegung haben, sind flexibler und gelassener, wenn nicht alles gleich so funktioniert wie erwartet. Intensive körperliche Betätigung baut Aggressionen, Konkurrenzdenken und Ängste ab, aber auch Unruhe und Zappeligkeit. Bewegen wir die großen Muskeln unserer Arme und Beine, verbrauchen wir automatisch mehr Sauerstoff. Deshalb atmen wir tiefer und kräftiger. Dadurch werden die Stresshormone Kortisol und Adrenalin verdünnt. Das erklärt, warum ängstliche oder wütende Kinder durch Sport oft gelassener werden. Kooperationsbereitschaft, Eigenständigkeit und Respekt nehmen zu, Angst und Aggression nehmen ab.

Die Hausaufgaben laufen besser, weil Sport das Blut wieder mit Sauerstoff versorgt, sodass das Gehirn effizienter arbeitet: Das betrifft Konzentration, Lernen, Problemlösung, Genauigkeit und das Gedächtnis.

Machen Kinder ausgreifende Bewegungen mit Armen und Beinen, werden dabei automatisch auch die Rumpfmuskeln betätigt und gestärkt, die für Gleichgewicht und Stabilität verantwortlich sind. Das verbessert die Haltung und die Koordination. Gezielte Übungen steigern das sportliche Können, und damit vor allem bei Jungen das Selbstwertgefühl.

Ein Kind, das tagsüber aktiv war, ist abends müde. Es geht eher ohne Theater ins Bett, schläft tiefer und wacht erfrischter auf.

Was täglicher Bewegung im Wege steht

Es ist nicht immer einfach, dafür zu sorgen, dass Ihre Kinder regelmäßig die tägliche Bewegung erhalten, die sie für ihr physisches und emotionales Wohlbefinden brauchen. In früheren Jahrzehnten, vor dem Siegeszug der Elektronik, verbrachten Kinder mehr Zeit im Freien und in Bewegung. Die Gemeinden waren kleiner und stabiler. Das heißt, dass die Nachbarn einander kannten und auf alle Kinder achteten, nicht nur auf ihre eigenen. Deshalb fühlten sich die Eltern wohler, wenn sie ihre Kinder nicht im Blick hatten. Auch Stadtkinder spielten damals noch öfter draußen. Heute verbringen Kinder den Großteil des Tages im Haus.

In der Schule haben Kinder Sportunterricht, vielleicht sogar mehrmals pro Woche. Deshalb glauben Sie vielleicht, der Bedarf Ihres Sohnes an körperlicher Bewegung sei gedeckt. Das ist aber leider eher nicht der Fall. In der Sportstunde und auch nachmittags im Sportverein verbringen die Kinder viel Zeit mit Warten. Solche Stunden bieten nicht genügend Bewegung am Stück, um richtig zu zählen.

Ein Junge meidet Spielplätze oder organisierten Sport, wenn er wenig Vertrauen in seine sportlichen Fähigkeiten hat. Ein sensibler Junge hat vielleicht Angst, der Lehrer oder Trainer könnte ihn kritisieren oder seine Klassenkameraden könnten sich über ihn lustig machen.

> **Wie viel Bewegung ist genug?**
>
> Aktuellen Richtlinien zufolge sollten sich Kinder für optimales physisches, geistiges und emotionales Wohlbefinden mindestens eine Stunde lang intensiv körperlich betätigen. Dass viele Kinder lange nicht so viel Bewegung bekommen, ist besorgniserregend.

Wie können wir mehr Bewegung in unseren hektischen Alltag integrieren?

Vielleicht ist Ihnen klar, dass Ihr Sohn – und Ihr Familienleben – von mehr Bewegung profitieren würde. Doch Sie wissen einfach nicht, wie Sie unter der Woche noch einen Punkt in Ihrem ohnehin vollen Tagesplan unterbringen sollen. Wir müssen akzeptieren, dass nicht immer alles geht. Und dann müssen wir die Wahl treffen, die nach unserer Überzeugung für unser Kind die richtige ist.

Laufen und Rennen

Laufen und Rennen sind großartige körperliche Betätigungen. Sie sind fast immer und fast überall möglich und sie kosten nichts. Wenn möglich, sollten Kinder zur Schule laufen. Geht das nicht, lassen Sie sie wenigstens ein Stück zu Fuß gehen. Sind die Kinder alt genug, lassen Sie sie zu Fuß gehen, wenn sie irgendwohin wollen. Dadurch bekommen sie nicht nur mehr Bewegung, sondern sie werden auch selbständiger und selbstbewusster. Ein weiterer Vorteil ist, dass die Kinder Sie dann nicht als den Familienchauffeur betrachten. Je weniger Zeit Sie am Steuer sitzen müssen, desto weniger Stress für Sie!

Ab in den Park

Seit Jahren empfehle ich Familien mit aktiven, unruhigen, aggressiven, kämpferischen Jungen, von der Schule auf direktem Weg in den nächsten

Park zu gehen. Ist es kalt oder regnerisch, packen Sie sich und die Kinder gut ein und gehen Sie trotzdem. Kinder, vor allem Jungen, brauchen jeden Tag Gelegenheit, draußen herumzurennen, zu toben, zu klettern und zu springen.

Vielleicht meinen Sie ja, Sie haben einfach nicht die Zeit, mit Ihrem Sohn in den Park zu gehen, weil so viele andere Dinge in die paar Stunden nach der Schule gequetscht werden müssen: außerschulische Aktivitäten, Hausaufgaben, Klavier üben, Essen, Baden, Extrazeit. So wichtig außerschulische Aktivitäten sind, Bewegung ist für das Wohlbefinden Ihres Sohnes und für Ihre geistige Gesundheit womöglich noch viel wichtiger. Viele Eltern sind angenehm überrascht, wenn sie feststellen, dass die nachmittäglichen und abendlichen Abläufe plötzlich viel schneller und reibungsloser funktionieren, wenn ihr Sohn seine aufgestaute Energie loswerden konnte.

Schreien und Springen

Schreien Kinder im Haus herum, klingt das unheimlich laut, weil der Schall von den Wänden zurückgeworfen wird – und weil wir ihm nicht entkommen können. Schreit ein Kind im Freien, empfinden wir das gleich als weniger laut. Jungen müssen laut sein dürfen, um Dampf abzulassen. Deshalb sollten wir dafür sorgen, dass sie das draußen tun können.

Ähnliches gilt für Bewegung. Rennen, springen und klettern Kinder in der Wohnung, stört uns das in aller Regel. Wir haben Angst, sie könnten sich wehtun, das Mobiliar beschädigen oder Unordnung schaffen, wo wir gerade aufgeräumt haben. Doch Kinder müssen ihren Körper bewegen. Deshalb müssen wir ihnen die nötige Zeit verschaffen – und einen Ort, an dem sie dafür nicht zurechtgewiesen werden.

Aktivitäten mit Freunden

Machen Sie Folgendes zur Regel: Lädt Ihr Sohn Freunde nach Hause zum Spielen ein, müssen die Kinder eine gewisse Zeit draußen verbringen, bevor sie an den Computer dürfen.

Spaziergänge mit der Familie
Viele Familien sorgen für mehr körperliche Bewegung, indem sie gemeinsame Spaziergänge einführen. Das kann ein Bummel nach dem Essen an einem lauen Sommerabend sein, eine Runde durch das Viertel am Samstag vor dem Frühstück oder ein Spaziergang im Park am Sonntag nach der Kirche.

Manche Kinder sind ganz wild darauf, Zeit mit einem Elternteil zu verbringen – und wenn es nur zum Spazierengehen ist. Andere Kinder weigern sich zunächst, beschweren sich, protestieren oder quengeln herum. Halbherzige Anregungen bringen Sie da nicht weiter. Helfen Sie Ihrem Kind, den anfänglichen Widerwillen gegen gemeinsame Spaziergänge zu überwinden, indem Sie darüber sprechen, richtig zuhören und darauf bestehen. Wenn Sie sich während des Gehens mit ihrem Kind befassen, sich mit ihm unterhalten und mit ihm spielen und es anschaulich loben, wird es bald Spaß daran finden.

Kombinieren Sie Pflichten mit Bewegung
Rasenmähen, Unkrautjäten, Staubsaugen und Autowaschen – bei diesen Aktivitäten kommen häusliche Pflichten und körperliche Bewegung zusammen. Manche Eltern kaufen ihrem Sohn einen Hund, damit er täglich nach draußen muss – nur, um ihn vom Sofa und vom Rechner wegzubringen.

Neue Ideen für den Garten
Kinder kennen den eigenen Garten irgendwann so gut, dass er seinen Reiz verliert – vor allem, wenn sich Elektronik als Alternative anbietet. Bauen Sie in Ihrem Garten einen Hindernisparcours auf – und schon haben die Kinder stundenlang Spaß und Bewegung.

Machen Sie mit
Eltern und Kinder können zusammen Sport treiben. Sie meinen vielleicht, dass Ihnen dazu die Zeit fehlt, doch wenn Sie nur zehn Minuten mit Ihrem Sohn ringen oder Fahrrad fahren, verbessert das seine Stimmung und sein Verhalten. Und es ist eine schöne Erfahrung, die Ihre Bindung vertieft – jedenfalls, solange Sie daran denken, ihn anschaulich zu loben und nicht zu kritisie-

ren. Sie können am Wochenende oder in den Ferien Rad fahren oder wandern gehen. Auch die Stimmung der Eltern profitiert von solchen Aktivitäten.

Wandern und Camping

Heute haben Kinder nicht mehr viel Berührung mit der Natur. Die ersten Kontakte können ihnen gefallen oder auch nicht. Ein Junge, der sich zuvor nur elektronisch unterhalten hat, findet eine Wanderung oder eine Campingtour am Anfang vielleicht langweilig. Bleiben Sie hart. Schon aus kurzen Phasen, die Kinder in der Natur verbringen, können sie enorm viel lernen. Sie haben nicht nur ausreichend Bewegung, sondern eignen sich eine positive Einstellung an – und nützliche Überlebenskompetenzen. Die freie Natur ist die ideale Umgebung für Jungen, um zu lernen, auf eigenen Füßen zu stehen. Weiß ein Junge, dass er in einer fremden Umgebung zurechtkommen kann, stärkt das sein Selbstvertrauen.

Das Trampolin

Für Tage, an denen Sie es einfach nicht schaffen, ihren Sohn zum Austoben ins Freie zu bringen, müssen Sie Alternativen parat haben. Ich empfehle Ihnen ganz dringend ein Trampolin. Auf einem großen für den Garten können zwei oder drei Kinder gleichzeitig springen. Die kleinere Variante für drinnen heißt Mini-Trampolin, ist nicht so groß und nur für eine Person gedacht. Den meisten Kindern macht es Spaß, schwierige Sprünge auszuprobieren und bis zur Perfektion zu üben.

Eine Mutter wurde der überbordenden Energie ihres hochaktiven Sohnes Herr, indem sie eine neue Regel einführte. Er musste während seiner täglichen halben Fernsehstunde Trampolin springen. Erst beschwerte er sich über die neue Regel, doch seine Mutter bestand darauf. Wie die meisten Kinder war er bereit, für seine Bildschirmzeit fast alles zu tun. So überwand sie seinen Widerstand. Nach einer Woche, in der er täglich auf seinem Trampolin gesprungen war, war ihr Sohn schon viel weniger zappelig und ablenkbar. Er konnte etwas betrachten, ohne es sofort anzufassen. Und er konnte besser Blickkontakt halten. Sein Lehrer sagte, er höre besser zu, konzentriere sich besser und schreibe sogar sauberer. Solche Ergebnisse sind durchaus üblich, wenn Jungen genügend Bewegung bekommen!

Sportliche Fähigkeiten verbessern

Jungen gewinnen bei aktiven Freizeitbeschäftigungen Freunde und begründen Beziehungen – insbesondere beim Sport. Fußball nimmt im Leben vieler Jungen in diesem Land enorm viel Raum ein. Im Schulunterricht macht Fußball oft am meisten Spaß. Jungen, die gute Fußballer sind, stehen hoch im Kurs. Jungen, die von Natur aus weniger begabt sind, sich aber zutrauen mitzuspielen und zu trainieren, werden besser. Die Folge ist, dass sie in die bestehende Jungengemeinschaft Eingang finden.

Es gibt natürlich auch Jungen, die sich nicht die Bohne für Fußball interessieren. Ist das wirklich mangelndes Interesse, ergibt sich daraus höchstens das Problem, dass sich so ein Junge einsam und ausgeschlossen fühlt – jedenfalls, bis er Gleichgesinnte findet, die ebenfalls nichts für den Sport übrighaben.

Doch Jungen, die keine geborenen Fußballer sind, wünschen sich oft sehnlichst, sie wären es – auch wenn sie so tun, als wäre es ihnen gleichgültig. Glaubt ein Junge, dass er nie gut genug sein wird, macht er erst gar nicht mit. Und ohne Übung wird er nicht besser. Ein Junge mit unterdurchschnittlichem Ballgefühl ist auf dem Spielplatz, im Fußballtraining und im Sportunterricht stark im Nachteil. Kann er bei solchen Spielen nicht erfolgreich mittun, wird er vielleicht übergangen oder gezielt ausgeschlossen. Das nagt an seiner Selbstachtung. Oft fühlt er sich dann nicht mehr wohl in seiner Haut.

Die Kompetenzen, die für die meisten Mannschaftssportarten erforderlich sind, sind Auge-Hand-Koordination, Gleichgewicht, Wendigkeit, Tempo und Fokus. Sie glauben vielleicht, dass Menschen von Geburt an sportlich begabt sind oder nicht und dass Sie nicht viel ändern können, wenn es Ihr Sohn nicht ist. Das ist glücklicherweise falsch. Alle solchen Fähigkeiten lassen sich trainieren. Das erfordert aber gezieltes Einüben von Mikrokompetenzen – nicht einfach Wiederholungen, die Fehler zementieren. Ein Junge mit schwach ausgeprägter Auge-Hand-Koordination reagiert beispielsweise, indem er zusammenzuckt, zurückschrickt oder wegschaut, wenn der Ball auf ihn zukommt. Er behält den Ball nicht instinktiv im Blick, sodass sein Gehirn nicht automatisch die Botschaft empfängt, die Hand in die richtige

Position zu bringen, um den Ball zu fangen oder abzuschlagen. Auch wenn diese Reaktion nicht instinktiv erfolgt, kann ein Junge lernen, die Augen auf dem Ball zu behalten.

Auch aus einem Jungen mit anfangs schlechter Koordination kann ein passabler Fußballspieler werden. Beibringen sollte ihm das am besten der Vater oder ein anderer männlicher Erwachsener. Zunächst wehrt sich der Junge vielleicht dagegen und behauptet, er interessiere sich nicht für Fußball. Aber nur weil ein Kind sagt, es mag Mathe oder Lesen nicht, erlauben wir ihm ja auch nicht, damit aufzuhören. Wir bestehen aus zwei Gründen darauf: Zum einen wissen wir, dass Rechnen und Lesen notwendige Kompetenzen sind, um in der Schule und im späteren Leben Erfolg zu haben. Zum anderen wissen wir, dass hinter der Weigerung eines Kindes, etwas Neues zu erlernen, häufig die Angst oder gar die Überzeugung steht zu scheitern. Wir möchten aber, dass unsere Kinder die Steigerung des Selbstwertgefühls erleben, die es mit sich bringt, wenn wir solche Ängste oder Sorgen überwinden.

Fußball ist zwar kein Schulfach, aber es gelten dafür trotzdem dieselben beiden Gründe. Wenn Sie darauf bestehen, investieren Sie in das emotionale Wohlbefinden Ihres Sohnes und ermöglichen ihm, beim Sport Freunde zu finden, wie es viele Jungen tun. Auch wenn sich Ihr Sohn wirklich nicht für Fußball interessiert, schadet es ihm dennoch nicht, wenn er das Spiel einigermaßen beherrscht. Es schmiert die Räder der sozialen Interaktion unter Gleichen und man findet leichter Freunde. Rechnen Sie aber mit Widerstand, wenn Sie Ihr Trainingsprogramm beginnen. Und ordnen Sie diesen richtig ein: Vielleicht entsteht er aus mangelndem Selbstvertrauen.

Möglicherweise haben Sie Ihren Sohn ja in einem Sportverein angemeldet, wo er ein- oder zweimal die Woche trainieren kann, um sich zu verbessern. Ein Junge, der sich nichts zutraut oder keine gute Koordinationsfähigkeit hat, braucht aber vielleicht mehr Übung. Damit neue Informationen vom Kurzzeit- ins Langzeitgedächtnis übergehen, müssen sie oft wiederholt werden. Väter, seid bereit, täglich mit euren Söhnen zu trainieren. Ihr wisst ja: Wenig und oft ist der beste Weg, sich zu verbessern. Fünf oder zehn Minuten nach der Arbeit, mehrmals die Woche, verbessern die sportlichen Fähigkeiten Ihres Sohnes und damit auch sein Selbstvertrauen effektiver und schneller als eine lange Sitzung am Wochenende. Kommen Sie nach einem harten Tag müde nach Hause und haben wenig Lust, an den Mikrokompetenzen Ihres Sohnes zu arbeiten, denken Sie daran, dass die fünf oder zehn Minuten wie im Flug vergehen und Ihnen vermutlich sogar Spaß machen.

Fragen Sie Ihren Sohn nicht, ob er in den Garten kommen und ein paar Bälle kicken möchte. Er wird versuchen, sich zu drücken, wenn er sich unzulänglich fühlt oder befürchtet, Sie zu enttäuschen. Vergessen Sie nicht: Sie haben das Sagen. Fragen Sie nicht lange, lassen Sie ihm keine Wahl.

Und sprechen Sie alles immer gründlich durch. Dadurch verringert sich nicht nur seine Abneigung, sondern Sie können auch gezielt bestimmte sportliche Mikrokompetenzen vermitteln. Sie könnten beispielsweise fragen:

- Wo schaust du hin, wenn der Ball auf dich zukommt?
- Mit welcher Seite des Fußes trittst du nach dem Ball?
- Zeig mir, wie du den Ball hältst, bevor du ihn wirfst.

Je mehr er übt, verbal und körperlich, desto eher schleifen sich die neuen Kompetenzen ein.

Kampfsport

Kampfsport ist für manche Jungen ideal, weil der Schwerpunkt auf Disziplin, Selbstbeherrschung und Respekt liegt. Gewöhnlich werden die Schüler zu einem höheren Verhaltensstandard angehalten. Das betrifft auch den Umgang mit und die Behandlung von Kameraden – im Verein ebenso wie in der Schule. Sie müssen sich vor dem Lehrer verbeugen. Sie müssen stillstehen und schweigen und auf den Lehrer hören. Sie müssen trainieren, um eine Prüfung zu bestehen und den nächsten Gürtel zu erhalten. Kampfsport kann eine effektive Möglichkeit darstellen, die naturgegebene physische Energie und die aggressiven Triebe eines Jungen zu kanalisieren. Ein Junge kann lernen, sich selbstbewusst selbst zu verteidigen, ohne dem potenziellen Angreifer unnötig Schaden zuzufügen.

Was Eltern wissen wollen

F: Wir haben unserem Sohn ziemlich teures Sportgerät gekauft in der Hoffnung, er würde dann aktiver. Doch als der Reiz des Neuen abgeklungen war, fiel er in sein altes, inaktives Verhalten zurück. Wie können wir ihn motivieren?

A: Lassen Sie nicht zu, dass sich Ihre Anschaffungen als Geldverschwendung entpuppen. Gehen Sie aber behutsam vor, denn Ihre »Ermutigungen« fasst Ihr Sohn schnell als Nörgelei auf, und das verdirbt ihm die Lust erst recht. Fangen Sie folgendermaßen an: Wenn Sie an der Reihe sind zu bestimmen, was in der Extrazeit gemacht wird, lassen Sie ihn den neuen Schläger holen und spielen Sie Badminton mit ihm. Oder fahren Sie Fahrrad oder stemmen Gewichte. Nach erstem Unwillen wird Ihr Sohn Spaß daran finden, wenn Sie die erlernten Strategien einsetzen und ihn nicht kritisieren.

F: Mein Sohn wollte unbedingt Karate lernen. Ich musste für die ganze Saison im Voraus bezahlen. Nach ein paar Wochen verlor er das Interesse, und jetzt will er gar nicht mehr hin. Was können wir tun?

A: Daran denken, dass Sie der Boss sind. Sie können die Regel aufstellen, dass Ihr Sohn erst den Karateunterricht besuchen muss, wenn er seine Bildschirmzeit verdienen will, und dass er täglich eine bestimmte Zeit üben muss. Wenn Sie fest bleiben, wird diese Regel sein Interesse bald neu wecken.

Eltern zögern manchmal, solche Regeln zu erlassen, weil sie meinen, dass Sport Spaß machen sollte. Wenn ihr Sohn keine Lust dazu hat, sollte er es bleiben lassen. Oder sie sorgen sich, dass solche Pflichtübungen ihn noch mehr gegen Sport aufbringen könnten. Das stimmt zum Glück nicht. Bestehen Sie darauf, dass Ihr Sohn etwas tut, von dem er überzeugt ist, dass es ihm nie Spaß macht oder dass er es nie gut können wird, wird er zunächst stur behaupten, es sei langweilig und er leide schrecklich darunter. Wenn Sie hart bleiben, wird sich diese negative Einstellung mit der Zeit ändern.

F: Wenn ich mit meinem Sohn spazieren gehe, klagt er nach zehn Minuten, er sei müde. Wir waren mit ihm beim Arzt und ihm fehlt nichts. Wie kann ich erreichen, dass er aufhört zu jammern?

> **A:** Wenn Ihr Sohn nicht an körperliche Bewegung gewöhnt ist, sind seine Muskeln untrainiert und er ermüdet womöglich wirklich rasch. Das ist ein gutes Zeichen. Es heißt, der Körper wird bewegt und gefordert. Klagt ein Kind über Müdigkeit, meinen Eltern oft, sie müssten sofort etwas dagegen unternehmen. Dabei ist Müdigkeit kein Problem, das behoben werden muss.
> Statt sich zu entschuldigen und Abhilfe zu schaffen, wie es viele Eltern tun, statt zu versprechen, dass es »jetzt gar nicht mehr weit ist« oder eine Pause einzulegen, sollten Eltern nur nicken, lächeln und weitergehen. Daraus lernt Ihr Sohn, dass Müdigkeit kein Problem ist, und dass er damit klarkommen kann. Bittet Ihr Sohn konkret »Können wir mal eine Pause machen?«, können Sie ihn anschaulich loben: »Das ist eine gute Idee. Danach fühlst du dich bestimmt gleich fitter.« Vielleicht müssen Sie sich auf die Zunge beißen, um keine überflüssigen Ratschläge oder Anregungen zu geben.

Zusammenfassung

Es gibt so viele gute Gründe, körperliche Bewegung in Ihren Alltag einzubauen, dass das eigentlich kein Problem sein sollte. Manche Familien müssen nur ein, zwei kleinere Änderungen an Ihrem Tagesablauf vornehmen, damit die Kinder ausreichend Bewegung bekommen. Bei anderen Familien sind größere Umstellungen erforderlich. Da sind Ihre Kreativität und Ihr Einfallsreichtum gefragt. Wie bei allem anderen gilt: Fangen Sie ruhig erst einmal klein an.

Es gibt viele Möglichkeiten, sportliche Betätigung im Tagesplan Ihres Sohnes unterzubringen. Zunächst werden Sie aber vermutlich die Zeit drastisch beschneiden müssen, die er vor dem Bildschirm zubringt. Bildschirmaktivitäten kosten nicht nur Zeit, die sonst für Sport zur Verfügung stünde, sondern untergraben auch den Antrieb, aktiv zu werden – selbst wenn der Fernseher oder der Rechner schon ausgeschaltet ist. Vielleicht müssen Sie auch die Zeit begrenzen, in der Ihr Sohn vor den Hausaufgaben sitzt, ohne sie wirklich zu erledigen.

20. Kapitel – Beziehungen zu Geschwistern

Gut, dass ich auf meinen Mann gehört habe

Ich sage das ungern, aber das Leben mit meinen Jungs war furchtbar anstrengend und stressig. Ständig musste ich Streit schlichten, sie trennen, wenn sie zu grob wurden, ihnen erklären, warum sie nicht schlagen durften – mal dem einen, mal dem anderen. Ich konnte meine eigene Stimme schon nicht mehr hören. Joey, der Kleine, war nicht das Problem. Es war Rudy. Er war wie besessen, wenn es um seinen Bruder ging. Er wollte genau die gleiche Anzahl von Erdbeeren, er nahm ihm sein Spielzeug weg und kommandierte ihn herum. Dann fing Joey an zu heulen, und ich schimpfte Rudy.

Mein Mann wandte immer wieder ein, ich würde Joey zu einer Heulsuse erziehen. Da erkannte ich, dass ich die Sache anders angehen musste. Als Erstes führten wir eine tägliche Alleinspielzeit ein. Das fiel Rudy in den ersten ein, zwei Wochen sehr schwer, doch er lernte bald, sich eine halbe Stunde lang alleine zu beschäftigen. Er entdeckte Lego, Star-Wars-Figuren und Knete für sich. Und schon konzentrierte er sich nicht mehr so sehr auf Joey. Ich setzte mir selbst zum Ziel, Rudy zehnmal am Tag zu loben, wenn er nicht schubste, schlug oder zupackte. Ich überredete auch meinen Mann dazu, ihn anschaulich zu loben.

Und ich hörte auf, Joey zu retten. Ich brachte ihm bei, sich durchzusetzen und Rudy mit einer »Große-Jungen-Stimme« zu sagen, was er wollte, statt loszuheulen. Und ich hörte auf meinen Mann, wenn er sagte, dass Jungen

> spielerische Auseinandersetzungen brauchen. Also griff ich nicht ein. Wir gaben ihnen die nötige Zeit und einen passenden Rahmen dafür, und wir hatten ein Auge auf sie. Das ist jetzt über ein Jahr her. Und inzwischen ist es gar nicht mehr stressig mit meinen Jungs, sondern macht richtig Spaß.
>
> **Mutter von Rudy (6) und Joey (4)**

In diesem Kapitel gehe ich nicht erschöpfend auf das Thema Beziehungen zu Geschwistern ein, denn das würde ohne Weiteres ein eigenes Buch füllen. Ich möchte hier nur ein paar konkrete Punkte aufgreifen, über die sich Eltern von Jungen beschweren: Kampfspiele und echte Kämpfe sowie allgemeine Rivalität zwischen Brüdern.

Kampfspiele

Wer zwei oder mehr Söhne hat, der kennt das vielleicht: Kaum sind sie nicht anderweitig beschäftigt, fallen sie mit gespielter Aggression übereinander her: Sie jagen sich, packen sich, schubsen, zerren und hauen und rollen auf dem Boden, oft begleitet von Frotzeleien und lautem Gelächter.

Zunächst macht Eltern dieses typische Jungenverhalten womöglich nichts aus, doch nach einer Weile wird es lästig – vor allem im Haus. Wie Eltern berichten, endet es außerdem häufig damit, dass sich einer oder alle beide Jungen wehtun und außer Fassung geraten. Das mag ihnen als ausreichend erscheinen, um die Sache zu beenden, bevor es Tränen gibt. Dadurch ersparen sie sich vielleicht die Aufregung, doch die Jungen werden es wieder tun, denn Wettbewerb und Aggression sind im Jungengehirn fest verankert.

Ist der Altersunterschied zwischen Ihren Söhnen gering und sie sind einander infolgedessen einigermaßen ebenbürtig, lassen Sie ihre gespielten Auseinandersetzungen vielleicht eher zu, weil Sie wissen, dass sie dabei austeilen und einstecken. Bedenklicher finden Eltern, wenn der Altersunterschied zu groß ist oder wenn ein Junge seine Schwester hart anpackt.

Es ist unvermeidlich, dass sich Kinder im spielerischen Kampf auch mal verletzen. Solche kleineren Unfälle sollten Eltern hinnehmen und nicht zu verhindern suchen. Kleinere Blessuren bilden den Charakter. Denken Sie nur an die vielen Male, die sich Ihr Sohn in den nächsten Jahren in der Schule, auf dem Spielplatz oder in der Sporthalle wehtun wird, und Sie sind nicht da, um einzugreifen. Wenn er aus der Schule kommt, wird er den Vorfall längst vergessen haben. Fragen Sie ihn, wie sein Tag war, wird er es vermutlich gar nicht erwähnen. So robust wünschen wir uns unsere Kinder.

Die richtigen Voraussetzungen schaffen: So bleiben Kampfspiele Spaß

Da es nicht möglich ist, Jungen davon abzuhalten, ist es sinnvoll, die richtigen Voraussetzungen zu schaffen, damit sie lernen, ihre Wettbewerbs- und Aggressionsimpulse zu überwachen und im Zaum zu halten.

Sorgen Sie zunächst dafür, dass solche Kampfspiele an einem bestimmten Ort ausgetragen werden, und zwar dann, wenn ein Erwachsener im selben Zimmer ist. Seine Gegenwart reicht gewöhnlich aus, um den Jungen bewusst zu machen, dass sie nicht zu grob werden dürfen und Rücksicht nehmen müssen. Achten Sie darauf, dass die Jungen nicht müde oder hungrig sind, denn das macht reizbar, launisch und vielleicht sogar rabiat. Wählen Sie einen Ort aus, an dem die Kinder nicht durch scharfe Kanten gefährdet sind oder wertvolles Inventar zu Bruch gehen könnte.

Sind Ihre Jungen schon so alt und vernünftig, dass Sie ihnen zutrauen, gefahrlos Kampfspiele zu spielen, stellen Sie die Regel auf, dass solche Spiele stets in einem Zimmer stattzufinden haben, in dem Sie sich nicht aufhalten, damit Sie nicht abgelenkt oder gestört werden.

Wenn Ihre Jungs das Kampfspiel einstellen sollen

Auch Eltern, die sehr gut verstehen, dass Jungen den Drang haben zu raufen, zu schubsen, zu boxen, zu stoßen und einander ein Bein zu stellen, fühlen sich manchmal genervt und frustriert durch das ständige Gerangel – vor allem, wenn die Kinder eigentlich andere Dinge erledigen sollten: sich für die Schule fertig machen oder Hausaufgaben. So eine Mutter – oder auch ein Vater – könnte sich Sprüche angewöhnen wie: »Hört jetzt auf, ihr beiden.«

Oder: »Nicht so wild.« Oder: »Jetzt reicht's.«

Die Jungen gehen aber oft so in ihrer Kabbelei auf, dass sie gar nicht wahrnehmen, was die Eltern sagen. Und oft genug wenden die Eltern ihre Aufmerksamkeit bereits anderen Dingen zu, die sie erledigen müssen, und nehmen gar nicht wahr, ob die Jungen folgen oder nicht. Daraus lernen diese, solche Anweisungen auszublenden.

Stellen Sie stattdessen folgende neue Regel auf: Ist es Zeit, dass die Jungen Ihren Anweisungen nachkommen sollen, schicken Sie zunächst jeden in ein anderes Zimmer. Dort sollen sie warten, bis Sie sagen, dass sie herauskommen dürfen. Die Räume sollten so weit voneinander entfernt liegen, dass sich die Streithähne nicht sehen können. Dann beruhigen sie sich schneller. Schaffen Sie die nötigen Voraussetzungen, indem Sie Ihr Vorgehen zu einem neutralen Zeitpunkt gründlich durchsprechen, damit Sie die Jungen ernst nehmen. Diese Strategie ist eine höchst effektive Erziehung zur Impulssteuerung – aber nur, wenn Sie bereit sind, sie konsequent durchzuziehen.

Haben Sie diese Strategie mehrere Wochen lang eingesetzt und konsequent mit anschaulichem Lob begleitet, wird es Ihren Söhnen leicht fallen, Kabbeleien zu beenden, sobald Sie sie anweisen, sich in verschiedene Zimmer zu begeben. Ist das geschafft, kommt der nächste Schritt: Sie sollen sich im selben Zimmer hinsetzen, allerdings weit genug voneinander entfernt, dass sie sich nicht berühren können – so lange, bis sie wieder ganz ruhig sind (also auch nicht mehr kichern oder Grimassen schneiden). Mit ausreichender Übung haben sie sich am Ende innerhalb von Sekunden unter Kontrolle. Als Nächstes üben Sie dann mit ihnen, sofort aufzuhören, aber direkt nebeneinander sitzen zu bleiben. Beherrschen sie das, können Sie sicher sein, dass sie Ihre Anweisungen unmittelbar befolgen, selbst mitten im Schaukampf (meistens, jedenfalls).

Echte Auseinandersetzungen

Fügen Geschwister einander Schmerzen zu, dann häufig als Folge einer spielerischen Rauferei, die aus dem Ruder gelaufen ist. Vielleicht schlägt ein Bruder auch im Zorn zu, will aber treffen, ohne wirklich zu verletzen. Es kommt vor, dass Geschwister einander vorsätzlich wehtun, doch das ist selten. Es passiert vermutlich nur, wenn ein Junge längere Zeit einen Groll gegen den anderen hegt oder eifersüchtig ist. Eltern sorgen sich manchmal, dass ein Kind ernsthaft verletzt werden könnte. Feindseligkeiten können Sie vorbeugen, indem Sie die richtigen Voraussetzungen schaffen:

Jungen reagieren gleich viel weniger aggressiv, wenn sie sich darauf verlassen können, dass sie häufig zu festen Terminen eigene Extrazeit mit jedem Elternteil verbringen können (siehe neuntes Kapitel).

Stellen Sie sicher, dass Ihre Jungen viel Zeit im Freien verbringen, laufen, klettern, springen, toben und Sport treiben. Das baut Aggressionen ab, die sie nicht mit nach Hause bringen.

Gewöhnlich ist das ältere Kind eifersüchtig und fühlt sich zurückgesetzt. Erwarten Sie keine reifen Reaktionen gegenüber einem jüngeren Geschwisterkind. Weisen Sie den Älteren nicht zurecht. Das macht ihn nur wütender und erhöht die Wahrscheinlichkeit, dass er seinem jüngeren Bruder mit Aggression begegnet.

Gewähren Sie Ihrem älteren Sohn Sonderrechte, weil er der Ältere ist. Lassen Sie ihn etwas länger aufbleiben oder geben Sie ihm etwas mehr Taschengeld. Das verringert die Eifersucht.

Nehmen Sie sich vor, jedes Kind zehnmal am Tag anschaulich dafür zu loben, dass es mit den Geschwistern auskommt oder sie in Ruhe lässt:

- Jetzt wollt ihr beide dasselbe Auto, doch keiner reißt es einfach an sich.
- Du hast ja gar nicht gelacht, als dein Bruder einen Fehler gemacht hat.
- Schön, dass ihr nicht aufeinander losgeht, obwohl ihr beide sichtlich zornig seid.

Sprechen Sie alles täglich gründlich durch, damit Ihr Sohn vor sich sieht, wie er konstruktiver mit Konflikten umgeht. Sie könnten dabei Fragen stellen wie:

- Was sollst du tun, statt zu schlagen, wenn du sauer bist?
- Wie könntest du deinem Bruder besser mitteilen, dass dir nicht gefällt, was er tut, als ihn zu beschimpfen?

Verzichten Sie auf Regeln wie »Es wird nicht geschlagen«. Diese Regel ist unrealistisch. Ihre Kinder werden dagegen verstoßen, und dann müssen Sie sich Konsequenzen überlegen, die aber aus zwei Gründen keine Wirkung haben werden: Zugeschlagen wird meist im Affekt, und Impulssteuerung lässt sich nicht durch Konsequenzen erwerben. Tut ein Kind dem anderen vorsätzlich weh, so geschieht das meist aufgrund starker Gefühle, die es nicht kontrollieren kann oder will. Konsequenzen führen dann möglicherweise dazu, dass das eine Kind dem anderen unterschwellig Schmerzen zufügt, auf subtilere Art, oder wenn Sie nicht in der Nähe sind.

Ist die Ursache des Problems in Ihrer Familie Streit um Spielzeug, lassen Sie sich nicht zum Richter, Schlichter, Schiedsrichter oder Polizisten machen. Je stärker Sie sich in Streitereien unter Geschwistern einmischen, desto mehr wird gestritten. Kommen die Kinder zu Ihnen, um sich zu beschweren, hören Sie ihnen richtig zu. Halten Sie sich ansonsten heraus. Ich empfehle, jedes Spielzeug, das geworfen oder als Waffe verwendet wird zu konfiszieren. Die Kinder können es sich am nächsten Tag durch eine besondere Leistung zurückverdienen.

Kocht das Temperament hoch oder sind die Kinder überdreht und Sie haben den Eindruck, dass einer verletzt werden könnte, lassen Sie sie in dem Zimmer weiterspielen, in dem Sie sich aufhalten – auch wenn ihnen das nicht passt. Ihre Gegenwart wird einen beruhigenden Einfluss ausüben, und die Harmonie hält länger an, wenn sie reichlich anschaulich loben und richtig zuhören.

Fließen Tränen, fragen Sie nicht, warum ein Kind das andere geschlagen hat. Solche Fragen vermitteln dem Kind, dass es dafür einen triftigen Grund geben könnte. Jungen geraten dann in Versuchung, sich selbst als Opfer und das Geschwisterkind als Aggressor zu sehen. Diese Sichtweise ist in beider Hinsicht schädlich. Und die Gründe, warum ein Kind seinen Bruder oder seine Schwester verletzt, sind selten wirklich klar.

Was Eltern wissen wollen

F: Mein Sohn fragt mich oft: »Bin ich klüger als mein Bruder?« Was soll ich darauf sagen?

A: Vermutlich möchten Sie ihn aufbauen, indem Sie ihm erklären, dass jeder Mensch einzigartig ist – dass jeder auf seine Weise klug ist und dass Mama und Papa beide Kinder gleich lieb haben. So eine Antwort ist für Ihren Sohn nur Blabla. Er hört gar nicht zu, denn das Einzige, was er hören will, ist, dass er der Klügere ist! Statt sich eine politisch korrekte Antwort einfallen zu lassen, könnten Sie einfach richtig zuhören: »Machst du dir vielleicht Sorgen, dass du weniger klug sein könntest als dein Bruder?« Dann werden Sie bald feststellen, dass er nicht mehr endlos immer wieder dieselben Fragen stellt – weil er sich verstanden fühlt.

F: Meine Söhne machen immer viel Aufhebens darum, wer das größere Stück bekommt oder wer auf dem Lieblingssessel sitzen darf. Das treibt mich zum Wahnsinn! Wie kann ich Ihnen vermitteln, dass das nicht so wichtig ist?

A: Geschwister konkurrieren miteinander. Das gehört zu ihrer Art zu spielen. Herrscht aber immer nur Wettkampf, wie Sie das beschreiben, kann ein Problem zugrunde liegen. Vielleicht lachen Ihre Kinder ja, wenn sie miteinander wetteifern, aber Sie hören dennoch einen ernsthaften Unterton heraus. Der häufigste Grund für übertriebene Rivalität zwischen Geschwistern ist zu wenig Extrazeit. Bekommt ein Kind nicht die nötige ungeteilte elterliche Aufmerksamkeit, lässt es das häufig an seinen Geschwistern aus. Von Eltern höre ich, dass tägliche Extrazeit das Interesse ihrer Kinder am Wettstreit deutlich vermindert.

Lassen Sie nicht zu, dass sich ein Junge durch körperliche Überlegenheit oder raffinierteres Vorgehen durchsetzt. Legen Sie ein Verfahren fest, das automatisch bestimmt, wer auf dem von beiden begehrten Sessel sitzen darf oder die erste Wahl hat. Sehr effektiv ist beispielsweise, wenn ein Kind an allen geraden Tagen entscheiden darf, das andere an allen ungeraden Tagen.

F: Ich habe drei Jungen mit geringem Altersabstand. Sie finden das Spielzeug der anderen grundsätzlich viel interessanter als ihr eigenes. Wie kann ich ihnen beibringen zu teilen?

> **A:** Ich empfehle Ihnen folgende Mischung: Manche Spielsachen müssen sie nicht teilen, manche Spielsachen gehören allen Geschwistern gemeinsam. Geben Sie aber kein Geld für doppelte Anschaffungen aus in der Hoffnung, die Kinder vom Streiten abzuhalten. Das funktioniert gewöhnlich nicht. Es wird trotzdem jeder gerade mit dem spielen wollen, was der Bruder hat – bis Sie ihnen beigebracht haben zu teilen. Das erreichen Sie mit den Strategien, die ich im zweiten Teil dieses Buches erläutert habe.

Zusammenfassung

Eltern von zwei oder mehr Jungen haben oft das Gefühl, den lieben langen Tag nur Streit unter Geschwistern zu schlichten im verzweifelten Versuch, offenen Krieg zu verhindern. Wie Sie aus diesem Kapitel erfahren haben, können Eltern viel tun, um negative Interaktionen zwischen Brüdern zu beiderseitigem Wohl auf ein Mindestmaß zu beschränken.

Wie bei allen Gewohnheiten unserer Kinder, die wir verbessern möchten, müssen wir uns zunächst selbst disziplinieren und mit der Lupe nach jeder kleinsten positiven Verhaltensweise suchen und diese anschaulich loben. Dadurch sehen sich Jungen irgendwann in einem neuen Licht – in diesem Fall in einem freundlichen, flexiblen und toleranten. Sie lernen, ihre zwar natürlichen, doch wenig zielführenden aggressiven und rivalisierenden Gefühle unter Kontrolle zu bekommen.

Als Nächstes sollten Sie gezielt die richtigen Voraussetzungen schaffen – nämlich ein Umfeld, in dem es Jungen leichter fällt, sich gut zu benehmen als schlecht. Und sie sollten täglich alles gründlich durchsprechen, um neue, reifere Verhaltensweisen zu vermitteln und einzuüben.

21. Kapitel – Beziehungen zu Gleichaltrigen

Endlich schämt er sich nicht mehr

Mein Bruder ist geschieden. Er fand eine Stelle in einer weit entfernten Stadt, sodass er nur etwa einmal im Monat in unsere Gegend kommen konnte, um seine Kinder zu sehen. Obwohl sie viel skypten, vermissten ihn die Kinder natürlich. Deshalb fragte er mich, ob ich sie nicht zweimal im Monat besuchen und etwas mit ihnen unternehmen könne.

Erst fand ich es komisch, alleine hinzugehen, doch dann merkte ich, wie sehr sie sich darüber freuten – vor allem die Jungen. Und deshalb mache ich das jetzt schon seit ein paar Jahren. Jeden zweiten Samstagmorgen kicke ich mit Hamish im Park. Er hat inzwischen so viel Übung, dass er in der Pause mit den anderen Fußball spielt. Das hat er sich letztes Jahr noch nicht getraut. Ich bleibe zum Mittagessen und gehe am Nachmittag mit Rory ins Kino oder ins Museum. Und abends helfe ich Miranda bei den Hausaufgaben.

Rory ist der Typ, der gern gehänselt oder gemobbt wird. Er interessiert sich für Kunst und für klassische Musik. Nach einer Weile vertraute er sich mir an und erzählte mir, die anderen Jungen bezeichneten ihn als »schwul«, sagten, er rede komisches Zeug, und spielten ihm Streiche. Ein Freund erzählte mir von Noël. Also rief ich sie an, bat um Rat und gab diesen weiter. Ich erklärte Rory, er solle aufrecht stehen, seinen Peinigern in die Augen schauen, weitergehen und lächeln, statt ängstlich zu schauen. Wir übten das sogar vor dem Spiegel, bis er es richtig gut konnte. Ich brachte ihm

> bei, selbstbewusster aufzutreten, sodass er sich am Ende selbstbewusster fühlte. Und ich lobte anschaulich alle seine positiven Eigenschaften. Inzwischen hat er ein paar gute Freunde gefunden und schämt sich nicht mehr seiner selbst.
>
> **Onkel von Miranda (13), Rory (10) und Hamish (8)**

In jeder Gesellschaft gibt es ungeschriebene und auch unausgesprochene Regeln, wie man mit Menschen umgeht. Sinn der Sozialkompetenz (manchmal auch zwischenmenschliche Kompetenz oder Beziehungskompetenz genannt) ist die reibungslose Kommunikation in der Familie, unter Gleichen und mit Erwachsenen außerhalb der Familie. Sozialkompetenz lässt sich in Hunderte kleinerer Mikrokompetenzen unterteilen, und ich will hier nur auf einige wenige eingehen. Manche sozialen Kompetenzen sind klar und offensichtlich – etwa, dass wir immer bitte und danke sagen sollen. Andere soziale Kompetenzen sind viel subtiler. Wir müssen zum Beispiel nonverbale Kommunikation erfassen und richtig deuten. Dazu gehören Mimik, Körpersprache und Gestik.

Wir gehen davon aus, dass unsere Kinder, wenn sie größer werden, diese Regeln automatisch verinnerlichen, begreifen und einhalten. Mädchen tun das auch oft. Viele Jungen aber brauchen explizite Unterweisung und müssen solche oft hintergründigen sozialen Kompetenzen eigens erlernen und einüben. Das stellen sich Eltern enorm schwierig vor, doch im Grunde geht es um die Vermittlung und Anerziehung einer Reihe konkreter Mikrokompetenzen.

Probleme mit Gleichaltrigen fallen in mehrere breite Kategorien und können graduell unterschiedlich sein:

Aggression

Wie wir gesehen haben, sind viele Probleme, die bei Jungen auftreten, zum großen Teil in ihrer Gehirnchemie begründet. Jungen können ihre Aggressionen unter anderem deshalb so schwer kontrollieren, weil sie aggressiver sind – was vom höheren Testosteronspiegel herrührt. Auch setzt ihr Körper schneller Adrenalin frei und baut es langsamer ab. Angst und Aggression sind zwei Seiten einer Medaille. Beide werden vom Adrenalin gesteuert. So versucht ein wildes Tier zunächst, vor der Gefahr davonzulaufen. Treibt man es in die Enge, geht es zum Angriff über. Genauso kann Angst in einem Kind in Aggression umschlagen, wenn es keinen Ausweg sieht.

Jungen haben mehr Probleme als Mädchen damit zu begreifen, dass die missliebige Reaktion eines anderen ein Fehler oder ein Missverständnis sein könnte. Aufgrund ihres höheren Testosteronspiegels – der Chemikalie, die überwiegend für die Steuerung von Aggression zuständig ist – sind Jungen eher geneigt, sofort davon auszugehen, dass ihnen der andere bewusst schaden will. Doch wir können unseren Jungen beibringen, erst einmal darüber nachzudenken, warum ein anderer etwas Irritierendes gesagt oder getan haben könnte – und nicht gleich anzunehmen, dass es grundlos oder aus böser Absicht geschieht.

Konkurrenzkampf

Es gibt zwei Arten von Wettbewerb: Man kann sich mit anderen messen oder gegen sich selbst antreten.

Selbst unter befreundeten Jungen werden Sie häufig Rivalität erleben, wechselseitiges Überbieten, unterschwellige Aggression und Kampf um die Stellung in der Gruppe. Gewöhnlich ist das nichts Persönliches. Jungen sind eben einfach so. Wegen des ausgeprägten Wettbewerbsdenkens sind Jungen häufiger als Mädchen schlechte Verlierer und großspurige Gewinner. Stark wettbewerbsorientierte Jungen reagieren wütend oder deprimiert, wenn sie oder ihr Team verlieren – und sogar, wenn das Team verliert, dessen Fan sie sind.

Der Wettbewerbsdrang ist bei vielen Jungen schwer zu handhaben. In Mannschaftssportarten sollen Jungen gegen eine andere Mannschaft antreten. Gleichzeitig möchten wir aber, dass sie in der eigenen Mannschaft gut zusammenspielen, ihre Kameraden unterstützen und loyal sind. Manchen Jungen macht Mannschaftssport Spaß. Sie wissen, was einen Teamplayer ausmacht, und behalten sich ihr Konkurrenzdenken für die gegnerische Mannschaft vor. Andere Jungen wieder sind so auf den Sieg der eigenen Mannschaft fokussiert, dass es sie ungeheuer aufbringt, wenn ein Mitglied der eigenen Mannschaft den Ball verliert oder einen Punkt verspielt. Ein sportlich begabter Junge, der gewöhnlich der Star seines Teams ist, kann sehr übel nehmen, wenn ihm ein Mitspieler die Schau stiehlt und ein Tor schießt oder anderweitig brilliert.

Ob Ihr Sohn zu den Gewinnern gehört oder zu den Verlierern – die Fixierung auf den Wettbewerb mit anderen kann gleichermaßen destruktiv sein. Fühlt er sich häufig als der Unterlegene, kann das seine Selbstachtung beschädigen. Ein Junge, der oft gewinnt, gelangt womöglich zu der Überzeugung, dass er nur deswegen geschätzt wird und dass darin sein Lebenssinn liegt. Gewinner gehen mit anderen, die langsamer oder schwächer sind, mitunter respektloser um. Und am Ende fühlen sie sich als Versager, weil sie nicht immer und überall die Besten sind.

Wie Sie die natürliche Wettbewerbsorientierung von Jungen konstruktiv nutzen

Es ist Aufgabe der Eltern, Jungen beizubringen, Niederlagen wegzustecken, ohne den Sieger zu beschimpfen oder anzugreifen. Ebenso müssen wir unseren Jungen beibringen, mit Anstand zu gewinnen, ohne anzugeben.

Wenig zielführend ist dabei, was wir alle so gern tun: einen kleinen Vortrag mit guten Ratschlägen halten, die sich zum Teil auch noch widersprechen. So versuchen manche Eltern, ihre Söhne nahezu im selben Satz davon zu überzeugen, dass es nicht so wichtig ist, ob man gewinnt oder verliert – um dann hinzuzufügen, dass sie sicherlich häufiger gewinnen würden, wenn sie mehr übten oder sich besser konzentrierten.

Besseres Verhalten einüben kann Ihr Sohn, wenn Sie alles gründlich mit ihm durchsprechen. Richtiges Zuhören (siehe sechstes Kapitel) hilft ihm, das Gefühl zu überwinden, dass das Leben schrecklich ist, weil er oder seine Mannschaft verloren hat. Extrazeit (siehe neuntes Kapitel) hilft Jungen, ihren eigentlichen Wert bewusst wahrzunehmen, der gar nichts damit zu tun hat, ob sie ein Spiel gewinnen oder verlieren.

> **Er liebt das Gefühl, persönliche Bestleistungen zu bringen**
>
> Mein Sohn Jason ist seit jeher sehr wettbewerbsorientiert. Das hat mich gestört, bis ich lernte, es zu kanalisieren. Als er sechs Jahre alt war, saßen wir einmal beim Arzt im Wartezimmer und kamen nicht pünktlich dran. Nach zehn Minuten Wartezeit wurde er unruhig und zappelig. Ich ermahnte ihn mehrfach, sich zu beruhigen, doch es nützte nichts. Also nahm ich ihn mit vor die Tür. Auf dem Bürgersteig sagte ich zu ihm: »Ich stoppe die Zeit und du läufst von hier nach da. Mal sehen, wie schnell du das schaffst.« Als er zurückkam, sagte ich ihm, wie lang er gebraucht hatte. Als Nächstes schlug ich vor: »Jetzt lauf dieselbe Strecke noch einmal. Schau mal, ob du deinen Rekord einstellen kannst.« Er rannte, so schnell er konnte, und war etwas schneller. Da lobte ich ihn anschaulich: »Beim ersten Mal hast du 38 Sekunden gebraucht, diesmal nur 36.« Diese kleine Verbesserung motivierte ihn enorm. Bis uns der Arzt eine halbe Stunde später aufrief, war mein Sohn freudig damit beschäftigt, die Straße auf und ab zu laufen. Dabei verbrauchte er eine Menge Energie und übte sich im Sprinten. Und weil sich jede Fähigkeit durch Übung verbessern lässt, konnte er seine vorausgegangenen Zeiten immer wieder schlagen und fühlte sich immer mehr als Gewinner. Jason ist auch heute noch wettbewerbsorientiert. Es macht ihm Spaß, persönliche Bestleistungen zu bringen.
>
> **Mutter von Jason (18)**

Körpersprache richtig deuten

Forschungsergebnisse belegen, dass nur 7 Prozent dessen, was Menschen sagen wollen, über das gesprochene Wort vermittelt wird. Rund 38 Prozent des Sinngehalts wird über die Stimme übertragen (Lautstärke, Tonfall, Geschwindigkeit) und ganze 55 Prozent nehmen wir über die Körpersprache auf (Haltung, Gesten und Gesichtsausdruck). Das Problem dabei: Das Jungengehirn ist notorisch sprachorientiert. Jungen verlassen sich auf die Bedeutung der Worte, die sie hören. Die 93 Prozent nonverbaler Signale, die sie empfangen, beachten sie nicht oder interpretieren sie falsch.

Ein Teil des Problems liegt in der Impulsivität des Jungengehirns begründet. Ihr Sohn schaut vermutlich alles an, was gerade seine Aufmerksamkeit erregt, statt den Menschen zu beobachten, der gerade mit ihm spricht. Vielleicht achtet er noch nicht einmal auf das Gesagte und bekommt daher nichts mit.

Und weil er woanders hinschaut, entgehen ihm die subtilen Botschaften, die andere ganz automatisch aus den nonverbalen Zeichen ableiten, die der Sprecher gibt. Mangelndes Bewusstsein für solche wesentlichen Rückmeldungen kann zu Problemen mit Eltern und Lehrern führen, aber auch den sozialen Umgang mit Gleichaltrigen stören. So entsteht manchmal ein Teufelskreis. Ein unreifer Junge weiß vielleicht nicht, wie er nonverbale Signale deuten soll. Blickkontakt mit seinem Gesprächspartner erscheint ihm daher wenig nützlich oder wichtig. Möglicherweise findet er ihn sogar verwirrend. Also schaut er weg und bekommt daher nicht die Übung, die er braucht, um solche sozialen Signale richtig auszulegen. Und er meidet Blickkontakt auch künftig und lernt nicht, Mimik und Körpersprache besser zu verstehen.

Wir können Jungen dazu anleiten, ihren Gesprächspartner anzuschauen und auf solche Zeichen zu achten – aber nicht, indem wir uns wiederholen und sie immer wieder ermahnen. Die Strategien aus diesem Buch tragen dazu bei, angefangen bei anschaulichem Lob und Durchsprechaktionen. Durchsprechen und Wiederholen sind ausgesprochen effektive Methoden, ihrem Sohn zu vermitteln, dass Körpersprache Informationen weitergibt.

Spielen Sie das Spiel: »Was empfinde ich?« Erstellen Sie gemeinsam mit Ihrem Sohn eine Liste ihm vertrauter Gefühle. Versuchen Sie dann, über Ihren Gesichtsausdruck ein Gefühl zu vermitteln, das Ihr Sohn erraten muss, und erklären Sie, auf welche Dinge er dabei achten muss.

Werbung in Zeitschriften zeigt oft überzeichnete Körpersprache und eignet sich daher ideal, um Jungen klarzumachen, auf wie viel verschiedene Arten Inhalte kommuniziert werden können – und sie zum Nachdenken anzuregen.

Je häufiger Sie das mit Ihrem Sohn üben, desto schneller setzt er das neu gewonnene Bewusstsein in der Außenwelt – seinen Beziehungen zu Gleichaltrigen – ein.

Mobbing

Mobbing kann verbal erfolgen (auch über das Internet) oder physisch. Verbales Mobbing kann die Form von Beleidigungen, Hänseleien, Drohungen oder Lügen und Gerüchten annehmen. Physisches Mobbing umfasst nicht nur Schlagen und Schubsen, sondern auch Diebstahl, Ausschluss aus der Gruppe und unterschwellige körperliche Einschüchterungen.

Mobbing kann äußerst subtil und entsprechend schwer erkennbar sein – vor allem, weil sich die Opfer leider oft zu sehr schämen, um es anzusprechen. Und die Lehrer sind nicht unbedingt darauf trainiert, Mobbing wahrzunehmen. Mobbing kann nur ein paar Meter von der Pausenaufsicht entfernt im Pausenhof stattfinden. Die aufsichtführende Lehrkraft sieht lediglich spielerische Rangeleien und merkt gar nicht, dass ein Kind nicht spielt, sondern leidet.

Die meisten Schulen richten ihre Anti-Mobbing-Strategie darauf aus, die Mobber zu identifizieren und die Opfer zu schützen. Das ist lediglich ein guter Anfang. Zu wenig Aufmerksamkeit gilt dabei der Rehabilitierung der Täter und der Schulung der Opfer, damit sie künftig anders reagieren und nicht mehr zum leichten Ziel werden.

Die Rehabilitierung der Täter ist sehr wichtig, doch dieses große und komplexe Thema sprengt den Rahmen dieses Buches. Es gibt jedoch vieles, was Eltern tun können, um ihre Kinder »Mobbing-immun« zu machen, damit sie nicht zu Opfern werden. Und das will ich hier ansprechen.

Es gibt bestimmte typische Merkmale für Jungen, die mit größerer Wahrscheinlichkeit gemobbt, gehänselt oder ausgeschlossen werden:

Oft sind es Jungen, die sehr gefühlsbetont reagieren und sich leicht aufregen oder überdrehen.

Solche Jungen haben häufig ganz bestimmte Vorstellungen davon, was sie spielen wollen, und wie. Weil sie so wenig flexibel sind, lehnen sie die Ideen und Vorschläge anderer Kinder oft ab oder reagieren darauf mit Unmut. Deshalb wirken sie »rechthaberisch«.

Diese Jungen haben oft wenig soziales Selbstvertrauen. Sie wissen nicht, wie man in ein Spiel oder eine Aktivität einsteigt, das oder die bereits läuft. Vielleicht hält sich so ein Kind am Rand einer Gruppenaktivität auf, was die anderen irritiert.

Häufig drückt sich so ein Junge erwachsener aus als Gleichaltrige, was den anderen Jungen komisch vorkommen kann. Vielleicht kommt er mit kleineren Kindern besser aus, die vermutlich von ihm beeindruckt sind, oder mit älteren Kindern, die seine kognitiven Stärken erkennen und das Anderssein eher tolerieren, über das sich seine Klassenkameraden lustig machen.

Häufig sind Jungen, die in der Schule Opfer sind, zu Hause Tyrannen. Ein sensibler, gefühlsbetonter Junge mit unflexiblem Temperament macht zu Hause unter Umständen großes Theater, wenn nicht alles nach seinem Kopf geht – vor allem, wenn er der Erstgeborene oder ein Einzelkind ist. Von frühester Jugend an »erziehen« seine überzogenen Reaktionen seine Eltern dazu nachzugeben, zu verhandeln oder wegzuschauen. In der Schule und im Verein oder auf dem Spielplatz lassen sich solche Tyrannen gut aufziehen, weil sie sichtlich in Rage geraten, wenn sie ein Spiel verlieren oder andere nicht nach ihrer Pfeife tanzen wollen.

Natürlich gibt es absolut keine Entschuldigung für Mobbing. Ich will keinesfalls andeuten, dass es ein Junge mit extremem Temperament verdient, schikaniert, gehänselt oder ausgelacht zu werden. Kein Kind hat so etwas verdient. Wir müssen aber erkennen, dass Jungen, die verbal oder physisch gemobbt werden, häufig unbewusst zu dieser Dynamik beitragen – durch ihre Reaktionen, wenn die Dinge nicht nach Wunsch laufen.

Falsche Ansätze zur Verbesserung sozialer Kompetenzen

Kommt ein Junge nach Hause und beschwert sich, weil er gehänselt, schikaniert oder bewusst aus einem Spiel ausgeschlossen wurde, reagieren die Eltern natürlich bestürzt. Sie möchten ihren Sohn vor Unglück bewahren und die Angelegenheit schnell in Ordnung bringen. Es gibt aber keinen Ansatz, der eine schnelle Lösung garantiert.

Manchmal ist es sinnvoll, die Lehrkraft oder die Schulleitung zu informieren, oftmals aber leider nicht. Raten Sie Ihrem Sohn, sich an einen Lehrer zu wenden, bleibt er damit auf das Eingreifen eines Erwachsenen angewiesen. Er lernt nicht, sich durchzusetzen. Dass er von einer Lehrkraft gerettet werden muss, kann das Selbstbewusstsein eines sensiblen Jungen zusätzlich untergraben. Außerdem macht sich ein Kind, das seine Klassenkameraden beim Lehrer anschwärzt oder auch nur damit droht, nicht unbedingt beliebter. Es wirkt dann noch mehr als Opfer, was zur Folge haben kann, dass sich andere dafür revanchieren, dass es den Schweigekodex gebrochen hat, der an vielen Schulen gilt.

Wir müssen versuchen, dem Jungen, der sich als Opfer fühlt und sich wie ein Opfer verhält, beizubringen, sich ebenbürtig zu fühlen und zu verhalten. Erwirbt er diese Kompetenz nach und nach, wird er von Gleichaltrigen mit mehr Respekt behandelt. Doch das geschieht nicht über Nacht.

Erziehung zu reiferem Sozialverhalten

Ein Junge muss lernen, wie er verhindern kann, dass er als Opfer behandelt wird. Er muss lernen, sich zu behaupten, seine Wünsche oder Gefühle zum Ausdruck zu bringen, sich verbal zu verteidigen und möglichst zu vermeiden, in Streitigkeiten oder physische Auseinandersetzungen hineingezogen zu werden. Ein sensibler Junge, der von seiner Art her aufgebracht reagiert, wenn er geschubst oder angeschrien wird, kann lernen, sich zu behaupten. Dabei geht es nicht notgedrungen um Gegenwehr, sondern mehr darum, eine Körpersprache zu beherrschen, die eine Aura des Selbstvertrauens vermittelt. Man kann solchen Kindern beibringen, sich anders zu verhalten, um nicht mehr so oft Ziel negativer Interaktionen zu werden. Eltern können einen sensiblen Jungen dazu erziehen, robuster und flexibler zu reagieren und seine Impulse besser zu steuern. Widmen die Eltern der Vermittlung solcher Kompetenzen die nötige Zeit und Überlegung, wird das Kind seltener zum Opfer, weil es nicht mehr so interessant ist, es zu provozieren.

Sprechen Sie bewusst alles durch und proben Sie es, um dem Jungen klarzumachen, wie man effektiv interagiert – und wie nicht. Je öfter Ihr Sohn zu Hause bei Ihnen freundliches, bestimmtes Verhalten einübt, desto eher wird er in der Lage sein, dieses Verhalten im sozialen Umgang zu replizieren. Es reicht nicht, einfach mit ihm zu besprechen, was er anders machen sollte. Auch gründliches Durchsprechen allein ist nicht genug, wenngleich sehr hilfreich. Ihr Sohn muss die verschiedenen Rollen übernehmen, als wäre er in einer Schauspielklasse.

Erziehung zu Widerstandskraft und Flexibilität

Eltern eines sensiblen, gefühlsbetonten Kindes gehen oft wie auf Eierschalen, um Ausbrüche zu vermeiden. Solche Eltern gewöhnen sich manchmal im Umgang mit ihrem Sohn einen ausweichenden Ton an, nach dem Motto »Warum machst du nicht ...« oder »Ich denke, es wäre eine gute Idee, wenn du ...«. Solche vagen Vorschläge vermitteln dem Jungen den Eindruck, dass er nicht folgen muss.

Schleichen Sie zu Hause keinesfalls auf Zehenspitzen um ihn herum, um heftigen Reaktionen aus dem Weg zu gehen und ihn bei Laune zu halten. Geben Sie nicht nach, wenn er quengelt oder versucht, Sie zu manipulieren. Und sehen Sie nicht über sein Fehlverhalten hinweg. Das würde Ihrem Sohn zu viel Macht geben, und es kann gut sein, dass er dann erwartet, auch genauso viel Macht über Gleichaltrige ausüben zu können.

Sie können Ihrem Sohn beibringen, flexibler und robuster zu werden, wenn Sie sich fest und konsequent an Ihre Regeln halten und keine Ausnahmen machen. Dadurch wird er mit der Zeit erkennen, dass es auch kein Beinbruch ist, wenn er mal nicht seinen Kopf durchsetzt.

Stellen Sie sich darauf ein, viel richtig zuzuhören, wenn Ihr Sohn außer sich gerät. Versuchen Sie nicht, ihn abzulenken oder ihm einzureden, er solle sich nicht aufregen. Lassen Sie ihn seine aufgewühlten Gefühle ausleben. Rechnen Sie damit, dass das länger dauert, als Ihnen lieb ist – vor allem in den ersten Wochen. Er wird sicher bald merken, dass es nicht so schlimm ist, wenn es nicht immer nach seinem Kopf geht.

So übt Ihr Sohn zu Hause, Situationen zu akzeptieren und zu tolerieren, die ihm nicht passen – und diese neue Kompetenz wird er bald auf die Außenwelt übertragen, auf Schule, Verabredungen mit Freunden und außerschulische Aktivitäten. Wenn Sie Ihren Sohn zu Hause dazu erziehen, robust und flexibel zu sein, verbessert das seine Beziehungen außer Haus.

Der rauere Umgang, den Väter nach meiner Empfehlung häufiger mit ihren Söhnen pflegen sollten, kann einem sensiblen, gefühlsbetonten oder aufbrausenden Jungen helfen, »härter« zu werden.
Damit meine ich nicht aggressiver. Ich meine flexibler und robuster, sodass er mit der normalen, natürlichen Aggression besser umgehen kann, die im Spiel unter Jungen oft aufkommt.

Wie Sie Ihren Sohn zu einem »guten Verlierer« erziehen

Ein Junge, der sich leicht aufregt, wenn er ein Spiel verliert, wird automatisch zur Zielscheibe von Hänseleien und Mobbing. Sie können Ihrem Sohn beibringen, die Fassung zu behalten, auch wenn er mal verliert. Beginnen Sie damit, schon die kleinste freundliche Reaktion anschaulich zu loben, wenn etwas nicht nach seinen Vorstellungen läuft. Darüber hinaus braucht er viel Praxis im Verlieren. Diese erwirbt er am besten zu Hause. Wenn Eltern mit ihren Kindern spielen, sehen sie oft nur zwei Möglichkeiten: ihren Sohn gewinnen zu lassen, damit es kein Theater gibt, oder ihre Erwachsenenfähigkeiten einzusetzen, die gewöhnlich dazu führen, dass das Kind verliert. Keiner dieser Ansätze macht Kinder robust oder selbstbewusst. Und sie eignen sich dadurch auch nicht die Kompetenzen und Strategien an, die sie brauchen, um ein Spiel zu meistern.

Räumen Sie Ihrem Sohn gegenüber ein, dass Sie als Erwachsener natürlich besser sind, da Sie schon viele Jahre Erfahrung und Übung haben. Erklären Sie ihm, dass Sie sich ein Handicap auferlegen, damit alle die gleichen Gewinnchancen haben. Beim Damespiel könnten Sie beispielsweise mit weniger Steinen antreten, bei Monopoly mit weniger Geld. Bei einem Brettspiel könnten Sie mit einem Würfel spielen, Ihr Kind mit zwei. Bei Spielen wie Federball könnten Sie die linke Hand nehmen. Mit solchen Handicaps müssen Vater oder Mutter das Kind nicht künstlich gewinnen lassen.

Sprechen Sie beim Spiel offen über die Strategien, die Sie einsetzen, um zu gewinnen. Loben Sie Ihren Sohn anschaulich, wenn er sich der gleichen Strategien bedient. Und das wird er, wenn Sie sich verkneifen, ihn dauernd zu korrigieren und ihm zu erklären, wie er es richtig machen soll. Auf diese Weise macht das Spiel dem Erwachsenen nicht nur mehr Spaß, sondern es lehrt sensible, leicht erregbare Jungen, sich darauf zu konzentrieren, besser zu spielen – statt das Endergebnis zu manipulieren.

Verabredungen zum Spielen

Verabredet sich Ihr Sohn bei Ihnen zu Hause mit Gleichaltrigen, ist das eine hervorragende Gelegenheit, Ihren Sohn bei der Verbesserung seiner Impulssteuerung und seiner sozialen Kompetenz zu unterstützen. Weil Sie anwesend sind, können Sie erzieherisch eingreifen, statt es dem Zufall zu überlassen, wie er und seine Freunde interagieren.

Und Ihr Sohn wird vermutlich vernünftiger reagieren, wenn er nur mit einem Freund spielt, während er auf dem Pausenhof stark von der Mobmentalität beeinflusst wird.

Kommt es zum Streit, kann aus dem Spiel schnell eine – verbale oder körperliche – Auseinandersetzung werden. Gefühle können verletzt werden, und Körper ebenfalls. Solche Probleme müssen wir auf zweierlei Weise bewältigen: Indem wir die richtigen Voraussetzungen schaffen, damit solche Verabredungen ohne größere Konflikte ablaufen, und indem wir konstruktiver damit umgehen, wenn die Situation eskaliert, damit die Kinder im Laufe der Zeit lernen, wie man Konflikte deeskaliert und Probleme friedlicher beilegt.

Die richtigen Voraussetzungen zum Spielen mit Freunden

Weil viele Kinder ganz scharf darauf sind, sich nach der Schule oder am Wochenende mit Freunden zu treffen, sind solche Verabredungen ausgesprochen effektive Motivatoren und Belohnungen. Muss sich ein Kind das Zusammensein mit Freunden verdienen, wird es sich dabei vermutlich besser benehmen.

Ein Junge, dessen Bildschirmzeit streng begrenzt ist, ist möglicherweise besonders daran interessiert, Freunde zu besuchen, die freien Zugang zu Computer oder Fernseher haben. Vielleicht können Sie die Eltern des fraglichen Kindes dazu bringen, die Bildschirmzeit während der Verabredung einzuschränken, vielleicht aber auch nicht. Auf jeden Fall können Sie aber dafür sorgen, dass sich die Kinder im Wechsel mal beim einen und mal beim anderen treffen. Dann sitzt Ihr Sohn dort nicht zu oft vor dem Bildschirm.

Achten Sie darauf, dass sich die Kinder nicht zu einer Tageszeit verabreden, zu der ihr Sohn müde ist. Er soll gut gelaunt sein, nicht überempfindlich oder aufgedreht.

Sorgen Sie dafür, dass er ordentlich isst, bevor er zu einem Freund geht. Das kann schwirig werden, wenn sich die Kinder direkt nach der Schule verabredet haben. Es ist aber möglich, und die Mühe lohnt sich.

Wenn Kinder zusammen spielen, entstehen Probleme häufig dann, wenn etwas geteilt werden muss. Spielen die Jungen bei Ihnen, stellen Sie die Regel auf, dass Ihr Sohn Spielzeug, das er nicht aus der Hand geben will, vorher außer Sichtweite verstauen muss. Während das andere Kind da ist, darf dann keiner damit spielen – weder er noch sein Freund.

Sprechen Sie mehrere Tage vor der Verabredung zu neutralen Zeiten alles durch, indem Sie Fragen stellen wie:

- Was machst du, wenn er deine Gefühle verletzt?
- Was machst du, wenn er sich nicht an die Regeln hält?
- Was machst du, wenn er ein Spiel spielen will, du aber nicht?

Wenn Ihr Sohn die Durchsprechfragen beantwortet, sieht er sich vor seinem inneren Auge vernünftig reagieren. Durchsprechen führt nicht zu einwandfreiem Verhalten, doch zu einem gelasseneren, vernünftigeren Umgang.

Neben dem Durchsprechen sind Probeläufe sehr effektiv. Tun Sie so, als wären Sie das andere Kind, das Ihren Sohn durch sein Verhalten ärgert oder aufregt. Lassen Sie ihn vernünftige Reaktionen einüben. Beginnen Sie, wenn nötig, den Probelauf damit, dass Ihr Sohn die Rolle des Freundes spielt, während Sie vormachen, wie Ihr Sohn reagieren soll.

Besteht zwischen zwei Kindern eine Hassliebe, haben die Eltern womöglich Angst, die Verabredung könnte ein schlimmes Ende nehmen. Laden Sie das andere Kind zunächst zu sich ein, damit Sie die Strategien umsetzen können, die ich empfohlen habe. Muss das Treffen bei dem anderen Kind stattfinden, sehen Sie zu, ob Sie sich nicht dazu einladen können. Auf diese Weise können Sie die Strategien ebenfalls anwenden.

Während der Verabredung

Geht es um Jungen, die gern herumtoben, schreien, Kampfspiele veranstalten und auf den Möbeln herumspringen, sorgen Sie dafür, dass sie zumindest anfangs draußen spielen können. Sind sie ihre überschüssige Energie erst einmal losgeworden, gibt es weniger Probleme.

Jungen gehen heutzutage oft stillschweigend davon aus, dass bei Freunden ein Computerspiel gespielt wird. Machen Sie zur Regel, dass immer erst etwas anderes gespielt wird. Die Elektronik ist dann die Belohnung, wenn das Treffen vorher gut gelaufen ist und alle Regeln eingehalten wurden. Die Kinder werden hoch motiviert sein, sich diese Belohnung zu verdienen.

Findet die Verabredung in der Wohnung statt, lassen Sie die Kinder zunächst unter Ihrer Aufsicht etwas Beruhigendes tun. Sie können eine Kleinigkeit essen, malen, Lego bauen oder ein Brettspiel spielen. Bleiben Sie dabei, damit Sie jeden Ansatz zu vernünftigem Verhalten anschaulich loben können.

- Ihr schreit ja gar nicht herum oder kabbelt.
- Ihr teilt ja schön.
- Mir fällt auf, dass ihr abwechselnd in die Anleitung schaut.

Kriegen sich zwei Kinder notorisch in die Haare, kann unbeaufsichtigtes Spiel zu physischer oder verbaler Aggression führen. Lassen Sie sie daher nicht allein. Lassen Sie sie in dem Zimmer spielen, in dem Sie sich aufhalten. Vielleicht befürchten Sie, dass das den Kindern wenig Spaß macht. In Wirklichkeit lernen sie aber, anders Spaß zu haben – ruhiger, gemäßigter, nicht so laut und wild. Lauter wilder Spaß ist absolut in Ordnung – zur richtigen Zeit und am richtigen Ort. Führt er aber immer wieder zu Problemen, müssen wir vorausschauend eingreifen, statt zu hoffen, dass es diesmal besser klappt.

Kinder bekommen oft gesagt, dass sie sich mit Problemen an einen Erwachsenen wenden sollen. Das ist sicherlich eine bessere Strategie als zu kämpfen oder zu schimpfen. Aber wird ein Erwachsener hinzugezogen, überlässt es das Kind ihm, das Problem zu lösen. Wir wollen jedoch, dass unsere Kinder lernen, Konflikte konstruktiv beizulegen. Also müssen wir ihnen beibringen, wie das geht. An einen Erwachsenen sollten sie sich nur im äußersten Notfall wenden.

Viele Konflikte lassen sich durch anschauliches Lob abwenden:

Ihr denkt ja daran, hier drinnen nicht so laut zu werden.

Jeder wollte als Erster drankommen, aber ihr habt euch einen Plan überlegt, mit dem ihr beide zufrieden seid. Und ihr habt das ganz alleine geschafft.

Ihr habt gehört, als ich gesagt habe, dass es Zeit zum Aufräumen ist. Dann steht der Bildschirmzeit ja nichts mehr im Weg.

Kommt es zu einem Konflikt, warten Sie zunächst ab, ob ihn die Kinder ohne Ihre Hilfe beilegen können. Schaffen sie das, loben Sie sie anschaulich. Kommt es zur Prügelei oder beschimpfen sich die Kinder wüst, sollten Sie eingreifen.

Versuchen Sie nicht nachzuforschen, wer was gemacht oder gesagt hat, denn jeder Junge wird Ihnen eine andere Geschichte erzählen und am Ende sind Sie nicht viel schlauer. Stellen Sie stattdessen körperliche Nähe her. Das veranlasst Kinder gewöhnlich unwillkürlich zu vernünftigerem Verhalten, das Sie dann anschaulich loben können.

Ist einer oder sind beide Jungen noch aufgebracht, fordern Sie sie auf, einander in eigenen Worten zwei Dinge zu sagen: was der eine vom anderen will und was er selbst zu tun bereit ist. So gehen Jungen gewöhnlich nicht mit Konflikten um. Deshalb sind sie zunächst vielleicht auf Schuldzuweisungen fixiert. Bleiben Sie hart, bis beide ordentlich antworten. Mit der Zeit lernen sie, ihre aufwallenden Gefühle in Worte zu kanalisieren, um einen Kompromiss zu finden, mit dem beide glücklich sind.

Was Eltern wissen wollen

F: Mein Sohn kommt aus der Schule und sagt, die anderen Jungen wollen nicht mit ihm spielen und nicht seine Freunde sein. Ich leide mit ihm. Was kann ich ihm raten?

A: Sie können Ihrem Jungen helfen, auf dem Spielplatz leichter Anschluss zu finden. Mit Durchsprechen und Probeläufen können Sie ihm ein paar einfache Dinge beibringen, die er sagen und tun kann. Wendet er den Jungen, mit denen er spielen will, Körper und Schultern zu, werden sie ihn eher bemerken und mitspielen lassen.

Ein ängstliches Kind sendet unter Umständen widersprüchliche Signale aus, indem es den Blick senkt oder andere anstarrt. Solche Reaktionen sind der Akzeptanz durch andere Jungen nicht förderlich. Lassen Sie Ihren Sohn einüben, wie man Blickkontakt hält, lächelt und einfache Fragen stellt:

- Kann ich mitmachen?
- Darf ich als Nächster?

Stellen Sie sich darauf ein, dass Ihr Sohn stur behauptet, er habe all das schon ausprobiert, doch es nütze nichts. Das ist höchst unwahrscheinlich. Sprechen Sie weiter Situationen durch und üben Sie sie ein. Konzentrieren Sie sich auch auf die Strategien, die ich vorgeschlagen habe, um Ihren Sohn flexibler und robuster zu machen. Sie werden bald Fortschritte sehen – allerdings vielleicht nicht so schnell, wie Sie gerne möchten.

F: Wenn ich höre, wie sich mein Sohn im Auto mit Freunden unterhält, befürchte ich, er vergrault sie. Er redet ohne Punkt und Komma, meistens über sich, obwohl längst keiner mehr zuhört. Wie kann ich ihm helfen, besser wahrzunehmen, welche Wirkung er auf andere hat?

A: In einem normalen Gespräch sagt eine Person etwas, auf das die nächste mit einer darauf bezogenen Äußerung reagiert. Das nennt man beim Thema bleiben. Es kommt aber häufig vor, dass ein Junge ungeachtet des Themas das Gespräch an sich reißt und auf den anderen einredet, sodass daraus ein Monolog über Dinosaurier oder Xbox oder eine andere aktuelle Leidenschaft von ihm wird. Eltern oder nachsichtige

Verwandte sagen dazu nichts oder fördern diese Gewohnheit vielleicht sogar. Manche Erwachsenen finden das niedlich. Die Klassenkameraden des Jungen werden das anders sehen. Wer das Gespräch so dominiert, stößt andere vor den Kopf. Das kann zu Hänseleien oder gar zu Ausschluss führen. Beim Thema zu bleiben ist eine wichtige Mikrokompetenz, denn sie ist der Schmierstoff für Dialoge.

Jungen müssen in dieser Mikrokompetenz unterwiesen werden, weil sie ihnen nicht so angeboren ist. Aus der Gehirnforschung wissen wir, dass das weibliche Gehirn besser mehrere Dinge gleichzeitig berücksichtigen kann, während sich das männliche Gehirn sehr gut stark und genau fokussieren kann. Dieser starke, intensive Fokus kann situationsabhängig eine Stärke oder eine Schwäche sein. Soll ein Junge seine ganze Kraft und Energie in eine Aufgabe stecken, ist intensiver Fokus eine Stärke. Ist er so auf das Thema fixiert, das ihm vorschwebt, und nicht bereit, ja, gar nicht richtig in der Lage, an etwas anderes zu denken, wird er zur Schwäche.

Achten Sie zunächst bewusst darauf, wenn sich Ihr Sohn nicht in den Vordergrund spielt, und loben Sie ihn anschaulich dafür:

- Du hast deinen Bruder erst ausreden lassen.
- Du hast uns etwas erzählt und dann einen anderen zu Wort kommen lassen.

Vielleicht brauchen Sie auch eine neue Regel, zum Beispiel die folgende: »Im Gespräch spricht mal der eine, mal der andere. Wenn jemand redet, kannst du ein paar Sätze hinzufügen. Dann musst du wieder jemand anderen sprechen lassen.«

Wie immer hilft es Ihrem Sohn, solche Situationen durchzusprechen. So kann er vor seinem inneren Auge sehen, wie er reifere Gespräche führt:

- Was sollst du tun, wenn ein anderer spricht?
- Woran erkennst du, ob dir dein Freund noch interessiert zuhört?
- Was sollst du tun, wenn du den Eindruck hast, dass dir dein Freund nicht mehr zuhört?

Ist Ihr Sohn richtig in Fahrt, sollten Sie ihn am besten nicht verbal korrigieren. Das fühlt sich für ihn vermutlich wie Kritik an. Halten Sie stattdessen die Hand hoch als Stoppsignal, und loben Sie ihn, wenn er innehält. Haben Sie Geduld. Diese Strategien funktionieren – aber nicht von heute auf morgen.

F: Ich habe drei Söhne, und der mittlere ist extrem wettbewerbsorientiert. Ich befürchte eine Art Suchteffekt, wenn ich ihn gegen sich selbst antreten lasse. Würde ich sagen: »Schau, heute hast du deine Hausaufgaben in 30 Minuten geschafft«, und am nächsten Tag dann »Heute hast du sie in 29 Minuten geschafft«, würde er bald alles, was er tut, gestoppt haben wollen. Wie kann ich das richtige Maß finden?

A: Ermutigen Sie Kinder nie dazu, Ihre Hausaufgaben schnell zu erledigen. Ganz im Gegenteil – wir wollen schließlich erreichen, dass sich die Kinder angewöhnen, langsamer vorzugehen, damit sie sich ganz der anstehenden Aufgabe widmen können, um sie bestmöglich zu lösen. Beim Wettbewerb mit sich selbst geht es nicht darum, schneller zu werden, sondern besser. Und besser kann vieles bedeuten, je nach der Situation. Bei den Hausaufgaben gegen sich selbst anzutreten kann heißen, weniger Schreibfehler zu machen oder mehr zu schreiben als letzte Woche oder mehr Aufgaben richtig zu rechnen.

Zusammenfassung

Es kann sehr beunruhigend sein zu erkennen, dass Ihr Sohn im Umgang mit Gleichaltrigen Probleme hat. Sie stehen dem vielleicht hilflos gegenüber, weil Sie keinen Einfluss auf die Situation haben, die aushäusig stattfindet, oder weil Ihr Sohn Ihre Ratschläge ablehnt. Die Strategien in diesem Kapitel haben Ihnen hoffentlich vor Augen geführt, dass Eltern viel tun können, um das Jungengehirn zu erziehen und zu trainieren – und das führt zu reiferem Sozialverhalten und besseren Umgangsformen.

22. Kapitel – Zeit fürs Bett: Schlaf und Ruhe

> **Wie wir unser Leben zurückbekamen**
>
> Inzwischen ist Billy ein Teenager, aber ich weiß noch gut, wie es war, als er zwei, drei, vier Jahre alt war. Er hielt uns ordentlich auf Trab! Er hatte ein wirklich schwieriges Temperament und geriet sofort außer sich, wenn nicht alles genau nach seinem Kopf ging. Am schlimmsten war es beim Schlafengehen. Ich bin sogar manchmal ohne Not länger im Büro geblieben, damit er nur ja schon schlief, wenn ich nach Hause kam.
>
> An manchen Abenden stand er zehnmal wieder auf. Er konnte durchhalten bis 22 Uhr. Er weinte, wollte kuscheln, gab vor, Angst zu haben, behauptete, er habe schlecht geträumt. Das ganze Programm! Deshalb waren meine Frau und ich eher skeptisch, als wir Noël aufsuchten und sie meinte, dieses Problem sei leicht zu lösen.
>
> Aber wir hielten uns akribisch an ihren Plan. Wir brachten ihn eineinhalb Stunden früher ins Bett, sahen zu, dass viel Zeit zum Spielen in der Wanne blieb und keine Hektik aufkam. Wir sprachen zu neutralen Zeiten genau mit ihm durch, wo er bleiben sollte, wenn das Licht aus war, wann er aufstehen durfte und woran er denken sollte, wenn er Angst bekam. Kam er herunter, brachten wir ihn wortlos zurück und lobten ihn anschaulich, sobald er wieder ruhig unter der Decke lag. Wir erklärten ihm nicht mehr, dass er versuchen solle zu schlafen. Und wir belohnten ihn morgens, wenn er am Vorabend nicht mehr heruntergekommen war. Es dauerte keine zwei Wochen – und unser Problem war gelöst! Eine unerwartete positive Begleiterscheinung war, dass

> er viel umgänglicher wurde, als er endlich genug Schlaf bekam. Und wir hatten wieder freie Abende – es kam uns so vor, als hätten wir unser Leben zurückbekommen. Billy ist immer noch etwas zu sensibel, auch jetzt noch, mit 16. Wir müssen darauf achten, dass er genug schläft und etwas Eiweißreiches isst, bevor der Hunger zu groß wird. Sonst wird er sarkastisch und vergreift sich im Ton.
>
> **Vater von Billy (16)**

Je mehr Schlaf unsere Kinder bekommen, desto ruhiger und konzentrierter sind sie – desto umgänglicher und vernünftiger, und desto weniger quengeln und widersprechen sie. Das gilt vor allem für Jungen, die in aller Regel sensibler auf äußere und innere Einflüsse reagieren.

Schlafmangel, vor allem zu kurze Tiefschlafphasen, beeinträchtigen das Verhalten: Die Folgen sind Reizbarkeit, Vergesslichkeit und Zerstreutheit, Überdrehung, Hyperaktivität, Starrsinn und Zornesausbrüche, wenn die Dinge nicht so laufen wie erwartet oder erhofft. Das ist an sich schon Grund genug für Eltern, strikt auf frühes Schlafengehen Wert zu legen.

Es gibt aber noch weitere überzeugende Gründe für die Bedeutung zeitiger Bettruhe. Unzureichender Schlaf ist nämlich auch ein auslösender Faktor für:

- Depressionen
- Angstzustände
- Schlechte geistige Leistungen aufgrund kürzerer Aufmerksamkeitsspannen und schwächerem Kurzzeitgedächtnis (häufig fälschlicherweise als AD(H)S diagnostiziert)
- Häufigere Erkältungen und Ohrenentzündungen aufgrund eines schwächeren Immunsystems
- Beeinträchtigungen des körperlichen Wachstums und der Gehirnentwicklung
- Übergewicht

Forschungsergebnisse bestätigen: Es ist auch sehr wichtig, dass Kinder stets zur selben Zeit ins Bett gebracht werden. Gehen sie zu unregelmäßigen Zeiten schlafen, wird das mit schlechteren Lese-, Schreib- und Mathenoten in Verbindung gebracht – vor allem bei Jungen. Leider kann ein Kind den während der Schulwoche versäumten Schlaf nicht »nachholen«, indem es am Wochenende länger schläft.

Kinder brauchen mehr Schlaf, als wir vielleicht meinen. Und sie müssen gewöhnlich mehr schlafen, als sie wollen.

Wie viel Schlaf ist genug?

Experten, die mit Kindern arbeiten, sind einhellig der Auffassung, dass Kinder und Teenies heute gesünder, glücklicher und in der Familie und in der Schule umgänglicher wären, wenn sie ausgeruhter wären. Sehr aktive, ruhelose Kinder und auch die besonders sensiblen, gefühlsbetonten und unflexiblen brauchen sogar noch mehr Schlaf.

Die Vorgaben dazu, wie viel Schlaf Kinder brauchen, variieren etwas – je nachdem, welchen Experten Sie fragen. Hier meine Empfehlungen, die sich auf aktuelle Forschungsergebnisse, aber auch auf meine Erfahrung aus der Arbeit mit vielen Familien stützen:

Alter	
2 bis 6 Jahre	11 bis 12 Stunden
7 bis 10 Jahre	10 bis 12 Stunden
11 bis 14 Jahre	10 bis 11 Stunden
15 bis 22 Jahre	9 bis 10 Stunden
23 Jahre und älter	8 bis 9 Stunden

Sie sehen: Viele Kinder bekommen längst nicht so viel Schlaf und leiden daher unter chronischem Schlafmangel. Vielleicht gehört Ihr Sohn ja dazu. Dass ein Kind früher zu Bett gehen sollte, ist aber nicht immer offensichtlich, denn es wirkt nicht unbedingt müde. Ein übermüdetes Kind kommt Ihnen womöglich sogar hellwach vor. Es kann hyperaktiv sein und jede Menge Energie darauf verwenden, sich gegen den Schlaf zu wehren.

> **Auch Sie müssen Ihre Batterien aufladen**
>
> Früher und ohne Theater schlafen zu gehen, ist wichtig für das Wohlergehen von Kindern und Eltern. Sie brauchen abends eine ungestörte Phase nur unter Erwachsenen, um wieder aufzutanken und für den nächsten Tag gerüstet zu sein. Sie brauchen und verdienen es, sich ohne Kinder zu erholen und auf Aktivitäten zu konzentrieren, die Ihnen guttun.

Warum Schlafengehen zum Problem werden kann

Viele Eltern wünschen sich verzweifelt, dass der Tag friedlich ausklingt. Sie möchten, dass ihre Kinder ohne Gemecker zu Abend essen, sich ohne Theater bettfertig machen, ihr Spielzeug aufräumen, ohne zu widersprechen oder zu feilschen, ohne zu trödeln fertigwerden und fröhlich ins Bett springen, um rasch und problemlos (ohne Anwesenheit der Eltern) einzuschlummern, die ganze Nacht durchzuschlafen und am nächsten Tag erfrischt und gut gelaunt pünktlich aufzuwachen. Und all das ist möglich!

Allerdings kann in jedem Stadium des Zubettgehrituals etwas schieflaufen, und es gibt Mädchen und Jungen, die abends Theater machen. Mit manchen sehr unproblematischen Kindern gibt es nur selten Probleme. Andere Kinder mit schwierigerem Temperament verfallen leicht in das Muster, negative Aufmerksamkeit zu erregen, was jeden abendlichen Ablauf empfindlich stören kann. Wie wir erfahren haben, gehören in diese Kategorie mehr Jungen als Mädchen. Deshalb ist es tendenziell schwieriger, Jungen ins Bett zu bringen. Außerdem müssen Jungen ihre gewaltige physische Energie tagsüber richtig abbauen, damit sie abends leichter zur Ruhe kommen. Unausgelastete Jungen verhalten sich zur Schlafenszeit eher schlecht oder leiden unter Ängsten.

Bereitet irgendein Aspekt des Schlafengehens in Ihrer Familie immer wieder Probleme, müssen Sie diese an mehreren Fronten gleichzeitig anpacken: Schaffen Sie während des Tages die richtigen Voraussetzungen, indem Sie gewisse Veränderungen an Ihrer Lebensweise vornehmen.

Je aktiver Ihr Kind tagsüber war, desto müder ist es vermutlich beim Schlafengehen. Ihr Sohn folgt dann besser und ist nicht so grantig. Je stärker wir unsere Jungen tagsüber auslasten, desto gelassener, einfacher und glücklicher gehen sie schlafen – und das ist gut für alle Beteiligten. Körperliche Bewegung hilft Kindern, schneller einzuschlafen und länger und tiefer zu schlafen. Bewegen sie sich an der frischen Luft, wir dieser Effekt noch gesteigert. Im 19. Kapitel (Körperliche Bewegung) erfahren Sie, was ich Ihnen empfehle, damit Ihr Sohn genug Bewegung hat.

Eine erhebliche Anzahl von Kindern, und mehr Jungen als Mädchen, reagieren empfindlich auf bestimmte Lebensmittel, die ihre Stimmung und ihr Verhalten beeinträchtigen. In diese Kategorie fallen Süßigkeiten, raffinierte Kohlenhydrate (zum Beispiel Weißbrot, Nudeln, Pizza, geschälter Reis, Fruchtjoghurt), koffeinhaltige Getränke und sogar so mancher gesunde Snack wie Rosinen, die Zucker in hoher Konzentration enthalten. Überempfindliche Kinder reagieren in aller Regel vor allem abends, indem sie überdrehen, quengelig werden, leicht frustriert sind und sich allem widersetzen, was sie nicht von sich aus tun wollen.

Vielleicht ernährt sich Ihr Sohn ja bereits gesund. Doch wenn sein Verhalten Probleme macht, sollten Sie sich damit nicht zufriedengeben. Sorgen Sie dafür, dass er sich optimal ernährt. Damit fördern Sie seine Kooperationsbereitschaft, und Ihr Leben wird leichter – vor allem abends. Im 13. Kapitel (Mahlzeit!) erkläre ich, was Eltern tun können, um ihre Kinder besser zu ernähren. Das ist leichter, als Sie denken.

Trödelei oder Aufsässigkeit beim Schlafengehen ist häufig ein Schrei nach Aufmerksamkeit. Unsere Kinder sehnen sich nach unserer Aufmerksamkeit, soviel steht fest. Sie brauchen sie und sie verdienen sie auch. Das Zubettbringen geht wie alle sonstigen potenziell heiklen Brennpunkte reibungsloser vonstatten, wenn wir dieses Bedürfnis nach Aufmerksamkeit schon tagsüber durch anschauliches Lob (viertes Kapitel) und Extrazeit (neuntes Kapitel) befriedigt haben. Wenden Sie ferner die Nie-zweimal-bitten-Methode (siebtes Kapitel) für Start-Verhaltensweisen an. Das hilft Ihnen, positiv und freundlich zu bleiben, damit ihr Sohn keine negative Aufmerksamkeit bekommt, indem er Sie auf die Palme bringt.

Jungen leiden öfter als Mädchen unter Ängsten und Sorgen, was das Zubettgehen verzögern und erschweren kann. Mehr Jungen als Mädchen entwickeln Strategien, ein Elternteil auch nach dem Löschen des Lichts noch bei sich im Zimmer zu halten. Sie erfinden Probleme und äußern überflüssige Bitten. Jungen stehen auch öfter als Mädchen noch einmal auf, nachdem das Licht bereits ausgeschaltet wurde.

Ängste haben oft mit der Schule zu tun. Das können Probleme mit dem Stoff, mit Freunden oder mit dem Lehrer sein. Vielleicht spricht Ihr Sohn nicht offen über seine Sorgen oder es ist ihm zu peinlich oder er schämt sich zu sehr, um Ihnen zu sagen, was los ist. In beiden Fällen ist richtiges Zuhören hilfreich.

Das reicht allerdings nicht, wenn Ihrem Sohn vor dem nächsten Schultag graut. Dann muss mehr getan werden, damit er die Schule wieder als erfüllender oder sicherer empfindet. Vielleicht müssen Sie ihn dazu anleiten, sein Verhalten zum Positiven zu verändern. Vielleicht muss sich in der Schule etwas ändern. In diesem Fall müssen Sie dort für die Bedürfnisse Ihres Sohnes eintreten.

Es ist in aller Regel keine gute Idee, sich am Bettrand das Herz ausschütten zu lassen, denn sobald Sie das Kinderzimmer verlassen haben, ist Ihr Sohn mit all den schlimmen Gedanken im Dunkeln allein, und nichts lenkt ihn ab oder heitert ihn auf. Schaffen Sie lieber die richtigen Voraussetzungen, indem Sie regelmäßig früher am Tag Zeit für ihn einräumen – für den Fall, dass er etwas auf dem Herzen hat.

Wie Sie aus vorstehenden Strategien ersehen, können Sie tagsüber viel tun, um das Zubettgehen reibungsloser zu gestalten. Keine meiner Anregungen ist jedoch Zauberei, und keine funktioniert für sich allein. Das beste Ergebnis erzielen Sie, wenn Sie bereit sind, gleich mehrere Strategien gleichzeitig umzusetzen.

Strategien für ruhige Nächte

Wir können auch die Atmosphäre rund ums Schlafengehen verbessern.

Kinder sind zur Schlafenszeit kooperativer und nicken schneller ein, wenn wir Körper und Geist genug Zeit zum Abschalten lassen. Sorgen Sie dafür, dass ein oder zwei Stunden vor dem Schlafengehen alle elektronischen Geräte abgeschaltet werden.

Lassen Sie Ihre Kinder zeitig zu Abend essen, damit die letzte Mahlzeit des Tages schon weitgehend verdaut ist, wenn die Kinder zu Bett gehen. Nahrung sorgt für Energie. Diese Energie soll aber zur Schlafenszeit möglichst weitgehend aufgebraucht sein.

Legen Sie eine Uhrzeit fest, bis zu der die Hausaufgaben erledigt sein müssen. Das sollte früh genug sein, damit Ihr Kind danach noch ohne schlechtes Gewissen entspannen kann.

Achten Sie besonders auf einen freundlichen Umgangston, damit sich Ihr Kind entspannt fühlt – nicht angespannt, verärgert oder nervös.

Beginnen Sie zeitiger mit den allabendlichen Ritualen, damit Sie sich nicht gestresst fühlen, sondern entspannter. Wenn wir Erwachsenen ungeduldig werden, motiviert das unsere Kinder kaum dazu, sich zu beeilen. Ist Ihr Sohn sensibel oder gefühlsbetont, veranlasst ihn Ihre Gereiztheit womöglich dazu, negative Aufmerksamkeit zu suchen – vor allem, wenn er müde ist.

Setzen Sie zum Fertigmachen, Zähneputzen, Schlafanzuganziehen und Vorlesen eine Stunde an, gönnen Sie sich etwas Luft nach oben und schlagen Sie ruhig noch eine Viertelstunde drauf. Gibt es Theater oder Probleme, wirft das Ihre Pläne für den Abend nicht gleich komplett über den Haufen. Kinder spielen in der Wanne gern. Sie finden das entspannend. Das gilt sogar für Kinder, die zunächst nicht baden wollen. Die Badezeit sollte daher so bemessen sein, dass Ihr Sohn nach Lust und Laune planschen kann, ohne dass Sie ihn drängen müssen, damit er rechtzeitig ins Bett kommt.

Das Schlafzimmer sollte elektronikfreie Zone sein. Das verhindert Getrödel, Weghören, Streit, Gejammer und heimliche Nutzung der Geräte.

Routine reduziert Widerstand. Je klarer und konsequenter Sie das Abendritual gestalten, desto weniger Widerstand leistet Ihr Kind. Eine geeignete Strategie, um Ihr Kind zum raschen Insbettgehen zu motivieren, ist eine feste Schlusszeit für alles, was Spaß macht. Die »neue Regel« könnte zum Beispiel vorsehen, dass Sie nur bis zu einer bestimmten Zeit Geschichten vorlesen, singen, dem Kind den Rücken kraulen oder was es sonst noch für genussvolle Rituale in Ihrer Familie gibt. Je zügiger Ihr Sohn daher aufräumt, badet, Zähne putzt und den Schlafanzug anzieht, desto mehr Zeit haben Sie für ihn. Das motiviert Kinder in aller Regel ungeheuer. Und solche vergnüglichen Rituale sind ausgesprochen schlaffördernd.

Ängstliche Kinder, vor allem besonders sensible, haben manchmal Angst vor der Dunkelheit. Das ist bei Jungen häufiger der Fall als bei Mädchen. Ein ängstliches Kind möchte oft, dass das Licht an bleiben soll. Das beeinträchtigt aber die Produktion des »Schlafhormons« Melatonin. Schläft Ihr Sohn schlecht ein, dunkeln Sie sein Zimmer allmählich über mehrere Wochen immer mehr ab. Vielleicht will er das nicht, doch Sie sollten darauf bestehen, denn in einem dunkleren Zimmer wird er eher einschlafen und tiefer schlafen.

Ein Kind, das nach dem Lichtausschalten mehrfach wieder aufsteht oder zwar im Bett bleibt, aber nach Ihnen ruft, brauchen Sie nicht. Es ist schlicht daran gewöhnt, sich auf diese Weise Ihre Aufmerksamkeit zu verschaffen. Sorgen Sie für die richtigen Voraussetzungen, in dem Sie den Bitten Ihres Sohnes vorgreifen. So kann er sich beispielsweise vor dem Schlafengehen schon eine Flasche Wasser auf den Nachttisch stellen (zeigen Sie ihm, wie, wenn nötig – aber tun Sie das nicht für ihn). Ruft Sie Ihr Sohn oft zu sich, um sein Laken oder seine Decke zurechtzuziehen, können Sie ihm zu einem neutralen Zeitpunkt zeigen, wie das geht. Ruft er Sie, weil er zur Toilette muss, können Sie ihm im Bad oder im Flur das Licht anlassen, damit er alleine hingehen kann. Einem kleineren Kind können Sie auch ein Töpfchen ins Zimmer stellen.

Kommt ein Kind nach dem Schlafengehen noch einmal aus dem Bett, begegnen Sie ihm am effektivsten ohne Worte. Alles, was Sie sagen könnten – auch eine Zurechtweisung – belohnt sein Fehlverhalten durch Ihre

Aufmerksamkeit. Zeigen Sie einfach auf die Treppe oder dorthin, wo das Kind hingehen soll. Macht es sich brav auf den Weg, loben Sie es anschaulich. Tut es das nicht, nehmen Sie es bei der Hand, sagen Sie nichts und führen Sie es ins Bett zurück. Nehmen Sie es nicht auf den Arm und tragen Sie es nicht ins Bett, denn auch das empfindet es vielleicht als Belohnung. Liegt das Kind zugedeckt, ruhig und mit geschlossenen Augen im Bett, können Sie es anschaulich loben:

- Hier gehörst du hin.
- Schön, dass du die Regel kennst.
- Du machst ja, was Mama und Papa sagen.

Manchmal bringt es auch etwas, bestimmt, aber freundlich zu sagen: »Bis morgen dann.« Damit machen Sie deutlich, dass Sie das Kind erst am Morgen wiedersehen möchten.

Was Eltern wissen wollen

F: Mein Sohn will jeden Abend dieselben Bücher vorgelesen haben und macht einen Aufstand, wenn ich mal ein anderes aussuche. Er hat so viele schöne Bücher, die er nie anschaut. Wie kann ich ihm helfen, aufgeschlossener zu werden?

A: Mein Rat: Suchen Sie und Ihr Kind jeweils ein Buch (oder Kapitel) aus. Lesen Sie bereitwillig aus dem Buch, das Ihr Sohn ausgesucht hat (solange es Ihrem Wertekanon entspricht) – auch zum hundertsten Mal, wenn er das möchte. Sie sollten, wenn Sie dran sind, ein Buch auswählen, zu dem Ihr Sohn von sich aus nie gegriffen hätte. Auf diese Weise bringen Sie ihn mit der Zeit mit vielen Büchern in Berührung, die ihn anfänglich nicht interessiert haben.
Das Gleiche gilt für Gute-Nacht-Lieder. Gehören Lieder zu Ihrem Einschlafritual, können Sie zur Regel machen, dass Sie ein Lied aussuchen dürfen und Ihr Sohn eines. Wie bei den Geschichten sollten Sie sich dabei für Lieder entscheiden, die Ihrem Sohn nie in den Sinn gekommen wären. Indem sich das immer wieder wiederholt und Ihr Sohn es

mit Ihnen und dieser gemütlichen, entspannenden Tageszeit in Verbindung bringt, wird er bald Freude an Liedern haben, die er ursprünglich abgelehnt hat.

F: Mein Sohn kommt jeden Abend mehrmals die Treppe herunter und sagt, dass er Angst hat – manchmal vor Einbrechern, manchmal vor einem Test in der Schule. Er lässt sich von uns nicht beruhigen. Wie können wir ihm helfen, sich zu entspannen, damit er schneller einschläft?

A: Vor dem Einschlafen sollte Ihr Sohn möglichst nicht über seine Ängste und Sorgen sprechen. Sie werden ihm das gelassener und selbstsicherer verwehren, wenn Sie sich regelmäßig während des Tages die Zeit nehmen, ihm zuzuhören. Zur Schlafenszeit könnten Sie sagen: »Ich merke schon, dass du mir etwas erzählen möchtest, aber dafür ist morgen nach der Schule Zeit. Jetzt sollst du mit geschlossenen Augen unter der Decke liegen und an etwas Schönes denken.« Befürchten Sie, Ihrem Sohn könnte nichts Schönes einfallen, sprechen Sie das zu einem neutralen Zeitpunkt mit ihm durch, nicht vor dem Schlafengehen. Natürlich möchten Sie Ihren Sohn trösten und seine Ängste nach Möglichkeit beschwichtigen. Am effektivsten erreichen Sie das, indem Sie lächeln und am gewöhnlichen Ablauf festhalten, und indem Sie Vertrauen in seine Fähigkeit ausstrahlen, in den Schlaf zu finden. Sie wissen ja: Eigentlich ist es ganz natürlich, dass wir einschlafen, wenn wir müde sind.

F: Mein Sohn beklagt sich, er sei nicht müde und könne nicht einschlafen. Wie kann ich ihm dabei helfen?

A: Die Versuchung ist groß, einem nervösen oder unruhigen Kind zu sagen: »Versuche zu schlafen.« Dieser Schuss geht aber oft nach hinten los, denn Kinder wissen im Grunde nicht, wie das geht. Wenn sie sich bemühen, es zu versuchen, werden sie unter Umständen noch nervöser und das hält sie noch länger wach. Sie haben dann eine neue Sorge: »Ich kann nicht schlafen.« Statt Ihrem Sohn zu sagen, er solle doch versuchen zu schlafen, sollten Sie ihm lieber sagen, er müsse nur ruhig und mit geschlossenen Augen unter der Decke liegen und an etwas Schönes denken. So kann er leichter entspannen, und irgendwann übermannt ihn seine natürliche Müdigkeit.

Zusammenfassung

In vielen Familien ist die Schlafenszeit eine der stressigsten Phasen des Tages. Doch so muss es nicht sein – Eltern müssen sich ebenso wenig davor fürchten wie Kinder.

Wir dürfen nicht vergessen, dass es ganz natürlich ist, dass Kinder am Ende eines ereignisreichen, aktiven Tages müde sind und den Schlaf begrüßen. Schaffen wir die richtigen Voraussetzungen und konzentrieren uns darauf, positiv, bestimmt und konsequent zu bleiben, kann das Zubettgehen zu einer herrlich gemütlichen, vergnüglichen Zeit werden, auf die sich Eltern und Kind gleichermaßen freuen.

phen können
Vierter Teil:
Wie Jungen ihr schulisches Potenzial ausschöpfen können

23. Kapitel – Schulische Leistungen und das Jungengehirn: Probleme und ihre Ursachen

Nach wie vor gilt, dass sich Kinder ein paar nicht zu unterschätzende Fähigkeiten aneignen müssen, um in der Schule erfolgreich zu sein. Was ich unter schulischem Erfolg verstehe? All das zu erlernen, was in der Schule gelehrt wird, Spaß am Lernen zu haben, sein Potenzial zu entfalten und stolz auf die eigenen Leistungen zu sein. Das Gehirn von Jungen hat größere Probleme damit, sich die folgenden Gepflogenheiten anzueignen, die es in der Schule einzuhalten gilt:

- Still sitzen
- Ruhig sein
- Zuhören, um herauszufinden, worum es der Lehrkraft geht (statt nur dann zuzuhören, wenn es einen selbst interessiert)
- Auf Details achten
- Nonverbale Zeichen richtig deuten (Mimik, Gestik und Körpersprache, wozu auch zählt, möglichst in die gleiche Richtung zu schauen wie die Lehrkraft)
- Blickkontakt halten
- Das Selbstvertrauen haben, auch mal einen Fehler zu riskieren

Viele dieser Fähigkeiten verlangen von einem Jungen, seine natürlichen Impulse zu unterdrücken und sich andere Reaktionen anzueignen und einzuüben. Wird Jungen das richtige Verhalten beigebracht und wieder und wieder geübt, setzt es sich in ihrem Gedächtnis fest, sodass sie sich früher oder später automatisch richtig verhalten. Ohne entsprechende Unterweisung und Übung haben jedoch zu viele Jungen Probleme in der Schule – nicht nur beim Lernen, sondern auch, weil sie es nicht schaffen, sich so zu verhalten, wie es dort von ihnen erwartet wird. Infolgedessen gehen sie nicht gerne zur Schule, leiden unter mangelnder Anerkennung und fühlen sich als Versager. Fragen Sie doch mal einen Jungen, was ihm an der Schule am besten gefällt. Vermutlich lautet seine Antwort: Pausen, Sport und Spiele.

Und auf die Frage nach seinem Lieblingsfach nennt er vermutlich etwas Naturwissenschaftliches, was daran liegen mag, dass die Schüler in solchen Fächern bei vielen Aufgaben und Experimenten aufstehen dürfen. Ein Junge kann dann etwas tun und sich aktiv am Geschehen beteiligen. Und er findet es natürlich aufregend, wenn etwas mit einem lauten Knall explodiert.

Schon im Kindergarten und in der Grundschule und auch später auf weiterführenden Schulen gelten Jungen als leichter ablenkbar. Dass Jungen tatsächlich leichter abzulenken sind als Mädchen und deshalb nicht so schnell »spuren«, liegt zum Teil daran, dass sie oft impulsiv und »leichtfertig« reagieren. Dazu kommt, dass sie meist »unaufmerksam« sind. Häufig hören sie einfach nicht zu, was ihr Lehrer da vorne am Pult erzählt. Es sind überwiegend Jungen, die permanent ermahnt werden müssen zuzuhören, sich zu konzentrieren, ihre Aufgaben zu erledigen, sich zu beeilen und ruhig zu sein.

Viel zu viele Jungen haben das Gefühl, dass sie in der Schule oft »in Schwierigkeiten stecken«. Es sind fast immer die Jungen, die gerügt werden, weil sie schwätzen, anstatt sich ruhig auf ihre Arbeit zu konzentrieren, weil sie mit allen möglichen Utensilien herumspielen oder stundenlang ihre Buntstifte spitzen. Normalerweise sind es die Jungen, die »Denkpausen« verordnet bekommen, nachsitzen müssen oder nicht in den Pausenhof dürfen, weil sie gegen eine Regel verstoßen haben. Und sie sind es auch, die ihre Aufgaben in der Schulstunde nicht fertigkriegen, weil sie zu abgelenkt waren, und sie deshalb mit nach Hause nehmen und dort zu Ende bearbeiten müssen. Auch sind es fast immer die Jungen, denen solche Konsequenzen sehr zusetzen. Schließlich müssen sie während der Pause und nach der Schule herumrennen und sich austoben, damit sie sich später wieder konzentrieren und ruhig sitzen bleiben können.

Meistens sind es die Jungen, über die sich Lehrkräfte ärgern oder derentwegen sie die Geduld verlieren. Für Jungen gehören genervte Lehrerblicke zum Alltag. Sie werden häufiger angebrüllt als Mädchen und häufiger mit Strafe bedroht. Ich habe schon so viele Jungen sagen hören »Ich gehöre zu den Ungezogenen« – und das im Alter von fünf oder sechs Jahren. Dabei sind sie einfach nur völlig normale kleine Jungen. Manchen Eltern bricht es das Herz, wenn ihnen klar wird, wie sich ihr Kind selber wahrnimmt.

Auch bis zum Übertritt auf weiterführende Schulen wendet sich das Blatt für Jungen nicht, was mit ein Grund dafür sein kann, dass sie die Schule häufiger ohne mittlere Reife oder Abitur abbrechen. In standardisierten Tests schneiden Jungen schlechter ab, selbst in Fächern, die viele von ihnen interessant finden wie Naturwissenschaften oder Geschichte. Ihre mangelnden Lese- und Schreibfertigkeiten, ihre unzulängliche Impulssteuerung und ihre fehlende Liebe zum Detail bringen sie mal wieder in die Bredouille – mitunter sogar, wenn sie auf den Test vorbereitet sind und eigentlich keine Schwierigkeiten mit dem Stoff haben. Im Gymnasium engagieren sich mehr Mädchen als Klassen- oder Schulsprecher, in Debattierklubs, in der Theatergruppe oder im Schulchor. Die einzige Ausnahme ist Sport – hier sind die Jungen den Mädchen zahlenmäßig überlegen. Mehr Mädchen als Jungen streben einen höheren Schulabschluss an, studieren oder promovieren.

Warum Jungen in der Schule Probleme haben

Es könnte auch anders sein. Doch damit wir unseren Jungen ein reiferes Verhalten beibringen können, müssen wir begreifen, weshalb sich Jungen nicht von sich aus so verhalten oder so lernen, wie wir das gerne hätten:

Körperliche Merkmale von Jungen
Unsere Kinder sind in der Schule in eine passive Rolle gedrängt und müssen die meiste Zeit still auf ihrem Stuhl sitzen und dem Lehrer zuhören. Es kommt kaum vor, dass aktives Mitwirken gefragt ist und die Schüler und Schülerinnen aufgefordert sind zu erzählen, was sie vom Lernstoff halten, oder sich anderweitig am Unterricht zu beteiligen.

Jungen sind voller Energie, die sie irgendwie loswerden müssen. Es liegt in ihrer Natur, dass sie sich zwischendurch immer wieder bewegen müssen. Ist ihnen das nicht erlaubt, werden sie zappelig, lassen sich leicht ablenken oder langweilen sich, was wiederum zu Fehlverhalten und schlechten Leistungen führt. Ein gefährlicher Teufelskreis wird in Gang gesetzt, wenn ein Junge für seinen natürlichen Bewegungsdrang gescholten wird. Im Laufe der Zeit schaltet er dann »auf Durchzug«, wenn er zum x-ten Mal dafür geschimpft wird, was zu weiterem Leistungsabfall und Fehlverhalten führt und den Lehrer zu schärferen Sanktionen veranlasst. Wie Ihnen sicher klar ist, kann sich eine solche Dynamik auch zu Hause entwickeln. Doch nur Erwachsene können diesen Teufelskreis durchbrechen und effektiv beenden.

Manche Schulen gehen auf den ausgeprägten Bewegungsdrang ihrer Schüler ein und haben sich aktiveres, experimentelles Lernen auf die Fahne geschrieben. Wollen wir hoffen, dass dieser Ansatz irgendwann in allen Schulen Einzug hält. Bis es soweit ist, können es Eltern ihrem Sohn einfacher machen, sich in der Schule und bei den Hausaufgaben zu konzentrieren, indem sie penibel darauf achten, dass er beharrlich neue Verhaltensmuster einübt. Im 19. Kapitel (Körperliche Bewegung) können Sie nachlesen, wie Sie das schaffen.

Relativ unausgebildete feinmotorische Fertigkeiten

Bei Mädchen im schulpflichtigen Alter ist die Feinmotorik besser entwickelt als bei gleichaltrigen Jungen, was sich nicht nur auf die Handschrift, sondern auch auf ihr zeichnerisches Können, ihren Umgang mit einem Lineal, einer Schere, dem Essbesteck und darauf auswirkt, ob sie sich allein anziehen können. Feinmotorik und Konzentrationsfähigkeit stehen in einer Wechselbeziehung. Ein Zappelphilipp, der sich schnell ablenken lässt, dürfte keine ausgeprägten feinmotorischen Fertigkeiten aufweisen, was zum Teil daran liegt, dass er eigentlich still sitzen müsste, wenn er darauf achten soll, womit sich seine Hände gerade beschäftigen. Umgekehrt gilt, dass ein Kind mit einer schlecht ausgeprägten Feinmotorik eher herumzappelt, ungeduldig wird und sich nicht konzentrieren kann, wenn eine Aufgabe es überfordert.

Eltern können dafür sorgen, dass sich ihr Sohn in der Schule wohlfühlt und sie ihm sogar Spaß macht, indem sie seine feinmotorischen Fähigkeiten zu Hause trainieren. Im 27. Kapitel (Leseverständnis und Denkvermögen verbessern) erfahren Sie von Strategien, mit deren Hilfe Jungen lernen können, sauber und flüssig zu schreiben. Viele Eltern haben mir schon bestätigt, dass sich eine bessere Schreibfertigkeit positiv auf das Selbstbewusstsein ihres Sohns auswirkt – und auch auf seine Bereitschaft, sich längere und interessantere Geschichten und Aufsätze auszudenken und aufzuschreiben.

Relativ unausgereifte Sprachkompetenz

Bei Jungen im ersten Schuljahr ist die Sprachkompetenz längst nicht so ausgebildet wie bei gleichaltrigen Mädchen, weshalb sie länger brauchen, um etwas zu lernen. Gegen Ende des ersten Jahrs in der Vorschule erkennen Mädchen mehr Wörter auf Anhieb. Auch in der Grundschule hinken Jungen den Mädchen beim Lesen und allem, was dazu gehört, hinterher: also der Fähigkeit, Buchstaben und Wörter zu entziffern, Textverständnis und flüssigem Vorlesen. Die Folge: Die Wahrscheinlichkeit, dass ein Junge eine Klasse wiederholen muss, ist um 60 Prozent höher als bei Mädchen.

Die relativ schwach ausgeprägte Fähigkeit des Jungengehirns zur auditiven Verarbeitung wirkt sich nachteilig auf das Tempo aus, mit dem Jungen gehörte Wörter in Bilder umsetzen können. Probleme mit der auditiven Verarbeitung beeinflussen auch das Kurzzeitgedächtnis, was wiederum die Merkfähigkeit beeinträchtigt, die in allen Schulfächern gefragt ist.

Die unausgereifte Sprachkompetenz von Jungen führt häufig dazu, dass sie den vermittelten Stoff oder die Anweisung des Lehrers nicht (richtig) verstehen. Und wir wissen doch alle selbst, wie schwer es fällt, sich auf etwas zu konzentrieren, was man nicht so ganz begreift. Im 27. Kapitel (Leseverständnis und Denkvermögen verbessern) können Sie nachlesen, wie Sie die Sprachkompetenz Ihres Sohnes fördern können, damit er sein schulisches Potenzial voll ausschöpfen kann.

Erhöhte Sensibilität und ein nicht vollständig ausgeprägtes »Filtersystem«

Jungen fällt es meist schwerer als Mädchen, sensorische Reize auszublenden, weshalb sie sich von dem allgemeinen Geräuschpegel im Klassenzimmer, bunten Postern an den Wänden, dem Flackern des Neonlichts oder den Polizeisirenen draußen schnell ablenken lassen. Bei den etwas älteren Jungen sind es die kurzen Röcke und figurbetonten Klamotten der Mädchen, die ihre Aufmerksamkeit fesseln – die reinste Tortur. All das wirkt sich unmittelbar auf die Impulsivität des jugendlichen Gehirns von Jungen aus und schmälert ihre Konzentrationsfähigkeit in der Schule. Im fünften Kapitel (Die richtigen Voraussetzungen schaffen) haben Sie von der Strategie des Durchsprechens gelesen, die Jungen dabei hilft, sich neue, reifere Angewohnheiten zuzulegen und einzuüben. Das 24. Kapitel (Verbesserung der Impulssteuerung) zeigt Eltern Strategien auf, mit deren Hilfe Jungen lernen, sich besser zu konzentrieren.

Emotionale Verletzlichkeit

Jungen wie Mädchen stehen unter Gruppendruck. Bei den Mädchen verhält es sich zum Glück so, dass sie von Gleichaltrigen genau in die Richtung gedrängt werden, die Eltern und Lehrkräfte gutheißen. Bei den Jungen geht es dagegen häufiger darum, sich mit anderen zu messen und herauszufinden, wer stärker, schneller oder mutiger ist und sich traut, gegen die Regeln zu verstoßen oder sie doch zumindest aufzuweichen. Viele Jungen grübeln während des Unterrichts über ihren Status bei ihren Schulkameraden nach oder machen sich Sorgen, ob sie den Erwartungen ihrer Freunde genügen. Selbst Jungen, die nicht den Eindruck erwecken, als würden sie sich blindlings dem Gruppenzwang unterwerfen, stehen unter dem Einfluss der Normen ihrer Alterskohorte. Und viel zu viele sind bereit, fast alles zu tun, um innerhalb ihrer Gruppe akzeptiert zu werden.

Eltern mag die Erkenntnis beunruhigen, dass Gleichaltrige wesentlich mehr Einfluss auf ihren Sohn ausüben als sie selbst oder andere Erwachsene. In vielen Schulen ist unter den Jungen die Unsitte weit verbreitet, sich mit möglichst wenig Aufwand durch das Schulleben zu mogeln, dafür sogar den Preis schlechter Noten zu zahlen und darauf quasi auch noch stolz zu sein.

Jungen mit guten Noten haben dann oft das Gefühl, so tun zu müssen, als hätten sie sich nicht sonderlich dafür angestrengt, um akzeptiert zu werden. Sie tun überdurchschnittliche Leistungen mit einem Achselzucken und einem »Glück gehabt« ab oder geben sich überrascht und alles andere als erfreut über ihr gutes Abschneiden. Andernfalls riskieren sie nämlich, zum Gespött der Klasse zu werden, als Intelligenzbolzen, Streber, Lehrerliebling und dergleichen verhöhnt zu werden oder auf dem Spielplatz nicht mehr mitspielen zu dürfen. Manche werden sogar körperlich angegriffen.

Die Scheu, um Hilfe zu bitten

Aufgrund des stark ausgeprägten Bedürfnisses von Jungen, sich mit anderen zu messen, fällt es vielen Jungen – vor allem ab der Vorpubertät – schwer, andere um Hilfe zu bitten oder Unterstützung anzunehmen. Das von Gleichaltrigen vorgelebte Machogehabe trägt zu der Überzeugung bei, dass es ein Zeichen von Schwäche ist, andere um Hilfe zu bitten. Erschwerend kommt hinzu, dass ein Junge über sein Problem nachdenken muss, bevor er andere um Hilfe bitten kann, und das wiederum verschlimmert die Angelegenheit für ihn noch. Schließlich praktizieren manche Kinder eine Vermeidungsstrategie und verdrängen Probleme, da sie sich nicht mies fühlen wollen. Erwachsenen ist natürlich klar, dass das langfristig gesehen wenig bringt, doch viele Jungen sind bis weit in die Pubertät hinein nicht reif genug, um weiter zu denken. Die Strategien, die ich Ihnen im zweiten Teil dieses Buchs vorgestellt habe, tragen dazu bei, das Selbstwertgefühl und Selbstvertrauen von Jungen zu verbessern, wodurch sie sich Gruppendruck wesentlich besser widersetzen können.

Mangelnde soziale Fähigkeiten

Ein Großteil der in der Schule anfallenden Aufgaben muss selbständig erledigt werden. Viele Lehrkräfte gehen davon aus, dass ihre Schüler es mühelos schaffen dranzubleiben und ihren natürlichen Drang zu beherrschen, sich mit anderen zusammenzutun, um die Aufgabe gemeinsam zu meistern. Wie ich bereits erläutert habe, ist das jedoch für viele Jungen ein großes Problem. Andererseits ist ein gewisses Maß an sozialer Reife nötig, um zu zweit oder in kleinen Gruppen zusammenarbeiten zu können, und auch daran hapert es bei vielen Jungen.

Keine vernünftigen Vorbilder

In den meisten Schulen gibt es nicht genug ältere männliche Rollenmodelle, zu denen Jungen aufsehen können und die sie nachahmen wollen. Ein Lehrer, ein Vertrauenslehrer, ein Mitarbeiter aus der Hausaufgabenbetreuung, ein Trainer, ein Schulpsychologe oder auch ein älterer Schüler könnten als Vorbild dienen. Insbesondere bei Jungen, die zu Hause kein positives männliches Vorbild haben oder die in der Schule mit Problemen kämpfen – sei es wegen schlechter Noten oder weil ihnen Schulkameraden das Leben schwer machen –, ist der Einfluss solcher Vorbilder nicht zu unterschätzen.

Ein älteres männliches Vorbild beeinflusst einen Jungen positiv, wenn es ihm vorlebt, wie sich Impulse steuern lassen, oder welche Arbeitsweisen sich bewähren oder auch durch Äußerungen dazu, wie wichtig Schulbildung ist und warum. Ein tolles männliches Rollenmodell kann sogar die Berufswahl eines Jungen beeinflussen. Wir alle kennen das ja aus dem Sport, doch in der Schule ist es nicht anders. Im zehnten Kapitel (Die Rolle der Väter und wie Mütter Väter unterstützen können) erkläre ich, wie Eltern mehr positiven männlichen Einfluss ins Leben ihrer Söhne holen können.

Unrealistische Erwartungen zur Impulssteuerung von Jungen

Unter Lehrern, Vertrauenslehrern, Referendaren und Schulleitern gibt es mehr Frauen als Männer. Weibliche Lehrkräfte haben logischerweise keine Erfahrung damit, wie es sich anfühlt, ein Junge zu sein, und verkennen deshalb häufig die typischen Stärken unserer Jungen, was – wie ich bereits ausgeführt habe – oft daran liegt, dass es genau diese Stärken sind, die Jungen häufig in Schwierigkeiten bringen. Lehrerinnen neigen dazu, ihre weibliche Erwartungshaltung zur Impulssteuerung auf Jungen zu übertragen. Sie gehen davon aus, dass es Jungen leicht fällt, längere Zeit ruhig zu sein, still zu sitzen, geduldig abzuwarten, schön zu schreiben, Blickkontakt zu halten und auch auf Details zu achten. Dabei können Mädchen diese Erwartungen in aller Regel wesentlich besser erfüllen als Jungen.

In seinem Buch über Jungen *Raising Cain* schreibt Michael Thompson sinngemäß, das Verhalten von Mädchen werde zum Goldstandard erhoben, und Jungen würden wie unvollkommene Mädchen behandelt. Das muss sich unweigerlich darauf auswirken, wie Jungen Schule erleben und wie sie sich selbst wahrnehmen.

Neue Trends an Schulen

In den vergangenen Jahrzehnten wurde eine beängstigende Entwicklung festgestellt: Unsere Schulen werden zunehmend jungenfeindlich. Der Lehrplan wird immer enger und starrer, den Lehrkräften wird immer konkreter vorgeschrieben, was den Schülern wann und wie vermittelt werden soll. Formelles Lernen fängt immer früher an, und es gibt immer mehr Tests für die Schüler. In vielen Schulen werden Sport und Spiel auf ein Minimum heruntergefahren. Auch die Pausen werden kürzer, sodass die Jungen immer weniger Gelegenheit haben, überschüssige Energie loszuwerden. Früher hatten Jungen an den Schulen mehr Möglichkeiten, in eine »Führungsposition« wie die des Klassen- oder Schulsprechers aufzusteigen und auf diese Weise zu lernen, wodurch sich eine gute Führungskraft auszeichnet: Sie lernten in dieser Rolle, sich durchzusetzen, ihre Impulse zu beherrschen, Ziele zu setzen, ihre Mitschüler zu führen, Projekte durchzuziehen und auch mal einen Kompromiss einzugehen. Außer im Sport besetzen inzwischen immer mehr Mädchen diese Positionen.

Zum Teil ist es auf diese jüngsten Veränderungen im Schulwesen zurückzuführen, dass ganz normales Jungenverhalten plötzlich mit Worten beschrieben wird wie laut, rücksichtslos, zappelig, zu konkurrenzbetont, hyperaktiv, aggressiv, unkonzentriert, leichtsinnig.

Doch so muss es nicht sein!

Zusammenfassung

Sie dürfen von einem Jungen selbst im Teenageralter nicht erwarten, dass er reif genug ist, sich selbst motivieren zu können und das zu tun, was für einen Jungen aufgrund seiner Hirnstruktur eben nicht »normal« ist. Tun Sie es doch, führt das aller Wahrscheinlichkeit nur dazu, dass Sie Ihren Sohn am Ende immer wieder bitten, ermahnen, kritisieren, zurechtweisen, schimpfen, bedrohen oder sogar anbrüllen.

Ein Grundsatz dieses Buchs lautet, dass Eltern klüger sind als ihre Kinder. Keine Frage, Eltern müssen das Sagen haben, wenn es ums Lernen und Üben geht. Und dazu gehört auch, dass sie Regeln aufstellen und Abläufe festlegen, die einen Rahmen vorgeben, in dem sich ein Junge die Gewohnheiten aneignen kann, die er braucht, um sein schulisches Potenzial voll ausschöpfen zu können. Wenn Sie sich an die Tipps in den nächsten Kapiteln halten, wird auch Ihr Junge mehr Spaß an der Schule und sogar an den Hausaufgaben haben und produktiver sein. Wenn Sie diese Strategien umsetzen, wird Ihr Sohn die einmalige Erfahrung machen, dass Schule Spaß machen kann. Und er wird lernen, an sich und seine Fähigkeiten zu glauben.

24. Kapitel – Die Impulssteuerung verbessern

Ein ganz anderer Junge

Laurence ist unser Sechsjähriger. Er hat drei Schwestern und ist ein sogenanntes Sandwichkind. Meine Frau und ich sahen darin lange eine Ursache für sein schlechtes Benehmen – und vielleicht auch in dem Umstand, dass er sich von seinen Schwestern abheben wollte. Außerdem dachten wir, das wäre ganz normal für einen Jungen. Uns war eigentlich nicht bewusst, dass wir ständig Entschuldigungen für sein Verhalten fanden, auch wenn er uns in den Wahnsinn trieb, weil er uns ständig ins Wort fiel, dumme Fragen stellte, um unsere Aufmerksamkeit buhlte oder gar um sich schlug – ganz zu schweigen von den ständigen Streitereien, dem Theater um die Hausaufgaben, dem Gequengel und seinen Wutausbrüchen alle paar Tage.

Erst als uns seine Schule mitteilte, dass er dort fast täglich Ärger bekam, beschlossen wir, etwas zu unternehmen. Auch wenn er nichts Schlimmes anstellte, war er doch zumindest im Klassenzimmer ebenso wie auf dem Schulhof genauso impulsiv wie zu Hause, gab den Klassenkasper und schwätzte, statt sich auf den Unterricht zu konzentrieren. Wir wollten unter allen Umständen verhindern, dass Laurence stigmatisiert wurde. Deshalb probierten meine Frau und ich im Schnellgang jede erdenkliche Strategie an ihm aus.

Wir lobten anschaulich zehnmal am Tag, wenn er uns nicht nervte oder aufregte. Es dauerte nicht lange, da fing auch unsere älteste Tochter damit an, ihn zu loben! Uns wurde allmählich klar, dass sein Fehlverhalten zu einem großen Teil damit zusammenhing, dass er unbedingt im Mittelpunkt stehen wollte. Deshalb nahmen meine Frau und ich uns abwechselnd jeden Abend Extrazeit für ihn. Das machte uns allen viel Spaß. Außerdem achteten wir darauf, ihm richtig zuzuhören, wenn er seinen Kopf nicht durchsetzen konnte, statt ihn zurechtzuweisen. Auf spielerische Weise brachten wir ihm bei, gleich beim ersten Mal das Richtige zu tun, wodurch er lernte, sich zu konzentrieren. Außerdem gingen wir einfach nicht mehr auf seine nervenden Fragen ein. Mit der »Nie-zweimal-bitten«-Regel lernte er tatsächlich, sich vernünftig zu verhalten. Wir sprachen ausführlich alles durch, von der Schule über die Hausaufgaben und die gemeinsamen Mahlzeiten bis zum Schlafengehen, und im Zuge dessen musste er sagen, wie er sich korrekt verhalten sollte. Das hatte enorme Wirkung! Außerdem trennten wir ihn räumlich von seiner kleinen Schwester, was dazu führte, dass er viel seltener Wutanfälle bekam und ihr nicht mehr alles aus der Hand riss.

Und er ist tatsächlich ein ganz anderer Junge geworden – wie es Noël prophezeit hat. Er ist viel ruhiger, seine Schwestern und auch seine Freunde spielen jetzt viel lieber mit ihm. Heute kann er abwarten, bis er an der Reihe ist – das hätten wir noch vor einem halben Jahr nicht für möglich gehalten! Auch in der Schule läuft es runder: Er bekommt keinen Ärger mehr, seine Noten sind besser geworden, weil er sich jetzt mehr Zeit lässt. Und auch das Lernen macht ihm inzwischen mehr Spaß. Er macht fast immer, was man ihm sagt – und zwar sofort! Keine Frage, wir müssen am Ball bleiben, damit das auch in Zukunft so bleibt. Sobald wir die Dinge schleifen lassen, fällt er in alte Muster zurück. Deshalb machen wir uns Tag für Tag gegenseitig klar, dass wir uns alle an die neuen Regeln und Strategien halten müssen.

Vater von Marina (10), Samantha (7), Laurence (6) und Avery (4)

Hat ein Kind gelernt, seine Impulse zu steuern, kann es sich nicht nur besser konzentrieren, sondern auch besser nachdenken, was es ihm leichter macht, sein schulisches Potenzial zu entfalten. Gerade für Jungen ist das sehr wichtig, denn dadurch können sie sich in der Schule, auf dem Sportplatz, beim Spiel mit Freunden und auch zu Hause jede Menge Ärger ersparen.

In diesem Kapitel möchte ich stressgeplagten Eltern aufzeigen, wie sie zwei Arten von Impulsen bei ihrem Sohn in den Griff kriegen. Zum einen ist da das Problem, dass Jungen ständig in Bewegung sind, herumzappeln, alles anfassen müssen und sich leicht ablenken lassen. Zum anderen sind sie oft rücksichtslos, sprunghaft und schludrig.

Seit jeher heißt es, dass Jungen nicht stillhalten können, sich selbst und andere ablenken – zu Hause und in der Schule –, ständig herumzappeln, mit allem herumspielen müssen, was sie in die Finger kriegen, anderen ständig ins Wort fallen und mit dem ersten Gedanken, der ihnen durch den Kopf schießt, herausplatzen. Und dann gibt es da noch die Tagträumer und Trödler. Auch sie haben ein Problem mit der Impulssteuerung, doch weil sie ruhiger sind, fällt das nicht so auf.

Wie wir wissen, zeigt das Gehirn von Jungen bestimmte Veranlagungen, etwa zur Impulsivität, zur Ablenkbarkeit und zu einem ausgeprägten Bewegungsdrang. Weit verbreitet ist die Ansicht, dass Eltern wenig tun können, diese zu bremsen oder »in geordnete Bahnen« zu lenken. Als Mutter oder Vater eines Jungen halten Sie die Frustration und Erschöpfung Ihres Kampfs gegen Windmühlen vermutlich für unvermeidlich. Vielleicht denken Sie aber auch, Sie müssten Ihre Erwartungen herunterschrauben, weil Jungen eben einfach so sind. Doch das muss nicht sein!

Natürlich gibt es Faktoren, die die angeborene Impulsivität von Jungen noch verstärken, wie Entwicklungsverzögerungen oder ein extremeres Temperament. Das kann aber auch auf Defizite bei der Verarbeitung von Sinneseindrücken oder auf spezielle Bedürfnisse eines Jungen zurückzuführen sein. Außerdem spielt das Umfeld eines Jungen eine Rolle. Das Gehirn von Jungen reagiert insbesondere auf die folgenden Einflussfaktoren:

- Zu wenig Schlaf, Nacht für Nacht, Monat für Monat (22. Kapitel)
- Zu wenig körperliche Betätigung, vor allem im Freien (19. Kapitel)
- Zu viel Zeit vor dem Bildschirm (15. Kapitel)
- Zu viel Zucker und raffinierte Kohlenhydrate im Essen (13. Kapitel)
- Zu wenig Extrazeit, vor allem mit dem Vater oder einer anderen männlichen Bezugsperson (9. Kapitel)

- Der Jungen ist daran gewöhnt, dass man ihm fast alles abnimmt (anstatt ihn die Dinge tun zu lassen, die er alleine bewältigen kann) (16. Kapitel)
- Er wird zu oft geschimpft
- Er ist über- oder unterfordert
- Er muss länger still sitzen, als es ihm guttut
- Er wird so schnell (mit Anweisungen oder Erklärungen) zugetextet, dass er sie nicht verarbeiten (sprich verstehen und sich merken) kann (17. Kapitel)

Es ist keineswegs so, dass Jungen ihre Impulsivität in die Wiege gelegt wurde und Sie dann als Eltern nichts dagegen tun können, dass sich Ihr Sohn so leicht ablenken lässt, zappelig ist, sich nichts merken kann und rücksichtslos anderen gegenüber ist. Diese vermeintlich typischen Jungenprobleme lassen sich ziemlich einfach abstellen. Es grenzt an ein Wunder, was mit einem Jungen passiert, wenn er endlich genug Schlaf bekommt, er sich jeden Tag körperlich austoben kann, wenn die Zeit, die er vor dem Fernseher oder Computer verbringen darf, drastisch gekürzt wird, er in den Genuss einer gesunden Ernährung und täglicher Extrazeit kommt und wenn wir ihm nicht länger Dinge abnehmen, die er selbst erledigen kann.

Jungen, die kriegen, was sie brauchen, blühen förmlich auf und zeigen sich von ihrer besten Seite: Sie werden ruhiger, konzentrieren sich besser, sind motivierter, kooperativer, besitzen mehr Selbstvertrauen, sind weniger ängstlich und zuversichtlicher. Sie mögen sich selbst, und wir fühlen uns in ihrer Gegenwart wohl.

Wir können aber noch mehr tun als die richtigen Voraussetzungen zu schaffen, indem wir positiv auf das Umfeld des Jungen einwirken: Wir können unseren Jungen beibringen, sich zu beherrschen und in der Schule und bei den Hausaufgaben besonders darauf zu achten, was die Erwachsenen für wichtig halten.

Schluss mit dem Gezappel

Die folgenden beiden Tipps haben sich in der Praxis gegen lästiges Zappelphilipp-Verhalten bewährt.

Die Faust ballen

Zeigen Sie Ihrem zappeligen oder unruhigen Sohn, wie er die Hand zur Faust ballen und etwa fünf Sekunden fest zusammendrücken kann. Auf diese Weise erhält das noch nicht vollständig entwickelte Nervensystem von Jungen die sensorische Rückkoppelung, die es über das »Herumfummeln« und Zappeln zu erhalten versucht. Drückt der Junge seine zur Faust geballte Hand fest zusammen, löst sich sein Wunsch, sich körperlich zu bewegen oder etwas zu berühren, in Luft auf. Die gleiche Rückkoppelung entsteht, wenn er sich auf seine Hände setzt. Denken Sie aber daran, dass er diese Angewohnheit erst dann verinnerlichen wird, wenn Sie beide sie zig Mal geübt und durch *Durchsprechen* verfestigt haben.

»Einfrieren«

Durch intensives Durchsprechen und wiederholte Probeläufe können Sie Ihrem Sohn beibringen, sich ruhig zu verhalten und auf ein Zeichen von Ihnen in seiner Bewegung zu erstarren. Mit etwas Übung und einem kräftigen Schuss anschaulichen Lobs wird er mit der Zeit lernen, sofort mit allem, was er gerade tut, aufzuhören. Vereinbaren Sie als Signal eine möglichst unauffällige Geste, denn mit Worten würden Sie nur die Aufmerksamkeit auf das Problem lenken. So gut wie jedes Kind begreift instinktiv, dass der mit der Handfläche nach vorne ausgestreckte Arm (wie bei einem Polizisten, der den Verkehr regelt) bedeutet: »Hör sofort damit auf!« Ist Ihr Junge ein extremer Zappelphilipp, sollten Sie sich zunächst damit begnügen, dass er seine Bewegung für ein paar Sekunden einfriert. Mit Hilfe von Techniken wie Durchsprechen, anschaulichem Lob und richtigem Zuhören wird er schon bald stolz auf seine Selbstbeherrschung sein. Mit stetiger Übung wird er lernen, erst eine halbe Minute lang still zu verharren, dann eine Minute, bis er zu guter Letzt ein paar Minuten am Stück ruhig bleiben und still sitzen kann.

Am besten ist es, wenn Sie diese Technik an einem sehr ruhigen Ort einüben, an dem es keine Ablenkung gibt, damit sich Ihr Sohn ganz auf Ihr Zeichen konzentrieren kann. Es wird nicht lange dauern, bis er gelernt hat, es auch dann zu befolgen, wenn um ihn herum viel los ist. Je öfter Sie diese Übung wiederholen, umso diskreter können die Fingerzeige werden, auf die er dennoch achten und reagieren wird.

Machen Sie doch ein Spiel aus dieser Methode und geben Sie das Zeichen in Situationen, in denen er nicht damit rechnet: Beim Essen oder mitten in einem Lied.

Jedes Mal, wenn er sofort auf Ihr Zeichen reagiert und seine Position für fünf Sekunden (und später zehn, dann eine halbe und schließlich eine ganze Minute) hält, geben Sie ihm einen Punkt.

Erlauben Sie Ihrem Sohn, seinerseits das Zeichen einzusetzen – aber nur zu bestimmten Zeiten.

Sie werden sehen: Es dauert nicht lange, bis Sie mit dem eingeübten Zeichen auch anderes impulsives Verhalten kontrollieren können:

- Maulen oder Widersprechen
- respektlosen Umgangston
- Sticheleien seinen Geschwistern gegenüber
- Quengeln und Jammern, nachdem Sie »Nein« gesagt haben
- nach einem zweiten Keks greifen, obwohl Sie nur einen erlaubt haben

Selbst wenn Ihr Sohn schon mehrfach unter Beweis gestellt hat, dass er zuverlässig auf ein subtiles Zeichen Ihrerseits reagiert und mehrere Minuten in seiner Bewegung innehalten kann, bezweifeln Sie vermutlich, ob das auch in einem lauten Klassenzimmer oder auf dem Spielplatz funktioniert, wo es jede Menge Abwechslung gibt. Doch dafür gibt es keinen Grund! Sprechen Sie mit seiner Lehrkraft über diese Methode, sodass auch sie sie einsetzen kann, um impulsives Verhalten Ihres Sohns in der Schule einzudämmen und ihn wieder zu erden, wenn er

- ohne Erlaubnis aufsteht,
- anderen ins Wort fällt oder mit einer Frage oder Antwort herausplatzt,
- mit seinen Schulkameraden schwätzt,
- überflüssige Fragen stellt,
- quengelt,
- sich über seine Mitschüler lustig macht.

Flüchtigkeitsfehler vermeiden

Gehört Ihr Sohn zu den Schülern, die ihre Schularbeiten und Hausaufgaben immer schnell und schludrig erledigen, ärgern Sie sich vermutlich über die ständigen Flüchtigkeitsfehler, die er deshalb macht. So hat er natürlich wenig Grund, stolz auf sich und seine Leistung zu sein. Mit diesem Problem stehen Sie allerdings nicht allein. Ich höre es immer wieder von Eltern und Lehrern.

Im nächsten Kapitel zeige ich Ihnen auf, wie Sie Ihrem Sohn mehr Sorgfalt bei den Hausaufgaben angewöhnen können. Vielleicht kennen Sie ja folgende hartnäckige Probleme aus eigener Erfahrung:

Ihrem Sohn unterlaufen Fehler in der Rechtschreibung, Zeichensetzung, Klein- und Großschreibung oder mit der Schönschrift. Ein impulsiver Junge vergisst fast immer, das Datum hinzuzufügen oder die Überschrift zu unterstreichen. Oder er fängt mit einem Aufsatz an, ohne sich vorher Gedanken über die Gliederung zu machen.

Beim Lesen rät er die Bedeutung ihm unbekannter Wörter statt danach zu fragen oder sie aus dem Kontext zu erschließen. Beim Vorlesen lässt er Füllwörter und dergleichen aus, liest ausdruckslos in monotonem Tonfall oder vergisst die kurze Pause nach einem Punkt.

Und in Mathe lässt er den Rechenweg oder den Übertrag weg.

Diese Art von Impulsivität bezeichnet man als Leichtsinns- oder Flüchtigkeitsfehler. Ihnen allen ist gemein, dass der Junge schon oft darauf hingewiesen wurde, was er zu beachten hat oder wie es richtig geht. Kein Wunder, dass Eltern und Lehrer in diesem Fall davon ausgehen, dass er weiß, was er zu tun hat, sich aber einfach nicht die Zeit nimmt, einen Gang herunterzuschalten und sorgfältig über die Aufgabe nachzudenken.

Doch das ist noch nicht das Ende der Geschichte. Ganz gleich vor welcher Aufgabe ein Kind steht, es gibt fast immer mehrere Dinge zu beachten. Das Gehirn eines Jungen kann sich aber vielleicht nicht alle Schritte auf einmal merken. Das ist bei Erwachsenen ja auch nicht anders. Wenn wir Erwachsenen etwas schreiben, tun wir das in der Regel ohne Rechtschreibfehler und unter Beachtung der Kommaregeln. Doch das ist nicht etwa so, weil wir uns die Regeln jedes Mal vor Augen halten, sondern weil wir das

Gelernte automatisch abrufen können, ohne darüber nachdenken zu müssen. Auf diese Weise kann sich unser Gehirn darauf konzentrieren, was wir zu Papier bringen wollen. Und genau das wollen wir auch für unser Kind erreichen. Bestimmte, sich wiederholende Teile bei den Hausaufgaben müssen sich quasi verselbständigen, damit sein Arbeitsgedächtnis frei bleibt für andere Dinge, über die es nachdenken muss.

Zielgerichtetes und nachhaltiges Üben

Zielgerichtetes und nachhaltiges Üben sind das A und O, wenn wir wollen, dass Jungen Fakten oder Fähigkeiten automatisch abrufen können. Beim zielgerichteten Üben geht es darum, nur eine einzige Mikrokompetenz zu erwerben, während es beim nachhaltigen Üben, das auch als »Überlernen« bezeichnet wird, darum geht, diese Fähigkeit so oft einzuüben, dass das Kind sofort weiß, was gefragt ist, und die Informationen abrufen kann, ohne erst nachdenken zu müssen. Das heißt, Ihr Kind kann eine Frage in Sekundenbruchteilen richtig beantworten. Trotzdem üben Sie immer weiter. Sinn und Zweck des Ganzen ist sicherzustellen, dass Ihr Kind das Gelernte ebenso beherrscht wie es seinen eigenen Namen kennt und folglich auch darauf zugreifen kann, wenn es ihm nicht so gut geht oder wenn es aufgeregt oder abgelenkt ist.

Wiederholung, gepaart mit etwas Abwechslung, ist eine der besten Methoden, etwas nachhaltig einzuüben. Nehmen wir einmal an, Sie wollen Ihrem Sohn den Unterschied zwischen »das« und »dass« beibringen, damit er die beiden Wörter in Aufsätzen oder bei den Haus- und Schulaufgaben künftig richtig anwenden kann. Diktieren Sie ihm Sätze, in denen beide Varianten in der richtigen Schreibweise vorkommen. Dann lassen Sie sich von ihm erklären, weshalb es jeweils so oder so geschrieben wird. Arbeiten Sie mit Lernkarten, bitten Sie ihn, die Wörter zu buchstabieren, bauen Sie sie in Spiele ein. Oder lassen Sie ihn die Wörter zuordnen oder sich eigene Gedächtnisstützen dazu ausdenken. Er könnte auch selbst Sätze basteln.

Die richtigen Voraussetzungen schaffen

Kinder werden sich nicht angewöhnen, sorgfältig zu arbeiten, wenn wir ihnen beispielsweise durchgehen lassen, dass sie ihre Hausaufgaben schlampig oder fehlerhaft erledigen, auch wenn wir sie anschließend dafür schimpfen. Besser: Schaffen Sie die richtigen Voraussetzungen durch gründliches Durchsprechen. So ist folgendes Szenario denkbar: Sie führen die Regel ein, dass Ihr Sohn bei allen Mathematikaufgaben grundsätzlich den Lösungsweg mit hinschreiben muss. Tut er das nicht oder lässt einen oder mehrere Lösungsschritte aus, muss er von vorne anfangen. Vielleicht finden Sie es ja gemein, wenn er auch Schritte, die er bereits richtig ausgeführt hat, noch einmal hinschreiben soll oder halten das für eine zu harte Strafe. Ihr Sohn wird das unter Garantie so sehen. Käme diese »Bestrafung« aus heiterem Himmel, wäre ich derselben Ansicht. Doch wenn Sie bereit sind, die neue Regel schon im Vorfeld mit ihm gründlich mehrmals durchzusprechen, ist es womöglich gar nicht nötig, sie auch anzuwenden. Dann ist er nämlich mit Sicherheit motiviert zu zeigen, dass er sehr wohl weiß, dass er den Lösungsweg für eine Rechenaufgabe nachweisen muss. Und selbst wenn er das ab und zu vergisst, wird er die Strafe gelassener annehmen können, wenn Sie diesen Weg mit Durchsprechen und den anderen Strategien aus dem zweiten Teil dieses Buchs bereits gebahnt haben.

Gründlichkeit belohnen

Soll Ihr Sohn künftig sorgfältig(er) arbeiten und auf Details achten, empfiehlt es sich, Belohnungen einzusetzen. Das muss nichts Großartiges sein. Ein impulsiver Junge lässt sich mit dem Spiel »Auf Anhieb richtig« motivieren, erst sein Gehirn einzuschalten, und nicht mit dem ersten Gedanken herauszuplatzen, der ihm durch den Kopf schießt. Und das Tüpfelchen auf dem i ist, dass dieses Spiel quasi zugleich eine gute Methode ist, sein impulsives Verhalten in den Griff zu bekommen und eine Belohnung, die ihn motiviert, das auch zu tun. Dieses Spiel ist für jedes Alter und für alle Schulfächer geeignet: Rechtschreibung, Multiplikation, Geschichtsdaten, wissenschaftliche Definitionen, Vokabeln und so weiter.

Auf Anhieb richtig

Schreiben Sie auf ein Blatt Papier den Titel dieses Spiels: »Auf Anhieb richtig« (in Schönschrift, schließlich wollen wir ja immer mit gutem Beispiel vorangehen). Darunter schreiben Sie links in einer Spalte die Ziffern eins bis zehn. Ist Ihr Sohn noch recht klein oder haben Sie gerade wenig Zeit für das Spiel, schreiben Sie nur die Ziffern eins bis fünf auf.

Beginnen Sie das Spiel und stellen Sie Ihrem Sohn eine Aufgabe – zum Beispiel eine Rechenaufgabe, eine Buchstabieraufgabe oder eine Frage aus dem Bereich Allgemeinwissen. Ihre Fragen sollten nicht zu schwer, aber auch nicht zu leicht zu beantworten sein. Ist die erste Antwort richtig, haken Sie die Ziffer eins ab. Ist sie falsch, helfen Sie ihm, sie richtig zu beantworten, setzen aber keinen Haken hinter die eins, denn den gibt es nur, wenn er gleich beim ersten Mal richtig liegt (ohne Hilfestellung von Ihnen), und wie Sie richtig vermutet haben, kommt daher der Name des Spiels.

Sie sind der Meinung, ein Haken sei keine wirklich motivierende Belohnung? Lassen Sie sich überraschen! Ein Haken kann sehr motivierend sein, da das den sportlichen Ehrgeiz Ihres Sohns anstachelt – und auch, weil Sie ihn jedes Mal, wenn Sie einen Haken setzen, mit Aussagen wie »Du hast es gleich beim ersten Mal richtig gemacht!« oder »Toll, du hast erst nachgedacht und dann geantwortet!« bestärken. Und natürlich lächeln Sie Ihren Sohn voller Stolz an, wenn er die Frage auf Anhieb richtig beantwortet. Auch das wirkt sehr motivierend auf ihn. Für jede richtige Antwort setzen Sie ein Häkchen hinter die entsprechende Ziffer. Wenn er zehn Häkchen hat, hat er das Spiel gewonnen. Klar, bei diesem Spiel gibt es keine Verlierer, denn auch wenn er manche Fragen nicht auf Anhieb beantworten kann, gelingt ihm das im zweiten oder dritten Anlauf dann doch – und darauf kommt es an.

Das Spiel dauert zwischen 10 und 20 Minuten und kann überall und jederzeit gespielt werden. Kurz vor den Hausaufgaben ist ein besonders günstiger Zeitpunkt, denn dann merkt er sofort, wie wichtig es ist, jetzt einen Gang herunterzuschalten, sich zu konzentrieren und auf Details zu achten. Sie können das Spiel aber auch im Auto spielen oder wann immer Sie Zeit dafür haben – vielleicht während Sie auf den Beginn einer außerschulischen Veranstaltung warten oder im Restaurant auf das Essen. Manche Jungen sind so begeistert von diesem Spiel, dass sie es sich sogar für ihre Extrazeit auswählen. Mit diesem Spiel fördern Sie nicht nur die Impulssteuerung und die Gründlichkeit, sondern sorgen nebenbei dafür, dass korrekte Schreibweisen, das kleine Einmaleins, Vokabeln oder Konjugationen wieder und wieder geübt und so ins Langzeitgedächtnis übernommen werden.

Zusammenfassung

Eltern und Lehrkräfte können mehr Einfluss auf die Entwicklung des Jungengehirns nehmen als sie denken. Ein impulsiver Junge kann im Laufe weniger Wochen und Monate lernen, seine Impulsivität zu kontrollieren und vernünftiger zu werden, wenn Sie sich an die Tipps aus diesem Kapitel halten.

Noch etwas: So sinnvoll diese Techniken auch sind, Ihr Sohn kann nur dann lernen, sich vernünftig und erwachsen zu verhalten, wenn Sie es ihm so leicht wie möglich machen, das Richtige zu tun und für das passende Umfeld sorgen.

25. Kapitel – Wie Hausaufgaben und Lernen produktiver werden und mehr Spaß machen

Hausaufgaben – ein Horror, für mich und meinen Sohn

Ich könnte jetzt endlos davon schwärmen, wie anders Hausaufgaben heute ablaufen als noch vor einem Jahr. Es ist ein Unterschied wie Tag und Nacht! Ephraim war das Paradebeispiel für erlernte Hilflosigkeit. Abend für Abend das gleiche Theater! Wenn ich ihn bat, etwas vorzulesen, zu buchstabieren oder ein paar Rechenaufgaben zu lösen, führte er sich auf, als wolle ich ihm ohne Betäubung Zähne ziehen. Er quengelte, weinte und klagte, das sei viel zu schwer. Doch ich wusste genau, dass das nicht stimmte. Am Anfang war ich noch beherrscht und lächelte ihn an, doch irgendwann riss mir der Geduldsfaden und ich brüllte ihn entweder an oder gab auf – oder beides. Hausaufgaben waren ein Horror für uns beide.

Ich halte nicht viel von Selbsthilferatgebern, aber in meiner Verzweiflung kaufte ich mir »Calmer, Easier, Happier Homework«. Dieses Buch hat mir die Augen geöffnet! Mir wurde klar, dass das Problem mit den Hausaufgaben zum Teil an mir lag. Deshalb beschloss ich, mich einen ganzen Monat an Noëls Tipps zu halten. Vielleicht klappte es ja. Ich teilte die Hausaufgabenzeit in drei Phasen ein und setzte verstärkt auf anschauliches Lob und richtiges Zuhören. Ich verbot mir, darüber nachzudenken, dass Hausaufgaben vollständig gemacht werden müssen, denn das hätte mich nur gestresst. Stattdessen stellte ich den Wecker, und wenn die Zeit um war, packte ich alle Bücher und Hefte weg – auch wenn mein Sohn bettelte und flehte, das

> nicht zu tun. Ich hatte keine Angst mehr vor seinen Wutanfällen. Ich stellte die Regel auf, dass er sich seine Lieblingssendung nur dann ansehen durfte, wenn er Hausaufgaben machte, ohne zu quengeln. Diese Regel beflügelte ihn förmlich.
>
> Ephraim ist ein typischer kleiner Junge – ständig in Bewegung und sehr aktiv. Deshalb schickte ich ihn vor den Hausaufgaben erst einmal aufs Trampolin, auch wenn er keine Lust hatte. Anschließend war er meist wesentlich ruhiger. Er lässt sich leicht ablenken, doch ich probierte eine neue Strategie aus. Anstatt ihn zu ermahnen, wenn er mal wieder Löcher in die Luft starrte, setzte ich auf anschauliches Lob. In den meisten Fällen brachte ihn das schnell wieder auf den Boden der Tatsachen. Außerdem machten wir jeden Tag Hausaufgaben – nicht nur, wenn er etwas aufhatte. Ich halte keine von Noëls Tipps und Strategien für überflüssig, sondern bin mir sicher, dass sich nichts an seinem Verhalten geändert hätte, wenn ich nur ein paar davon umgesetzt hätte. Schon im ersten Monat ist so vieles besser geworden, dass ich unbedingt weitermachen wollte. Am Ende des Schuljahrs war mein Sohn viel selbstbewusster. Es gab kein Theater mehr um die Hausaufgaben! Er hatte sich im Lesen um zwei Noten verbessert und in Mathe um eine. Hurra!
>
> **Mutter von Ephraim (9)**

Für Kinder ist die Sache ganz einfach: Hausaufgaben müssen gemacht werden – Punkt. Als Eltern wissen wir dagegen, dass Hausaufgaben dazu da sind, damit unsere Kinder etwas lernen: Sie erfahren dabei entweder etwas Neues oder sie vertiefen bereits vorhandenes Wissen oder prägen sich Dinge ein, die sie schon wussten. Über ihre Hausaufgaben wird Kindern aber nicht nur bestimmter Unterrichtsstoff (Fakten, Konzepte, Fertigkeiten) vermittelt, sondern sie können dabei gleich die richtigen Gewohnheiten einüben, die sie auch später im Arbeitsleben brauchen. Deshalb wollen wir Erwachsenen, dass sie sorgfältig und genau arbeiten und dass sie sich Gedanken über die äußere Form machen. Schließlich verfolgen wir das Ziel, dass unsere Kinder eigenständig werden und selbst daran denken, was sie aufhaben, anstatt sich von jemand anderem daran erinnern zu lassen. Wenn wir vergessen, was

Sinn und Zweck von Hausaufgaben sind und uns die unreife Einstellung unserer Kinder zu eigen machen, sind wir ihnen keine Hilfe, denn dann werden sie nicht in vollem Umfang davon profitieren, sondern sie nur schleunigst erledigt haben wollen. Wie wir eben auch.

Für den schulischen Erfolg benötigte Fähigkeiten

Im 23. Kapitel (Schulische Leistungen und das Jungengehirn: Probleme und ihre Ursachen) habe ich Ihnen geschildert, welche Fähigkeiten eines Jungen, die nichts mit den vermittelten Lerninhalten zu tun haben, über seinen schulischen Erfolg oder Nichterfolg entscheiden. Natürlich braucht er auch andere Fertigkeiten, um gute Noten zu schreiben, und zwar:

- Hörverständnis
- Sprechfertigkeit
- Denkfähigkeit
- Leseverständnis (Entziffern und Begreifen)
- Schreibkompetenz (handschriftlich)
- schriftlichen Ausdruck (Verfassen von Sätzen, Absätzen, Antworten auf Prüfungsfragen und Aufsätzen)

Durch Hausaufgaben und Lernen in häuslicher Umgebung können Eltern ihren Kindern dabei helfen, diese Fähigkeiten einzuüben und fürs ganze Leben zu verinnerlichen.

Eltern spielen eine wichtige Rolle, wenn es um Hausaufgaben, Abfragen, Lesen und Schulprojekte geht. Zu den Aufgaben der Eltern gehört auch, für ein Umfeld zu sorgen, das es dem Kind erleichtert, sein Bestes zu geben. Doch ohne Regeln und Abläufe kann sich ihr Kind keine positiven Gewohnheiten aneignen. Und darum geht es in diesem Kapitel.

Auch wenn Schulen vorgeblich ein Höchstmaß an Qualität anstreben, wissen viele Lehrkräfte nicht, wie sie ihre Schülerinnen und Schüler zu Höchstleistungen anspornen und sie dazu bringen sollen, von sich aus ihr Bestes zu geben. Und selbst wenn sie es wissen, fehlt ihnen oft die Zeit, es konsequent umzusetzen – eine nicht nur für die Lehrkräfte frustrierende und enttäuschende Tatsache.

Als Eltern sollten wir unsere Zeit aber nicht mit Jammern verschwenden, sondern bereit sein, selbst in die Rolle des Lehrers zu schlüpfen und unseren Kindern beizubringen, wie sie ihr Bestes geben können und sie dazu zu motivieren, das von sich aus zu tun. Wie Sie gleich sehen werden, ist das nicht halb so schwierig, wie es sich anhört.

Wenn Sie im 23. Kapitel noch einmal nachlesen, was nötig ist, damit ihr Sohn sein schulisches Potenzial voll ausschöpfen kann, und sich außerdem die am Anfang dieses Kapitels genannten Fähigkeiten vor Augen halten, wird deutlich, wie viele Herausforderungen es für Ihren Sohn gibt. Zum Glück müssen Eltern nur ein paar Strategien beherzigen, um ihren Kindern fast jede Fähigkeit oder Gewohnheit zu vermitteln.

Wie Sie das Hausaufgabenproblem nicht in den Griff kriegen

Es ist absolut nachvollziehbar, dass unsere Kinder – vor allem unsere Söhne – keine Lust haben, sich gleich nach der Schule, wo sie schon die ganze Zeit über still sitzen mussten, an die Hausaufgaben zu machen. Wie die meisten Jungen – und Mädchen – würde auch Ihr Sohn lieber spielen, am liebsten im Freien. Uns Erwachsenen geht es ja nicht anders. Oder haben Sie ständig Lust auf Überstunden? Deshalb müssen wir akzeptieren, was unsere Kinder über Hausaufgaben denken, und alles tun, um sie ihnen so angenehm wie möglich zu machen. Dumm nur, dass viele Eltern bei dem Versuch, die Hausaufgaben für das Kind so einfach und kurz wie möglich zu gestalten, ihren Kindern das Denken abnehmen. Kommen Ihnen folgende Situationen vertraut vor?

- Sie lesen Ihrem Sohn die Aufgabenstellung vor, obwohl er schon längst selbst lesen kann.
- Sie geben ihm zu viele Tipps.
- Sie sagen ihm die Antwort vor.

Kurzfristig scheint das zu funktionieren, denn die Hausaufgaben werden auf diese Weise schneller erledigt und es gibt weniger Streit, Gequengel und weniger Stress für alle Beteiligten. Doch langfristig hilft es Ihrem Sohn nicht weiter, wenn Sie das Denken für ihn übernehmen, denn dann wird er nicht das nötige Selbstbewusstsein aufbauen und die Sicherheit gewinnen, dass er den schulischen Anforderungen genügt. Ganz im Gegenteil, im Grunde erreichen Sie damit nur eins: Ihre Kinder, vor allem die Jungen, bleiben abhängig von Ihnen und entwickeln sich nicht weiter.

Ein Kind lernt bei den Hausaufgaben nicht, sein Bestes zu geben, wenn wir zulassen, dass es dabei unter seinem Niveau bleibt und es erst im Anschluss auf seine Fehler hinweisen. Dann übt und wiederholt das Kind nämlich nur, was es bereits weiß – und das gilt auch für seine Fehler. Außerdem wird es nicht bereit sein, sich unsere konstruktive Kritik anzuhören.

Ist offensichtlich, dass sich Ihr Sohn bei den Hausaufgaben keine Mühe gibt, stört Sie das aller Wahrscheinlichkeit nach. Doch wenn Sie ihn dafür erst dann kritisieren oder seine Fehler verbessern, wenn er damit fertig ist, wird sich das Blatt langfristig nicht wenden. Vielleicht ärgert sich Ihr Sohn darüber oder lässt sich davon erst recht entmutigen. Vielleicht sind aber auch Sie irgendwann so genervt, dass Sie ihn zwingen, alles noch einmal zu machen. Das wird ihn vermutlich auf die Palme bringen, denn schließlich haben Sie ihm vorher nicht gesagt, dass er einem bestimmten Standard genügen muss. Sagen Sie dagegen nichts dazu, fühlt er sich bestärkt, so weiterzumachen, während Sie sich frustriert und hilflos vorkommen.

Die Leiter der Gewohnheit

Typische Probleme mit den Hausaufgaben lassen sich am besten mit dem Sinnbild einer Leiter erklären wie der aus dem 16. Kapitel (Engagement für die Familie und die Gemeinschaft). Auch sie hat fünf Sprossen. Auf der untersten Sprosse verweigert Ihr Sohn die Hausaufgaben, während er auf der obersten Stufe sein Bestes gibt.

Sprosse 5: Er gibt sein Bestes.
Sprosse 4: Er erledigt seine Hausaufgaben und denkt mit, überlegt sich aber nicht, wie er sein Bestes geben kann.
Sprosse 3: Er beschränkt seinen Einsatz auf das Minimum.
Sprosse 2: Er erledigt die Aufgaben widerwillig.
Sprosse 1: Er verweigert sich total.

Steht Ihr Sohn im Augenblick auf einer der unteren Sprossen, belastet Sie das sicherlich. Doch mit den Strategien aus diesem Buch werden Sie ihn von Sprosse zu Sprosse bis ganz nach oben geleiten, bis er (fast immer) sein Bestes gibt. Dann hat er das nötige Selbstbewusstsein, ist stolz auf seine Leistungen und wird sich vernünftige Gewohnheiten zulegen und bis zu seinem Lebensende beibehalten.

Doch Sie sollten noch etwas über diese Leiter wissen: Im schlimmsten Fall steht Ihr Sohn auf der untersten Sprosse, was schlicht bedeutet, dass er seine Hausaufgaben gar nicht macht. Das kommt in der Praxis zum Glück relativ selten vor, solange dafür gesorgt ist, dass Ihr Sohn nicht großen Hunger hat oder sehr müde ist, wenn es an der Zeit ist, Hausaufgaben zu machen. Die Totalverweigerung ist in den meisten Fällen darauf zurückzuführen, dass der Junge aus Erfahrung weiß, dass er damit durchkommt – oder ihm jede Menge Aufmerksamkeit zuteilwird. Eltern fühlen sich meist hilflos, wenn sich ihnen ihr Kind widersetzt, und denken, sie hätten alles probiert, um das zu ändern, sodass ihnen jetzt nur eine Möglichkeit bleibt: aufgeben und das Kind gewähren lassen.

Es kommt manchmal vor, dass die Hausaufgaben das Kind tatsächlich überfordern, weshalb es sich dann verweigert. Vielleicht kann Ihr Sohn eher damit leben, wenn Sie ihn schimpfen, weil er seine Hausaufgaben partout nicht machen will, als damit, sich selbst und Ihnen einzugestehen, dass er einfach nicht weiß, wie er das tun kann, was in der Schule von ihm verlangt wird.

Steht Ihr Sohn auf der zweiten Sprosse, trödelt er. Er sitzt vor seinen Aufgaben und auf den ersten Blick sieht es so aus, als wäre er fleißig dabei. Doch im Grunde vergeudet er viel Zeit, weil er jammert, herumbummelt, die Sache in die Länge zieht, sich ablenken lässt, erforderliche Utensilien verlegt, schimpft oder sogar lügt, um sich zu drücken. Vermutlich leidet er an erlernter Hilflosigkeit.

Das bedeutet, er geht davon aus, dass die Aufgabe zu schwer für ihn ist, und probiert deshalb gar nicht erst, sie zu lösen. Viele Jungen bleiben in dieser Phase stecken, mitunter jahrelang. Mithilfe der Strategien, die ich Ihnen gleich an die Hand gebe, können Sie Ihrem Sohn dabei helfen, aus diesem Teufelskreis herauszukommen. Je konsequenter Sie dabei vorgehen, umso eher werden Sie erleben, wie seine Bereitschaft, die Aufgaben anzugehen, seine Konzentration und sein Mut stetig wachsen und sich die erlernte Hilflosigkeit allmählich in Luft auflöst.

Auf der nächsten Sprosse hat sich die Trödelei in Kooperation verwandelt. Ihr Sohn erledigt seine Hausaufgaben ohne Murren, doch er macht nur das Nötigste, arbeitet nicht gründlich und auch an Sorgfalt und Stil hapert es. Er hält sich sozusagen an die Buchstaben des Gesetzes, doch dessen tieferer Sinn bleibt ihm fremd. Er erledigt seine Aufgaben in Windeseile, um möglichst schnell spielen zu können oder sich vor den Bildschirm zu setzen.

Viele Eltern sind so erleichtert, wenn sich ihr Sohn ohne Murren an seine Hausaufgaben macht, dass sie dafür einen niedrigen Standard in Kauf nehmen. Keine Frage, die dritte Sprosse ist wesentlich besser als die unteren beiden, doch es reicht nicht aus, wenn Ihr Sohn nur immer den Mindestanforderungen genügt. Das Beste daran ist, dass er offenbar eingesehen hat, dass Hausaufgaben zu seinem Pflichtprogramm gehören. Doch wenn er nicht auf die Feinheiten achtet, werden ihm wieder und wieder dieselben Fehler unterlaufen, und er wird im betreffenden Unterrichtsfach nicht viel dazulernen.

Mittlerweile sind wir bei Sprosse vier angelangt. Ihr Sohn erledigt die ihm aufgetragenen Aufgaben, er denkt mit und hat vielleicht sogar Spaß daran, aber er fragt sich nicht, wie er sein Bestes geben kann. Das macht aber nichts, denn das wissen die wenigsten Kinder und Teenager – es sei denn, es wurde ihnen beigebracht.

Auf der fünften und letzten Sprosse lernt Ihr Sohn freiwillig alles, was er zum jeweiligen Thema lernen kann. Er übt, bis wirklich alles sitzt und hat gute Lernmethoden verinnerlicht.

In vielen Familien gibt es auch Probleme, wenn die Kinder ein Musikinstrument erlernen oder ein Referat vorbereiten oder Gedichte auswendig lernen müssen – oder Texte für religiöse Zeremonien. Ihr Sohn steht auf einer der fünf Sprossen, und natürlich möchten Sie, dass er nach ganz oben kommt, um auch hier sein Bestes zu geben.

Zum Glück gibt es eine Methode, Kindern beizubringen, wie man das macht – und zwar grundsätzlich. Keine Bange, es tut nicht weh. Und plötzlich machen Hausaufgaben Spaß.

Väter haben viel Einfluss

Wie bereits erwähnt, sind die meisten Lehrkräfte weiblich, und die besten Schüler, die Lob erhalten oder einen Preis bekommen, in aller Regel ebenfalls. Aus diesem Sachverhalt könnten Jungen den Schluss ziehen, dass »richtige Männer« in der Schule nicht gut sind und Schule eher Nebensache ist. An diesem Punkt sind die Väter gefragt. Sie sollten diese unbewusste Überzeugung ihrer Söhne ändern. Wann immer es sich einrichten lässt, sollte der Vater die Hausaufgaben seines Sohnes beaufsichtigen. Dabei spielt es keine Rolle, ob er sich mit dem jeweiligen Fach auskennt oder nicht. Was dagegen zählt, sind sein Engagement, seine Begeisterung, sein anschauliches Lob und sein richtiges Zuhören. Er muss seinem Sohn vermitteln, dass Lernen sehr wohl wichtig ist – und auch, sein Bestes zu geben.

Wie man seinem Kind beibringt, stets sein Bestes zu geben

Teilen Sie bei den Hausaufgaben jede einzelne Aufgabe in drei Teile auf: In Phase eins geht es um das *Durchsprechen*, was in etwa fünf Minuten dauert. Mit Suggestivfragen können Sie dafür sorgen, dass Ihr Sohn alles aus seinem Gedächtnis abrufen kann, was nötig ist, damit er bei den Hausaufgaben sein Bestes geben kann. Je nach Schwächen Ihres Sohns sind folgende Fragen sinnvoll:

- Was machst du, wenn du nicht weißt, wie man ein bestimmtes Wort schreibt?

- Was tust du, wenn du dir nicht sicher bist, ob du mit einer Lösung richtig liegst?
- Was soll alles in den Aufsatz rein, welche Anforderungen hat dein Lehrer gestellt?

Überlegen Sie, welche Hilfestellung Ihr Sohn normalerweise bei den Hausaufgaben von Ihnen braucht. In Phase eins sollten Sie Fragen stellen, die sich darauf beziehen, wie er diese Probleme auch ohne Ihre Hilfe in den Griff bekommt. Schon während er darauf antwortet, sieht er sich im Geiste selbständig und erfolgreich an der Lösung arbeiten, weshalb er sich bei den Hausaufgaben mehr Mühe geben wird, da er sie sich zutraut. Außerdem hat er soeben aufgefrischt, worauf er ganz besonders achten soll. Geizen Sie nicht mit anschaulichem Lob:

- Schön, dass du alle Bücher und Hefte, die du für deine Hausaufgaben brauchst, mit nach Hause gebracht hast, obwohl du eigentlich keine Lust darauf hast.
- Du bist zur richtigen Zeit am richtigen Ort! Und das, ohne dass ich dich daran erinnern musste. Das hast du ganz allein gemacht!
- Du denkst gründlich nach, bevor du meine Durchsprechfragen beantwortest.

In der *ersten Phase* werden Sie nicht ganz auf richtiges Zuhören verzichten können:

- Ich merke schon, dass du gar keine Lust hast, deine Hausaufgaben zu machen.
- Am liebsten würdest du Tag und Nacht mit dem Rad unterwegs sein und dir nie Gedanken über deine Hausaufgaben machen müssen, oder?
- Kann es sein, dass du ein schlechtes Gewissen hast, weil du bei dem Test nicht ganz so gut abgeschnitten hast? Oder hast du vielleicht Angst, dass Mama und ich enttäuscht von dir sind?
- Ich weiß, dass dir Aufsätze nicht leicht fallen, vor allem der Anfang nicht. Ich habe den Eindruck, du weißt gar nicht, wie du anfangen sollst.

In der *zweiten Phase* erledigt Ihr Sohn seine Hausaufgaben selbständig, ohne Hilfe oder Tipps von Ihnen. Und selbst wenn er darum bittet, sollten Sie sich zurückhalten. Schließlich hat er im Zuge des Durchsprechens Ihre Fragen aus Phase eins beantwortet. Also wird er mit mehr Zuversicht und Begeisterung an die Sache herangehen und nicht so viel Zeit verschwenden.

Bleiben Sie solange bei ihm im Zimmer, bis er zuverlässig unter Beweis gestellt hat, dass er gewöhnlich sein Bestes gibt. Denn dann sind Sie im Falle eines Falles zur Stelle – zum Beispiel, wenn er anfängt zu quengeln oder sichtlich erregt ist. Dann können Sie richtig zuhören und auf ihn eingehen. So entschärfen Sie die Situation und verhindern, dass sich Frust, Widerwille oder Angst aufbauen.

In der zweiten Phase sollten Sie auf jede noch so winzige Verbesserung mit anschaulichem Lob reagieren. Damit stärken Sie das Selbstbewusstsein Ihres Sohns noch mehr:

- Wie konzentriert du immer noch bei der Sache bist!
- Du hast schon vier Aufgaben fertig, weil du nicht getrödelt hast.
- Du schreibst schön langsam und gut lesbar und hetzt nicht. Du machst deine Sache wie ein Großer. Du kannst stolz auf dich sein.

In der *dritten Phase* geht es um Verbesserungen. Da Ihr Sohn in der ersten Phase beim *Durchsprechen* Ihre Fragen beantwortet hat, dürfte er weniger Fehler gemacht haben als sonst. Der eine oder andere ist ihm aber bestimmt dennoch unterlaufen. Sinn und Zweck von Phase drei ist jedoch nicht, alle Fehler auszukorrigieren, denn das würde seiner Lehrkraft ein falsches Bild davon vermitteln, was Ihr Sohn alleine schaffen kann. Außerdem läge der Schwerpunkt dann auf Perfektion, nicht auf Lernen und Üben.

In der dritten Phase sollten Sie weiterführen, was Sie in Phase eins begonnen haben und Ihrem Sohn beibringen, wie er sein Bestes geben kann. Am besten starten Sie in die dritte Phase, indem Sie drei Aspekte seiner Hausaufgaben herausgreifen und anschaulich loben – etwas so:

- Das war ein schwieriges Wort, aber du hast nachgedacht, und dann ist dir eingefallen, dass man nehmen mit »h« schreibt.

- Du hast sechs Sätze fertig, und fünfmal hast du das Wort am Satzanfang groß geschrieben!
- Du hast alle Fragen auf diesem Arbeitsblatt beantwortet, obwohl du dir nicht immer sicher warst. Du hast nicht eine Lücke gelassen. Du hast dir die Aufgabe zugetraut, hast es probiert und zu jeder Frage ein Antwort hingeschrieben.

Jetzt ist Ihr Sohn an der Reihe. Auch er soll mindestens drei Punkte nennen, die an seinen Hausaufgaben gut oder zumindest in Ordnung waren. Lassen Sie sich dafür ausreichend Zeit, denn Ihr Sohn kann jede Menge daraus lernen, wenn er sich fragt, was er richtig gemacht hat, und merkt, was Ihnen gefällt.

Als Nächstes sprechen Sie höchstens über zwei Dinge, die Ihr Sohn noch verbessern kann. Sorgen Sie dafür, dass er keinen Stift in der Hand hält, wenn Sie ansprechen, was er besser machen könnte. Sonst verbessert er schnell seine Fehler, ohne darüber nachzudenken, was er in Zukunft anders machen sollte. Lassen Sie sich anschließend von Ihrem Sohn erklären, weshalb die zwei Punkte verbesserungsbedürftig sind. Dann ist wieder er am Zug und soll Ihnen sagen, wo seiner Meinung nach Verbesserungsbedarf besteht und weshalb. Doch auch er muss sich auf zwei Dinge beschränken. Es ist ganz wichtig, dass Ihr Sohn erklären kann, weshalb die insgesamt vier Korrekturen nötig sind. Dadurch wird das Gelernte leichter in seinem Langzeitgedächtnis abgespeichert. Wenn er es schafft, mit eigenen Worten zu formulieren, welche vier Punkte geändert werden müssen, ist er auch bereit, das umzusetzen. Und sobald er das erledigt hat, ist die Hausaufgabenzeit zu Ende.

Ich halte die Aufteilung der Hausaufgaben in diese drei Phasen für die beste Möglichkeit, Ihrem Sohn beizubringen, wie er sein Bestes geben kann. In der ersten Phase leiten Sie ihn dazu an, sich genau zu überlegen, was er wie erledigen wird. Das verbessert automatisch die Qualität seiner Arbeit. In der zweiten Phase übt er das selbständige Arbeiten, was ihn darin bestätigt, eigenständig zu denken und Probleme ohne die Hilfe anderer zu lösen. In der dritten Phase fordern Sie ihn auf zu reflektieren, was er soeben gemacht hat. Dadurch lernt er, sich selbst zu beobachten – eine sehr wichtige Fähigkeit, die ihn reifer macht und sein Verantwortungsgefühl steigert.

Projekte

Schulprojekte und Hausaufgaben, die sich über einen längeren Zeitraum erstrecken, können eine große Herausforderung darstellen. Vermutlich hat Ihr Sohn zunächst das Gefühl, alle Zeit der Welt zu haben. Deshalb ist es sehr wahrscheinlich, dass er die Aufgabe solange hinausschiebt, bis er schon aus Zeitgründen nicht mehr in der Lage ist, sein Bestes zu geben. Bis Ihr Sohn gezeigt hat, dass er auch die Zeit im Griff hat, dürfen Sie nicht zulassen, dass er bestimmt, wann er mit einem längerfristigen Projekt wie einer Facharbeit beginnt und wann er daran arbeitet. Er ist darauf angewiesen, dass Sie ihn und das Projekt stets im Auge behalten und ihn dabei unterstützen, die Fähigkeit zum Zeitmanagement zu entwickeln.

Setzen Sie sich also mit Ihrem Sohn an den Tisch, nehmen Sie einen Kalender und helfen Sie ihm dabei, realistisch abzuschätzen, wie lange er für welchen Teil seines Projekts braucht und wann er dafür Zeit hat. Sie müssen aus zwei Gründen dafür sorgen, dass er rechtzeitig anfängt: Erstens geht es ihm gleich besser und er ist optimistischer gestimmt, sobald ein Anfang gemacht ist. Zweitens kann niemand wissen, was kurz vor Abgabe passiert. Womöglich kann er dann nicht so viel Zeit erübrigen, wie er plant. Er sollte sich mit Ihrer Unterstützung einen eigenen Abgabetermin überlegen, am besten eine Woche vor dem offiziellen. Auf diese Weise hat er einen Puffer von einer Woche, falls doch etwas schiefgeht und die Zeit knapp wird.

Vielleicht hat Ihr Sohn so viele Hausaufgaben auf, muss lernen oder nimmt an so vielen außerschulischen Veranstaltungen teil, dass Sie nicht wissen, wann er noch Zeit für das längerfristige Projekt finden soll. Dann sorgen Sie erstens dafür, dass er nicht mehr Zeit für seine Hausaufgaben aufwendet, als die Schule empfiehlt. Dadurch gewinnt er womöglich ein bisschen Zeit. Dann teilen Sie das Projekt gemeinsam mit Ihrem Sohn in kleine Aufgaben auf, die nicht mehr als 15 bis 30 Minuten in Anspruch nehmen sollten. Diese »Häppchen« kann er wahrscheinlich selbst an einem Tag, an dem er gut beschäftigt ist, noch unterbringen.

Abläufe, die Hausaufgaben vergnüglicher und produktiver machen

Mit festen Abläufen können Sie dem Widerstand gegen die Hausaufgaben, den so manches Kind an den Tag legt, etwas Konstruktives entgegensetzen. Vielleicht sollten Sie aus einem Ablauf zunächst eine Regel formulieren. Wenn Sie darauf achten, dass diese konsequent eingehalten wird, müssen Sie Ihr Kind nicht jedes Mal erneut daran erinnern, sondern im Laufe der Zeit wird eine Routine daraus, die Ihr Sohn akzeptieren und letzten Endes auch wertschätzen wird.

Jungen wie Mädchen kommen mit jeder Menge aufgestauter Energie aus der Schule. Vor allem Jungs müssen sich erst einmal austoben, bevor wir erwarten können, dass sie sich in aller Ruhe hinsetzen und Hausaufgaben machen (siehe 19. Kapitel: Körperliche Bewegung).

Wer konzentriert arbeiten soll, muss sich hochwertige Energie zuführen. Und nichts liefert mehr Energie als eine ausgewogene und gesunde Ernährung. Kinder brauchen nach der Schule einen Imbiss, der sie mit ausreichend Eiweiß und komplexen Kohlenhydraten versorgt, auch wenn das eher nicht das Lieblingsessen ist (siehe 13. Kapitel: Mahlzeit!).

Ganz gleich, ob Ihr Sohn reglos auf einen Bildschirm starrt oder ein interaktives Computerspiel spielt, die meisten dieser elektronischen Aktivitäten stimulieren den impulsiven, reaktiven Teil seines Gehirns. Dabei braucht er genau das Gegenteil, damit er bei den Hausaufgaben sein Bestes geben kann. Schon deshalb muss Bildschirmzeit eine Belohnung dafür sein, dass er seine Hausaufgaben zur Zufriedenheit seiner Eltern erledigt hat (siehe 15. Kapitel: Bildschirmzeit).

Ihr Sohn muss lernen, rechtzeitig mit seinen Hausaufgaben anzufangen und auch rechtzeitig damit fertigzuwerden – zu einer Uhrzeit, zu der er noch wach und in der Lage ist zu denken. Außerdem muss er anschließend noch Zeit zum Spielen haben, bevor er dann rechtzeitig ins Bett kommt.

Das nachmittägliche Programm führt häufig dazu, dass Schulaufgaben erst recht spät am Abend erledigt werden. Doch um diese Zeit ist (fast) jedes Kind müde, weshalb es seine Aufgaben verständlicherweise so schnell wie möglich hinter sich bringen will. Auch sein Gehirn ist erschöpft, sodass es eigentlich gar nicht mehr in der Lage ist, sein Bestes zu geben. Viele außerschulische Aktivitäten lassen sich auf das Wochenende oder auf freie Tage verschieben, sodass Kinder die Möglichkeit haben, unter der Woche ihre Hausaufgaben bestmöglich zu erledigen und dann noch zu entspannen und zu spielen.

Eltern können dazu beitragen, dass sich das in der Schule gelehrte Wissen bei ihren Kindern nachhaltig verankert, indem sie nicht nur bei den Hausaufgaben über bestimmte Fächer reden. Gerade Jungen zeigen sich beeindruckt, wenn der Vater Interesse am Einmaleins, der britischen Tudor-Dynastie oder der Luftverschmutzung zeigt.

Was Sie tun können, wenn Ihr Sohn in der Schule Probleme hat

Vielen Jungen geht es in der Schule zu schnell. Sie kommen nicht mit, weil im Unterricht eher berücksichtigt wird, wie Mädchen Informationen verarbeiten. Besteht die Gefahr, dass Ihr Sohn seinen Klassenkameraden hinterherhinkt, sollten Sie nicht lange zuschauen. Gehen Sie nicht davon aus, dass sich das Problem von selbst lösen wird, wenn er reifer wird oder mehr Zeit hat. Gut möglich, dass sich seine Leistungen im Laufe der Zeit ein wenig verbessern, aber er wird es wahrscheinlich nicht schaffen, mit seinen Klassenkameraden gleichzuziehen, wenn Sie nicht aktiv eingreifen.

Damit Jungen die Chance haben, in einer Regelschule gute Leistungen zu zeigen, müssen Eltern unter Umständen in die Rolle des Lehrers schlüpfen und die Lerninhalte vermitteln, die eigentlich in der Schule gelehrt werden sollten – oder jemanden organisieren, der das für sie übernimmt. Vielleicht trauen Sie sich nicht zu, eine Aufgabe zu übernehmen, für die eigentlich die Schule da ist.

Hier die gute Nachricht: Sie brauchen kein Lehrerstudium, um Ihrem Sohn etwas beizubringen. Sie werden bald merken, dass er sich in der Zweierkonstellation besser konzentrieren kann. Sie können sich den Luxus erlauben, ihm so viel Zeit zu lassen, wie er braucht. Er kann in seinem eigenen Rhythmus lernen, bis er jeden kleinen Schritt intus hat.

Mit den folgenden Tipps wird das Lernen in den eigenen vier Wänden produktiv und macht obendrein auch noch Spaß:

Sorgen Sie dafür, dass Ihr Sohn weder hungrig noch müde ist, sondern dass er – ebenso wie Sie – gut gelaunt ist.

Fangen Sie immer mit etwas an, das Ihr Sohn schon weiß, auch wenn das nicht dem von der Schule oder Ihnen erwünschten Niveau entspricht. Klären Sie eventuelle Fragen dazu und verstärken Sie sein Wissen, bevor Sie sich schwierigeren Aufgaben zuwenden.

Reden Sie weniger und zeigen Sie mehr.

Splitten Sie jedes Thema und jede Kompetenz in mundgerechte Häppchen auf (Mikrokompetenzen) und stellen Sie sich darauf ein, dass Ihr Sohn länger braucht, als Ihnen lieb ist, um sich diese Miniwissensbrocken anzueignen oder zu begreifen. Das Paradoxe ist, dass es meist schneller geht, wenn Sie mehr Zeit dafür eingeplant haben. Das liegt daran, dass Sie ein solides Grundwissen aufbauen, was das Selbstbewusstsein des Kindes stärkt und seine Begeisterung für das Lernen weckt.

Denken Sie sich Lernspiele aus. Diese sollten nicht allzu lange dauern, und Sie sollten damit aufhören, *bevor* Ihr Sohn das Interesse daran verliert oder ermüdet.

Fesseln Sie Ihren Sohn durch Wettbewerbselemente. Dabei soll es aber nicht um Tempo gehen, denn Ihr Ziel ist ja, dass er sich besser konzentrieren lernt, genauer und sorgfältiger arbeitet und auf die Präsentation achtet. Schneller wird er im Laufe der Zeit von ganz allein.

Zusammenfassung

In zu vielen Familien bereiten Hausaufgaben den allergrößten Stress. Doch so muss es nicht sein.

Machen Hausaufgaben auch in Ihrer Familie immer wieder Ärger, dann können Sie etwas dagegen tun. Sie werden sehen, wie schnell sich alles zum Besseren wendet, wenn Sie die positiven, bestimmten und konsequenten Strategien aus dem zweiten Teil dieses Buchs und die besonderen Tipps zu Hausaufgaben aus diesem Kapitel beherzigen.

Aus Platzgründen konnte ich in dieses Kapitel nicht alle Strategien und Methoden dazu aufnehmen, wie sich das Hausaufgabenproblem lösen lässt. Sollten Sie mehr wissen wollen, lege ich Ihnen mein Vorläuferbuch *Calmer, Easier, Happier Homework* ans Herz.

26. Kapitel – Lernen leicht gemacht

Da war jede Menge Geduld angesagt

Unsere Tochter wurde auch nicht gern abgefragt, ergab sich jedoch ohne großes Murren in ihr Schicksal. Deshalb fiel ich aus allen Wolken, als mein Sohn in das Alter kam und jedes Mal ein Riesentheater veranstaltete, wenn ich ihn abfragen wollte. Er war so was von unreif und ungeduldig. Wusste er etwas nicht, sagte er prompt, er sei eben dumm und begriffsstutzig. Am Anfang gerieten wir uns ständig in die Haare. Doch dann setzte ich mich in aller Ruhe mit ihm hin und stellte fest, dass er keine Ahnung hatte, wie man lernt.

Noël ist der Überzeugung, dass es am besten ist, wenn Väter mit ihren Söhnen lernen. Ich bin Ginos Stiefvater, weshalb ich davon ausging, dass er protestieren würde. Und es war auch nicht gerade so, als hätte ich mich darauf gefreut, denn ich glaubte, er würde mich nicht ernst nehmen. Doch ich zwang mich dazu, mich dreimal die Woche mit ihm hinzusetzen. Ich erklärte ihm, wie man Lernkarten erstellt und sich damit selbst abfragt. Ich sorgte dafür, dass er vor dem Lernen etwas Gesundes aß und sich körperlich betätigt hatte. Ich stellte mir einen Wecker, damit wir nicht überzogen, denn ich wollte das Abfragen zunächst recht kurz halten. Wir kamen entsprechend langsam voran und ich brauchte jede Menge Geduld. Er wollte ständig über andere Dinge reden, aber ich gab ihm keine Antwort. Doch jedes Mal, wenn er den Mund hielt, lobte ich ihn anschaulich.

Nach ein paar Wochen beschwerte er sich nicht mehr, wenn es Zeit fürs Abfragen war. Eines Tages erinnerte er mich sogar daran! Das war ein tolles Gefühl für mich! Ich dachte ja, dass mich das gemeinsame Lernen

> ermüden würde, weil ich ihn ständig ermahnen müsste, sich zu konzentrieren. Doch so war es gar nicht. Ich ermahnte ihn nicht ein einziges Mal, sondern wartete nur geduldig ab und lobte ihn anschaulich, wenn er aufmerksam war, tat, worum ich ihn bat, versuchte, sein Bestes zu geben und sich nicht ablenken ließ. Das Schönste war, dass er gute Noten heimbrachte. Jetzt weiß er nicht nur, wie man lernt, sondern er hat auch kein Problem mehr damit, sich abfragen zu lassen – selbst wenn es nach wie vor nicht zu seinen Lieblingsbeschäftigungen zählt.
>
> **Stiefvater von Henrietta (15) und Gino (12)**

Jungen wehren sich mehr als Mädchen dagegen zu lernen. Sie schieben es bis zur letzten Minute hinaus, nehmen sich nicht genug Zeit dafür und sind obendrein auch noch schlecht darin. Dafür gibt es mehrere Gründe:

Jungen werden von einer Kultur der Minderleistung beeinflusst, in der es als uncool gilt, wenn ihre Freunde mitkriegen, dass sie sich Gedanken über die Schule und ihre Noten machen oder ihr Bestes geben wollen.

Viele Jungen haben falsche Vorstellungen vom Lernen. Sie gehen davon aus, dass sie dabei stundenlang über ihren Unterlagen hocken müssen. Sie können sich sicher vorstellen, was dieser Gedanke bei einem aktiven Jungen auslöst, der Abenteuer im Sinn hat.

In koedukativen Schulen sind es fast immer die Mädchen, die besser abschneiden als die gleichaltrigen Jungen. Deshalb versuchen die Jungen, sich durch schlechte Noten von ihnen abzugrenzen. Sie sind ja schließlich keine Mädchen!

Viele Eltern überlassen es ihrem Sohn, Zeit für das Lernen und Abfragen von Stoff einzuplanen, da sie davon ausgehen, dass er schon selbst weiß, wie wichtig das ist, und dass er sich dazu aufraffen kann und am Ball bleibt. Sie setzen voraus, dass er effektive Lernstrategien einsetzt. Aufgrund dieser krassen Fehleinschätzung weichen viele Jungen wochenlang vom Kurs ab und schieben das Lernen und Abfragen immer wieder hinaus, bis sie dann ein schlechtes Gewissen und Angst vor Strafe haben. Stecken sie einmal in diesem Teufelskreis, ist es sehr schwer, den richtigen Einstieg ins Lernen zu finden.

Hat ein Junge Verständnisprobleme in einem bestimmten Schulfach, fällt ihm das Lernen natürlich noch schwerer. Er hält es für unproduktiv, verwirrend oder nervtötend. Kein Wunder also, wenn er dem Ganzen nach Kräften aus dem Weg geht! Unser Ziel ist, dass unsere Kinder lernen sollen, selbstständig zu lernen und sich dazu motivieren können. Ohne Übung und Anleitung wird das aber nicht passieren. Für die meisten Kinder und vor allem für Jungen wird dieses Ziel nur mit aktiver Unterstützung der Eltern zu erreichen sein.

Ein Aktionsplan fürs Lernen

Wie bei längerfristigen Hausaufgaben besteht beim Lernen für Tests und Prüfungen der erste Schritt darin, gemeinsam mit Ihrem Sohn zu planen, wann und in welchem Fach er lernt – und wie lange. Mehrere kurze Einheiten sind produktiver und effizienter als ein paar Marathonsitzungen kurz vor einer Prüfung. Im Idealfall beginnt das Wiederholen des bereits gelernten Stoffs ein paar Wochen vor dem Test.

Sofern möglich, planen Sie an mehreren Abenden unter der Woche eine halbe Stunde dafür ein, an den Wochenenden darf es auch etwas mehr sein. Rechnen Sie damit, dass sich Ihr Sohn anfangs mit Händen und Füßen dagegen sträubt. Doch je gründlicher Sie alles durchsprechen, desto eher wird sich sein Widerstand in Luft auflösen. Beschränken Sie sich beim Abfragen zunächst auf zehn Minuten, sofern Ihr Sohn solange still sitzen und sich konzentrieren kann, bevor er sich ablenken lässt. Verlängern Sie das Ganze jedes Mal um ein paar Minuten. Wenn Sie sich konsequent an diese Regel halten, werden Sie schon bald erleben, dass Ihr Sohn länger bei der Sache bleiben kann, als Sie ihm zugetraut hätten.

Im nächsten Schritt bringen Sie Ihrem Sohn effizientes Lernen bei. Am wenigsten effizient ist es übrigens, wenn Ihr Sohn seine eigenen Aufzeichnungen wiederholt durchliest. Das ist viel zu passiv und er wird sich kaum etwas davon merken. Lernen muss ein aktiver Vorgang sein und noch dazu abwechslungsreich. Dadurch bleibt das Gehirn Ihres Jungen aufmerksam und schaltet nicht ab, was dazu führt, dass er sich besser konzentrieren und mehr aufnehmen kann.

Während er auf diese Weise lernen lernt, sollten Sie bei ihm bleiben, damit Sie merken, ob er seine Sache richtig macht oder unproduktive Abkürzungen wählt. Kinder, denen schon allein beim Gedanken ans Lernen schlecht wird, benötigen vorher, währenddessen und danach jede Menge anschauliches Lob und richtiges Zuhören. Lassen Sie sich nicht auf Diskussionen oder Streitgespräche ein. Bleiben Sie positiv und konzentriert, denn nur so geben Sie ein leuchtendes Vorbild für Ihren Sohn ab.

Loben Sie anschaulich jeden kleinsten Fortschritt: dass er sich an den Zeitplan hält, konzentriert ist, bereit ist, sich mit seinen Fehlern auseinanderzusetzen, dass er durchhält, lächelt, nicht motzt oder (überflüssige) Diskussionen anzettelt.

Sofern das in Ihrer Familie möglich ist, sollte der Vater oder eine andere männliche Bezugsperson Ihrem Sohn beibringen, wie man richtig lernt. Glauben Sie mir, Ihr Sohn nimmt das Ganze dann ernster und hört aufmerksamer zu.

Effiziente Lernstrategien, die Spaß machen

Die folgenden Techniken wurden alle getestet und haben sich in der Praxis bewährt. Damit fällt es Kindern leicht, sich Sachverhalte einzuprägen und im Langzeitgedächtnis abzuspeichern. Sie haben eines gemeinsam: Es sind aktive Strategien, die auf den Bewegungsdrang von Jungen zugeschnitten sind.

Die Lernkartei

Helfen Sie Ihrem Sohn, Lernkarten zu erstellen. Dafür muss er Informationen in seinen eigenen Worten zusammenfassen und in Schönschrift auf die Karte schreiben. Verwendet er Buntstifte, kann er sich die Inhalte noch besser merken. Zuerst fragen Sie Ihren Sohn ab, dann zeigen Sie ihm, wie er sich selbst damit abfragen kann. Machen Sie am besten ein Spiel daraus.

Mindmapping

Leihen Sie sich in Ihrer Bibliothek ein Buch über Mindmapping aus, und dann machen Sie sich mit Ihrem Sohn ans Werk. Mit Mindmapping macht das Lernen Spaß, und es ist eine ausgezeichnete und bewährte Methode, das Verständnis zu fördern und die Gedächtnisleistung zu verbessern.

Aufgaben aus früheren Tests effektiv einsetzen

1. Prüfen Sie nach, ob Ihr Sohn die Fragen versteht.
2. Lassen Sie sich erklären, wie er einige der Fragen beantwortet und weshalb er sich für diese Lösung entscheidet. Der Test sollte weder zu einfach noch zu schwer sein.
3. Dann soll er einen Teil des Tests in Ruhe alleine bearbeiten, ohne zeitliche Begrenzung.
4. Anschließend machen Sie eine kurze Pause, damit er sich auf die anschließende Auswertung einstellen kann.
5. Dann gehen Sie mit ihm den Test durch. Konzentrieren Sie sich dabei zunächst auf die richtigen Antworten. Loben Sie ihn anschaulich für korrekte Ergebnisse, aber auch für Sorgfalt, gute Präsentation, großen Wortschatz, geschickten Satzaufbau, Definitionen, Beispiele und so weiter. Wenn Sie dann zu den Fehlern kommen, bitten Sie Ihren Sohn, Ihnen zu zeigen (nicht nur zu sagen), was er hätte besser machen können.
6. Stellt sich heraus, dass er die richtige Antwort nicht weiß, Sie sich aber selbst nicht gut genug mit der Materie auskennen, um seine Wissenslücke zu schließen, ist das kein Grund zur Panik. Sie müssen nicht alles wissen. Bitten Sie ihn, in seinem Schulbuch (seinem Heft oder anderen Unterlagen) nach der benötigten Information zu suchen und die entsprechende Passage dann laut vorzulesen und ihnen zu erklären.
7. Am nächsten Tag wiederholen Sie diesen Testabschnitt, doch diesmal muss er ihn innerhalb einer bestimmten Zeitspanne erledigen. Mit Sicherheit schneidet er beim zweiten Mal besser ab, denn schließlich haben Sie die richtigen Voraussetzungen geschaffen. Dieselben Fragen erneut durchzugehen heißt, sich das Wissen noch besser einzuprägen und an Selbstvertrauen zu gewinnen.

Lassen Sie Ihren Sohn in die Rolle des Lehrers schlüpfen

Loben Sie anschaulich alles Sinnvolle, was er Ihnen erzählt. Fragen Sie gezielt nach, wenn Ihnen seine Erklärung zu dürftig vorkommt oder wenn er unsicher scheint.

Bringen Sie Ihrem Sohn die SQ3R-Methode bei

Diese äußerst effiziente Methode hat sich schon seit über 50 Jahren in der Praxis bewährt.

Das »S« bedeutet, Ihr Sohn soll ein Kapitel, einen Artikel oder Textabschnitt überfliegen (englisch »skim«), um sich eine grobe Vorstellung vom Inhalt zu verschaffen.

Das »Q« steht für »question.« Es bedeutet, er soll sich eine Frage dazu ausdenken, wie sie auch in der bevorstehenden Prüfung vorkommen könnte. Sagen Sie ihm, er soll dabei auf Überschriften, fett, kursiv oder in einer anderen Schriftart gedruckte oder unterstrichene Begriffe und sonstige Hervorhebungen achten, da sie auf wichtige Fakten oder Konzepte hinweisen.

Das erste »R« (für »read«) bedeutet, er soll den Text sorgfältig auf eine Antwort zu der Frage durchlesen, die er sich soeben ausgedacht hat.

Das zweite »R« (für »recall«) bedeutet, er soll das Buch zuklappen und die soeben gelesenen Informationen (entweder mündlich oder schriftlich) wiederholen.

Das dritte »R« (für »review«) bedeutet, er soll das Buch wieder aufklappen und die entsprechende Passage noch einmal lesen, dieses Mal jedoch, um zu überprüfen, ob seine Antwort richtig und ausführlich genug war.

Jede SQ3R-Übung dauert zwischen zehn und zwanzig Minuten.

Strategien für Prüfungen

Gut möglich, dass Sie die folgenden Tipps für überflüssig halten. Es ist aber durchaus denkbar, dass Ihr Sohn sie nicht kennt oder sie ihm niemals in den Sinn gekommen wären.

- Es ist ratsam, mehr Zeit in Antworten zu investieren, für die es mehr Punkte gibt.

- Bei Multiple-Choice-Fragen sollten zunächst die unwahrscheinlichsten Lösungen durchgestrichen werden.
- Es empfiehlt sich, schwierige Fragen zunächst auszulassen, statt damit kostbare Zeit zu verlieren, die einem dann für die einfachen Fragen fehlt.
- Bei Rechenaufgaben empfiehlt es sich, mittels Schätzung zu prüfen, ob die Lösung richtig sein kann.

Online-Spiele und Quizze als Belohnung einsetzen

Im Internet finden sich zahlreiche Webseiten, die sich dem Thema »Lernen und Abfragen« widmen, für jedes Schulfach und jede Altersstufe. Damit wird das Bedürfnis des Jungengehirns nach neuen Herausforderungen, Wettkampf und Spannung befriedigt.

Seien Sie Vorbild

Ebenso wie bei den Hausaufgaben gilt auch für das Lernen, dass Sie mit gutem Beispiel vorangehen müssen. Zeigen Sie sich von Ihrer neugierigen Seite und demonstrieren Sie Bereitschaft, sich mit Dingen zu befassen, von denen Sie keine oder wenig Ahnung haben.

Zusammenfassung

In vielen Familien ist Lernen und Abfragen ein Albtraum – für Eltern und Kinder gleichermaßen. Dass es bis zur letzten Sekunde aufgeschoben wird, gibt häufig Anlass zu Streit. Es mag alle Betroffenen überraschen, dass Lernen nicht nur etwas bringt, sondern auch Spaß machen kann. Was man dafür braucht? Vermitteln Sie die nötigen Kompetenzen und Lerngewohnheiten. Verabschieden Sie sich von dem Gedanken, dass Ihr Sohn schon von selbst weiß, wie man lernt und sich abfragt, und reif genug ist, das auch zu tun. In meinem Buch *Calmer, Easier, Happier Homework* widme ich ein ganzes Kapitel dem Thema, wie Eltern ihren Kindern effektive Lernmethoden beibringen und diese mit ihnen praktizieren können.

27. Kapitel – Leseverständnis und Denkvermögen verbessern

Jede Minute zählte

Ich bin Pflegemutter, und vor ein paar Jahren übernahm ich fast ein ganzes Jahr die Pflegschaft für drei Brüder. Sie waren kaum zu bändigen, lagen sich ständig in den Haaren, hausten wie die Vandalen, wenn sie sauer waren, und schaukelten sich gegenseitig hoch. Bevor sie zu mir kamen, hatten sie in der Schule oft gefehlt, weshalb sie kaum lesen konnten. Da ich nicht wusste, wie lange sie bei mir bleiben würden, hatte ich das Gefühl, dass jede Minute zählte. Deshalb übte ich täglich zweimal mit ihnen, und zwar einzeln. Die anderen beiden mussten sich in der Zeit mit Arbeitsblättern oder Abschreiben beschäftigen. Zuerst arbeitete ich nicht mit Schulbüchern, da sie viel zu schwer waren, sondern setzte auf die von Noël empfohlenen Techniken. Ich las dem Jungen, der gerade dran war, einen Absatz vor und gab mir dabei große Mühe mit der Betonung. Dann musste er mir denselben Absatz vorlesen. Im Anschluss stellte ich ihm viele Fragen zu dem Text, damit ich sicher sein konnte, dass er ihn verstanden hatte. Auf diese Art und Weise lernten sie auch gleich, sich ordentlich auszudrücken.

Jeden Abend war Lesestunde für unsere Familie, auch wenn sich die Jungen manchmal nur die Bilder ansahen. Beim Abendessen las ich den Jungen etwas vor. Das Gute daran war, dass ich dann weniger aß! Ich besorgte Bücher über Fußball, Spiderman, über alles, wofür sie sich interessierten. Wir dachten uns Geschichten über die Hauptfiguren aus.

> Als Belohnung für gute Mitarbeit gab es Bildschirmzeit, und natürlich lobte ich anschaulich, hörte richtig zu und sprach alles gründlich mit ihnen durch. Es dauerte nicht lang, bis sie sich daran gewöhnten und allmählich sogar Spaß am Lesen fanden. Sie lernten sehr schnell dazu, und im Laufe der Zeit gingen sie sogar gern zur Schule, anstatt nur immer darüber zu jammern. Als sie uns verließen, hatten sie ihre Wissenslücken auch in anderen Fächern geschlossen, was vor allem daran lag, dass sie ihre Schulbücher so gut lesen konnten wie ihre Mitschüler. Und sie mochten die Schule! Die Lehrer erkannten ihr Potenzial. Auch ich genoss die Zeit mit ihnen.
>
> **Pflegemutter von Stanley (14), George (12) und Louis (9)**

Wer in der Schule gut sein will, muss lesen können. Die Inhalte sämtlicher Schulfächer, selbst in Mathe und Naturwissenschaften, werden über das geschriebene Wort vermittelt. Schüler müssen in der Lage sein, flüssig zu lesen und das Gelesene auch zu verstehen, um mitzukommen. Außerdem müssen sie sich auch schriftlich klar ausdrücken können, um den Lernstoff einzuüben und unter Beweis zu stellen, was sie gelernt haben.

Weshalb Jungen Leseratten werden sollten

Eltern und Lehrkräfte sollten Himmel und Erde in Bewegung setzen, um dafür zu sorgen, dass Jungen geübte und vor allem regelmäßige Leser werden. Und das hat einen guten Grund: In den ersten Schuljahren geht es vor allem darum, *lesen zu lernen*. Haben die Kinder diese Hürde genommen, wird von ihnen erwartet, dass sie Schulbücher *lesen*, um den jeweiligen Stoff *zu lernen*. Sind Jungen gut im Lesen und trauen sich auch schwierige Texte zu, macht ihnen das Lernen mehr Spaß, sie können sich das Gelesene besser einprägen und sie kriegen bessere Noten. Alles zusammen gibt ihnen mehr Selbstbewusstsein und Zuversicht.

Für geübte Leser ist Lesen eine Beschäftigung, die sie beruhigt, entspannt und ihnen Spaß macht. Aus Studien weiß man, dass Lesen die Laune mehr hebt als jede andere Tätigkeit. Lesen ist gerade für Jungen ein willkommenes Ventil, um Wut, Aggression oder Ängste abzubauen.

Vor allem für Jungen, die förmlich süchtig sind nach allem, was mit Elektronik zusammenhängt, ist Lesen ein wunderbares Gegengewicht.

Das Gehirn von Jungen tut sich anscheinend schwerer damit, aus Büchern etwas über die menschliche Gefühlswelt zu lernen (siehe 21. Kapitel: Beziehungen zu Gleichaltrigen). Jungen zu lehren, wie viel Spaß Geschichten (oder auch Tatsachenberichte) aus Büchern machen können, heißt ihnen etwas über die Menschen und ihre Gefühle beizubringen. Belesene Jungen tun sich leichter, Gefühle, Motive und das Prinzip Ursache und Wirkung zu verstehen.

Das Jungengehirn auf Bücher trimmen

Mithilfe der folgenden Strategien wird Lesen für Jungen interessanter.

Führen Sie eine Lesestunde in Ihrer Familie ein – das heißt, alle anwesenden Familienmitglieder lesen um eine bestimmte Uhrzeit. Alle sollten sich im selben Raum aufhalten, damit sie auch wirklich alle lesen, jeder jedem Vorbild ist und Sie als Elternteil ein Auge darauf haben können, ob Ihre Kinder die Nase auch wirklich in ein Buch stecken.

Stellen Sie einen Wecker, dann haftet der Lesestunde etwas Offizielles an. Legen Sie zunächst nur etwa zehn Minuten fest, denn Ihr Sohn wird sich vermutlich anfangs dagegen wehren. Ich brauche Ihnen vermutlich nicht mehr zu sagen, dass Sie ihn anschaulich loben sollten, wenn er auch nur eine halbe Minute weitergelesen hat, nachdem der Wecker geläutet hat. Woche für Woche dehnen Sie die Familienlesestunde etwas aus, aber wirklich nur um ein paar Minuten. Seien Sie währenddessen und auch danach großzügig und loben Sie ihren Sohn anschaulich für jeden winzigen Schritt in die richtige Richtung:

- Alle lesen.
- Es ist wirklich ruhig und niemand macht irgendwelche Geräusche.
- Letzte Woche hast du dich noch über die Lesestunde beschwert. Offenbar gewöhnst du dich daran.

Gut möglich, dass Sie am Anfang noch viel richtig zuhören müssen. Sagen Sie Dinge wie diese:

- Ich kann dir an der Nasenspitze ansehen, dass dir eigentlich nicht nach Lesen ist.
- Du freust dich bestimmt schon jetzt darauf, wenn der Wecker endlich klingelt, damit du heute nichts mehr lesen musst.
- Anscheinend findest du es nicht gut, dass Mama und ich der Meinung sind, du müsstest jeden Tag lesen.

Die größte Wirkung erzielen Sie allerdings mit einer Mischung aus anschaulichem Lob und richtigem Zuhören:

- Auch wenn es dich ziemlich nervt, dass du jetzt ein Buch lesen musst, hast du die letzten zehn Minuten keinen Mucks gemacht, sondern konzentriert gelesen.

Richten Sie es so ein, dass Sie Ihr Sohn so oft wie möglich (Bücher, nicht nur die Zeitung oder Bedienungsanleitungen) lesen sieht, auch wenn es nur für Minuten ist. Sprechen Sie darüber, weshalb Sie gerne lesen. Selbst wenn es den Anschein hat, als würde Ihr Sohn auf Durchzug schalten, dringen Ihre Worte in sein Unterbewusstsein vor.

Gewöhnen Sie sich an, die Bücher zu lesen, die Ihr Sohn in der Schule durchnimmt, und sorgen Sie dafür, dass er das mitbekommt. Reden Sie oft und voller Begeisterung davon.

Lesen Sie Ihrem Sohn etwas vor, auch wenn er sich dafür schon längst für zu groß hält und bereits selbst lesen kann. Kinder verstehen viele komplexeren Inhalte, Satzkonstruktionen und schwierigere Wörter, wenn sie ihnen vorgelesen werden, da sich ihr Hirn dann nur auf das Textverständnis konzentrieren muss. Lesen Sie dagegen selbst, ist ihr Gehirn weitgehend damit beschäftigt, die Buchstaben und Wörter zu entziffern. Lesen Eltern dagegen mit unterschiedlichen Stimmen und Betonung vor, können Kinder leichter folgen.

Zugegeben, einem unruhigen, zappeligen Jungen, der sich von jeder Kleinigkeit ablenken lässt, etwas vorzulesen, kann jeden an den Rand des Wahnsinns treiben. Die folgenden Tipps helfen Ihrem Sohn, sich zu beruhigen und zuzuhören. Was Sie nicht tun, ist dabei ebenso wichtig wie das, was Sie tun:

Nehmen Sie es nicht persönlich, wenn Ihr Sohn jammert, dass das Buch zu lang oder »langweilig« ist, wenn er Sie unterbricht und über etwas ganz anderes spricht, wenn er versucht, Ihnen das Buch aus der Hand zu reißen und umblättert, obwohl Sie die Seite noch nicht zu Ende gelesen hatten. Ihr Sohn weist nicht Sie zurück! Dieses nervige Verhalten, das manche Jungen auch mit sieben oder acht Jahren noch an den Tag legen, ist meistens eine Mischung aus Unreife, alten Mustern und dem Bedürfnis nach Aufmerksamkeit.

Machen Sie nicht den Fehler aufzugeben und zu warten, bis Ihr Sohn von selbst mehr Interesse an Büchern zeigt, reifer ist und sich besser konzentrieren kann. Jungen vorzulesen ist eine nicht zu unterschätzende Methode, wie Eltern ihren Kindern helfen können, ihre Aufmerksamkeit auf eine Sache zu lenken, Interesse an Büchern zu gewinnen, sich auch mal still hinzusetzen und zuzuhören – anders ausgedrückt, insgesamt reifer zu werden.

Es wäre falsch, wenn Sie das Vorlesen abbrechen, weil Sie merken, dass sich Ihr Sohn nicht mehr auf Sie konzentriert, sondern abdriftet.

Greifen Sie stattdessen alles auf, was Ihr Sohn über das Buch sagt, und sprechen Sie mit ihm darüber.

Bringen Sie Ihrem Sohn bei, Bücher mit Sorgfalt zu behandeln:

- Blättern Sie die Seiten vorsichtig um und fassen Sie sie am Eck an.
- Legen Sie Bücher auf einem Tisch ab oder einem Stuhl, aber niemals auf dem Boden.
- Liegt doch einmal ein Buch auf dem Boden, steigen Sie darüber, aber nicht darauf.

All das erreichen Sie, wenn Sie anschaulich loben und alles gründlich durchsprechen – und indem Sie Vorbildfunktion übernehmen.

Hetzen Sie nicht am Ende der Geschichte.

Ermahnen Sie Ihr Kind nicht, Ihnen zuzuhören, stillzusitzen oder aufzuhören, mit etwas herumzuspielen.

Immer wenn es Ihr Sohn geschafft hat, ein paar Minuten am Stück stillzusitzen, loben Sie ihn anschaulich dafür.

Deuten Sie auf den Teil des Bildes, der zu Ihrem eben vorgelesenen Text passt.

Mit Fragen machen Sie Ihren Sohn zu einem besseren Zuhörer und verbessern sein Leseverständnis. Kinder haben den größten Spaß am Lesen und Vorlesen und lernen obendrein noch das Meiste daraus, wenn sie aktiv über die Handlung des Buches nachdenken und in ihrem Kopf Bilder entstehen lassen. Aus Studien ist bekannt, dass die Beantwortung von Fragen Kindern dabei hilft, Konzepte zu verstehen, detaillierte Bilder vor dem inneren Auge entstehen zu lassen, Zusammenhänge herzustellen, die Motivation der Handelnden zu erfassen und zu lernen, Schlussfolgerungen zu ziehen und Dinge zu erahnen.

Stellen Sie keine Fragen, wenn Ihr Kind nicht bei der Sache ist.

Nehmen Sie Ihrem Kind die Angst vor Fragen, indem Sie selbst die Antwort darauf geben wie zum Beispiel: »Wo hat der Junge seine Schuhe gelassen?« (Nun legen Sie eine Pause von ein paar Sekunden ein.) »Ah, da sind sie ja. Unter dem Bett, aber er kann sie dort nicht sehen.« Im Anschluss stellen Sie Ihrem Sohn dieselbe Frage. Dann traut er sich bestimmt eine Antwort zu.

Stellen Sie Fragen, die sich einfach beantworten lassen, wenn man sich an die Fakten erinnert: wer, was, wo und wann.

Stellen Sie auch Fragen zu den Bildern, nicht nur zum vorgelesenen Text. Die Worte, die Ihr Sohn gerade gehört hat, verschwinden relativ schnell aus seinem auditiven Gedächtnis, doch das Bild ist ja noch da, es liegt direkt vor seiner Nase. Und jetzt kann er sich die Zeit nehmen, es ausführlich betrachten, um dort die Antwort auf Ihre Frage zu finden.

Stellen Sie abwechselnd eine Frage zum Text und eine zu den Bildern.

Verwenden Sie Floskeln wie »Ich frage mich …, wo, wer, wie, weshalb und so weiter.« Da Ihr Sohn mit Fragen wie diesen nicht direkt angesprochen wird, wird er keine Angst davor haben, sie falsch zu beantworten. Und wenn er keine Angst hat, kann er besser nachdenken.

Stellen Sie im Laufe der Zeit immer schwierigere Fragen, die nur mit »Köpfchen« beantwortet werden können. Das sind vor allem Fragen nach dem Warum und Wie oder danach, was noch alles passieren könnte oder wie sich jemand fühlt. (Mit der letzten Frage tun sich Jungen übrigens oft viel schwerer als Mädchen.)

Verbessern Sie eine falsche Antwort oder Aussage nicht gleich. Geben Sie einem impulsiven Jungen fünf bis zehn Sekunden Zeit, darüber nachzudenken, was er gerade gesagt hat. Dann fällt ihm sein Fehler vielleicht auf, und er kann ihn selbst berichtigen.

Belletristik setzt den Reifeprozess des Jungengehirns in Gang. Viele Jungen interessieren sich mehr für Bücher voller Fakten als für Romane, Abenteuer und Co. Einer der Gründe dafür ist, dass Sachbücher oft viele Abbildungen enthalten, was natürlich ihr Interesse weckt. Häufig stehen nur ein paar Sätze unter den Abbildungen, was selbst einen Jungen, der noch kein geübter Leser ist, nicht abschreckt.

Jungen, deren emotionale Intelligenz noch nicht sehr ausgereift ist, zeigen häufig kein großes Interesse an Belletristik, da sie nicht verstehen, weshalb die Charaktere tun, was sie tun. Die meisten Jungen interessieren sich deshalb vor allem für Erzählungen, die spannend sind und in denen ein Abenteuer das nächste jagt, wobei das Motiv, das dahintersteckt, einfach gestrickt sein muss – wie zum Beispiel beim Kampf Gut gegen Böse. Eltern und Lehrkräfte können ihren Teil dazu beitragen, das Interesse von Jungen an Fiktion und anderen Erzählungen wie Biografien oder Autobiografien zu wecken, indem Sie sich an folgende Tipps halten:

Wählen Sie Bücher mit Bildern aus.

Suchen Sie Bücher mit farbigem Einband und bunten Illustrationen aus.

Kaufen Sie Bücher, die Jungen lustig finden – je alberner, desto besser. Wenn diese Bücher Ihren persönlichen Empfindungen zuwider laufen, sollten Sie sich klar machen, dass sie nur einem Zweck dienen: Ihrem Jungen das Lesen nahezubringen. Zum Glück werden auch Jungen einmal erwachsen, und (in den meisten Fällen) lässt ihr Faible für Körpergerüche und -geräusche irgendwann nach.

Schenken Sie Bücher, die verfilmt wurden. Bevor Sie Ihrem Sohn ein solches Buch in die Hand drücken, sollten Sie sich gemeinsam mit ihm den Film dazu ansehen und ausführlich darüber reden. Noch bevor er dann anfängt, das Buch zu lesen, kennt er schon die vielen »W«: wer, was, wo, wann, warum und wie. Dadurch fällt ihm das Lesen leichter und macht folglich mehr Spaß.

Wählen Sie spannende Bücher aus, in denen viel passiert, auch wenn Sie die Handlung für unsinnig oder übertrieben halten. Wie wir ja bereits wissen, interessieren sich Jungen vor allem für Erzählungen, die mit Krieg oder anderen Formen von Aggression und Gewalt zu tun haben. Doch zum Glück gibt es ja noch viel mehr Bücher über spannende Abenteuer, die wir unseren Jungen anbieten können wie zum Beispiel über Forschungsreisen, Entdeckungen, Rettungsaktionen, Erfindungen, Jagden, Problemlösungen, Hundeerziehung und natürlich Sport. Über Bücher zu diesen Themen freuen sich auch Jungen.

Zeigt Ihr Sohn Interesse an einer bestimmten geschichtlichen Epoche wie zum Beispiel dem alten Ägypten oder der Tudorzeit, wählen Sie ein Buch, das in dieser Zeit spielt.

Suchen Sie ein Buch aus, in dem es um einen Helden geht, mit dem sich Ihr Sohn identifizieren kann.

Lassen Sie sich von Ihrem Sohn sechsmal die Woche etwas vorlesen. Behalten Sie dieses Ritual bei, bis er flüssig lesen (und vorlesen) kann. Für Sie sollte das der wichtigste Teil der Hausaufgaben Ihres Sohns sein, weshalb es auch an erster Stelle, noch vor den anderen Hausaufgaben, stehen sollte. Kurz vor dem Schlafengehen ist kein guter Zeitpunkt, denn den größten Lernerfolg kann Ihr Sohn nur erzielen, wenn sein Hirn nicht bereits auf Schlafmodus geschaltet hat. Mit häufigen, kurzen Vorleseeinheiten erzielen Sie schnellere und bessere Ergebnisse als mit weniger häufigen, langen Einheiten.

> **Der zögerliche Leser**
>
> Wenn sich Ihr Junge in der Schule extrem schwer tut, überzeugt ist, niemals lesen zu lernen, und deshalb sehr unkooperativ ist, sollten Sie sich darauf einlassen, zunächst ein Buch über jedes x-beliebige Thema auszusuchen, für das sich Ihr Sohn interessiert, auch wenn Sie selbst es für zu anspruchslos halten. Es muss jedoch mit Ihren Wertvorstellungen und Überzeugungen konform gehen, ansonsten lassen Sie die Finger davon!

Wie Sie Ihrem Sohn dabei helfen können, Spaß an der Schullektüre zu entwickeln

Sicher kennen Sie das: Der Lehrer gibt seinen Schülern ein bestimmtes Buch zu lesen auf, das Ihr Sohn sterbenslangweilig findet, weshalb er sich davor drückt, wo er nur kann. Sie können dafür sorgen, dass er mehr Spaß daran hat und gleichzeitig seine Lesefertigkeit verbessert:

Reden Sie mit ihm über das Buch, noch bevor er anfängt, es laut zu lesen. Gehen Sie vor allem auf die Dinge ein, die er bereits darüber weiß, und fragen Sie ihn, was seiner Meinung nach als Nächstes passieren könnte und weshalb. Außerdem sollten Sie die ersten paar Seiten daraufhin durchlesen, ob Wörter darin vorkommen, von denen er nicht weiß, wie sie ausgesprochen werden, oder deren Bedeutung er nicht kennt. Deuten Sie auf diese Begriffe und erklären sie sie ihm. So schaffen Sie die richtigen Voraussetzungen, und das zahlt sich schon bald aus, denn Ihr Sohn wird flüssiger und souveräner lesen und mehr Freude daran haben. Wir wollen ja nicht, dass der Junge den Text herunterleiert, um so schnell wie möglich fertig zu werden, sondern wir möchten, dass er gerne liest und noch besser lesen lernt. Sehr effizient ist auch, wenn Sie sich mit Ihrem Sohn abwechseln und mal Sie einen Satz vorlesen und dann wieder er. Stellen Sie die Regel auf, dass jeder seinen Satz fehlerfrei vorlesen muss, bevor der andere dran ist. Selbst bei einem winzigen Versprecher muss der komplette Satz wiederholt werden. Auf diese Weise gewöhnt sich Ihr Sohn an, genau zu lesen. Mit der Zeit und etwas Übung wird er selbst erkennen können, ob ihm beim Vorlesen ein Fehler unterlaufen ist oder nicht, er wird schneller lesen und den Inhalt besser verstehen. Stellen Sie ihm Fragen, zu deren Beantwortung weiter entwickeltes Denkvermögen nötig ist.

Gibt es das betreffende Buch auch als Hörbuch, sollten Sie es sich zusammen mit Ihrem Sohn anhören. Dabei sollte das gedruckte Buch aufgeschlagen vor Ihnen liegen, und er sollte mit dem Finger die entsprechenden Zeilen entlangfahren. Planen Sie fünf bis zehn Minuten täglich für diese Übung ein. Zunächst dürfte Ihr Sohn Schwierigkeiten haben, weil der Sprecher schneller spricht, als er mitlesen kann, doch dann müssen Sie konsequent bleiben und dürfen nicht aufgeben, denn mit dieser Methode verbessert sich sein Leseverständnis und sein Lesetempo. Gibt es kein Hörbuch, übernehmen Sie diesen Part. Der Vorteil ist, dass Sie dann langsamer werden oder kurze Pausen einlegen können, wenn Ihr Sohn nicht mehr weiß, welche Stelle Sie gerade vorgelesen haben.

Gibt es in Ihrer Familie ein Lesegerät für E-Books, sollten Sie es für diese Übung verwenden. Der Vorteil ist, dass Ihr Sohn bei einem solchen Gerät die Schrift vergrößern kann, was das Lesen einfacher macht. Außerdem finden Jungen technische Geräte gewöhnlich spannender als »normale« Bücher.

Schön schreiben lernen

Selbst im Computerzeitalter müssen Schüler im Unterricht von Hand mitschreiben und auch den Großteil ihrer Hausaufgaben handschriftlich erledigen. Mit einer gut lesbaren, flüssigen Handschrift kann Ihr Sohn zeigen, was er gelernt hat, und wird dann entsprechend gut benotet. Wie wir wissen, sind die feinmotorischen Fähigkeiten bei Mädchen im selben Alter besser ausgebildet. Damit Jungen mit den Anforderungen der Schule an ihre Handschrift mithalten können, sind ihre Eltern gefragt.

Im Unterricht wird selbstverständlich davon ausgegangen, dass die Kinder wissen, wie sich die einzelnen Buchstaben unterscheiden. Doch viele Buchstaben sehen ähnlich aus wie zum Beispiel *n/r, n/h, g/y* und *i/j*. Gut möglich, dass ein Junge Probleme hat, mit seinem Stift die einzelnen Buchstaben eins zu eins abzuschreiben, weil er es schwierig findet, den Stift zu halten und gleichzeitig zu schreiben. Seine Schwierigkeiten könnten aber auch auf eine andere, wesentlich wichtigere Fähigkeit zurückzuführen sein, die bei Jungen geringer entwickelt ist als bei Mädchen. Es kann tatsächlich sein, dass ein Junge die Unterschiede zwischen den einzelnen Buchstaben nicht sieht. Deshalb müssen Sie sie ihm zeigen. Erst wenn er die Unterschiede erkennt, kann sich sein Schriftbild deutlich verbessern.

Räumliches Vorstellungsvermögen trainieren

Für den ersten Schritt, um einem Kind das (Schön-)Schreiben beizubringen, brauchen Sie noch nicht einmal einen Stift. Es geht nämlich zunächst einmal darum, dass Ihr Sohn die subtilen Unterschiede zwischen den einzelnen

Buchstaben erkennen und beschreiben kann. Diese Fähigkeit hängt eng mit dem räumlichen Vorstellungsvermögen zusammen.

Die folgende Übung eignet sich für noch recht kleine Jungen, die gerade erst schreiben lernen. Doch auch Jungen, die »schmieren«, profitieren davon. Ein schon älterer Junge hat vermutlich wenig Lust dazu, aber aus dem zweiten Kapitel wissen Sie ja, wie Sie seine Kooperationsbereitschaft steigern können.

Zeigen Sie Ihrem Sohn möglichst jeden Tag zwei Buchstaben, die ähnlich aussehen – wie zum Beispiel *g/y*. Bitten Sie Ihren Sohn, Ihnen zu erklären, was bei beiden Buchstaben gleich ist und worin sie sich unterscheiden. Seine Antwort könnte zum Beispiel so lauten: »Das ›g‹ und das ›y‹ haben einen langen Strich mit einem Bauch dran, aber beim g ist der Bauch oben geschlossen, beim y offen.« Es kann mehrere Tage, aber auch ein paar Wochen dauern, bis Ihr Sohn wirklich alle Unterschiede und Gemeinsamkeiten ähnlicher Buchstaben kennt.

Diese erste Stufe ist die Grundvoraussetzung für die zweite, in der Ihr Sohn auf einfache und unterhaltsame Weise lernt, den Stift kontrolliert so zu bewegen, dass die Buchstaben, die er damit hinschreibt, die richtige Form und Größe haben und auf der Linie sitzen. Sie möchten mehr darüber erfahren, wie Sie das räumliche Vorstellungsvermögen Ihres Sohns fördern können? Dann lege ich Ihnen meinen Ratgeber *Calmer, Easier, Happier Homework* ans Herz.

Dann eben nicht

Vielen Jungen wird der Lernstoff in der Schule zu schnell durchgepaukt, sodass sie nicht mitkommen. Sie als Eltern können Ihrem Sohn aber Folgendes beibringen:

- Wie bildet man vollständige Sätze?
- Wie kombiniert man Sätze zu Absätzen?
- Worauf ist beim Wortschatz zu achten?
- Wie wird je nach Zielgruppe und Zweck ein Aufsatz aufgebaut?

- Was ist bei Einleitung und Schluss zu beachten?
- Wie bringt man ein Argument an, arbeitet es aus oder belegt es mit Beispielen?

So, wie Schreiben in der Schule unterrichtet wird, ziehen leider viele Jungen schon in jungen Jahren den Schluss, dass sie nicht gerne schreiben, weil es zu schwierig ist oder langweilig. Wie Sie wissen, fühlt sich das Jungengehirn am wohlsten, wenn es eine Aufgabe nach der anderen erledigen kann. Sich gleichzeitig Gedanken über Handschrift, Groß- und Kleinschreibung, Rechtschreibung und Zeichensetzung zu machen und auch noch über den Inhalt, überfordert das unreife Jungengehirn.

Doch Eltern können etwas dagegen tun, dass ihr Sohn Schreiben mit so negativen Gefühlen verbindet. Mit Hilfe folgender Übungen lassen sich Selbstbewusstsein und Schreibkompetenz von Jungen steigern, die nicht darin glänzen, Geschichten oder Aufsätze zu verfassen, oder die von sich denken, sie könnten das nicht.

Spielen Sie für Ihren Sohn die Schreibkraft

Muss Ihr Sohn eine Geschichte schreiben, lassen Sie sich diese von ihm diktieren und schreiben oder tippen Sie für ihn. Seine Fantasie kann sich dann freier entfalten, wenn sich sein unzulänglich ausgebildetes Arbeitsgedächtnis nicht mit Fragen belasten muss wie: Halte ich den Stift richtig? Haben die Buchstaben die richtige Form? Stimmen Schreibweise und Zeichensetzung? Natürlich ist jeder dieser Aspekte wichtig und alle sind Voraussetzungen für einen guten Aufsatz, aber sie müssen zunächst getrennt voneinander als Mikrokompetenzen erlernt werden. Erst dann können wir hoffen, dass es einem Kind gelingt, diese Fertigkeiten auf einmal anzuwenden und einen Aufsatz zu verfassen, auf den es stolz sein kann.

Darf Ihr Sohn Ihnen seinen Aufsatz diktieren, kann er sich voll und ganz auf den Inhalt konzentrieren, und das ist manchmal schwer genug. Er muss über unterschiedliche Ideen nachdenken und entscheiden, über welche davon er letzten Endes schreibt. Außerdem muss er sich überlegen, mit welchen Begriffen oder Sätzen er seinen Ideen Ausdruck verleiht. Und er muss die Reihenfolge festlegen, in der er seine Überlegungen zu Papier bringt.

Während Sie notieren, was er diktiert, sollten Sie laut sagen, wenn Sie zum Beispiel ein Komma setzen, oder ein schwieriges Wort buchstabieren und erklären, weshalb Sie das tun. Auf diese Weise lernt er die entsprechenden Regeln von Ihnen und wird sich mit der Zeit zutrauen, sie treffsicher anzuwenden. Verzichten Sie bei dem Diktat nicht auf anschauliches Lob, zum Beispiel, wenn Ihr Sohn interessante Begriffe verwendet, komplexe Sätze konstruiert, gewisse Details erwähnt und Beispiele nennt. Stellen Sie Fragen nach dem Wie und Warum und erklären Sie ihm, wie er seinen Aufsatz verbessern kann, wenn er diese Informationen aufnimmt. Weisen Sie ihn darauf hin, wenn er ein und dasselbe Wort zweimal verwendet hat, und fragen Sie ihn nach einem Synonym. Bringen Sie ihm bei, Sätze interessant einzuleiten, etwa mit »plötzlich«, »zu seiner Überraschung« oder »seltsamerweise« – nicht immer nur mit »und«, »dann« und »deshalb. Bringen Sie ihm bei, einen Aufsatz immer mit einer Einleitung zu beginnen und mit einem Schluss zu beenden.

Ein Junge, der nicht gern schreibt, wird vermutlich nach Kräften versuchen, das Ganze abzukürzen: Er beschränkt sich auf einige wenige Sätze, hält diese kurz und wiederholt sich oft – anders ausgedrückt, er formuliert seine Gedanken so einfach, dass er nicht lange darüber nachdenken muss. Um dieser Tendenz entgegenzuwirken, stellen Sie am besten zwei Regeln auf: Die Anzahl der Wörter jedes Satzes und die Zahl der Sätze jedes Aufsatzes muss mindestens dem Lebensalter Ihres Sohnes entsprechen.

Ist Ihr Sohn fertig mit dem Diktieren, legen Sie eine Pause ein. Anschließend muss Ihr Sohn seine Geschichte von Ihren Aufzeichnungen abschreiben, und zwar in Schönschrift. Er wird sich leichter tun, wenn Sie ihn sich vorher fünf oder zehn Minuten »warmschreiben« lassen und dabei vor allem darauf achten, dass er die Buchstaben schön schreibt, deren »Rundungen« er am schwierigsten findet. Mit diesem Trick wird sich seine Handschrift merklich verbessern, denn alles, was er dafür braucht, ist soeben in sein Kurzzeitgedächtnis eingeflossen.

Mündliche Kurzaufsätze

Ihr Sohn muss das Aufsatzschreiben vermutlich öfter üben als nur in der Schule oder bei den Hausaufgaben. Deshalb sollten Sie nicht abwarten, bis er einen Aufsatz aufbekommt. Bitten Sie ihn immer, wenn er seine Hausaufgaben schneller erledigt hat als geplant, um einen mündlichen Kurzaufsatz. Diese Übung läuft auf das Gleiche hinaus wie das Diktieren. Der Unterschied liegt darin, dass Sie dieses Mal nicht mitschreiben. Deshalb dauert die Übung auch nur etwa eine Viertelstunde.

Damit Ihr Sohn lernt, dass es unterschiedliche Arten von Geschichten und Aufsätzen gibt, sorgen Sie für größtmögliche Abwechslung: Einmal darf er sich ein beliebiges Thema aussuchen, ein anderes Mal geben Sie die Kategorie vor, und er greift ein Thema daraus auf. (Sie sagen zum Beispiel »Tiere« und er entscheidet sich dann für »Haie«.) Oder Sie geben das Thema oder sogar den Titel vor. Oder stellen ihm eine Frage. Oder nennen ein möglichst witziges Thema, um sein Interesse zu wecken und seine Laune zu bessern.

Wenn Ihr Sohn sich nicht gerade darum reißt, zu Stift und Papier zu greifen, werden ihm die mündlichen Kurzaufsätze mehr Spaß machen. Vielleicht sind sie sogar schon bald Bestandteil der Extrazeit. In manchen Familien wird eine solche Geschichte über Wochen und Monate auf mehrere Kapitel ausgedehnt, zu denen jedes Familienmitglied seinen Beitrag leistet. Und schon ist ein neues Ritual entstanden, auf das sich die ganze Familie freut.

Bei vier oder fünf Miniaufsätzen pro Woche wird es Ihrem Sohn bald leichter fallen, Aufsätze zu schreiben, sich Geschichten auszudenken und Testfragen zu beantworten. Und das gibt ihm Selbstbewusstsein.

Ganz gleich, ob Ihr Sohn Ihnen einen Schulaufsatz diktiert oder Ihnen eine Geschichte erzählt, aller Wahrscheinlichkeit nach wird er sich vor allem auf die Handlung konzentrieren. Ihre Aufgabe ist es bei jedem Satz, ihn zu verbessern, indem Sie ein passenderes Wort nennen oder einen fantasievolleren Ausdruck, indem Sie den Satzbau korrigieren und seine Ideen ausbauen. Dazu gehört auch, dass Sie ihm zeigen oder erklären, weshalb sich die Charaktere so und nicht anders verhalten. Wie Ihr Sohn in allen Bereichen einen höheren Standard erreichen kann? Indem Sie ihm auf jeden einzelnen seiner Sätze eindeutiges Feedback geben und ihm zeigen, wie man sich besser ausdrücken kann.

Das Denkvermögen verbessern

Je besser die Denkfähigkeit von Kindern und Teenagern ausgeprägt ist, desto leichter fällt es ihnen, einen Schritt über das bloße Abrufen von Informationen hinauszugehen. So entwickeln sie ein tieferes Verständnis für den Lernstoff. Nur dann können sie Transferleistungen erbringen und das Gelernte aktiv zur Lösung von Problemstellungen aus der Schule und der realen Welt hernehmen.

Es gibt jede Menge Fertigkeiten, die unter die Kategorie Denkvermögen fallen. Außerdem scheint die Materie ziemlich kompliziert zu sein, da zahlreiche Mikrokompetenzen dazu gehören. Eltern sollten sich auf ein paar wenige konzentrieren, die aber gerade für Jungen unverzichtbar sind, um ihr schulisches Potenzial in vollem Umfang nutzen zu können:

- Die Kernaussage oder Botschaft einer mündlichen oder schriftlichen Mitteilung verstehen.
- Auf Informationen schließen, die nicht ausdrücklich genannt werden.
- Durch Schlussfolgerungen und genannte Informationen eine Prognose über die weitere Entwicklung oder das Ergebnis erstellen.

Das Jungengehirn braucht jede Menge Übung, um diese Mikrokompetenzen zu erwerben. Doch Übung allein ist nicht sehr hilfreich, wenn das bedeutet, dass durch die Wiederholung lediglich die aktuellen Fähigkeiten samt Fehlern und Schwächen verfestigt werden. Ein Junge braucht zielgerichtete Übungen im Denken mit ausreichenden Wiederholungen, damit die erlernten Fertigkeiten nachhaltig in seinem Gedächtnis verankert werden. Die Übungen müssen auf seine persönlichen Status quo zugeschnitten sein (dürfen also weder zu einfach noch zu schwer sein, sollten aber eine Herausforderung darstellen). Damit sich solche Fähigkeiten ständig weiterentwickeln und verbessern, muss ein Erwachsener stets genaues Feedback geben.

Fragen stellen

Die Denkfähigkeit lässt sich mit Fragen verbessern, die auf das Hör- und Leseverständnis abzielen. Das gilt gleichermaßen für Mädchen und Jungen, doch Jungen brauchen mehr Anleitung und zielgerichtete Übungen, um mit gleichaltrigen Mädchen mithalten zu können. Eltern und Lehrkräfte stellen meist Verständnisfragen, die mit wer, was, wo und wann beginnen. Um diese Fragen zu beantworten, muss sich das Kind aber nur an die entsprechenden Fakten erinnern. Deshalb sollten Sie Ihre Fragen besser mit *warum* und wie einleiten, denn dann muss es Zusammenhänge erkennen, was im Grunde nichts anderes bedeutet, als dass es denken muss, um sie zu beantworten.

Fragen beantworten

Das Denkvermögen von Kindern lässt sich auch verbessern, indem wir darauf achten, wie wir ihre Fragen beantworten.

Vermutlich stellt Ihr Sohn Ihnen tagsüber jede Menge Fragen, zum Beispiel *wann* etwas geschieht, *wo* sich etwas befindet, *wer* jemand ist und natürlich die berühmt-berüchtigten *Warum*-Fragen. Natürlich ist es verlockend, so ein Kind mit einem Wort oder Satz abzuspeisen, damit Sie da weitermachen können, wo Sie unterbrochen wurden.

Ich fordere Sie aber dazu auf, die Fragen Ihrer Kinder als eine Möglichkeit anzusehen, sie zum Denken anzuregen. Fragt Ihr Sohn Sie zum Beispiel: »Hab ich heute Karate?«, sollten Sie ihn nicht mit einem simplen Ja oder Nein abfertigen, sondern ihn zum Nachdenken bringen. Sie könnten zum Beispiel mit anschaulichem Lob beginnen: »Schön, dass du darüber nachdenkst, was später auf dem Programm steht. Wie kannst du denn herausfinden, ob heute der Tag ist, an dem du normalerweise Karate hast?« Vermutlich redet sich Ihr Sohn mit einem »Weiß ich nicht!« heraus, vor allem wenn Sie ihm bislang solche Denkprozesse abgenommen haben. Lassen Sie sich aber davon nicht manipulieren, schließlich ist er intellektuell durchaus in der Lage, die Antwort selbst zu finden, selbst wenn er wirklich keine Ahnung hat. Bitten Sie ihn um eine vernünftige Antwort und stellen Sie sich in den ersten Tagen nach der »Umstellung« auf Gequengel oder sogar Tränen ein.

Wenn Sie bereit sind, täglich ein paar Minuten Ihrer Zeit zu investieren, und jede der Fragen Ihres Kindes in eine Lektion über Denkfähigkeit, Selbstsicherheit und Problemlösung umzumünzen, wird Ihr Sohn schon bald ein reiferes Verhalten zeigen und stolz auf sich und sein Können sein. Betrachten Sie diese paar Minuten als Investition in die schulische Laufbahn Ihres

Sohns, in seine Lebenskompetenz und seine Selbstachtung. Es wird nicht lange dauern, bis Sie merken, dass sich diese kleinen Zeitopfer auszahlen.

Zusammenfassung

Wie Sie bereits wissen, wird in der Schule meist Wert auf Fähigkeiten gelegt, die eigentlich typisch für Mädchen sind. Viele Jungen haben damit zu kämpfen, und zu viele Jungen verlieren den Mut und geben auf.

Eltern müssen sich aktiv in das Schulgeschehen einbringen und ihren Söhnen die Werkzeuge an die Hand geben, die sie brauchen, um ihr schulisches Potenzial ausschöpfen zu können. Die Unterstützung ihres Kindes muss auf Leseverständnis und Denkfähigkeit abzielen, da schulischer und später auch beruflicher Erfolg auf diesen Pfeilern aufbauen. Selbst auf dem Gymnasium brauchen Junge noch die Unterstützung ihrer Eltern, doch aufgrund ihrer zunehmenden Reife im Laufe der Zeit immer seltener.

Fazit

Vermutlich haben Sie schon beim Lesen dieses Buchs damit begonnen, einige der darin beschriebenen Strategien in die Praxis umzusetzen. Mittlerweile sind Sie am Ende angekommen und haben zweifelsohne schon Veränderungen zum Guten feststellen können – zu Ihrem Vorteil als Elternteil, aber auch zum Vorteil Ihres Sohnes. Und diese Fortschritte sind es, die Sie motivieren werden, weiterzumachen – auch wenn es nicht immer reibungslos läuft, was hin und wieder unvermeidlich ist. Sollten Sie allerdings noch nicht damit begonnen haben, Dinge zu verändern, liegt das womöglich an einem der folgenden Gründe:

- Sie sind sich nicht sicher, welche Strategie Sie in welcher Situation einsetzen sollen.
- Sie befürchten, Sie haben nicht genug Zeit dafür.
- Sie haben Angst, dass Sie den neuen Ansatz nicht konsequent verfolgen können.
- Sie sind so überfordert oder gestresst, dass Sie nicht einmal daran denken wollen, Dinge zu ändern.
- Sie haben die Befürchtung, Ihr Partner, seine Familie oder Freunde stehen dabei nicht hinter Ihnen, weshalb Sie den Mut verlieren, noch bevor Sie angefangen haben.
- Vielleicht ist Ihr Sohn besonders schwierig oder Sie stecken in einer familiären Krise und können sich deshalb nicht vorstellen, dass diese Strategien auch in Ihrem speziellen Fall Wirkung zeigen.

Ganz gleich, welche Vorbehalte Sie hegen, Sie werden nie herausfinden, ob die Strategien Ihnen und Ihrem Kind geholfen hätten, wenn Sie sie nicht umsetzen. Also, worauf warten Sie noch? Fangen Sie an. Schließlich haben Sie nichts zu verlieren. Tag um Tag, Woche um Woche werden Sie feststellen, dass Sie konsequenter werden, dass Sie mehr Zeit haben, weil es weniger Theater gibt, dass Sie sicherer werden und weniger gestresst sind.

Aber auch Sie sind nur ein Mensch. Daher wird es nicht ausbleiben, dass Sie hin und wieder in alte Muster zurückfallen und dass sich Ihr Sohn dann wieder genauso verhält, wie er es tat, bevor Sie von den Strategien aus diesem Buch erfahren haben. Dann sollten Sie dieses Buch erneut zur Hand nehmen und sich von ihm motivieren und inspirieren und mit praktischen Tipps versorgen lassen. Dieses Buch kann Ihnen in den nächsten Jahren ein treuer Freund und Begleiter sein.

Anhang: Wo Sie mehr über »Calmer, Easier, Happier Parenting« erfahren können

Noël Janis-Norton leitet das *Calmer, Easier, Happier Parenting Centre*, eine gemeinnützige Beratungs- und Schulungsorganisation, die weltweit mit Familien und mit Experten aus der Familienarbeit zusammenarbeitet.

Zu den zertifizierten Mitarbeitern aus der praktischen Erziehungshilfe zählen Eltern- und Familientrainer und Gruppenleiter.

Das Centre bietet die folgenden Leistungen:
- Einführungsvorträge für Eltern (im Centre, an Schulen und am Arbeitsplatz)
- Erziehungskurse
- Seminare und Webinare
- Einzelberatung (im Centre, telefonisch oder zu Hause)
- Schulbesuche, um einzelne Kinder zu beobachten und Lehrern Hilfestellung zu geben
- Mediation zwischen Eltern
- Lehrerfortbildung

Darüber hinaus bietet das Centre eine breite Palette von Produkten:
- Bücher und Audio-CDs zu vielen Aspekten von Erziehung und Lehre

CDs zu den fünf Kernstrategien von *Calmer, Easier, Happier Parenting*:
- *Descriptive Praise*
- *Preparing for Success*

- *Reflective Listening*
- *Never Ask Twice*
- *Rewards and Consequences*

CDs zu bestimmten Themen:
- *Siblings with Less Rivalry* (3 CDs)
- *Calmer, Easier, Happier Mealtimes* (2 CDs)
- *Calmer, Easier, Happier Music Practice* (2 CDs)
- *Bringing Out the Best in Children and Teens with Special Needs* (5 CDs)

Bücher für Eltern:
- *Calmer, Easier, Happier Parenting* von Noël Janis-Norton
- *Calmer, Easier, Happier Homework* von Noël Janis-Norton
- *Could Do Better* von Noël Janis-Norton
- *How to Calm a Challenging Child* von Miriam Chachamu
- *How to Be a Better Parent* von Cassandra Jardine
- *Positive Not Pushy* von Cassandra Jardine
- *Where Has My Little Girl Gone?* von Tanith Carey (deutsch: *High Heels mit acht, Diät mit neun? Wie Sie Ihre Tochter davor schützen, zu früh erwachsen zu werden*; Übersetzung von Michael Josupeit, Patmos Verlag, 2013 – A.d.Ü.)

Bücher für Lehrer:
- *In Step with Your Class* von Noël Janis-Norton
- *Learning to Listen, Listening to Learn* von Noël Janis-Norton

Weitere Informationen über Material zu *Calmer, Easier, Happier Parenting* erhalten Sie auf den folgenden Websites:
- www.calmerparenting.co.uk (Großbritannien)
- www.calmerparenting.com (Nordamerika)
- www.calmerparenting.fr (Frankreich)

Dank

Als ich mich hinsetzte, um die Danksagung an all die Menschen zu schreiben, die zu diesem Buch beigetragen haben, merkte ich, dass ich mich bereits in meinen früheren Büchern bei ihnen bedankt hatte. Alles, was ich über diese besonderen Menschen geschrieben habe, gilt unverändert. Ich sage es daher noch einmal.

Zutiefst dankbar bin ich:

Meiner Schwester, Freundin und Kollegin Jill Janis für ihre Klugheit und ihren Scharfsinn, ihre unschätzbaren Ratschläge, ihre Gründlichkeit und ihre unermüdliche Genauigkeit, ihre Liebe zur Sprache, ihre Künstlerseele, ihre Empathie und ihren Sinn für Humor – immer dann, wenn ich das eine oder andere dringend brauche. Jills fundierte Kenntnisse über Familienbeziehungen haben mir in den letzten 40 Jahren beim Feinschliff dieses Programms geholfen. Ohne sie gäbe es dieses Buch nicht.

Gillian Edwards, bei der ich tief in der Schuld stehe für die außergewöhnliche Großzügigkeit, das Verständnis und die Güte, die sie mir in den vergangenen 20 Jahren entgegenbrachte, vor allem aber dafür, dass sie mir auf der emotionalen Reise des letzten Jahres die Hand hielt und mir half, dieses Buch auf den Weg zu bringen. Gillian ist so viel mehr als meine persönliche Assistentin: meine rund um die Uhr verfügbare Schreibkraft, meine Problemlöserin, meine unfehlbare Wortfinderin, meine Köchin, meine Betreuerin und meine Stimme der Vernunft – und zwar weit über ihre eigentlichen Pflichten hinaus.

Laura Runnels Fleming, meiner lieben Freundin und meinem vertrauenswürdigen Coach, deren Fokus und Hingabe mich stets inspirieren.

Meinen ehemaligen und aktuellen Kollegen am *Calmer, Easier, Happier Parenting Centre* (in Großbritannien und den USA) für ihre Erkenntnisse, ihre Sensibilität und Entschlossenheit und dafür, dass sie meine Vision vom Familienleben teilen:

Heleni Achilleos, Rosalie Ajzensztejn, Nancy Albanese, Isabel Berenzweig, Suzanne Burdon, Miriam Chachamu, Amanda Deverich, Gillian Edwards, Suzanne Ferera, Sherry Fink, Laura Fleming, Lou Fleming, Michael Foulkes, Tina Grammaticas, Bebe Jacobs, Chloe Janis, Jill Janis, Sara Laksimi, Michael Rose, Annie Saunders, Luke Scott, Alison Seddon, Robin Shaw, Grazyna Somerville, Robyn Spencer, George Stergiou, Dorian Yeo und den vielen anderen, die ebenfalls mitgewirkt haben, aber nicht alle eigens erwähnt werden können.

Nicky Ross, meine geduldige, beharrliche und verständnisvolle Lektorin bei Hodder & Stoughton. Ihrer weisen Voraussicht verdankt die »Calmer, Easier, Happier«-Reihe ihre Existenz.

Clare Hulton, meiner Agentin, weil sie an mich, meine Methode und an meine Bücher glaubt.

Isabel Berenzweig, Gillian Edwards, Jill Janis, Jayne Reich und Michael Rose für endlose Stunden des Tippens und Neutippens.

Meinen Kindern, Jessica, Jordan und Chloe, für ihre beständige Unterstützung und ihren Zuspruch.

Und schließlich danke ich ganz besonders den Zigtausenden Eltern und Experten, mit denen ich im Rahmen des Calmer, Easier, Happier Parenting and Teaching-Programms zusammenarbeiten durfte. Sie haben diese neue Methode getestet und rückgemeldet, dass sie funktioniert. Ihr Mut und ihre Ehrlichkeit sind mir weiterhin Antrieb und Inspiration. Ich bin ihnen dankbar, weil sie mir ihre Geschichten und Erfahrungen für dieses Buch mitgeteilt haben, und weil sie sich so leidenschaftlich einsetzen für eine gelassenere, einfachere, glücklichere Kindererziehung.

Über die Autorin

Noël Janis-Norton absolvierte ein Lehramtsstudium an der New York University und ist seit über 40 Jahren als Lern- und Verhaltensspezialistin tätig. Sie hat Regelklassen unterrichtet, aber auch Schüler mit besonderen Bedürfnissen. Außerdem war sie als Beraterin tätig, als Tutorin für das Fachgebiet Lernstrategien, als Schulleiterin und als Erziehungspädagogin.

Noël Janis-Norton ist Gründerin und Leiterin des „Calmer, Easier, Happier Parenting Centre" in London, das Kurse und Beratungsgespräche für Eltern von Kindern aller Altersgruppen anbietet.

Sie hält regelmäßig Vorträge auf Fachtagungen und tritt in zahlreichen Fernseh- und Radiosendungen auf. Neben ihrer umfangreichen Lehrtätigkeit in Großbritannien und den USA vermittelt sie Lehrern und Eltern ihre einzigartigen, hocheffektiven Methoden.

2011 war sie Sprecherin der britischen Familienwoche. Darüber hinaus engagiert sie sich als Online-Verhaltensberaterin für die gemeinnützige Organisation *Scope* und als Erziehungsexpertin für die beliebte US-Eltern-Website *Macaroni Kid*.

Durch ihre Seminare, Kurse und Vorträge für Eltern und ihre Bücher und CDs hat sie Einfluss genommen auf das Leben zigtausender Familien. Ihr fünftes Buch, *Calmer, Easier, Happier Parenting*, erschien in Großbritannien 2012 bei Hodder & Stoughton. In den USA wurde es von Penguin herausgegeben und es ist ins Französische, Russische, Chinesische und Italienische übersetzt.

Noëls sechstes Buch, *Calmer, Easier, Happier Homework*, erschien 2013 bei Hodder & Stoughton.

Noël hat zwei erwachsene Kinder und sechs Enkel.